학교
급식
혁명

옮긴이 소개

엄은희는 20대 때 여러 환경운동 단체를 기웃거리다 환경에 관심을 갖게 되었고, 환경 교육을 공부하러 대학원까지 갔다. 서른에 네 살배기 딸을 아빠에게 맡겨 두고 1년 반 동안 필리핀에 머무르며 라푸라푸 섬에서 강행된 다국적 기업의 광산 개발이 섬의 환경과 주민들에게 미친 영향에 대해 조사하고, 함께 싸웠다. 이때의 체험을 바탕으로 쓴 논문 「환경의 신자유주의화와 제3세계 환경의 변화」로 서울대학교에서 박사 학위를 받았다. 2008년, 성공회대학교 (동아시아 연구소) HK 연구교수로 임용되었고, 현재는 〈iCOOP 생협연구소〉에서 일하면서 공정무역, 윤리적 소비, 협동조합에 기초한 대안 발전에 대해 연구하고 있다.

주요 논문으로 「반광산 지역 운동과 다중 스케일적 연대: 라푸라푸 광산 개발의 정치생태학」(공간과 사회, 2008), 「제3세계 환경문제에 대한 환경정의적 접근」(한국지리환경교육학회지, 2009), 「한국환경운동사의 재조명과 공명의 과제」(진보평론, 2009)가 있고, 공역서로는 『생태 논의의 최전선』(필맥, 2009)이 있다.

추선영은 서울신학대학교를 졸업했고 중앙대학교 대학원을 수료했다. 번역에 대한 관심은 카피레프트 모임 (http://copyle.jinbo.net) 『읽을꺼리』 4호~6호 제작에 참여하면서 싹텄다. 이후 『환경정의』(한울, 2007), 『자연과 타협하기』(필맥, 2007)를 공동 번역했고, 『자본의 세계화, 어떻게 헤쳐 나갈까』(이후, 2007), 『생태계의 파괴자 자본주의』(책갈피, 2007), 『세계사, 누구를 위한 기록인가』(이후, 2007), 『싸구려 모텔에서 미국을 만나다』(이후, 2008), 『녹색 성장의 유혹』(난장이, 2009)을 번역했다. 직장인이자 프리랜서 번역가로 활동하고 있다.

허남혁은 학부에서 경제학, 석사 과정에서 지역계획학, 박사 과정에서 인문지리학을 공부했다. 현재 대구대학교에서 먹거리 문제에 관한 교양 과목을, 경북대 농업경제학과에서 농촌사회론을 강의하고 있다. 먹거리와 농촌 문제 전반에 걸쳐 관심을 갖고 있다.

저서로 『내가 먹는 것이 바로 나: 사람, 자연, 사회를 살리는 먹거리 이야기』(책세상, 2008)가 있고, 먹거리 문제 관련 번역서로는 『굶주리는 세계』(창비, 2003), 『로컬 푸드』(이후, 2006), 『농업생명공학의 정치경제』(나남, 2007)가 있다. blog.naver.com/hurnh

학교 급식 혁명

케빈 모건 · 로베르타 소니노 지음
엄은희 · 추선영 · 허남혁 옮김

이후

Kevin Morgan and Roberta Sonnino

School Food Revolution

우리 아이들의 먹거리를 바꾸려고 노력하는

조리사, 급식 공급자, 공무원, 식재료 구매자와 공급자, 교사, 학부모, 정치인 등

모든 학교 급식 개혁가들에게 이 책을 바친다.

차례

여는 글 학교 급식 혁명과 지속 가능 발전 9

1장 공공 급식과 지속 가능 발전: 장애물과 기회 23

2장 공공 조달이 중요하다: 공공 급식의 회복 51

3장 패스트푸드 제국의 변화: 뉴욕 시 학교 급식 개혁 83

4장 학교 급식은 사회정의다: 로마의 품질 혁명 115

5장 지속 가능한 세계 도시: 런던의 학교 급식 개혁 147

6장 도시를 넘어서: 농촌 학교 급식 공급의 혁명 183

7장 개발도상국의 학교 급식 혁명 213

8장 공공 급식의 힘 253

주석 305

참고 문헌 318

부록 한국의 학교 급식 운동: 현황과 과제 334

옮긴이의 글 건강한 급식, 사회와 자연과 지역을 살리는 길 355

찾아보기 358

표·그림·상자 차례

상자

2.1 지속 가능한 조달을 가로막는 가장 흔한 장벽 79

3.1 뉴욕 시 학교 급식부 현황 97

4.1 가족 사업: 부도이아 학교 급식 모델 122

5.1 런던의 '책임 있는 조달'이 가져다주는 혜택 162

5.2 런던의 건강한 학교 만들기 167

5.3 '더 잘 먹여 주세요' 캠페인은 어떻게 시작되었나? 174

6.1 학교 급식에 대한 '생명의 먹거리' 권장 기준 205

6.2 창조적인 조달의 실행: 이스트 에어서 급식 계약 품질 기준 207

7.1 밀레니엄 개발 목표 232

7.2 〈세계식량계획〉의 먹거리 조달 과정 239

8.1 〈지역 공공 급식 공급자협회〉의 조사, 중등학교 급식 이용률 감소를 밝히다 265

8.2 공여국 정부에 심각한 기금 문제 해결을 호소하는 〈세계식량계획〉 서한 285

표

2.1 2009년 부패 인식 지수 56

3.1 학교 급식 보조금 비율 94

5.1 그리니치의 학교 급식 식단 예시 176

6.1 세 농촌 지역의 학교 급식 185

6.2 사우스 글로스터셔 지역 초등학교 급식 식단 예시 189

6.3 카마던셔 초등학교 주간 식단표 사례 199

7.1 학교 급식용 식단 예시 219

7.2 2006년 10대 먹거리 원산지 국가 239

그림

2.1 영국 〈조달청〉의 조달 과정 관리 지침 63

3.1 〈스쿨푸드〉 로고 107

4.1 제철 먹거리 127

4.2 지역 먹거리 128

4.3 로마의 학교에서 매일 제공되는 식재료의 수량 131

5.1 런던 푸드 전략 보고서 『런던을 위한 건강에 좋고 지속 가능한 먹거리』
     164

6.1 사우스 글로스터셔 지역의 간식 식단 190

7.1 먹거리 원조 정책 226

7.2 가나 학교 급식 프로그램의 다층적 거버넌스 245

8.1 공공 조달 연수 과정 광고 294

일러두기

- 단행본·전집·정기간행물에는 겹낫쇠(『 』)를, 논문·논설·기고문·단편 등에는 홑낫쇠(「 」)를, 방송·영화·음악·단체 이름에는 꺽쇠(〈 〉)를 사용했습니다.
- 인명·지명·기타 외래어는 통상적으로 허용되는 몇몇 표기를 제외하고 「외래어 표기법」(1986년 1월 문교부 고시 제85-11호)에 따랐습니다.
- 이 책에서 쓴 '먹거리'라는 용어는 원서의 food, agri-food를 옮긴 말입니다. 〈도서출판 이후〉에서는 '먹을거리'라는 용어를 써 왔으나 이 책에서는 옮긴이의 뜻에 따라 '먹거리'를 사용했습니다.

여는 글
학교 급식 혁명과 지속 가능 발전

　얼핏 생각하기에도 지역에서 생산된 신선한 먹거리를 아이들에게 급식으로 제공한다는 생각은 매우 간단해 보인다. 그러나 현실은 그리 녹록치 않다. 이 책의 주된 목적은 지역에서 학교 급식을 조달한다는, 이론적으로는 무척이나 간단한 조합이 현실에서는 왜 그리 놀랄 만큼 복잡한 일인지 설명하는 것이다. 실제로는 너무나도 복잡해서 학교 급식 네트워크에 관련된 모든 사람들, 특히 급식 종사원, 급식업체, (식재료) 조달 관리자 및 공급자, 공무원, 학부모들에게는 여전히 엄청난 과제로 남아 있다. 우리는 많은 나라들, 특히 미국과 영국에서 학교가 신선한 먹거리를 아이들에게 제공한다는 생각이 매우 강력한 몇몇 문화적인 관습에 맞선다는 사실로 부분적으로 이를 설명할 수 있다고 생각한다. 그 관습이란 먹거리에는 특별할 게 없고, 먹거리란 단지 여러 산업 중 하나일 뿐이며, 공공 급식에서는 품질보다 비용이 우선이고, 식재료의 원산지는 학교 구내식당보다 고급 레스토랑에나 어울리는 문제라는 관념과 같은 것들이다. 이제 살펴보겠지만 학교 급식 혁명은 이 같은 각각의 관습에 도전한다.

이 책에 담은 주장들을 대략적으로 살펴보기에 앞서 우리가 어떻게, 그리고 왜 학교 급식 공급 문제에 관여하게 되었는지부터 설명해야 할 것 같다. 이 연구는 영국 웨일스의 농촌 지역인 포이스Powys의 로컬 푸드 프로젝트에서 비롯됐다. 이 프로젝트를 시작한 사람들은 현대의 먹거리 체계가 건강, 지역 경제, 지구환경에 미치는 악영향을 우려했고 이를 바꿔 보자고 결심했다. 포이스 푸드 링크 프로젝트는 2000년에 시작됐다. 당시에는 이 프로젝트가 간단하고도 겸손한 목표로 보였다. 즉 지역에서 생산된 식재료(로컬 푸드)를 지역의 병원에 공급하자는 것이었다. 이 일에 나선 사람들은 이 프로젝트가 환자들에게는 신선하고 영양가 높은 음식을, 생산자들에게는 새로운 시장을 제공함으로써 양쪽 모두에 이익이 되기를 희망했고 또 그렇게 될 것이라고 믿었다.

하지만 얼핏 간단해 보였던 이 프로젝트의 목표는 매순간 좌절을 겪어야 했다. 정말이지 모든 것들이 지역에서 생산된 먹거리가 지역에서 소비되는 것을 방해하도록 설계되어 있는 것 같았다. 시간이 갈수록 되풀이해서 똑같은 장애물들이 튀어나왔다. 〈유럽연합(European Union, EU)〉의 조달 규정은 지역산 식재료의 거래를 방해하는 훼방꾼으로 보였다. 영국 지방정부의 규정들은 매우 좁은 의미에서의 '가격 대비 가치value for money'를 장려했다. 복잡한 입찰 절차는 소규모 생산자를 배제하기 위해 설계된 것처럼 보였다. 급식 조달에서는 거대한 전국 규모의 업체를 선호하는 것이 관행이었다. 그리고 영국 국가 의료 서비스(National Health Service, NHS)의 감사 문화하에서는 영양가 높은 음식이 건강에 미치는 이점을 설명하는 것이 사실상 불가능했다.

이러한 장애물의 어느 한 가지만으로도 로컬 푸드 공급 사슬이 뿌리내리는 것을 방해하기에는 사실 충분했다. 하지만 장애물이 서로 합쳐지자 이는 포이스의 실험을 완전히 압도해 버렸다. 일련의 안타까운 현실을 쭉 따라오면서 우리는 특히 이러한 지역 프로젝트가 전 지구적인 반향을 가진다고 믿었기 때문에 '포이스 푸드 링크'의 실패가 주는 교훈에 대해 논의하기로 했다.

영국 카디프 대학교 도시·지역계획학부는 영국 최고의 유기농 인증 기관, 〈토양협회Soil Association〉및 지역 활동가들과 더불어 로컬 푸드 조달을 가로막는 장애물을 검토하기 위한 포이스 공공 조달 협력(the Powys Public Procurement Partnership, 4P) 프로젝트를 출범시켰다. 이 프로젝트의 한 가지 구성 요소는 특히 영양가 높은 음식을 필요로 하는 학교와 병원에 초점을 두어 영국 먹거리 공급 사슬에서의 공공 조달 규정을 연구하는 것이었다. 연구비도 부족하고 일에 대한 열정 없이는 연구가 수행되기 어려운 상황이라 사실 매우 소박한 연구일 수밖에 없었다. 그런데도 보고서는, 무엇보다 정책과 실행 영역에서 우리가 생각했던 것보다 많은 관심을 끌었다 (Morgan and Morley, 2002). 이 보고서가 반향이 컸던 주된 이유는 때와 장소가 잘 맞아떨어졌기 때문이었다. 이 주제는 영국의 농업과 먹거리 부문을 휩쓰는 일종의 '시대정신Zeitgeist'을 잘 보여 주었는데 아동 비만에 대한 도덕적 공포가 확산되면서 정치인들은 학교에서 건강한 먹거리를 구매하는 데 새로운 관심을 보이기 시작하고 있었다.

이 보고서가 대체로 반응이 좋기는 했지만 비판자들도 있었다. 가령 〈지역 공공 급식 공급자협회(Local Authority Caterers Association, LACA)〉회원들은 우리가 먹거리의 품질을 비판하여 학교 급식 체계를 훼손한다고 비난하면서 우리 앞길을 가로막았다. 가장 어려웠던 순간은 우리와 놀랄 만큼 열정적으로 인터뷰했던 한 학교 급식 업자가 우리에게 주었던 자료를 삭제해 달라고 요청했을 때였는데 그 자료는 지역 당국이 실제로 식재료에 얼마를 지출했는지에 관한 것이었다. 급식 업자는 보고서 초안을 받고 나서 그 자신이나 그가 관여하는 지역 당국에 관해 전혀 나오지 않는다는 것을 알고 있었고, 따라서 우리에게는 그 자료를 삭제할 어떠한 윤리적 의무도 없었다. 우리가 알기로 그 자료는 이전에는 한 번도 공공에 유포된 적이 없었다. 그리고 우리는 학부모와 정치인들이 학교에 만연한 저급한 먹거리 문화의 현실을 알아야만 한다고 생각했다. 보고서에서 논란이 되었던 부분은 다음과 같다.

> 급식 업체 종사자들은 대부분의 사람들이 불가능할 정도로 낮다고 생각하는 가격(초등 학교 한 끼 식사에 32~38펜스)으로 양질의 식사를 제공하기 위해 매일 작은 기적을 행하도록 요구받는다. 한 지역 당국의 급식 담당자는 의무 경쟁 입찰 혁명이 가져온 비용 압박은 "우리를 비용 면에서 끝까지 몰아붙"인다고 했다. 따라서 만약 로컬 푸드가 더 비싸다면 이를 더 구매할 여력이 없게 된다고 말했다(Morgan and Morley, 2002: 50).

우리는 이 부분을 삭제하지 않기로 했다. 왜냐하면 조리사와 급식 종사원들의 보잘것없는 여건과 상황과 더불어 말도 안 되게 낮은 학교 급식의 예산 수준에 대해 정치적 의식을 높이는 데 도움이 될 것이라고 생각했기 때문이었다. 〈지역 공공 급식 공급자협회〉는 결국 우리도 자신들만큼이나 학교 급식에 대해 진심으로 관심을 갖고 있다는 것을 받아들이고 우리에게 연례총회에서 세 가지 사례에 관해 연설해 줄 것을 요청했다.

'포이스 공공 조달 협력 프로젝트'를 통해 우리는 학교 급식이 그 자체로 본질적으로 의미 있는 연구 주제이면서 동시에 오늘날 우리가 직면한 가장 시급한 문제를 탐색할 수 있는 일종의 프리즘이라는 것을 확신하게 됐다. 좀 더 타당한 건강과 복리의 기준을 설정하는 데—특히 극빈층들에게—공공 분야가 어떤 역할을 해야 할 것인가? 공공 조달이 어떻게 (실제적이거나 상상적인) 규정들에 가로막히지 않고 지속 가능 발전을 견인하는 창조적인 동력이 될 수 있을 것인가? 자라나는 아이들을 에워싸고 있는 비만 유발 환경에 맞서 싸우는 데 학교 급식이 어떤 역할을 할 수 있을 것인가?

학교 급식에 대해 심각한 질문들을 제기하자 영국 학계에서는 기묘한 반응을 보였다. 다른 나라에서는 접하지 못했던 환호와 당황스러움이 섞인 반응이었다. 이런 반응은 학교 급식을 항상 우스꽝스럽게 다루어 온 영국의 문화적 상황과 관계가 있는 것 같다. 오랫동안 영화와 문학작품 속에서 영국의 학교 급식은 즐기기보다는 참아야 하는 것이었고, 따라서 인격 형성을 위한 일종의 통과의례로서 너무 심각하게 받아들이지 않는 그런 것이었다. 다행히도 이러한 문화적 상황은 최근 들어 사라지고 있고 초라한 학교 급식은 이제 지속 가능 발전에 대한 정부의 정치적 의지를 보여 주는 리트머스 시험으로 받아들여지고 있다(Morgan, 2004a).

연구비 지원 또한 학교 급식을 적절한 연구 주제로 확립하는 데 기여했다. 학교 급식 혁명을 영국, 이탈리아, 미국을 대상으로 비교·연구할 수 있게 해 준 〈영국 경제사회 연구위원회(Economic and Social Research Council, ESRC)〉에 감사한다. 우리는 문화 다양성과 공간 규모가 학교 급식 설계와 서비스에 미치는 영향을 파악하기 위해 로마, 런던, 뉴욕 같은 대도시와 소규모의 농촌 지역들에서 학교 급식 혁명을 연구했다. 런던과 뉴욕은 양국의 대표 도시이자 특히 세계 도시라는 점에서, 그리고 매우 다양한 문화적 맥락과 매우 큰 공간적 규모에서 학교 급식을 개혁하려고 노력하고 있다는 점에서 연구 대상으로 선정했다. 로마는 유럽에서 가장 우수한 학교 급식 체계를 갖고 있으며 맛있다는 평판이 자자하여 선택했다. 우리는 로마 모델에 관한 공동 기자회견을 준비하던 로마 시장의 제안을 받아들여서 브라질의 리우데자네이루의 한 전형적인 초등학교 급식을 사례로 선정했다. 이러한 경험은 다른 공식 출처에서 수집한 증거, 곧 로마가 학교 급식을 매우 심각하게 다루고 있다는 것을 확인시켜 주었다.

〈영국 학술원British Academy〉과 〈빌 앤 멜린다 게이츠 재단Bill and Melinda Gates Foundation〉에서 추가로 받은 또 다른 연구비는 우리 연구를 개발도상국의 정황으로까지 확장시킬 수 있게 해 주었다. 〈빌 앤 멜린다 게이츠 재단〉은 '직접 조달 Home-Grown 학교 급식'이라고 불리는 〈세계식량계획(World Food Program, WFP)〉의 프로젝트에 자금을 지원하기로 결정했다. 이 프로젝트는 학교 급식에 수입 식재료보다는 지역에서 생산한 식재료를 구매하는 것을 목표로 함으로써 그 과정에서 소규모 생산자들에게 새로운 시장을 창출해 준다. 〈세계식량계획〉은 선택된 개발도상국들에서 특히 공공 조달과 관련하여 '직접 조달 학교 급식'의 가능성을 검토해 줄 것을 우리에게 공식 요청했다.

　지금까지 이 책이 나오게 된 계기를 설명했다. 이제 각 장들의 핵심 주장을 간략히 요약해 보자. 1장은 더 큰 사안을 이해하는 데 적절한 맥락이라 할 수 있는 '지속 가능 발전'에 관한 이론적 논쟁을 살펴보고 학교 급식 개혁이 그 속에서 어떤 위치에 있는지 살펴본다. 우리는 지속 가능 발전을 둘러싼 모호함이 이 개념 자체에 내재해 있다고 본다. 이 개념이 민주주의와 정의 같은 규범적인 기준처럼 구체적인 사회문화적 맥락 속에서만 그 의미와 실체를 획득하기 때문이다. 일반적으로 말해 지속 가능 발전은 세 가지 근본 원칙, 곧 시공간을 가로질러 좀 더 형평성 높은 형태의 경제 발전, 좀 더 참여적인 민주 구조, 환경 통합성의 확대에 근거한다.
　이러한 원칙에 의거하여 우리는 먹거리 연구를 하는 데 가장 논쟁적인 사안 중 하나인 먹거리 공급 사슬의 지역화 문제를 검토함으로써 지속 가능 발전의 개념을 재규정한다. 또한 1장에서는 좀 더 지역화된 먹거리 체계가 필연적으로 더 지속 가능한 먹거리 체계라는 주장을 살펴본다. 이러한 주장은 최근 증가하고 있는 '로컬의 함정local trap'에 관한 연구들에게 공격받고 있는데, 다시 말해 공간 규모는 어떠한 내재적인 성질도 갖고 있지 않기 때문에 공간 규모에 사회적 가치를 부여하는 것은 오류라는 것이다.
　순수한 이론 논쟁을 떠나서 어떤 공간 규모가 지속 가능 발전을 가장 잘 이끌어 낼 수 있는가 하는 문제는 매우 정치적인 문제이기도 하다. 국가가 지속 가능한 먹거리 체계를 더욱 증진하기 위해 자신의 구매력을 사용하기 시작하고 있기 때문이다. 이는 국가가 지속 가능 발전에 대한 노력을 심각하게 기울이고 있는 경우, 달리 말하면 '녹색국가Green State'의 경우에 특히 그러하다. 우리가 보기에는 녹색국가는 현존하는 국가라기보다는 이상적인 형태에 가깝다. 이는 어떤 국가이냐보다는 어떤 국가일 것이라는 전망이며, 도달한 것이라기보다는 형성 중에 있는 정치적 과정이다. 1장은 녹색국가가 학교 급식 개혁을 어떻게 추동할 수 있을 것인지 검토하면서 마무리한다.

2장에서는 미로처럼 얽혀 있는 공공 조달의 세계를 탐색한다. 조세와 규제의 힘과 더불어 구매력은 국가가 경제와 사회 속에서 행동의 변화를 이끌어 낼 수 있는 가장 영향력 있는 수단 가운데 하나다. 그러나 공공 조달의 세계는 우리에게 이상한 역설을 제기한다. 대부분의 나라에서 공공 조달의 경제적 중요성이 정치적 위상과는 이상할 정도로 부조화를 보인다는 것이다. 달리 말하면, 공공 조달에 관한 이야기는 그것이 갖고 있었음에도 그동안 손대지 못했던 잠재력에 관한 이야기다. 이러한 역설을 설명하기 위해 우리는 조달에서 전 세계의 선두 주자가 되고자 열망하고 있는 영국에서의 시행착오를 탐색한다. 조달에 있어서 영국은 오랫동안 낙후되어 있었다.

영국에서 창조적이거나 지속 가능한 조달에 장애물이 되는 것은 대개 어디서나 동일하다. 여기에는 비용 개념, 얕은 지식, 지도력의 결여, 조직의 관성, 기존 규제 하에서 무엇을 할 수 있는지에 대한 법률적 불확실성 등이 포함된다. 공공 조달 관리자들은 상품과 서비스를 구매할 때 자유로운 주체가 아니다. 특히 고도로 규제받고 있는 먹거리의 세계에서는 더욱 그러하다. 이런 규제들은 〈세계무역기구(World Trade Organization, WTO)〉의 국제 규정들을 수용하고 있는데, 그 최우선 목적은 무역 규제를 제거하고 공공 계약을 공개 경쟁하도록 보장하는 것이다. 〈유럽연합〉과 미국의 규제들이 이러한 목적을 강화한다. 공공 기관도 '최고의 가치best value'를 확보할 것을 요구받는데, 이 개념은 각 나라별로 그 나라의 문화와 정치의 상호작용에 의거하여 때로는 매우 좁게, 또 때로는 매우 폭넓게 해석할 수 있다.

〈유럽연합〉과 미국에서 가장 논쟁적인 사안 중 하나는, 특히 지방정부와 교육청 같은 공공 기관들이 조달 계약에 지역산 사용을 명시할 법적인 권한을 갖고 있는가 하는 것이다. 여기서 우리는 유럽에서 이 문제를 둘러싼 잘못된 신화를 살펴보고자 한다. 가령 영국에서 조달 담당자들은 〈유럽연합〉 규정이 공공 계약에서 지역산 사용을 명시하는 것을 금지하고 있다고 스스로 확신해 왔다. 지역 생산자에 의해서만 공급될 수 있는 지역산 사용을 명시하는 것(〈유럽연합〉의 차별 금지 원칙을 부정하는 입장)은 불법이지만 신선하고 제철 농산물이며 유기농이고 인증된 품질 등을 산물에 명시하는 것은 가능하다. 예를 들면 이탈리아 같은 나라들에서 이런 항목들을 지역 생산물을 확보하는 데 이용하고 있다.

미국 역시 지역산 조달의 적법성을 두고 갈등을 빚고 있다. 〈미국 농무부(United States Department of Agriculture, USDA)〉는 연방 조달 규정이 국가나 지역의 지리적 선호를 명시하는 것을 금지하고 있다는 주장을 굽히지 않고 있지만 다른 법률 전문가들은 지역산 조달은 '불가하지 않기' 때문에 적법하다고 주장한다. 이 같은 규제의 혼선이 현재 미국 공립학교가 지역산 식재료를 사용하는 데 가장 큰 장애물이다.

2장에서는 공공 조달이 녹색국가의 실현을 좀 더 앞당기는 데 기여할 수 있다고 주장한다. 공공 조달의 잠재력이 좀 더 분명히 인정된다면, 공공 부문 관리자들이 좀 더 창조적인 입찰을 설계할 수 있는 권한을 가진다면, 그리고 규범과 규정들이 〈세계무역기구〉 체계하에서 인간의 건강과 복리에 필수적인 신선한 먹거리가 필요하다는 것을 인정하게 된다면 가능할 것이다.

3장에서는 세 가지 도시 사례 연구 중 첫 번째로 미국에서 가장 인구가 많고 민족적으로 혼합되어 있으며 사회적으로 다양성이 큰 도시인 뉴욕의 학교 급식 개혁의 세계를 살펴본다. 전 세계에서 미국보다 더 광범위하게 패스트푸드 산업이 학교 환경을 식민화하도록 내버려 둔 나라는 없다. 그 결과 미국의 학교 급식 체계는 1946년 '전국 학교 급식법(National School Lunch Act, NSLA)'이 승인된 이래로 퇴보를 거듭해 왔다. 이 법의 원래 목적의 하나는 '미국 아동들의 건강과 복리를 보호'하는 것이었는데, 20세기 후반에 들어 이러한 '공공의 돌봄 윤리public ethic of care'는 계속 위축되어 왔다. 이 법의 원래 존재 이유가 어린이들이 충분한 음식을 섭취하지 못하는 데 있었다면, 오늘날 이 법의 존재 이유는 잘못된 음식을 너무 많이 섭취하고 있어서 뉴욕에서 6~11세 어린이의 거의 4분의 1이 비만으로 분류되고 있다는 데 있다. 이는 미국 평균인 15퍼센트를 뛰어넘는 수치다. 이러한 맥락에서 뉴욕의 학교 급식 개혁이 역점을 두는 한 가지 중대 사안은 '영양의 개선'이다.

뉴욕의 개혁 전략에서 가장 논쟁적인 측면의 하나는 실제로는 건강에 좋은 학교 급식을 패스트푸드로 변장시켜 학생들을 유혹하고 있다는 사실이다. 몇몇 먹거리 급진주의자들은 이러한 전략이 신자유주의적 시장 가치를 공립학교 체계에 도입하는 것이라고 주장하면서 강도 높게 비판한다. 우리는 실용적인 접근을 채택한다. 그 이유는 뉴욕의 학교 급식 개혁이 학교 급식의 영양가를 높이고, 학교 급식 프로그램의 학생 참여를 증진하며, 지역 먹거리 조달의 새로운 기회를 창출하는 등과 같은 몇몇 희망적인 결과를 보여 주기 시작하고 있다고 믿기 때문이다. 이는 아직까지는 분명 '작은 승리'에 불과하고 이를 지속시키려면 연방 정부의 지원이 더 많이 필요하겠지만 전 세계 패스트푸드의 본고장인 미국에서는 그 의미가 작지 않다.

4장에서는 학교 급식 개혁의 가장 성공적인 사례로 2001년에 시작된 로마의 '품질 혁명'을 검토한다. 로마는 이탈리아의 풍부한 음식 문화에 근거하고 있기는 하지만 이 이유만으로 로마가 학교 급식 전선에서 이탈리아에서 가장 혁신적인 도시의 반열에 올라서게 된 것은 아니다. 로마는 유전자조작 먹거리(Genetically Modified Organism, GMO)와 대부분의 냉동 채소 사용을 금지시켰고 제철에 생산되는 신선한 유기농 과일과 채소로 대체하여 영양의 균형이 잡힌 새로운 식단을 제공했다. 동시에 학교 급식 서비스의 환경적 질을 개선했다. 급식 업체들은 입찰 과정에서 유기농 농산물의 공급을 비롯하여 환경적 신뢰 부분에 가산점을 받으며, 더 최근에는 유기농 부문에서만 활동하는 기업들이 생산·가공·포장·유통시키는 식재료임을 뜻하는 '생명 헌신적인bio-dedicated' 먹거리 유통망을 통해 공급하는 생산물을 받도록 장려된다.

'품질 혁명'은 로마 시장市長의 강력한 정치적 지원을 등에 업고 공공 정신으로 무장한 로마의 교육부서 공무원들이 부서를 만들어 진행하고 있다. 이들이 고안한 보상 기준의 하나는 학교 급식으로 제공되기 사흘 이내에 수확된 농산물의 사용을 증진하는 '신선도 보증'이다. 로마는 제공되는 식재료의 신선도를 평가하고 식재료의 오염과 운송 비용을 감축하기 위해 먹거리 이동 거리(푸드 마일food mile), 특히 수확에서 소비까지 걸리는 시간과 거리를 명시적으로 확인하는 세계 최초의 도시다. 로마 시의 의미심장한 투자가 이러한 개혁을 뒷받침해 주었고 이것은 건강한 식사와 사회정의에 대한 로마의 정치적 신념을 보여 주는 실질적인 지표일 것이다.

지속 가능한 세계 도시가 되고자 하는 런던의 계획을 탐색하는 5장에서도 시장市長의 강한 의지가 지역에서 갖는 함의는 명백하다. 이러한 계획의 하나인 '건강하고 지속 가능한 수도 먹거리 전략'은 현존하는 먹거리 체계가 '지속 가능한 세계 도시'가 되려는 런던의 야망을 훼손하고 있다는 매우 간단한 관찰에 근거하고 있다. 런던이 풍부한 레스토랑 문화 덕분에 최근 '전 세계 미식의 수도'라는 칭호를 얻기는 했지만 먹거리 체계의 다른 측면들에는 여전히 문제가 많다. 가령 아동 비만의 경우 영국의 다른 어느 지역보다도 더 두드러진다. 또 가격이 적당하면서 영양도 많은 음식에 대한 접근성을 높이고 학교 급식을 개혁하는 데 많은 사람들이 노력하고 있기는 하지만 그 결과는 런던의 33개 자치구에 매우 불균등하게 나타난다.

런던이 스스로를 세계 도시라고 자부심을 가질지는 모르겠지만, 같은 정도는 아니더라도 런던 역시 미국과 마찬가지로 학교 급식 체계를 축소해 왔다. 런던 시장은 이러한 추세에 도전하는 데는 거의 힘이 없다. 학교 급식 서비스는 시장이 아니라 자치구가 통제하기 때문이다. 자치구가 분석의 핵심 단위라는 점에서 런던 학교 급식 개혁의 범위와 한계를 예시하기 위해 그리니치의 사례를 포함시켰다.

6장에서는 대도시 중심지에서 작은 농촌 지역들로 초점을 옮긴다. 우리는 영국에서 학교 급식 개혁의 선구자로 인정받고 있는 지역 세 곳, 곧 웨일스의 카마던셔, 스코틀랜드의 이스트 에어셔, 잉글랜드의 사우스 글로스터셔를 선택했다. 각각의 지역은 학교 급식 개혁의 중요한 측면을 보여 줄 수 있을 것이다. 예컨대 카마던셔 사례는 이곳이 시대를 앞서 가는 작은 농촌 지역이라는 점을 보여 준다. 건강한 식사가 유행이 되기 전까지는 다른 지역 기관들의 '값싼' 급식 문화를 기준으로 삼아온 당국에게서 고비용 학교 급식 서비스라는 비판을 받아 왔다. 지자체가 지역사회의 건강을 근거로 이러한 평가에 반박했다는 사실 자체가 이 지역의 지도력을 보여주는 증거다.

이스트 에어셔 역시 매우 혁신적인데, 특히 조달 전략이 본받을 만하다. 스코틀랜드 의회는 지역 먹거리와 유기농 공급자들이 시장에 진입할 수 있도록 입찰 과정을 새롭게 설계했다. 계약은 아홉 개 구역으로 되도록 많이 쪼개어 소규모 공급자들이 전국적인 거대 공급 업체들과 경쟁할 수 있도록 지원했다. 식재료를 개선하기 위해 가격과 품질에 동등하게 평가 기준을 두었다. 공급자가 제안하는 수확에서 배송까지의 시간표, 공정무역 산물·제철 산물·소수민족 음식을 공급할 수 있는 능력, 생물 다양성과 가축 복지 기준 준수 여부에 점수를 준다. 2006년 초등학교 급식에 사용되는 식재료의 50퍼센트가 유기농이었고, 70퍼센트 가량이 지역 생산물이었으며, 90퍼센트 이상이 가공되지 않은 것이었다.

사우스 글로스터셔는 학교 급식 개혁 이야기에 또 다른 차원을 더하고 있는데, 바로 급식 서비스에서 노동의 역할을 강조한다는 점이다. 급식 책임자는 숙달되고 의욕적인 급식 종사원 없이는 경제적·환경적 지속 가능성을 달성할 수 없다는 관점을 가져야만 한다. 이러한 이유에서 이 지역 급식 종사원들은 더욱 건강한 서비스를 제공할 수 있도록 영양과 고객 배려에 대한 집중적인 훈련 프로그램을 이수했다. 이는 또한 노동의 존엄성을 강조하기 위한 변화였다.

7장에서는 매우 중요하지만 거의 알려지지 않은 개발도상국에서의 학교 급식을 다룬다. 굶주림과 질병과 저개발로 악명 높은 전 세계 최빈국들에게 이 한 장의 글이 정의를 가져다줄 것이라고 기대할 수는 없겠지만 직접 조달 학교 급식의 도전에 논의를 집중시켜 조금 다른 관점에서 문제를 분석하고자 한다. 기존의 학교 급식은 대개 외국에서 수입한 먹거리에 의존하는데, 이는 설령 인도주의적인 동기를 갖고 있다고 하더라도 개발도상국의 자생 농업에 해를 미칠 수 있는 구조다. 직접 조달 학교 급식 프로그램은 여기에 참여하는 어린이들의 건강과 교육을 증진하는 가운데 지역의 생산자들에게 시장을 창출하는 것을 주된 목적으로 한다.

하지만 우리의 핵심 주장은 직접 조달 학교 급식이 학교 급식보다 훨씬 더 많은 것을 의미하고 있다는 데 있다. 이는 집합적 행위를 가능하게 해 주는 강고하고 투명한 틀을 만들어 내는 일이며, 관련 예산을 창출하고 지속시켜서 선거가 가져오는 정치적 불확실성 속에서도 그 체계가 살아남을 수 있도록 하는 것이다. 그리고 소농을 육성하여 이들이 생계농에서 상업농으로 전환하는 데 기여할 수 있도록 구매력을 활용하는 법을 배우는 것이고, 부패를 차단하면서 시민사회·기업계·원조기관의 적극적인 지원을 얻는 것이다. 요약컨대 직접 조달 모델은 개발이라는 전체 드라마의 축소판이며, 이는 시행착오를 통한 학습으로 이해할 필요가 있다. 그 속에서 결과적으로 최종 산물인 영양가 높은 음식을 제공하는 것은 훨씬 더 거대한 과정의 일부에 불과하다.

8장에서는 21세기에 사회가 스스로에게 던질 수 있는 가장 큰 질문 몇 가지와 학교 급식 개혁을 관련시키고자 한다. 우리는 학교 급식 개혁이 새로운 공공의 돌봄 윤리로 보호되고 증진될 필요가 있다고 주장한다. 도덕률이자 사회적 활동인 '돌봄'이 대개 사적 영역에만 국한되어 있어서 그 부담이 주로 여성들에게 지워져 있기 때문이다. 우리는 새로운 공공의 돌봄 윤리의 전망을 두 가지 영역에서 살펴본다. 첫째, 학교 급식 개혁이라는 부문적 맥락에서 지속 가능한 체계는 어떤 모습일 것인가를 개관하고 둘째, 사회적 맥락에서 비만과 영양실조라는 쌍둥이 위기는 공공 영역에서 조율된 집합적 행위가 없으면 해결될 수 없다고 주장한다.

이 책은 학교 급식 공급에서 지역사회 먹거리 계획으로의 이행 가능성에 대한 전망을 탐색하면서 끝맺는다. 지역사회 먹거리 계획은 공공 급식을 새로운 사회적·공간적 규모로 확장시키는 데 도움이 될 것이다. 또한 어린이뿐 아니라 성인에게도 먹거리를 제공하는 것을 가능하게 하며, 국가가 인간의 가장 기본적인 권리인 먹거리에 대한 권리를 존중하도록 하는 데 기여할 것이다. 사실 21세기에 만성적인 굶주림이 많은 사람을 괴롭힌다는 사실은 60년 전인 1948년 〈유엔〉이 「세계인권선언Universal Declaration of Human Rights」에서 먹거리에 대한 권리를 최초로 인정하면서 처음 제기된 '인권'을 웃음거리로 만드는 일이다. 사회가 지속 가능 발전에 헌신할 때 받아들이는 모든 윤리적 의무 중에서 그 어떤 것도 만성적인 굶주림을 타개하는 것만큼 더 중요한 것은 없다. 이러한 도전에 부응하는 것은 경제적 자원의 문제가 아니라 정치적 의지의 문제다. 〈세계식량계획〉은 아프리카에서 학교에 다니는 아이들이 굶지 않기 위해서는 연간 12억 달러가 들 것이라고 추산했다. 이는 미국 정부가 2007년까지 이라크 전쟁에 지출한 비용의 대략 1퍼센트밖에 안 된다(8장). '희망은 영원히 샘솟는다'는 격언이 있다. 하지만 우리의 우선순위를 전쟁에서 복지로 돌리지 않는 한 먹거리에 대한 권리가 존중되기를 희망하는 것은 어렵다.

우리가 학교 급식 혁명의 잠재력을 실현하는 데는 우선순위를 새롭게 매기는 일 또한 필요할 것이다. 대부분 이는 실제 혁명이라기보다는 개념적인 혁명이며, 현실보다는 열망에 가깝다. 전 세계 각국 정부들이 이제 오늘의 학교 급식에 대한 투자가 내일의 시민들의 건강과 복지에 대한 투자라는 것을 받아들이고 있다. 하지만 핀란드와 스웨덴 같은 주목할 만한 예외 말고는 대부분의 정부는 계속해서 학교 급식을 상업적인 서비스로 다룰 것이다. 목적은 갈구하지만 정작 수단은 강구하지 않는 것이다. 학교 급식 혁명은 급식 서비스의 본질을 완전히 이해하여 아이들의 식탁에 오르는 좋은 음식이 예외가 아니라 규범이 될 때 드디어 잠재력을 실현하게 될 것이다.

1장
공공 급식과 지속 가능 발전:
장애물과 기회

지속 가능 발전의 이론과 실제

21세기의 여명기에 세계는 전에 없던 규모와 범위의 전 지구적 환경 위기에 직면하고 있다. 위기 자체는 새로운 것이 아니다. 자연 세계와 인간의 상호작용이 오랫동안 우리의 환경을 파괴해 왔다. 새로운 것은 오염 수준이 증가하는 속도와 지구의 기온이 올라가는 속도, 그리고 동식물 종들이 영영 사라지는 속도다.

또 비교적 새로운 것은 이 같은 전 지구적 환경문제가 생태계만이 아니라 우리 경제의 미래 또한 위협한다는 인식의 확산이다. 2006년 말 〈세계은행World Bank〉의 전前 수석경제학자 니콜라스 스턴Nicholas Stern은 지구온난화가 초래하는 자연재해와 가뭄, 해수면 상승으로 수많은 난민이 발생해 각 나라에 국내총생산(Gross Domestic Product, GDP)의 5~20퍼센트에 달하는 경제적 치명타를 줄 것이라고 주장하는 보고서를 발간했다. 『스턴 보고서Stern Report』는 지금 기후변화를 다루게 되면 각 나라별로 국내총생산의 1퍼센트 남짓한 비용을 치를 것이지만 만약 이 문제를 10년 내에 다루지 않는다면 지구상의 인구 1인당 약 1,000달러를 투자해야 할 것이라고 주장한다. 이는 세계경제를 최근 역사상 최악의 불황으로 몰아넣을 수 있는 수치다(Stern, 2006).『스턴 보고서』가 제시한 데이터는 여전히 논쟁 중이고 논의 중에 있지만 전 세계 언론에 이 보고서가 미친 영향은 전 지구적 환경문제가 이제 모든 영역과 모든 수준에서의 정책 논쟁 속으로 들어왔음을 잘 보여 준다.

많은 전문가와 정책 입안자들에게 이 같은 전 지구적이고 다각적인 환경 위기는 발전이라는 개념을 다시금 생각하도록 만든다. 즉 발전의 근본 목표를 양적 성장이라는 기본 개념에서 사람들의 삶에서 좀 더 포괄적인 질적 개선이라는 개념으로 전환하는 문제다(Daly, 1996). 이는 경제성장에만 협소한 초점을 두는 과거의 근대화 패러다임을 뛰어넘어 우리 삶의 환경적·사회적 측면들도 포괄하는 발전 전략을 고안한다는 뜻과 거의 다름없다. 간단히 말해서 이는 경제, 사회, 자연 간의 상호 의존을 훼손하는 것이 아니라 강조하는 발전 모델을 증진한다는 뜻이다. 이러한 맥락에서 지속 가능 발전 개념은 미래 세대에 이르기까지 특정한 복리 수준으로 인간 생명을 지탱하는 데 필수인 사회적·생태적 조건들에 주의를 기울이도록 촉진하는 가장 강력한 이데올로기적 도구가 됐다(Earth Council, 1994).

'지속 가능 발전이란 미래 세대가 자신의 필요를 충족할 수 있는 능력을 제약하지 않으면서 현재 세대의 필요를 충족시키는 발전'이라고 최초로 공식적인 정의를 내린『브룬틀란트 보고서*Brundtland Report*』(『우리 공동의 미래*Our Common Future*』라고도 불린다. 옮긴이)가 나온 지도 20년이 흘렀다(WCED, 1987). 이 개념은 학술적·정치적 담론 모두에서 인기가 있었지만 지속 가능 발전을 향한 지금까지의 진보는 전반적으로 볼 때 '느리고 점진적이며 비본질적이었다'(Carter, 2007: 356). 지방 의제 21[1]을 둘러싼 지역 논쟁을 예외로 하면 지속 가능성을 둘러싼 논의는 주로 전 지구적 차원과 이론적 차원에서 일어났고 지속 가능 발전의 정확한 의미에 관해 끝도 없고 대부분 추상적인 의견들만 만들어 왔다.

몇몇 학자들은 특정한 차원의 지속 가능성을 강조해 왔다. 가령 엄격하게 경제적인 시각에서 지속 가능 발전의 목표는 미래 세대의 1인당 소득이 현재 세대의 소득보다 적어서는 안 된다는 것을 보장하는 것이다(Tisdell, 1999a: 24). 이 같은 '약한' 형태의 지속 가능 발전은 가능한 부분에서는 자연 자원을 보호하려는 노력을 받아들이지만 경제활동이 미리 결정된 환경적 한계 내로 제한되어야 한다는 생각은 거부한다(Jacobs, 1999: 31). 환경주의자들은 이와 같은 인간 중심적인 지속 가능성 견해에 반대하면서 생물 다양성과 자연 자원의 보호에 집중하는 더욱 생태 중심적인 시각을 옹호한다(Gibbon and Jakobsson, 1999: 106). 이처럼 '강한' 형태의 지속 가능 발전은 환경적 한계 개념을 강조한다. 즉 '환경의 수용 능력'이 창출하는 한계 내에서 살아가는 데 기초를 두며, 인류를 자연 위가 아니라 자연 속에 자리매김한다(Jacobs, 1999: 31). 다른 학자들은 여전히 어떤 사회가 스스로를 재생산하고 제도를 유지하며 성원들에게 결속감과 공동체를 제공하기에 충분한 부를 창출하는 것을 의미하는 사회적 지속 가능성에 초점을 맞춘다(Gibbon and Jakobsson, 1999: 107).

다른 경우에는 지속 가능 발전에 대한 논쟁의 초점이 다차원적이다. 몇몇 학자들은 좀 더 통합적인 발전 방식을 증진하고자 하는 노력을 통해 경제적·사회적·환경적 목표를 동등하게 강조한다(Tisdell, 1999b). 가령 지속 가능한 체계는 다섯 가지 다른 유형의 자본 스톡, 곧 자연 자본(자연의 재화와 서비스), 사회 자본(사회 속의 사람들의 응집력), 인적 자본(개인의 지위), 물적 자본(지역 기반 시설), 금융 자본(돈)을 축적해야 한다고 주장하기도 한다(Pretty, 1999).

지금까지 지속 가능성 목표를 해석해 온 방식들이 이처럼 근본적으로 차이를 보인다는 점에서 몇몇 논자들은 지속 가능 발전은 모호하지는 않다고 하더라도 여전히 불분명한 개념이라고 주장한다. 즉 '너무 비현실적이고 편향적이며 순진하다는 것이다'(Gibbon and Jakobsson, 1999: 104). 몇몇 학자들은 지속 가능 발전이 매우 다양하고 상이한 정치적·경제적 의제들과 잘 들어맞는 잠재력을 갖고 있다고 본다. 따라서 이 개념은 지속적인 관심이나 연구가 불필요한 비본질적이고 진부한 상투어가 될 수도 있다(Drummond and Marsden, 1999: 1). 이러한 견해를 표현하기 위해 지속 가능 발전에 대해 다음과 같이 주장하기도 한다.

> 정치적인 사탕발림: 갈등하는 정당, 분파, 이해 당사자들의 신뢰를 잃지 않으면서도 이에 천착하도록 해 주기에 충분할 정도로 모호한 (…) 편리한 단어 형태다. 이는 정치에 대한 인간 중심적 접근과 생물 중심적 접근 사이의 건널 수 없는 간극을 연결하려 하는 '정치적 공정성political correctness'의 표출이다(Richardson, 1997: 43).

우리는 이러한 주장은 본질적으로 결함을 갖는 논쟁이라고 생각하며 지속 가능 발전은 상대적이지 절대적인 의미를 갖는 것은 아니라는 점을 인식하지 못했기 때문이라고 본다. 민주주의나 정의와 같은 다른 중요한 많은 개념들과 마찬가지로 이는 근본적으로 어떤 정책이 초®목적적인 기능을 수행하기 위한 규범적 표준이다(Meadowcroft, 2007: 307). 이론적 수준에서 지속 가능 발전은 정치적이고 과학적인 논쟁을 형성하고 초점을 맞추는 데 기여할 수 있다. 이런 점에서 지속 가능 발전이 무엇을 상징하는가는 매우 중요하다(Richardson, 1997: 53). 하지만 더욱 실용적인 측면에서는 서로 다른 사회가 그 사회의 환경을 다르게 구성하고 가치를 부여한다는 점을 기억하는 것이 아주 중요하다(Redclift, 1997). 이처럼 간단한 이유에서 지속 가능 발전은 각각의 특정한 환경적·사회문화적 맥락 속에서만 구체적인 의미와 실체를 획득한다. 따라서 지속 가능 발전을 시행하기 위해서는 "복수의 접근법과 (…) 시각을 포괄하고 진화하는 '발전 개념'과 연관된 다수의 해석과 실천을 수용하며 로컬에서 글로벌에 이르는 공공 공간의 개방을 지원하는" 보편적인 공식을 찾아 나서는 일을 넘어서야 한다(Sneddon et al, 2006: 254). 요약하면 지속 가능 발전의 시행은 근본적으로 규범적 원칙을 협상하는 문제이자, 이를 맥락상 의존적인 우선순위와 필요에 맞게 조정하는 문제다.

포괄적으로 말해서 지속 가능 발전을 규범적인 표준으로 만들어 주는 세 가지 근본 원칙이 존재한다. 첫째, 지속 가능 발전은 시공간에 걸쳐 더욱 평등한 형태의 경제적 발전을 증진하는 것이다. 달리 말하면 이는 미래 세대에 위험이나 비용을 부담시킬 수도 있는 가능성을 인정하면서 모든 인간들의 기초적 필요를 충족시키기 위한 시도에 관한 것이다.

지속 가능한 소비라는 개념이 이러한 목표를 달성하기 위한 핵심 도구로 등장했다. 오늘날 북반구의 대량 소비 양상과 남반구의 기초 소비 필요 부족 간의 격차가 더 커지고 있다는 점은 널리 알려져 있다. 한 가지 사례만 들어 보면 지구상의 빈민들에게 기초적인 보건 의료와 영양을 공급하려면 연간 130억 달러가 필요하다는 연구가 있다(Chasek et al., 2006: 3). 유럽과 미국 사람들은 애완동물 먹이로 연간 약 170억 달러를 사용한다. 지속 가능한 소비 시도들은 '부', '번영', '진보' 등의 개념들을 재정의함으로써 경제적 측면과 함께 사회환경적 측면의 복리에 가치를 부여하는 새로운 사회적·경제적 거버넌스(governance, 국가의 여러 업무를 관리하기 위해 정치·경제 및 행정 권한을 행사하는 방식, 즉 국정 관리 체계를 의미하는 행정학 용어다. 옮긴이) 기구들을 건설하고자 한다(Seyfang, 2006: 385). 공정무역 인증 표시는 이 같은 시도를 보여 주는 좋은 사례다. 실제로 그 목표는 북반구의 소비가 희소한 자원에 미치는 직접적인 영향을 완화하고, 동시에 그러한 자원을 공급하는 남반구 지역사회의 사회적·경제적 조건을 개선하는 데 있다(Carter, 2007: 219). 또한 지속 가능한 소비는 더욱 평등한 사회경제적 체계를 이룩하기 위한 지금의 여러 노력들이 경쟁적 지출의 압력으로 사회정의에 중대한 변수인 빈부 격차가 점차 더 벌어지는 상황에 직면해 있는 전 세계의 가장 부유한 나라들에서도 하나의 목표가 됐다. 이러한 이유에서 '지속 가능한 소비를 달성하는 것은 (…) 부유한 나라들의 소비 수준과 소비 양상을 전반적으로 재조정하고 사회적으로 배제된 빈민들에게 기초적 필요를 제공하는 일 모두를 가능하게 해 줄 것이다'(Carter, 2007: 220).

둘째, 지속 가능 발전은 상호 연결되고 주민들의 참여가 활발한 지역사회를 통해 민주주의를 고양한다. 자유민주주의에 대한 비판과 그것이 갖는 내재적인 위계, 관료주의, 개인주의 및 불평등에서 비롯된 이러한 원칙은 환경보호에 책임감을 가진 정부를 만들어 내고 개인의 자율과 개입의 증대를 고양하는 참여 민주주의 모델을 제시한다(Carter, 2007: 55-56; Eckersley, 2004도 보라). 이 장의 뒷부분에서 논의하겠지만 환경보호에 열정적인 민주적 기관들이 갖는 역할과 잠재력을 묘사하기 위한 강력한 개념적 도구로 녹색국가 개념이 등장했다.

셋째, 지속 가능 발전은 효과적인 환경보호를 위해서는 경제 발전이 필요하고 성공적인 경제 발전은 환경보호에 의존한다는 가정하에 환경에 대한 고려를 경제 발전 전략에 통합하는 것이다. 이 점에서 환경에 대한 고려는 단순히 생태적 사안들을 포괄하는 것 이상임을 지적하는 것이 중요하다. 지속 가능 발전은 환경 또한 그 속에서 살아가는 사람들의 가치, 필요, 열망을 포괄하는 인간적인 차원을 가지고 있음을 시사한다. 어떤 학자는 빈민들(특히 어린이) 사이에서 빈발하는 환경 관련 질병에 대해 저술하면서 다음과 같이 지적한다.

질병과 빈곤이 만연한다면 지속 가능 발전은 달성될 수 없다. 건강한 환경과 온전한 생명 부양 체계 없이는 인구의 건강은 유지될 수 없다(von Shirnding, 2002: 632).

환경에 대한 고려를 정치적 의사 결정 과정에 통합하면 지속 가능한 환경과 지속 가능한 인류 간의 상호 의존성을 온전히 인정하고 건강 불평등을 줄이는 지역 전략을 환경적 불평등을 줄이는 전략과 통합해야 할 필요성이 긴급해진다.

이 책에서 우리는 지속 가능 발전의 세 가지 근본적인(그리고 상호 관련된) 원칙인 경제적 발전, 민주주의, 환경적 통합성에 초점을 맞춤으로써 지속 가능 발전 개념을 조작화할 것이다. 전 세계의 많은 정치적·경제적 행위자들은 이러한 원칙들이 구현하고 있는 변화를 위한 야심 찬 의제를 위해 헌신해 왔다. 가령 전 지구적 환경 위기에 대응하기 위한 노력으로 많은 선진 산업국가들은 국가 차원의 지속 가능 발전 전략들을 만들어 왔고, 대개는 공식적으로 산업계와 시민사회의 지원을 받고 있다(Carter, 2007). 하지만 과학계와 정책계 모두에서 지속 가능 발전에 필요한 기존의 생산과 소비 양식의 급진적인 전환을 실제로 어떻게 달성할 것인가에 관해서는 여전히 많은 논의들이 진행되고 있다.

먹거리가 점차 이러한 논쟁의 전면에 등장하고 있다. 다른 산업부문과 비교했을 때 먹거리는 독특한 지위를 가지고 있는데 바로 그 최종 생산물을 우리가 섭취한다는 것이다(Morgan, 2007b). 이러한 이유 때문에 먹거리 분야는 발전의 경제적·사회적·환경적 차원들의 상호 연관성을 탐색할 수 있는 특수한 프리즘을 제공한다. 실제로 먹거리는 공공 보건에서 사회적 포용에 이르기까지 지속 가능한 소비에서 여러 활동(운송, 가공, 폐기물 관리 등)이 갖는 환경적 함의에 이르기까지 현재의 지속 가능성 논쟁의 핵심에 놓여 있는 광범위한 사안들과 관련되어 있다. 이 장의 나머지 부분에서는 먹거리와 지속 가능 발전과의 관계를 탐색할 것이다. 오랫동안 먹거리 체계를 지속하는 데 필수적인 경제적·생태적·사회적 필요조건으로 초점을 제한하지는 않을 것이다. 그보다는 사려 깊게 계획되고 관리되는 먹거리 체계가 지속 가능 발전의 세 가지 광범위한 원칙을 실행하는 데 있어서 좀 더 일반적으로 기여할 수 있는 것들에 대해 논의할 것이다.

지역화는 먹거리와 지속 가능 발전의 새로운 기회인가

사회과학자와 자연과학자들은 최근 들어 가장 산업화된 방식으로 생산되는 먹거리가 공급 사슬의 모든 단계에서 얼마나 광범위하게 전 지구적 환경 위기의 원인이 되어 왔는가를 보여 주고 있다. 먹거리 생산 단계에서 농약과 비료 사용이 늘어나면서 농업이 집약화되고 그 결과 토양이 고갈되고 물이 오염되고 야생동물들이 사라졌다. 반대로 농업의 전문화는 작물 품종 수를 급감시키고 생물 다양성을 크게 저하시켰다. 그 결과 경관, 농촌 생계, 영농 체계가 점차 단순화됐다(Pretty, 1999: 86). 선진 산업국가들에서 다각화되고 통합적인 농사를 짓는 지역의 농가들은 계약 노동에 의존하는 전문화된 작업으로 대체됐다. 가공 시설은 집중화되어 농촌 지역 사회에서 멀어졌다. 그리고 기계화로 많은 농가들(특히 소농들)이 사라지는 동시에 한편으로는 대규모화되어 인간 노동의 필요성이 줄어들면서 고용률과 농촌에 필요한 서비스를 제공하는 데 있어서 충분히 예측 가능한 부정적인 영향을 미쳤다. 개발도상국의 많은 지역들에서는 이러한 추세가 지역 생태계뿐만 아니라 지역의 사회문화적 관행들에도 돌이킬 수 없는 부정적인 영향을 미쳤다. 가령 멕시코나 인도 같은 나라에서는 제초제를 너무 많이 뿌린 탓에 원주민들에게 음식·짚·거름·약을 제공해 왔던 비작물 식물이 사라지게 되었고 이에 따라 이들의 문화적 정체성, 전통 그리고 생존 전략이 위협받고 있다(McMichael, 2000: 27).

먹거리 사슬 가운데 제조 단계에서는 가공과 수송에 사용되는 엄청난 양의 화석연료가 지구온난화와 오염의 심각한 원인이 되어 왔다. 코넬 대학교가 수행한 연구에 따르면 1990년대 중반 미국에서는 식품을 제조하는 데 해마다 3,800억 리터의 석유가 사용됐다. 한 계산에 따르면 좀 더 최근에는 미국에서 평균적인 먹거리 품목들은 농장에서 식탁에 이르기까지 2,500~4,000킬로미터를 이동한다(Kaufman, 2005). 영국의 상황은 더 나쁘다. 최근 추정에 따르면 먹거리 품목들은 경작지에서 식탁까지 평균 8,000킬로미터를 이동한다(Pretty et al, 2005). 환경적 토대가 약화되고 농산업의 주 요소 중 하나인 값싼 석유가 사라지게 되면 농업의 미래 자체가 점차 위험에 봉착할 것으로 보인다(Sachs and Santarius, 2007: 10).

먹거리 사슬의 소비 단계로 돌아오면 먹거리의 산업화와 연관된 전 지구적 환경 문제가 또한 얼마나 먹거리 안보와 공중 보건에 문제를 야기하고 있는지가 명백해 진다. 기업농들이 주로 지속 불가능한 풍부한 음식을 제공하는 상업적 먹거리 생산을 위해 전 세계에서 농지를 확장하는 바람에 5억 명의 농촌 주민들이 자신들이 먹을 것을 기를 땅에 접근할 권리를 잃었다(McMichael, 2000: 27). 전 세계 몇몇 지역에서는 산업적 먹거리 체계가 [먹거리에 대한] 접근을 민주화하여 먹거리 소비에서 분명 소득 관련 계급 차이를 줄이는 데 기여했다(Goodman, 2004: 13). 하지만 다른 지역들에서는 농촌 경제의 몰락으로 '먹거리 사막', 즉 저소득층 사람들이 신선하고 영양 많은 건강한 음식에 거의, 또는 전혀 접근하지 못하는 지역이 나타났다(Wrigley, 2002; Guy et al, 2004). 이렇게 되면 개인과 사회의 복리도 문제가 된다. 2003년 영국에서 비만과 과체중으로 발생한 비용은 연간 66~74억 파운드로 추산된다(House of Commons, 2004). 미국에서 일곱 가지 음식 관련 질병과 관련한 공중 보건 비용은 연간 100억 달러에 달한다(Kaufman, 2005). 동시에, 그리고 매우 모순되게도 굶주림과 먹거리 불안정이 전 세계 개발도상국뿐만 아니라 가장 부유한 나라에서도 동시에 증가하고 있다. 가령 많은 미국 도시들은 적정량의 먹거리를 절실히 필요로 하는 사람들에게 이를 점점 더 공급하지 못하고 있다(Pothukuchi, 2004: 357).

이러한 모든 이유에서 많은 반대 운동들은 먹거리를 문화적 환원주의와 근대화의 지속 불가능성, 그리고 기업 논리를 보여 주는 가장 좋은 사례로 본다(McMichael, 2000: 27). 하지만 과거에 먹거리가 전 지구적 환경 위기에 기여했다는 비난을 받았던 만큼이나 오늘날의 먹거리는 점차 해법의 일부로 비치고 있다. 실제로 과학자와 정책 입안자 모두가 먹거리 체계가 지속 가능 발전의 광범위한 목표, 곧 경제 발전, 민주주의, 환경적 통합성을 달성할 수 있는 잠재력을 지니고 있다고 인식하기 시작했다. 그러나 여전히 가장 기본적인 문제를 둘러싸고 치열한 논쟁이 진행되고 있다. 지속 가능 발전의 광범위한 목표를 달성하는 대안적 사회경제체제가 등장하는 데 먹거리가 어느 정도나 기여할 수 있을까?

많은 학자와 활동가들에게 먹거리가 지속 가능 발전에 기여하는 정도는 불가피하게 지역 소비를 위해 지역 먹거리 생산 증대를 꾀하는 지역화 전략의 실행과 연결되어 있다. 가령 지역화는 지역사회 먹거리 보장community food security 개념의 핵심이다. 이는 먹거리 체계에서 일어나는 두 가지 이상의 활동 간에 공간적으로 밀접한 연결을 만들어 냄으로써 지역성과 지역사회를 강화하는 먹거리 체계를 옹호한다(Pothukuchi, 2004; Feagan, 2007). 같은 생각이 '먹거리 정의food justice' 개념에도 암묵적으로 들어 있는데, 이를 '세계화에 대한 저항' 같은 개념들과 연결시키기도 한다(Wekerle, 2004: 385). 그리고 개발도상국에서 전통적인 학교 급식 방안들조차도 현재 직접 조달 혁명을 경험하고 있다(7장).

먹거리와 지속 가능 발전 간의 관계를 명시적으로 이론화하려고 해 온 학자들 역시 지역화 개념을 중심으로 논의해 왔다. 가령 지속 가능한 먹거리 체계는 '지역에서 기른 농산물, 광역적인 협동조합, 지역 소유의 가공, 지역 화폐, 그리고 정치와 규제에 대한 지역 통제'를 강조하는 '근접한 체계'에서의 생산을 수반한다고 말하기도 한다(Kloppenburg, 2000: 18). 또 먹거리 생산을 위한 지역 수입 대체 전략의 영향을 평가할 수 있는 두 가지 변수를 언급하기도 한다(Bellows and Hamm, 2001: 281). 여기에는 지역 자치, 즉 '지역 및 비지역 먹거리 체계 당사자들과 먹거리 필요량을 협상할 수 있는 다양한 대중의 정치적 능력이 포함되고', '인간 및 비인간 환경의 미래 통합과 건강에 기여'할 수 있는 지역 기반의 먹거리 체계의 능력으로 규정되는 지속 가능 발전이 포함된다.

부분적으로 이러한 '지역' 찬양은 사회과학에서 글로벌을 '헤게모니적이고 억압적인 것으로', 로컬을 '급진적이고 전복적인 것으로' 구성하는 반세계화 서사를 발전시키는 폭넓은 경향성을 잘 보여 준다(Born and Purcell, 2006: 200). 가령 어떤 인류학자는 가장 강력한 세계화의 동력이 항상 탈지역화 효과를 갖는 것은 아니라고 주장한다(Escobar, 2001). 몇몇 경우에는 이것이 장소의 경계를 강화하기 때문이다.

> 장소와 문화의 생산을 글로벌의 측면뿐만 아니라 로컬의 측면에서, 로컬의 포기라는
> 관점이 아니라 비판적 단언의 관점에서, (자발적이든 강요된 것이든 간에) 장소에서 도피
> 하는 것이 아니라 지역에 대한 애착으로 접근하는 것이 가능할 것이다(Escobar, 2001:
> 147~148).

이런 관점에서는 종종 로컬이 지속 가능 발전을 이행하는 데 가장 적절한 규모로
서 등장하게 된다. 가령 '각 지역마다 수용 능력과 잠재력이 다르다는 점에서 지속
가능한 발전이 실제로 추구되기 위해서는 영역화되어야 한다'고 주장된다(Cavallaro
and Dansero, 1998: 37). 이와 비슷하게 '환경 지속 가능성으로 나아가기 위해서는 장
소 특수적이며 지역사회 · 지리 · 자연 관리 의식에 따라 공간적으로 구획된 생태 지
역적인 경제를 만들어 내는 일이 반드시 필요하다'는 주장도 있다.

하지만 먹거리에 대해서는 또한 지역 먹거리 체계가 지속 가능 발전을 달성할 수
있는 잠재력을 지니고 있다는 견해를 지지하는 데 사용되는 세부적인 주장들이 적
어도 세 가지 있다(Born and Purcell, 2006). 첫째, 대체로 지역 생산이 생태적으로 좀
더 건전하고 농업을 환경적으로 지속 가능한 생산방식으로 만들어 준다는 가정이
다(Renting et al., 2003). 이러한 가정을 뒷받침하는 두 가지 논리가 있다. 한편으로는
'먹거리 유역foodshed'(Kloppenburg, et al, 1996)이나 '테루아terroir'(Barham, 2003) 같은
개념을 이용하여 소기후micro-weather 양상이나 토양과 수질 같은 지역 '자연'의 변
수들이 생산되는 먹거리의 질에 긍정적인 영향을 미친다는 점을 강조한다. 다른 한
편으로는 지역화를 '푸드 마일'을 줄이고 전 세계에 걸친 운송과 배송과 관련한 에
너지와 오염 비용을 줄이는 매우 효과적인 전략으로 간주한다.

둘째, 세계화된 먹거리 체계의 기능에 내재해 있듯이 경제적 거래가 사회 · 환경

적 맥락에서 이탈되는 현상과는 대조적으로 지역화된 먹거리 사슬은 생산자와 소비자 간의 신뢰 관계를 확립하고 사회자본을 늘리며 피드백 구조를 창출하고 지역경제 발전을 강화하는 '사회적으로 뿌리내린 장소의 경제'를 증진한다(Seyfang, 2006: 386) 이러한 유형의 주장은 '지역의 지속 가능한 먹거리 체계는 지역사회에 경제적 이득을 제공할 뿐 아니라 시민들의 개입과 협력, 건강한 사회관계 또한 촉진한다'는 문장에 분명히 드러나 있다(Feenstra, 1997: 28). 또한 지역사회 지원 농업(CSA)[2] 같은 혁신 덕분에 사회적 상호작용의 장소였던 시장이 그동안 잃어버렸던 차원을 회복함으로써 발생하는 사회적 뿌리내림과 기회가 주는 미덕을 강조하기도 한다(O'Hara and Stagl, 2001). 이러한 맥락에서, 특히 유럽에서 지역 먹거리 체계는 새로운 관계와 부가가치를 만들어 내는 방법의 개발을 통해 농업에 대한 기존의 비용·가격 압박에 저항할 수 있는 '새로운 농촌 발전 패러다임'의 등장에 기여하는 것으로 비친다(Renting et al, 2003).

셋째, 로컬 푸드는 대개 좀 더 신선하고 잘 익었으며 영양 많고 따라서 건강에 좋다는 가정이다(Born and Purcell, 2006: 203; DeLind, 2006: 123). 이러한 견해는 특히 오랫동안 먹거리 위기를 겪었던 영국 같은 나라의 소비자 사이에서 인기가 있다. 먹거리 위기는 산업화된 먹거리 체계 속에서는 (먹거리) 이력을 추적하기 어렵다는 사실과 연결되어 있기 때문이다.

그러나 로컬 푸드와 지속 가능 발전 사이에 실질적인 관련이 존재할까? 지역화가 경제 발전, 민주주의, 환경적 통합을 증진하는 먹거리 체계를 고안하는 데 가장 효과적인 전략인가? 다음 절에서 살펴보겠지만 오늘날 또 다른 강력한 담론이 등장하고 있다. 이 담론은 먹거리의 지역화가 지속 가능성의 핵심이라는 가정에 의문을 제기함으로써 지속 가능 발전의 수사와 현실 간의 격차를 좁히기 위한 실용적 도구로 먹거리를 활용하려는 정책 입안자들에게 새로운 도전이 되고 있다.

먹거리 사슬의 지역화는 지속 가능 발전인가, 로컬의 함정인가

먹거리 관련 문헌에서 '지속 가능 발전'과 마찬가지로 '로컬'은 서로 경합하는 많은 해석들에 노출되어 있는 탓에 대부분의 연구자는 이제 이를 문제투성이 개념까지는 아니라 해도 이론적·실용적으로 대단히 복잡한 개념으로 간주한다. 일반적으로 대안적 먹거리 실천(로컬 푸드 실천을 포함하여)은 쉽게 관행 부문에 포섭될 수 있다는 것이 입증되고 있다(Sonnino and Marsden, 2006). 이는 가령 캘리포니아에서 유기농 부문의 '관행 농업화'(Guthman, 2004)와 함께 발생하며, 유럽에서도 원래는 생산물과 생산의 지역 맥락과의 관계를 강화하기 위해 도입한 라벨링 프로그램의 보호를 받는 먹거리가 경제적으로 살아남기 위해 종종 국제적인 먹거리 공급 사슬에 의존해야 하는 경우에 그러하다(Watts et al., 2005: 30).

관행 먹거리 체계와 대안 먹거리 체계 사이의 경계가 모호해지는 현상을 설명하는 새로운 개념화가 이론적으로 필요하다는 주장이 제기되는 가운데(Morgan et al., 2006; Sonnino and Marsden, 2006; Feagan, 2007) 이 연구들은 먹거리 지역화의 실제 의미가 매우 논쟁적이며 항상 지속 가능성을 가져오는 것은 아니라는 것을 입증한다. 가령 캘리포니아에서 '로컬' 푸드는 여러 가지 상이하고 때로는 갈등을 일으키는 함의를 갖고 있어서 전 지구적인 야망과 함께 보호주의적이고 적극적인 배타주의 형태를 포괄한다(Allen et al, 2003). 아이오와에서는 로컬 푸드 운동이 한편으로는 로컬을 더 큰 단위인 전국이나 국제사회에 연결시키면서 '로컬'의 내용과 이해관계가 '관계적이고 변화를 수용'한다는 것을 인정하는 '다양성 수용적인 지역화'라는 특징을 가진다. 하지만 또 한편으로는 '로컬'의 동질성을 강조하고 때로는 외부의 힘에 애국주의적으로 반대하는 것으로 규정함으로써 '엘리트주의적이고 반동적인' 것이 되는 '방어적 지역화' 역시 존재한다(Hinrichs, 2003: 37).

이러한 문헌들은 로컬이 갖는 '해로운 함정'을 경고한다(Hinrichs, 2003). 지역의 사회관계, 권력관계, 환경 관리의 실천들이 항상 긍정적인 것은 아니며, 지역사회가 폭넓은 사회적 이익을 희생하면서 엘리트주의적이거나 협소한 '방어적 지역주의' 전략을 추구할 수도 있다(Campbell, 2004: 34). 보호주의, '타자'에 대한 저항, 내부적 차이와 분리의 최소화(Feagan, 2007: 36) 등이 모두 이 같은 방어적 형태의 지역화가 가져오는 잠재적인 결과들이다.

'로컬의 함정'이라는 생각은 지역 먹거리 체계가 늘 환경적·사회적·경제적·영양학적으로 지속 가능 발전에 기여한다는 가정을 뒤흔들었다. 한 연구는 환경적 지속 가능성에 대해 아이오와에서 재배한 옥수수를 지역에서 소비하는 것이 어떻게 관행적인 자본주의 농업을 소비하는 것인지를 강조함으로써 '로컬'이라는 규모를 생태적 목표와 동일시하는 것이 갖는 위험성을 명시적으로 경고했다(Born and Purcell, 2006). 게다가 애리조나 같은 건조한 지역에서는 먹거리 체계의 지역화가 운송에 드는 연료 사용량을 줄여 주겠지만 동시에 엄청난 양의 물을 사용할 수밖에 없게 됨으로써 다른 측면에서 생태 파괴를 가져올 수 있다고 설명한다. 영국 데번 주에서 집약적으로 관리되는 농장에서 질소비료를 다량 투입하여 생산한 '로컬' 우유를 판매하는 '로컬' 농민의 사례는 이를 잘 보여 주는 또 다른 사례다. 이 사례는 영국에서 구제역 이후에 등장한 방어적 지역주의 형태에 대한 일반적인 강조를 반영한다(Winter, 2003: 30~31). 지역 농업에 대한 지원 때문에 환경적 실천과 먹거리의 지속 가능성에 대한 관심이 지워질 수 있다는 것이다. 같은 형태의 주장이 푸드 마일이라는 사안에도 적용되었다. 지역의 자원을 고갈시키기보다 먹거리를 운송하는 것이 환경적으로 더 바람직할 수도 있다는 설명도 있다(Born and Purcell, 2006: 203). 가령 캘리포니아나 텍사스에서 쌀을 재배하면 관개와 지하수 고갈과 관련한 환경 비용이 생겨나는데 그것이 운송 비용을 뛰어넘을 수도 있다는 것이다.

지속 가능성의 사회적·경제적 측면에서는 지역사회 내에 상존하는 불평등으로 지역 소비가 발생시키는 경제 이익이 사회적 부정의를 실제로 악화시킬 수도 있다는 점이 지적된다. 즉 문제가 되는 지역사회가 비교적 부유한 경우에는 더 큰 규모에서 문제가 생길 수도 있다는 것이다(Born and Purcell, 2006: 202; Allen et al., 2003도 보라). 가령 어떤 학자는 캘리포니아의 잔류 농약에 관한 지역 거버넌스 사례를 들어 '지역 수준으로 사안을 이동시키면 사회정의 문제를 비가시적으로 만들어서 사회적 약자들을 무력화하는 데 이용될 수 있다'는 것을 보여 준다(DuPuis et al., 2006: 242).[3] 게다가 사회적 뿌리내림에 대한 긍정적 해석과는 반대로 몇몇 연구자들은 지역 생산자와 지역 소비자 간의 신뢰 관계를 증진하기 위한 이상적인 상황으로 여겨 왔던 농민 장터가 때로는 실제로 사회적 배제를 가져온다는 점에 주목하기도 한다. 이는 특히 농민 장터가 대체로 교육받은 중산층 소비자들을 목표로 삼는 경향이 있는 미국이나 영국 같은 나라들에서 그러하다. 따라서 생존에 허덕이는 생산자들과 부유하지 않은 소비자들은 '직접적인 사회적 유대가 주는 혜택보다는 소득과 가격에 대한 우려가 더 크다'(Hinrichs, 2000: 301).

요약컨대 로컬 푸드 체계와 지속 가능 발전이라는 사회적 이상과의 관계를 잠재적으로 제약하는 세 가지 주된 사안이 존재한다. 첫째, 협소하거나 심지어 권위주의적인 엘리트들의 이해관계에 기반하는 경우 지역주의가 자칫 '비민주적이고 비대의적이며 방어적인 전투적 배타주의'에 기름을 붓는 무성찰적인 정치로 이끌려 갈 수 있다(DuPuis and Goodman, 2005: 362). 둘째, 먹거리 지역화가 모든 장소에서 경쟁 우위를 제공하는 것은 아니다. 사실 높은 수준의 영역 자본과 상징 자본을 갖춘 '장소들'은 쉽게 상업화될 수 있는 반면 '테루아' 문화를 갖지 못한 장소들은 브랜드화에서 이득을 볼 가능성이 훨씬 낮다(Feagan, 2007: 37). 셋째, '로컬'과 '녹색'이 반드시 '글로벌'과 '공정'보다 더 나은 것은 아니다(Morgan, 2007b). 생산방식과 사회적 공정성 같은 사안들을 진정으로 주의 깊게 고려하지 않으면 먹거리 경제의 윤리를 제대로 평가할 수 없다. 간단히 말해 멀리 떨어진 공정무역 생산자들이, 소비자들이 개인적으로 잘 아는 지역 농민 장터의 생산자들보다 생태적으로 지속 가능성이 떨어진다거나 공정한 사회관계를 준수하지 못한다고 생각할 이유는 없다(Born and Purcell, 2006: 203).

흥미롭게도 최근 먹거리 문헌에서 발전되고 있는 지역화에 대한 비판은 지속 가능 발전에 관한 더욱 일반적인 논쟁에서도 등장하고 있다. 한때 녹색 이데올로기의 주된 기둥으로 간주됐던 탈집중화가 최근에는 지속 가능한 사회를 창출하는 필수 조건인지에 대한 의문이 제기되고 있다. 한 연구자는 이러한 주장을 요약하면서 앞서 말했던 지속 가능 발전의 핵심 목표로 제기되는 민주주의 원칙과 탈집중화라는 이상이 항상 양립 가능한 것은 아니라는 점을 지적하고 있다. 이 연구자는 먹거리 연구 관련 문헌에서의 '로컬의 함정'이라는 비판을 상기시키면서 탈집중화된 사회가 실제로는 편파적이고 다양성이나 행동 의지를 결여할 수도 있다고 주장한다. 게다가 기후변화 같은 전 지구적 환경문제는 초경계적 성격을 갖고 있어서 지역적인 개입보다는 국가적이고 국제적인 행동의 조율을 요한다(Carter, 2007: 58~60).

영양과 건강 면에서는 운송이 어려운 산물의 경우(가령 토종 토마토)에는 지역이라는 선택이 실제로 더 나을 수 있다고 언급된다. 하지만 다른 경우에는 대규모 경작 작업은 비용이 많이 드는 급행 선적과 급속 냉장 방식을 사용할 여력이 있어서 트럭에서 한 시간을 보내야 하는 소농들의 생산물보다 질적으로 더 좋은 생산물을 공급할 수도 있다(Born and Purcell, 2006: 203).

마지막으로 더욱 폭넓고 이론적인 수준에서 몇몇 저술가들은 지역주의가 어떻게 불가피하게 글로벌리즘과 엮여 있는지를 강조한다. 달리 말하자면 글로벌 먹거리 체계와 로컬 먹거리 체계는 서로를 구성하고 있으며 영향을 미치고 피드백을 받는 관계이기 때문에 따로따로 다루어서는 안 된다(Campbell, 2004: 346; DuPuis and Goodman, 2005). 보고된 몇몇 사례를 보면 지역 먹거리 체계는 상위 수준에서 지원과 보호를 받을 때만 지속 가능할 수 있다(Sonnono, 2007b). 좀 더 일반적인 측면에서 이는 직접적인 반대의 입장이 로컬이기만 할 때는 성공할 수 없고 세력을 얻으려면 상위의 사회운동의 힘을 필요로 한다는 것을 입증한다(Allen et al, 2003: 74).

요약하면 '로컬의 함정' 문헌은 지속 가능 발전에 대한 지역 먹거리 체계의 기여를 네 가지 주된 근거에서 재검토할 필요를 제기한다(Born and Purcell, 2006).

1. 로컬이 늘 바람직한 것은 아니다. '방어적 지역주의' 개념이 드러내듯이 지역화가 지속 가능 발전 개념에 들어 있는 민주주의와 형평성의 이상에 반하는 반동적인 정치에 생태적인 토대를 제공할 수도 있다.
2. 로컬이 늘 반드시 바람직한 지속 가능 발전의 결과를 가져오는 것이 아니기 때문에 이는 목표라기보다는 전략으로 봐야 한다.
3. 실제로 생태적 지속 가능성, 민주주의, 형평성 같은 목표들은 (로컬 이외의) 다른 규모를 선택함으로써 더 쉽게 달성될 수도 있을 것이다.
4. 이는 특히 지역주의가 그 관계에서 글로벌과 내셔널(국가 수준)과 엮여 있다는 것을 고려할 때 그러하다. 자본은 힘을 갖고 있으며, 지역 먹거리 체계는 쉽게 전유당할 수 있다.

이러한 비판은 규모scale는 사회적 투쟁의 매개체(그리고 그 결과)로서 어떠한 내재적 속성도 갖고 있지 않은 중립적인 개념이라고 주장해 온 경제지리학과 정치지리학자들의 연구에 크게 기대고 있다. 이것이 경제적·정치적 영역에서는 사실일지 모르겠지만 몇몇 비판가들은 이러한 결론이 생태적 영역에 무비판적으로 도입되어서는 안 된다고 주장한다. 이는 특히 '어떠한 규모에도 고유한 것은 없다'는 본과 퍼셀의 주장은 지지할 수 없다고 비판한 네빈 코헨Nevin Cohen의 비판을 생각나게 한다. 코헨의 주장은 몇몇 결과들은 인간적인 축산, 가령 생산의 다양성, 사회적 통제와 문화적 다양성을 비롯한 농업 생산의 규모와 직접 관련될 수 있다는 견해에 근거하고 있다. 코헨은 소규모 낙농가가 자신이 기르는 젖소를 잘못 다룰 수는 있겠지만 스펙트럼의 다른 한쪽 끝에 위치한 '공장식 축사가 가축을 인간적으로 다루면서 작업할 수 있는 경우는 거의 없을 것'이라고 주장한다. 그 비판의 핵심은 다음의 글에서 잘 전달되고 있다.

> 주어진 생태계에 적합한 규모에서 사는 것이, 그리고 되도록 소비자에게 가까운 것이 먹거리 생산에서 진정으로 지속 가능한 유일한 방법이다. 다른 모든 방법들은 토양을 고갈시키고 땅을 오염시키며 화석연료 소비를 통해 기후변화를 일으킨다. 어떤 곳에서, 어떤 형태의 농사를, 어떤 규모로 짓는 것이 가장 적합한지 논쟁할 수 있다. 하지만 가장 확실한 것은 규모에는 무언가 고유한 것이 들어 있으며, 우리는 규모 전략과 환경적 결과를 더 나은 데이터를 갖고서 등치시킬 수 있다는 것이 논점이다. 규모는 생물학과 생태학에 관련해서는 '근본적으로 관계 있는 개념'이 아니다(Cohen, 2007).

먹거리 논쟁은 지속 가능한 먹거리 체계를 고안할 수 있는 가장 적절한 규모로 로컬을 강조하는 입장과 로컬의 함정이 주는 위험을 계속적으로 경고하는 입장 간의 긴장을 아직까지 해소하지 못하고 있다. 일반적으로 문제는 공간적 결정론을 취하는 문헌들이 상이한 먹거리 생산물과 이들의 차별적인 사회·환경적 영향이 갖는 물질성을 그냥 지나치는 경향이 있다는 것이다. 가령 열대 과일처럼 소수의 부유한 소비자들을 목표로 하는 사치재의 운송은 전 세계 수많은 사람들의 먹거리가 되는 기본적인 재화의 운송(밀이나 쌀)과 전혀 다르다. 이러한 두 사례에서 탈지역화가 갖는 비용과 함의는 완전히 다르고, 따라서 이것이 지역화 논의가 갖는 강점이자 타당성이다.

게다가 엄격한 생태적 관점에서는 지역에서 생산되고 소비되는 먹거리가 푸드마일을 줄인다는 것에 전혀 의문이 없지만 먹거리 사슬의 지역화를 이런 근거에서만 주장하는 것은 탄소 배출을 줄이고 기후변화에 대처하는 현재의 노력들의 맥락에서는 의미가 거의 없거나 전혀 없을 수도 있다. 예를 들어 2007년 『뉴욕 타임스 New York Times』는 감자 칩 한 봉지가 배출하는 탄소의 양에서 유통 부문이 차지하는 것은 9퍼센트에 불과하다는 기사를 내보냈다. 배출량이 가장 큰 부문은 감자를 저장하고 튀기는 쪽이다. 농민들은 감자를 인공적으로 축축하게 만든 창고에 저장하는데, 이렇게 하는 데 에너지가 든다. 이러한 저장 방식 때문에 감자는 수분을 더 많이 함유하게 되고 튀길 때 시간이 더 오래 걸린다. 『뉴욕 타임스』 기사는 로컬 푸드와 지속 가능성 논쟁에서 몇 가지 강점을 가질 수 있는 입장을 개관하면서 '수확 및 착유 시설, 농기계, 사료 및 화학비료 제조, 온실과 가공 공장에 사용되는 에너지를 계산할 때 운송은 탄소 배출이라는 퍼즐의 한 조각에 불과하다'고 결론 내린다(Murray, 2007).[4]

환경적으로 이는 식재료의 원산지에만 초점을 두기보다는 식재료가 거치는 과정 전체를 통틀어 먹거리 생산물의 에너지 사용량을 계산할 필요를 제기한다. 몇몇 경우에 전 과정 평가(Life-Cycle Analysis, LCA)는 관행적인 먹거리들이 지역 생산물보다 환경적으로 더 지속 가능성이 크다는 것을 보여 준다. 먹거리 사슬의 경제적·사회적 지속 가능성의 경우에도 마찬가지다. 멀리서 가져오는 생산물이 부정적인 생태적 함의를 가지겠지만 때로는 자신들의 생계를 선진국 시장에 의존하는 개발도상국 농민들에게는 결정적인 지원을 제공한다. 동시에 몇몇 로컬 푸드 활동가들의 성향이 그렇듯이 먹거리 체계의 산업화를 전적으로 거부하는 것은 먹거리 안보라는 중요한 사안을 폄하하는 것을 뜻한다. '전 세계 66억 명(절반 이상은 오늘날 도시에서 산다)을 먹여 살리려면 대량생산 없이는 불가능하다'(Murray, 2007).

요약하면 지속 가능 발전을 가져오는 것은 단순히 글로벌과 로컬 중에서 선택하는 문제가 아니다. 지속 가능성은 매우 상이한(그리고 때로는 서로 갈등하는) 경제적·환경적·사회적 목표를 포함하고 있다. 이들의 통합을 위해서는 복잡하고 역동적인 중재와 협상 과정이 필요하다. 이러한 이유에서 다른 어떤 형태의 사회경제적 체계와 마찬가지로 먹거리 체계에서도 지속 가능 발전이 자발적으로 사회적 산물이 될 것 같지는 않다. 오히려 이는 방향을 잡는 능력과 목표 지향적인 개입을 필요로 한다(Meadowcroft, 2007: 302~303). 민주적인 정부는 여기서 특유의 결정적인 역할을 한다. 사실 우리가 이 책에서 분석하는 학교 급식 혁명은 공공 부문이 글로벌과 로컬 간에, 관행 먹거리 체계와 대안 먹거리 체계 간에, 그리고 더 일반적으로는 생산자와 소비자 간에 혁신적인 연계를 확립할 수 있는 잠재력을 잘 보여 준다. 이처럼 조용한 혁명이 전개되는 과정에서 우리는 지속 가능성으로서의 로컬과 함정으로서의 로컬 간의 단순한 이분법을 초월하는 새로운 종류의 먹거리 체계가 등장하는 것을 목격하고 있다. '도덕성과 관련되고 더 인간 중심적인 생산·소비 공간을 지원하기 위한 상호 노력, 심지어는 헌신의 새로운 감각'에 토대를 두고 있는 이러한 먹거리 체계는 강력한 신인 연기자의 등장을 알리는 신호를 보내고 있다. 즉 지속 가능 발전의 삼중 원칙인 경제 발전, 민주주의, 환경적 통합의 증진을 위해 공공 급식을 활용하고자 하는 녹색국가가 바로 그것이다.

지속 가능한 먹거리 체계, 공공 급식과 녹색국가를 향하여

지금까지의 지속 가능 발전에 관한 논쟁에서 로컬 물신주의 문제를 다루기 위해 몇몇 학자들은 최근 들어 생태 관리인이자 초경계적 민주주의의 촉진자로서 국가의 역할을 다시금 강조하고 있다. 이 같은 '녹색국가' 개념은 국가가 국민의 위임 기관이자 규제 권력과 엄청난 예산 규모를 지니고 있다는 점에서 민주사회에서 '공적인 생태 수탁자'의 역할을 갖는 가장 합법적이고 강력한 기구라는 근본적인 가정에 입각하고 있다(Eckersley, 2004: 12).

포괄적으로 말해 녹색국가 개념은 다음의 네 가지 근본적인 생각에 의지한다.

1. 국가는 투자자 · 생산자 · 소비자를 규율하는 가장 큰 힘을 갖고 있다(Eckersley, 2004: 12). 실제로 국가는 생산물과 생산 과정에 대해 수행 기준이나 생태 라벨 붙이기 등을 통해 생산물의 속성에 영향을 미칠 수 있다. 국가는 협력 생산에 인센티브를 주거나 환경세를 부과하는 것 같은 수단을 통해 생산물의 가격에 영향을 미칠 수 있으며, 정보와 교육을 통해 개인의 행위에도 영향을 미칠 수 있다(Lundqvist, 2001).

2. (개혁된) 국가는 지속 가능한 소비 증진에 필요한 문화적 변화를 촉진하고 육성하는 가장 강력한 행위자다(Carter, 2007: 65). 에커슬리에 따르면 '생태적 감수성을 향한 포괄적인 문화적 전환을 촉진하는 데 녹색 공공 영역은 절대적으로 중요하다. 이는 부르주아적 공공 영역이 자유주의 시장가치의 광범위한 확산을 위한 전환을 촉진했던 것과 마찬가지다'(Eckersley, 2004: 245).

3. 국가는 생태계의 변화를 감시 · 감독하고 생태 지식을 창출하며 생태 갈등을 해결하는 데 그 어떤 비국가 행위자보다도 많은 자원과 '방향 설정' 능력을 보유하고 있다(Lundqvist, 2001: 457; Barry and Eckersley, 2005a: xii).

4. 국가는 세계화의 동력에 대해, 그리고 자본주의의 사회적 · 생태적 비용에 대해 체계적인 저항을 제공할 수 있는 유일한 법적 · 정치적 기구다. 이는 투자와 생산에 영향을 미칠 뿐만 아니라 기존의 지속 가능성 전략에서 대체로 간과되어 온 세 영역인 재생산 · 분배 · 소비에 영향을 미침으로써 가능하다(Barry and Eckersley, 2005b: 260).

녹색국가 논쟁은 8장에서 다루겠지만 명확하게 하기 위해 녹색국가가 현존하는 국가보다는 이상적 형태에 가깝다는 우리의 견해를 여기서 말해 두는 것이 좋겠다. 간단히 말해 이는 지속 가능 발전을 심각하게 받아들이고자 하는 노력을 기울이는 국가에 대한 전망이다. 이러한 전망은 일회적 사건이라기보다는 과정이기 때문에 우리의 기준이 변화하면 국가에 대해 제기하는 요구 역시 바뀐다는 사실을 반영하는 '국가의 녹색화'라고 표현하는 편이 나을 것 같다. 달리 말하면 우리가 보기에 지속 가능 발전은 본래부터 움직이는 표적물이다. 즉 도달에 관한 것이기보다는 '되어 감'에 관한 것이다. 마지막 장에서 논의하겠지만 녹색화는 환경적 의무를 받아들이기 시작한 국가를 지칭할 때는 좁은/얇은 의미로 이해될 수 있다. 이것이 대부분의 국가들이 지속 가능 발전을 위해 노력한다고 주장할 때 실제로 의미하는 바다. 반면에 국가가 사회적·경제적·환경적 차원의 발전에 동등한 가중치를 부여하는 경우(주장하기는 쉽지만 실천에 옮기는 것은 훨씬 어렵다)에는 녹색화가 넓은/깊은 의미로 이해될 수 있다(Morgan, 2007c).

제도적인 측면에서 녹색국가는 국가 활동의 국제적·국가적·하부 국가적 차원에 걸쳐 있는 다차원적 거버넌스 체계 속에서 작동한다. 일반적으로 녹색 전략은 국가 정부보다 한참 먼저 기초 및 광역 정부들이 지속 가능 발전이라는 목표를 위해 선구적으로 노력하는 하부 국가적 차원에서 등장한다. 따라서 하부 국가적 영역의 차원이 녹색국가의 가장 논쟁적인 차원이 되는 경향이 있다.

로컬과 지역의 행위에 대해 옹호자들도 있고 반대자들도 있다. 전자의 사람들은 분권화된 행위가 위험과 불확실성이 클 경우에 엄청나게 중요한 속성인 탈집중화된 시행착오 체계를 구성하는 일부라는 점을 강조하는 경향이 있다. 이 책의 몇몇 사례 연구들이 보여 주듯이 분권은 "국가의 하부 단위들이 국가적인 무대에서 아직 '성숙되지' 않은 사안을 다룰 수 있는 실험을 가능케 하고 맥락을 제공해 준다"(Meadowcroft, 2007: 307). 기초 및 광역 정부의 전략들이 지속 가능 발전의 실험실이 될 수는 있지만 여기서 거둔 작은 승리들이 국민국가 수준으로 상승되어 유효화되지 않는다면 이는 필연적으로 공간적으로 고립되고 정치적으로 취약한 상태로 남아 있게 될 것이다.

부정적인 측면에서는 신자유주의적 국가 전략이 복지 규정의 국가적 기준을 훼손하는 책략으로서 기초 및 광역 정부에 대한 분권을 활용한다고 주장한다. 달리 말하면 권한과 자원을 분배하지 않은 채 책임을 나누어 주는 것이다. 이러한 주장이 타당한 비판이기는 하지만 그렇다고 로컬과 지역 수준의 행위를 원칙의 문제로 치부하거나, 아니면 아예 신자유주의의 하수인으로 여겨서는 안 된다. 소지역주의 localism와 지역주의regionalism의 장점은 구체적인 경우를 통해서만 평가될 수 있다. 즉 사회적 구성과 정치적 목적의 측면에서 말이다. 달리 말하면 분권을 민주적 구조의 심화, 사회적·공간적 연대, 공공 영역과 지속 가능 발전의 통합 등과 같은 본질적으로 의미 있는 것으로 간주하는 것들을 창출하거나 증진할 수 있는 능력에 비추어 보아 그것이 진보적인지 퇴보적인지 판단해야 한다.

녹색국가가 내적으로는 분권화된 구조를 가짐으로써 이득을 얻는다면, 이는 외적인 개입을 통해서도 그러하다. 특히나 지속 가능 발전이라는 도전은 본질적으로 국제사회에 도전하는 집합적인 행위이기 때문이다(Stern, 2006). 하지만 전 세계의 선진국과 개발도상국들이 똑같이 이러한 도전에 직면할 준비가 되어 있는 것은 아니다. 솔직히 말하면 북반구의 부유한 국가들은 기후변화의 영향을 완화할 수 있는 능력을 지니고 있는 반면, 남반구 빈국들은 그렇지 않다. 그렇다면 국제 영역에서 녹색국가는 도하 무역 라운드나 기후변화에 대한 포스트 교토 합의 같은 다자간 협상을 통해 빈국 친화적인 입장을 가지려고 노력할 것이다. 남반구는 북반구가 원조보다는 개발에 대해 더 많이 생각해 줄 것을 원하는데 이는 부유한 공여국들이 종종 간과하는 수단과 목적 간의 차이다.

학교 급식 혁명은 녹색국가가 전 지구적인 압력과 지역적인 관심 사이를 매개할 수 있는 잠재력을 보여 주는 한 사례다. 다음 장들에서 논의하겠지만 생태 민주주의 원칙에 헌신하는 전 세계 공공 당국들은 규제와 교육, 양자 모두를 통해 생산자와 소비자를 규율하는 먹거리 체계를 설계하기 위해 공공 급식을 활용하고 있다. 이 같은 체계는 지속 가능 발전에 대한 새로운 공유 전망을 증진하며, 상당한 재정적 자원을 유치할 뿐 아니라 이러한 자원의 투자가 미치는 사회적·환경적 영향을 다루고 있다. 이 같은 새로운 형태의 먹거리 체계는 점차 포괄적이고 정교화되는, 먹거리의 원산지 정도가 아니라 그 이상을 포괄하는 품질 개념에 토대를 둔다. 실제로 이러한 품질 개념은 먹거리 관련 문헌들에서 제기되는 이론화 작업들을 뛰어넘고 있다(Sonnino, 2009).

우선 몇몇 학자들과는 달리 녹색국가론에서는 품질을 장소, 전통, 신뢰에 기반을 두는 '대안적' 먹거리 네트워크로 한정하지 않는다. 학교 급식 혁명에 나서는 공공 당국들은 지속 가능 발전이라는 목적을 달성하기 위한 노력을 기울이는 가운데 때로는 비용 감축, 편의성, 일관성, 예측 가능성 같은 기존 먹거리 체계의 속성들을 포괄하는 품질 개념을 고안하기도 한다(Harvey, et al., 2004a: 3). 특히 뉴욕 사례가 보여 주듯이 학교 급식 개혁가들은 지속 가능 발전이라는 목표를 달성하기 위한 노력으로 기업 부문에서 활용해 온 담론과 전략을 차용할 수도 있다.

많은 먹거리 이론가들이 지금껏 상호 배타적이라고 간주해 왔던 관습들을 서로 통합할 수 있는 품질의 유형이 학교 급식 혁명에서 등장하고 있다. 특히 '관습 이론' 옹호자들은 상이한 생산 네트워크는 '정당화의 세계'를 창출하기 위해 상이한 품질 관습을 조합하고 결합한다고 주장한다. 먹거리 부문에서는 네 가지 형태의 품질 관습이 특히 강조되어 왔다(Murdoch et al., 2000; Renard, 2003; Morgan et al., 2006).

1. 상업적·시장적 관습: 품질을 시장 법칙, 즉 가격 메커니즘을 통해 규정한다.
2. 가내적 관습: 대체로 신뢰, 대면 관계, 장소 애착, 전통 생산 방법에 기초한다.
3. 산업적 관습: 재화와 생산물을 효율성·신뢰성이라는 토대로 평가하며, 표준과 객관화된 규칙에 근거한다.
4. 시민적 관습: 집합적 원칙에 대응하며, 일반적인 사회적 편익을 갖는 재화와 생산물을 수반한다.

학교 급식 혁명에 나서는 녹색국가가 반드시 다른 것을 희생해서 어느 하나의 품질 관습에 우선순위를 둘 필요는 없다. 이 책이 보여 주겠지만 그와는 반대로 소규모 농촌 지역이든 대도시든, 선진국이든 개발도상국이든 간에 학교 급식 개혁가들은 매우 상이한 품질 속성들을 조합하고 조화시킬 수 있는 능력을 지니고 있다. 가령 로마에서 학교 급식 혁명(4장)은 표준화와 지역화, 시장가치와 사회 참여를 동시에 강조한다. 로마에서 새롭게 등장하는 녹색국가는 이처럼 복합적인(그리고 얼마간은 모순된) 가치와 우선순위의 혼합을 통해 경제 발전과 민주주의, 환경적 통합성을 동시에 증진하는 먹거리 체계를 설계할 수 있었다.

개념적이고 방법론적인 측면에서 학교 급식 혁명은 품질을 먹거리 사슬의 수요 측면이나 공급 측면의 어느 한쪽에서 등장하는 것으로 인식하는 광범위한 경향을 극복해야 한다고 주장한다. 지금까지 먹거리의 품질에 관한 연구는 사실 전혀 관련이 없는 두 가지 범주들로 나뉘어 왔다. 한편에서는 품질은 공급 사슬에 대한 신뢰의 위기에 대응하여 소비자 수준에서 사회적으로 구성되며 그에 따라 건강, 먹거리, 환경에 근거한 새로운 규제의 도입을 이끌어 냈다고 주장하는 학자들이 있다 (Allaire, 2004: 63; Mansfield, 2003: 4; Renard, 2005: 419). 이런 점에서 품질은 자연과 생태를 일깨운다. 유기농의 경우와 같이 이는 안전, 영양, 접근 가능성을 의미하며 (Harvey, et al., 2004a: 3), '측정되고 표준화할 수 있는 물리적 특성과 동일시되고, 이는 생산 체계 내에서 물질적 효과를 가진다'(Mansfield, 2003: 4). 다른 한편에서는 품질은 먹거리 사슬의 공급 측 끝에서 등장한다는 것을 강조하는 학자들이 있다. 즉 소규모 생산자들은 시장에서 자신들의 생산물을 특정한 사회적·영역적 맥락에 정초시키는 담론과 전략을 발전시킴으로써 경쟁 우위를 획득하려고 한다(Ilbery and Kneafsey, 2000; Morris and Young, 2000; Sonnino, 2007b). 이런 경우 품질은 이력 추적의 가능성, 곧 로컬이고, 인지 가능하며, 특화되고, 배타적이라는 포괄적인 개념에 근거한다(Harvey et al, 2004b: 197). 〈유럽연합〉의 지역 인증 산물이나 공정무역 산물의 사례처럼 여기서 강조점은 대부분 먹거리 생산물의 질적 속성과 생산자·생산 장소 간의 연계성에 맞춰진다(Marsden, 2004: 135).

이 책에서 분석하는 학교 급식 개혁 과정에서 품질은 단순히 자신들의 안전에 대한 소비자의 우려나 생산자의 생존 전략이 만들어 낸 산물이 아니다. '일반 국민들에 대한 명확한 책무를 갖고서 (…) 공공선을 증진해야 한다는 [국가의] 일반적인 임무'를 감안한다면, 민주적인 녹색국가는 먹거리 생산자와 소비자의 상이한 필요, 목표, 우선순위를 통합하여 이들을 다시금 연결하는 것이 목표다.

또한 새롭게 등장하는 녹색국가는 먹거리 생산물의 물질성 너머로 품질 개념을 확장한다. 다양한 연구자들은 소비자 사회에서 보전자 사회conserver society로 실질적으로 전환되기 위해서는(Carter, 2007: 359) 개인들의 태도와 행위가 더욱 지속 가능한 생활양식을 향해 문화적으로 전환될 필요가 있다고 지적하고 있다(Seyfang, 2006: 387). 달리 말하면 사회적·환경적 상호작용에 대해 비판적으로 생각하고 집단적인 문제에 실용적으로 개입하며 공공 및 민간 영역에서의 행위에 책임을 부여하도록 사람들을 이끄는 새로운 형태의 '생태적 시민권'의 창출(Dobson, 2003)이 중요하다(Meadowcroft, 2007). 이런 점에서 학교 급식 혁명이 먹거리에 관한 것만이 아니라는 점을 강조하는 것이 중요하다. 이는 먹거리에 대해 생각하고 느끼는 새로운 방식에 관한 것이기도 하다. 이탈리아, 영국, 미국의 일부에서 녹색국가는 지속 가능 발전에 대해 시민사회를 교육시키기 위해 공공 급식을 활용한다. 녹색국가는 광범위한 교육 프로그램과 '전 학교적 접근whole-school approach'을 채택함으로써 학교에 다니는 아이들에게 먹거리의 품질이 갖는 다각적인 의미를 전달한다. 그러면서 이는 '시장의 환원주의적 합리성'에서 스스로를 보호할 수 있는 식견을 갖춘 새로운 소비자 세대를 만들어 낸다(DeLind, 2006: 126).

다음 장들에서 우리는 학교 급식 혁명이 전 세계적으로 설계하고 있는 다른 형태의 품질 기반 먹거리 체계의 범위와 한계를 분석할 것이다. 우리는 역사적 근원, 규제·법률 및 문화적 차원에서의 폭넓은 맥락들, 그리고 그것들의 강점과 단점에 초점을 맞출 것이다. 우리의 접근 방식은 이론적으로는 학교 급식은 지속 가능 발전이라는 도전을 충족시키기 위한 현재의 노력들에 많은 부분 기여할 수 있다는 가정에 근거한다. 학교 급식은 그 정의상 특히 '미래 세대'에 초점을 두는 몇 안 되는 공공 서비스의 하나다. 적절하게 설계하고 계획하고 감시·감독한다면 빈곤한 식사로 발생하는 인적·금전적 비용, 탄소 배출 저감, 고품질 먹거리 생산자들을 위한 새로운 시장 창출, 소비자들이 건강하게 먹을 수 있도록 이들의 역량을 강화하는 등과 같은 다각적인 건강·생태·사회·경제적 이점들을 달성할 수 있는 엄청난 잠재력을 지니고 있는 서비스이기도 하다. 학교 급식 혁명을 통해 지금 떠오르고 있는 녹색국가는 생산자와 소비자 사이에서 공간적·경제적·사회적 관계를 다시금 형성하기 시작하고 있으며, 무엇보다도 가장 중요하게는 지속 가능 발전의 세 가지 근본 원칙에 대한 집단적인 노력을 만들어 내기 시작하고 있다.

2장
공공 조달이 중요하다:
공공 급식의 회복

　공공 기관이 재화와 서비스를 구매하는 복잡한 과정인 공공 조달은 녹색국가를 가장 강력하게 표현하는 방법이 될 수 있다. 공공 조달은 공공 부문뿐만 아니라 민간 부문의 행위에도 영향을 미칠 수 있는 엄청난 잠재력을 지니고 있기 때문이다. 하지만 일반적으로 공공 조달은 매우 기묘한 역설을 보여 준다. 이론적으로는 정부가 손에 쥐고 있는 가장 강력한 수단이지만 현실에서는 무시되어 왔던 것이다. 몇몇 주목할 만한 예외를 제외하고는, 공공 조달이 지닌 잠재력에 대해서는 그동안 이야기되지 않고 있었다. 그렇기 때문에 조달의 경제적 의미는 정치적 위상과는 이상할 정도로 균형이 맞지 않아 보인다.

　공공 조달이 엄청난 경제적 영향력을 지니고 있지만 재화와 서비스를 구매할 때 공공 조달 관리자들은 자유로운 행위자가 아니다(건강에 미치는 영향을 감안하여 먹거리 부문에는 특별한 제약이 적용된다). 실제로 학교, 병원, 사회복지시설, 교도소 등에서 먹거리의 공공 조달은 국가 및 국제적인 규제들로 어리둥절할 만큼 복잡한 규율에 맞추도록 강제되고 있다. 이는 대체로 두 가지를 보장하도록 맞춰져 있다. 과정이 될 수 있는 한 공개적이고 경쟁적이어야 하며, 생산물은 먹기에 안전해야 한다.

공공 급식에 공급되는 먹거리의 품질(어떻게 생산되는지, 어디에서 가져오는지, 영양 가치는 어떠한지)은 최근까지도 정치적인 관심을 거의, 또는 전혀 받지 못했다는 사실은 놀라워 보일 것이다. 사실 공공 조달이 대중적인 논쟁 주제가 될 수 있다는 생각 자체가 터무니없었다. 〈유럽연합〉의 공동 농업정책(Common Agricultural Policy, CAP)이나 미국의 농업법Farm Bill이 유럽과 미국에서 대중들의 관심사가 될 수 있다는 것만큼이나 말이다.

하지만 과거에 터무니없었다고 해서 오늘날에도 그러리란 법은 없다. 실제로 어떤 음식이 공공 급식에 제공되는지, 어떤 농업이 공공 지출의 보조를 받는지와 같은 질문들은 이제 더는 정치인과 농산업 간의 편협한 조합주의적 거래로 한정되지는 않는다. 이렇게 결정적으로 중요한 질문들이 이제 정치적 핵심 사안들로 부상하고 있다. 먹거리 공공 조달이 순전히 농산업의 문제가 아니라 공공의 건강과 직결되어 있을 뿐만 아니라 지속 가능 발전의 3대 원칙(1장)인 경제 발전·민주주의·환경적 통합성 등과 결부되어 있다는 것을 점점 더 많은 사회 영역에서 인식하게 되었기 때문이다. 이런 이유로 특히 미국과 유럽에서 새로운 공공 급식의 정치가 등장하기 시작하고 있다. 정치 속에서 지금까지 분리되어 있는 사회운동 세력들이 좀 더 지속 가능한 먹거리 체계를 요구하고 있다. 무엇보다도 이러한 새로운 접근법은 먹거리 공공 조달이라는 불투명한 세계를 열어젖히는 것을 목표로 함으로써 소수가 아니라 다수의 이익을 위해 구매력을 행사하도록 한다.

사안을 이런 여러 가지 차원에서 좀 더 심도 있게 검토하기 위해 2장은 다음과 같이 구성되어 있다. 먼저 미로처럼 복잡하게 얽혀 있는 공공 조달의 세계를 탐색해 보고 공공의 저자세와 취약한 정치적 위상이 결합되면서 이 부문의 중요성이 어떻게 흐려져 왔는지를 언급한다. 여기서 우리는 경제적 고려뿐만 아니라 사회적·생태적 고려를 감안하는 좀 더 녹색이고 좀 더 지속 가능한 조달의 형태인 창조적 조달의 범위와 한계를 이해해 보고자 한다.

그 다음 절에서는 공공 조달의 국제적 규제 체계를 검토한다. 여기서 주된 논점은 공공 기관들이 재화와 서비스를 구매할 때 법적으로 허용되는 범위를 규정하고 제약하는 국제적인 규제와 규율 체계에 맞춰진다. 이러한 규제와 규율은 자유무역을 고양하기 위해 고안된 〈세계무역기구〉 협정 속에 녹아 있다. 과거에는 농업이 독특한 위상 때문에 '예외적' 부문으로 다루어졌고, 따라서 국제 경쟁에 국내시장을 개방하기 위한 국제무역협정에서 제외됐다. 새로운 무역 협상 라운드인 도하 라운드가 현재 진행 중이다. 이는 또 다른 산업부문과 마찬가지로 농업을 '정상적'으로 다루는 것이 목표다. 도하 라운드의 핵심적인 갈등의 하나는 자유로운 무역을 요구하는 신자유주의와 공정한 무역을 요구하는 먹거리 주권 운동 간의 논쟁이다. 이 논쟁의 결과가 국가 정부들, 특히 개발도상국들이 자신들의 국내 먹거리 체계를 규율할 수 있는 범위를 좌우하게 될 것이다.

이 절에서는 또한 〈유럽연합〉과 미국의 공공 조달을 지배하고 있는 규율과 규제들을 검토한다. 공공 조달은 개방적이고 투명한 경쟁하에 공공 계약이 자리해야 함을 보장하는 데 목적을 둔다. 하지만 의미심장하게도 공공 계약은 이제 더는 협소한 경제적 기준을 토대로 체결되지 않는다. 가령 최근 다수의 〈유럽연합〉에서의 시험 사례에서 공공 기관들은 더욱 광범위하고 지속 가능한 기준을 토대로 계약을 체결할 권리를 얻어 냈고 이는 창조적 조달을 가능하게 하는 중요한 법적 선례를 만들어 냈다.

마지막으로 새로운 사회운동들이 〈유럽연합〉과 미국의 보조를 받는 먹거리 체계에 던지고 있는 요구를 검토해 봄으로써 새로운 공공 급식의 정치를 좀 더 상세하게 살펴본다. 이러한 엄청난 보조금 체계에 대한 비난이 대내외적으로 점점 커져가고 있다. 대내적으로는 지속 가능한 농업보다 산업적인 농기업을 우선하고, 대외적으로는 보조금을 받으며 생산물을 인위적으로 낮은 가격으로 수출함으로써 개발도상국의 생산자에게 피해를 준다. 유럽에서는 공동 농업정책, 미국에서는 농업법이 그 기초를 이루고 있는 이러한 농업 보조금 체계는 주류 시장을 위해 어떤 형태의 먹거리가 생산되는지를 좌우한다. 그런데 종종 그러한 먹거리는 공식적인 공공 보건 캠페인에서 먹어야 한다고 강요하는 것(즉 신선한 과일과 채소)과는 극단적으로 정반대의 먹거리라는 것이 드러나게 되고, 이는 미국과 유럽의 공공 정책 심장부에서 거대한 단절을 만들어 낸다.

이 절은 새로운 먹거리 정치에서 가장 고무적인 측면, 즉 정부가 학교에서 공공 급식을 제공할 때 더 엄격한 영양 기준을 수립하려는 추세를 검토하면서 결론을 내린다. 좀 더 엄격한 건강 증진 기준이 공공 조달 관리자의 규격서에서 품질 하한선을 높이는 데 기여하고 있고, 또한 법적 규제의 개혁을 통해 품질을 의식하는 먹거리 생산자들을 위한 신규 시장을 공공 부문에서 창출할 수 있다는 점을 강조한다.

이 장은 공공 조달의 세계가 규제의 위계 속에 뿌리내리고 있으며 그 위계에 종속되어 있음을 보여 준다. 즉 먹거리 무역을 자유화하려는 〈세계무역기구〉의 국제적 규제에서 먹거리의 영양 품질을 규율하는 국내적 규제에 이르기까지 말이다. 궁극적으로 이는 급식 공급자들과 공무원들이 학교에서 아이들이 어떤 먹거리를 먹어야 하는지에 관한 결정을 내릴 때 고려해야 할 여러 기준을 드러내 준다.

미로처럼 복잡한 공공 조달의 세계

공공 부문은 많은 사람들이 생각하는 것보다 훨씬 거대한 경제적 행위자다. 특히 유럽에서 그러한데, 유럽 공공 조달 시장의 가치는 2002년 1조 5,000억 유로에 이르렀고 이는 〈유럽연합〉 총 국내총생산(GDP)의 16퍼센트에 달한다. 중앙정부와 지방정부를 비롯하여 넓은 활동 영역을 모두 포괄하고 있는 공공 조달은 펜이나 종이 같은 단순한 품목에서 토목 사업과 복잡한 군사 및 정보기술 사업에 이르기까지 그 상품과 서비스의 종류와 규모가 엄청난 시장이다.[1]

경제적이고 사업적인 함의를 고려할 때 공공 계약은 점점 더 국내외 민간 부문의 거대 공급자들의 각축장이 되고 있다. 공공 부문의 고객들이 원하는 바를 알고 이를 확보할 기술을 보유하고 있다면 조달 과정은 구매자와 공급자 모두에게 이익이 될 수 있다. 하지만 종종 공공 부문 기관들은 사업 수완이 부족해서 영리한 고객처럼 굴지 못한다고 비판받고 있으며, 이런 상황은 민간 부문 공급자들의 지식과 기술에 과도하게 의존하도록 만든다. 여기서 가장 흔한 문제 하나는 시간이 지날수록 구매자와 공급자 간의 긴밀한 끈이 퇴색하면서 부정부패로 이어진다는 점이다.

부패 인식 지수(Corruption Perception Index, CPI)는 인지된 부패의 수준을 추산해서 국가별로 평가한 것이다.[2] 여기서 부패는 '사적 이익을 위한 공공 기관의 남용'으로 정의된다. 가장 일반적인 형태의 부패로는 공공 조달 계약 이면의 뒷돈, 공무원의 뇌물 수수, 공금 횡령 등이다. 단점이 없지는 않지만 부패 인식 지수는 부패가 가난한 나라들에서만 일어난다는 잘못된 믿음을 까발리는 데 기여한다. 가령 2009년 전체 180개 조사 대상국 중 미국은 19위, 이탈리아는 63위에 올랐다.

공공 조달에 진심 어린 관심을 보여 준 국가들인 경우에는 예외 없이 전략적 가치가 있을 법한 선진 기술 부문의 성장을 선도하거나 자국 기업이 국제 경쟁에서 '국가대표'로 활동하도록 돕는 데 공공 조달을 활용하고자 했다.[3] 정치적 성향과는 상관없이 20세기 후반 대부분의 정부는 그러한 열망으로 공공 조달 정책을 추진했고, 프랑스와 미국에서 특히 그러했다. 그 어떤 나라도 미국만큼 부지런하게 자국의 첨단 기술 부문을 키우기 위해 공공 조달 정책을 사용한 나라는 없을 것이다. 가령 미국 〈국방부〉 조달 정책은 자국 기업이 소프트웨어, 반도체, 컴퓨터 부문에서 선도적 지위를 획득하는 데 엄청나게 기여했다(Morgan and Sayer, 1988).

유럽에서는 프랑스만큼 공세적으로 공공 부문을 활용한 나라도 없다. 프랑스의

표 2.1 2009년 부패 인식 지수

순위	국가	CPI 점수	사용된 조사 수	신뢰의 범위
1	뉴질랜드	9.4	6	9.1—9.5
2	덴마크	9.3	6	9.1—9.5
3	싱가포르	9.2	9	9.0—9.4
	스웨덴	9.2	6	9.0—9.3
5	스위스	9.0	6	8.9—9.1
6	핀란드	8.9	6	8.4—9.4
	네덜란드	8.9	6	8.7—9.0
8	호주	8.7	8	8.3—9.0
	캐나다	8.7	6	8.5—9.0
	아이슬란드	8.7	4	7.5—9.4
11	노르웨이	8.6	6	8.2—9.1
12	홍콩	8.2	8	7.9—8.5
	룩셈부르크	8.2	6	7.6—8.8
14	독일	8.0	6	7.7—8.3
	아일랜드	8.0	6	7.8—8.4
16	오스트리아	7.9	6	7.4—8.3
17	일본	7.7	8	7.4—8.0
	영국	7.7	6	7.3—8.2
19	미국	7.5	8	6.9—8.0
39	한국	5.5	9	5.3—5.7
63	이탈리아	4.3	6	3.8—4.9

CPI 점수가 높을수록 부패 수준은 낮다.

출처 : http://www.transparency.org/policy_research/surveys_indices/cpi/2009/cpi_2009_table
* 원서에는 2006년 수치가 실려 있으나 더 최근 자료가 공개되어 있어 2009년 수치로 대체했다. 옮긴이

공공 계약은 대중교통·에너지·전자통신 등과 같은 핵심 부문을 현대화하기 위한 노력에 활용되었으며, 이는 국가 주도 프랑스 산업정책 모델과도 잘 맞았다(Cawson et al, 1990). 유럽 국가들의 다른 쪽에는 비쌀 뿐 아니라 창피할 정도로 지연되곤 했던 영국 조달 정책의 역사가 있다. 특히 가장 규모가 크고 고비용 프로젝트로 추진되어야 할 국방·정보 기술·토목 분야에서 그러했다. 미로처럼 복잡한 공공 조달의 세계가 여기에 이미 드러나기 때문에 이 절의 나머지 부분에서는 이 문제의 본

질을 설명하기 위하여 영국의 시행착오들을 살펴보게 될 것이다.

영국 정부가 고객으로서 저지른 오류들의 증거로 국방 분야만 한 곳도 없다. 명목적으로 이 분야의 조달 책임은 〈국방부〉에 있다. 대중들의 머릿속에서는 런던의 밀레니엄 돔(Millennium Dome, 밀레니엄 프로젝트의 일환으로 영국 정부가 건설한 대형 전시 시설이다. 관람객 예측 실패로 2000년 1월 1일 개장 이후 총 비용 1조 5,000억 원이라는 엄청난 재정 부담 문제를 안게 되어 그해 12월 31일에 문을 닫았으며 이 때문에 영국 국민들에게 엄청난 질타를 받았다. 옮긴이) 같은 사소한 실수들이 더 크게 기억된다고 할지라도 첨단 기술 분야에서 문제의 크기는 영국에서 전례가 없을 정도다. 최근의 경과 보고서에 따르면 규모 면에서 상위 20개의 무기 개발 프로젝트에 추가로 들어간 비용이 거의 30억 파운드에 달하며, 개발 지연 기간을 합치면 무려 36년이나 되는 것으로 밝혀졌다. 실제로 '유로파이터'라는 악명 높은 전투기 개발에 들어간 추가 비용은 '상업적으로 민감'하다는 이유에서 더는 비용이 공개되지 않고 있다(National Audit Office, 2006).

이처럼 유감스러운 조달 성과를 설명하기는 쉽지 않지만 아래의 요소들이 각각 부분적으로는 이유가 될 듯하다.

- 최상위 행정 업무에서의 프로젝트 관리 기법의 부족.
- 정책의 달성보다 계획을 더 칭찬하는 관료주의 문화.
- 정부 핵심에 위치한 폐쇄적인 구조: 모범 사례의 전파 방해.
- 기술 역량 부족은 정치에 대한 신뢰 부족의 원인이자 결과라는 사실. (결과적으로) 공무원들과 그 상관들이 민간 부문의 이해관계보다 공공 부문이 우선한다는 사실을 주장하기 꺼리게 한다(Cawson et al., 1990; Craig, 2006; Page, 2006).

군사 부문이 최악이지만 영국의 민수용 공공 조달 부문도 상당한 개선의 여지를 안고 있다. 1999년 중앙정부의 민수용 공공 조달 검토 결과는 충격을 받을 정도가

지는 아니라 하더라도 놀라울 정도로 부적절한 그림을 드러냈다.

- 정부가 전체 상품과 서비스에 모두 얼마를 지불했는지 아는 사람이 없다.
- 정부가 시장에서 자신의 지위(가령 공급자들과의 관계를 활용함으로써)를 전혀 효과적으로 활용하지 못한다.
- 조달에 대한 파편화된 접근으로 성과의 편차가 매우 크다.
- 공공 조달이 핵심 능력으로 간주되지 않으며, 그 결과 정부 내 조달이 갖는 전문적 지위가 떨어진다.
- 정부가 똑똑하고 전문성을 갖춘 고객이 될 수 있는 여지는 충분하지만 아직까지는 미개척 상태다.
- 단순히 수행의 개선을 통해 주요한 '가격 대비 가치'의 개선을 달성한 사례들이 있다(Gershon, 1999).

이 같은 연구 결과는 영국의 공공 조달 역사에 새로운 전기가 마련되는 계기가 됐다. 2000년 공공 구매를 현대화하고 정부가 계약을 할 때 가격 대비 가치의 개선을 보장하기 위하여 영국 〈조달청(Office of Government Commerce, OGC)〉이 설립됐다. 이를 촉발시킨 보고서를 뒤따른 현대화 프로그램은 어느 곳에서건 공공 조달 관리자에게 해당되지만 한 번도 제대로 해소되지 못했던 문제를 제기했다. 조달의 현대화는 오래된 비용 절감 사업 모델 속에서 수행되어야 하는가, 아니면 새롭고 지속 가능한 가치 부가 모델을 받아들여야 하는가? 영국의 신구매 전략을 설계한 피터 거숀Peter Gershon은 정부 조달 녹색화 학술대회에서 공공 조달의 현대화와 녹색화는 같이 이루어져야 한다고 언급했다.

우리의 관심은 확고하게 가격 대비 가치에 초점을 둔다. 물론 단순히 최저가를 의미하는 것이 아니다. 이는 품질과 함께 전 과정 비용(폐기와 포장까지 포함)도 살핀다는 뜻이다. 이런 방식에서는 환경친화적 상품이 좋은 점수를 받게 마련이다. (…) 여러분의 임무는 가격 대비 가치를 유지하면서 동시에 환경친화적 상품을 조달하는 방법을 고안하는 것이다. 우리는 정부 조달의 녹색화에 따른 필연적 결과로서 '녹색 프리미엄 가격'을 인정해 주지는 않을 것이다(Gershon, 2001).

이런 주장을 뒷받침하는 것은 '최저 기준bottom line'과 '녹색 기준green line'은 동의어라는 개념이다. 이 개념이 원칙으로서는 호소력이 있겠지만 조달 관리자들이 실행에 옮기기는 매우 어려운 일이 아닐 수 없다. 그럼에도 거숀 보고서의 충격은 정부의 최고위급이 조달의 전략적 잠재력을 인지하기 시작한 실질적인 전환 계기가 됐다. 이러한 깨달음이 민간 부문에서는 적어도 10여 년 전에 먼저 나타났다는 것은 의미심장하다. 자동차나 전자 기업들은 〈도요타〉나 〈닛산〉의 성공 '비밀' 중 하나가 전략적 조달이라는 것을 이미 이해하고 있었다(Cooke and Morgan, 1998).

토니 블레어 정부는 '국토의 녹색화'(Morgan, 2007b)를 위한 일련의 새로운 정책을 이끌어 가는 와중에 지속 가능 발전이라는 도전에 눈뜨게 됐고, 이때 공공 조달의 가치를 뒤늦게 발견했다. 새로운 녹색 조달 정책의 일환으로 정부는 '손쉬운 승리'를 거둘 수 있었던 종이·목재·전자제품·식품 등의 분야에서 몇 가지 상품을 지목했다. 그중에서 공공 부문의 먹거리 구매에 가장 즉각적인 관심이 쏟아졌는데, 학교 급식 문제가 예상 외로 정치적으로 돌출되었기 때문이었다(5장).

영국에서 학교 급식이 유명한 사안이 되기 훨씬 전부터 블레어 정부는 공공 급식에서 먹거리 조달이 갖는 잠재력을 탐색하기 시작했다. 2002년 영국의 구제역 파동 와중에 발간된 공식적인 연구 보고서는 '로컬 푸드'가 어려움에 처한 1차 생산자들에게 소비자들과 다시 연결될 수 있는 미지의 기회를 제공하고 있으며, 이러한 변화를 만들어 낼 한 가지 방법이 공공 조달이라고 결론내렸다(Policy Commission,

2002). 2003년 영국 공공 식품 정책의 역사에서 획기적 사건인 '공공 부문 먹거리 조달 이니셔티브(Public Sector Food Procurement Initiative, PSFPI)'에 착수할 수 있었던 것은 이러한 정치적 맥락 덕분이다.

'공공 부문 먹거리 조달 이니셔티브'의 주된 목표는 공공 부문 관리자들이 농민·재배자·공급자들과 공조해 지속 가능한 먹거리 공급 사슬에서 공공 급식 식재료 조달이 이루어지도록 하는 것이다. 이러한 목표를 뒷받침하는 것이 다음과 같은 포괄적인 목적들이다.

1. 생산과 가공의 기준을 높인다.
2. 소규모 지역 생산자의 입찰 참여를 늘린다.
3. 영양 많은 먹거리의 소비를 증진한다.
4. 생산과 공급이 환경에 미치는 악영향을 줄인다.
5. 소규모 지역 공급자들이 좀 더 정확하게 수요 기준을 충족할 수 있는 능력을 갖추게 한다(Defra, 2003).

'공공 부문 먹거리 조달 이니셔티브'는 자원이 그리 충분치 않은데도 전 세계 유사 프로그램 중 가장 혁신적인 것으로 손꼽힌다. 이 프로그램은 중앙정부, 지방정부, 공공 부문 구매 기관, 1차 생산자, 식품 서비스 회사, 비정부 단체를 비롯한 먹거리 공급 사슬의 거의 모든 이해 당사자를 포괄했다. 하지만 다른 유사 프로그램들과 마찬가지로 '공공 부문 먹거리 조달 이니셔티브'에서도 과연 무엇이 '지속 가능한 먹거리 사슬'을 구성하는가 하는 질문이 제기됐다. 이러한 먹거리 사슬이 갖는 특징 중 하나는 관행적 먹거리 사슬에서는 외부화되었던 비용들을 내부화한다는 것이다. 가령 인간의 건강에 미치는 영향, 그리고 전체 먹거리 순환의 환경에 미치는 영향을 동등하게 고려한다. 실제로 이는 '공공 부문 먹거리 조달 이니셔티브'

가 공공 부문 먹거리 조달이 갖는 다차원적 성격을 이야기하면서 지향했던 것이다.

 '내가 먹는 것이 바로 나'라고 한다면 공공 부문 먹거리 구매자들은 수백만의 사람들
이 삶을 영위하는 것을 돕는 것이다. 전국의 병원과 학교와 감옥과 매점에서 공급되는
좋은 음식은 건강한 몸을 유지하게 하고, 치료율을 높이며, 집중력과 행동을 개선한
다. 그렇다고 지속 가능한 먹거리 조달이 단지 영양의 개선만은 아니다. 이는 먹거리
가 어디에서 오는지, 어떻게 생산되고 운송되는지, 어디서 소비되는지에 관한 것이다.
이는 먹거리의 품질, 안전성, 선택에 관한 것이다. 무엇보다도 이는 가장 폭넓은 의미
에서 '최고의 가치best value'를 규정하는 것이다(Defra, 2003).

위의 선언은 정책과 실행의 세계에서 '지속 가능한 먹거리 사슬'(1장)의 다중적 의
미를 명료하게 포착하고 있다. 하지만 동시에 이를 현실화시킬 때 발생하게 될 핵
심 문제 하나를 드러낸다. 바로 '최고의 가치'에 대해 공통적으로 합의하는 정의에
도달하는 문제다.

모든 나라의 조달 기관들은 '최고의 가치' 혹은 '가격 대비 가치'를 달성했다고 주
장하면서 자신들의 결정을 합리화하고자 한다. 물론 이를 증명하기는 매우 어렵다.
과거의 형편없었던 실적을 만회하기 위해 현재 영국 정부는 공공 조달을 정확한 과
학에 근거한 것으로 바꾸려고 하는 것 같다. 하지만 조달 과정에 개입되는 헤아릴
수 없이 많은 인간적인 요소들을 고려할 때 거의 불가능한 임무라고 보인다. 그럼
에도 영국 정부는 지속 가능한 조달 부문에서 세계를 선도하려는 바람으로 새로운
규범과 절차에 따라 공공 조달 과정을 관리하기 위한 기묘한 관료 구조를 만들어
내고 있다.

이와 같이 미로처럼 복잡한 체계의 핵심부에 영국 〈조달청〉이 있다. 2007년, 가
격에 비해 더 많은 가치를 확보할 수 있도록 중앙정부의 조달 능력을 변화시키기

위하여 새로운 권한과 책임이 영국 〈조달청〉에 주어졌다. 이처럼 효율성을 추진하고자 하는 최신의 동력은 각 단계별로 고유한 세부 지침을 갖추고 있는, 분리된 15단계로 구성된 고도로 규범적인 새로운 조달 과정을 만들어 냈다(그림 2.1 참고).

새로운 조달 지침은 공공 기관들에 적용되어 온 기존의 모든 지침을 대체하기보다는 새롭게 추가된 것이다. 이는 공공 조달의 과정에 규제가 더 많아졌다는 사실을 잘 보여 준다. 영국 〈조달청〉은 총 15단계의 조달 과정들에 세 가지 포괄적인 원칙이 계속해서 적용된다고 주장한다.

1. 모든 조달은 경쟁하에 놓여야 한다.
2. 모든 조달은 '가격 대비 가치' 기준하에서 수행되어야 한다.
3. 모든 조달은 〈유럽연합〉 규제의 연속선상에서 공정하고 개방적이며 투명해야 한다.

이러한 새로운 규제의 물결이 본질적인 메시지를 모호하게 할 수도 있기 때문에 정부는 이를 좀 더 명시적으로 표명할 필요를 절감했다. '좋은 조달이란 가격 대비 가치를 달성하는 것을 뜻한다. 즉 목적에 부합하고 전 과정 비용을 감안한 제품을 구매하는 것이다'(HM Treasury, 2007: 4).

가격 대비 가치를 얻는 일은 선언하는 것이 입증하는 것보다 더 쉽다. 실제로 지구상의 모든 정부들에게 적용되는 현대의 진언mantra 역할을 하는 '가격 대비 가치'는 대부분의 정부가 구매 결정의 비용 편익을 분석하기 위해 개발할 능력이 있거나 혹은 개발하려는 의지를 가진 것 이상으로 훨씬 더 정교한 계측과 회계 체계를 요한다. 아마도 제품과 서비스에 대한 전 과정 비용 평가가 더욱 창조적인 공공 조달을 위한 가장 중요한 선결 조건일 것이다(1장). 지속 가능성 기준을 구매에 적용하는 것이기 때문이다. 전 과정 비용 평가는 '낮은 가격'과 '최고의 가치'를 구별하는

그림 2.1 영국 〈조달청〉의 조달 과정 관리 지침

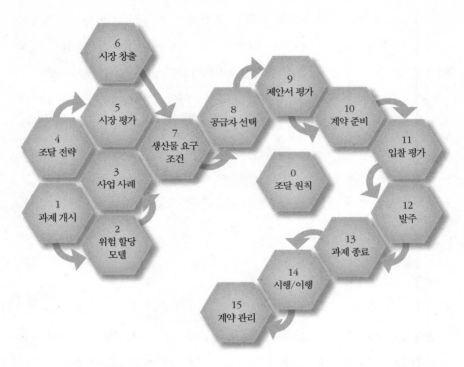

출처: www.ogc.gov.uk/introduction_to_procurement.asp

데 도움을 줄 것이다(Morgan, 2007b).

전 과정 비용 평가가 선의를 구현하는 것이기는 하지만 원칙을 실제에 적용하는 것은 대단히 어렵다. 지속 가능한 공공 조달에 관한 종합 연구에 따르면 전 과정 비용 평가를 시행하지 못한 것이 당면한 가장 큰 장애물의 하나임을 알 수 있다. 가령 영국에서 전 과정 비용 평가가 실패한 가장 큰 원인은 조달 전문가들이 서로 갈등하는 두 메시지, 즉 비용 절감을 요구하는 '효율성 메시지'와 가격 대비 가치의 보장을 요구하는 '지속 가능성 메시지' 사이에서 무기력한 혼란을 느끼기 때문이라는 사실로 귀결된다. 다시 말해 '효율성 메시지는 공공 부문 전체에서 지속 가능성에 대한 고려를 삼켜 버리는 방식으로 해석되고 있다'는 것이다(Sustainable Procurement Task Force, 2006: 52). 영국 정부는 가격 대비 가치를 보장하려고 애쓰는 과정에서 '효율성'과 '지속 가능성'이 동등한 가중치를 누리고 있는 척하고 싶겠지만 다음 장에서 우리가 보고할 경험들은 그렇지 않음을 보여 준다.

　나라 간 문화의 차이가 공공 부문의 구매 양상에서 보이는 차이를 설명하는 데는 도움이 될 것이다. 하지만 이 책의 사례 연구에서 볼 수 있듯이 그럼에도 모든 나라는 공공 조달을 규율하는 국제적인 '게임의 규칙'을 존중해야 할 의무를 가진다. 다음 절에서는 전 세계 공공 조달 공무원들에게 게임의 규칙을 설정하는, 복잡하면서도 다소 모호한 맥락에 대해 설명하고자 한다.

국제적인 조달 규제

　법적으로 공공 기관들은 세계 무역의 최고 권위 기관인 〈세계무역기구〉의 회원국 자격으로 자국 정부가 서명한 국제 협약의 조달 조항을 존중해야 한다. 정부와 공공 기관들은 자국 재화와 서비스의 최대 구매자로서 경제 활동의 중요한 몫을 담당하는데 통상적으로 선진국의 경우에는 국내총생산의 10~16퍼센트, 개발도상국의 경우에는 20퍼센트 정도다. 외국의 경쟁자들보다 자국 공급자를 우선시하라는 정치적 압력은 결과적으로 공공 부문 시장에서의 국제적 경쟁이 차단되는 빗장걸기, 즉 규제받지 않는 자유로운 시장이라는 〈세계무역기구〉의 이상과는 정반대의 상황을 가져올 수 있다.

　하지만 소수의 경우에는 협정에 서명하는 〈세계무역기구〉 회원국만을 구속하는 훨씬 제한적인 협정인 다자간 협약도 존재한다. 현재의 정부 조달 협정(GPA)[4]이 이 같은 다자간 협약 중 하나로, 1981년 발효된 최초의 정부 조달 협정 대신에

1996년 1월 1일부터 법적 효력을 갖게 됐다.

  정부 조달 협정의 기본 목적은 되도록 많은 공공 조달 사업을 국제 경쟁하에 개방하는 것이다. 이 협정은 공공 조달에 관한 법률·규제·절차·실행의 투명성을 높이고 국내 상품이나 공급자를 보호하거나 해외 상품이나 공급자를 차별하는 것을 금지하는 것을 골자로 한다. 현재의 정부 조달 협정은 1986년에 시작되어 1994년에 종료된 우루과이 라운드 무역 자유화 회담에서 합의됐다. 이 협상은 1981년 정부 조달 협정과 비교할 때 연간 수조 달러 상당의 단체 구매를 실시하는 중앙정부와 지방정부들로 국제 경쟁을 확장시킴으로써 약 열 배 정도 그 적용 범위를 확장시켰다. 또한 포괄 범위도 서비스 영역, 중앙정부 하위 수준에서의 조달(가령 주 정부, 광역 정부, 현이나 군), 공공시설의 조달까지 확대됐다. 새로운 정부 조달 협정은 국제 경쟁에서 공정하고 차별 없는 조건을 보장하는 규칙도 강화했다. 예컨대 공공 조달 결정이 협정 규칙을 준수하지 못한 것에 불만을 가진 민간 입찰자가 이를 입증할 경우, 그러한 결정에 이의를 제기하고 구제받을 수 있는 항소 절차를 만들어야 한다(WTO, 2007). 정부 조달 협정은 모든 절차에서 될 수 있는 한 경쟁을 유발하기 위해 생산지나 공급자의 국적이 공공 조달 의사 결정에서 고려 대상이 되지 않도록 보장하고자 한다.

  이러한 규정이 선진국에서는 상식적인 지혜일지 모르겠지만 많은 개발도상국들에서는 논란이 뜨겁다. 가장 최근의 〈세계무역기구〉 무역 협상(도하 라운드)에서 선진국들은 '공정한 경쟁의 장'이 모두에게 혜택을 줄 것이라는 주장을 근거로 개발도상국들에게 공공 부문 시장을 개방하라고 설득하고 있다. 가난한 나라들은 '자유무역이 당신에게도 좋다'는 주장에 동의하지 않는다. 오히려 이들 국가는 이러한 주장을 선진국 기업들이 지금까지 보호받았던 개발도상국 공공 시장에 진출하기 위한 편의 치적 제도(便宜置籍制度, 소유 선박을 다른 나라 국적으로 등록하여 치적국의 국기를 게양하는 것. 옮긴이)로 여겼다. 농업 부문 무역협정 체결의 실패와 더불어 공공 조달의 새로운 규범에 대한 합의도 이루지 못했다는 점에서 도하 라운드는 무역 자유화의 역사에서 가장 뜨거운 논란을 불러일으켰다고 평가된다.

〈세계무역기구〉가 전 세계적으로 그토록 강한 불신을 야기하는 가장 큰 이유는 관세처럼 비밀스러운 사안에서부터 각국 정부의 고유한 영역이라 여겨졌던 일련의 사안들에 이르기까지 무역 정책의 '범위'를 확장시켜 왔기 때문이다. 다시 말해 식품 안전과 표준화, 지적 재산권, 서비스, 공공 조달, 환경 등과 같은 민감하고 다양한 주제들을 가로지르며, 기존에는 국내 사안으로 인식되던 영역에 〈세계무역기구〉가 권한을 행사하려는 것이다(Morgan et al, 2006).

개발도상국만 〈세계무역기구〉의 '범위'에 대해 불만을 키우고 있는 것은 아니다. 특히 농업, 먹거리, 공공 조달 같은 사안들에 대해 선진국의 사회운동 진영도 규제 받지 않는 자유 시장이라는 〈세계무역기구〉의 전망, 곧 '국가는 더는 공공 구매를 통제하지 않는다'에 반대하는 대중 여론을 동원하기 시작했다(Hines, 2000: 59).

또한 〈세계무역기구〉의 전망은 내부에서, 말하자면 핵심 그룹을 이루고 있는 선진국 정부들에게서도 위협을 받고 있다. 쿼터제나 관세 같은 전통적인 무역 장벽이 일련의 자유화 라운드를 통해 축소되어 온 반면에 제품의 표준 등과 같은 일련의 비관세 장벽들이 등장하고 있다. 이는 특히 먹거리 부문에서 가장 두드러지는 경향이다. 국제무역에서 비관세 장벽의 증가는 현재 〈세계무역기구〉에서 매우 논쟁적인 주제다. 새 상품 표준은 소비자가 건강 및 안전에서 새로운 위험에 노출되는 것을 줄일 수 있는 현명한 방법이라고 옹호하는 주장이 있는 반면, 자유 시장을 비판하는 진영에서는 그러한 표준들은 선진국의 새로운 '녹색 보호주의'라고 주장한다.

성장호르몬 함유 육류에 대한 〈유럽연합〉의 수입 금지 조치, 호주의 연어 수입 장벽, 일본의 사과 수입 제한 등과 같은 아주 논쟁적인 〈세계무역기구〉 분쟁 모두 먹거리 부문의 비관세 장벽과 관련되어 있다. 〈세계은행〉은 현재 모든 종류의 비관세 장벽들이 전 지구적 무역 장벽의 70퍼센트를 차지하고 있다고 언급했다. 농업이 제조업보다 그러한 장벽이 두 배로 많고 중간 정도 소득의 개발도상국에 대해 부유한 선진국들이 부과하는 장벽이 가장 많다. 게다가 이것은 순수한 남반구와 북반구 간의 빈부 격차 문제도 아니다. 미국은 유럽의 유전자조작 먹거리 규제와 위생 규제 때문에 유럽 시장에서 최대 농산물 수출국(쇠고기·돼지고기·닭고기·콩·옥수수)이 되지 못한다고 불평한다. 유럽 국가들은 미국의 일부 면허와 수입 관행들이 외국 농민들을 차별하기 위해 만들어진 것이라면서 이에 맞서고 있다. 가공식품과 신선 식품의 세계무역이 전통적인 곡물 상품보다 빠른 속도로 성장하면서 '관세보다는 상품 표준이 이러한 품목들의 전 세계로의 자유로운 여행을 가로막는 더 큰 장벽이 될 것'이라는 점은 분명해 보인다(Beattie, 2007a).

분명 국제무역 관행은 규제받지 않는 자유무역이라는 〈세계무역기구〉의 전망에 많이 못 미치고 있다. 이는 대체로 각국 정부들이 어떤 제품이 사용하기에 안전하다거나 최소한 그렇다고 납득할 수 있음을 보장하는 규제를 도입하라는 압력을 받고 있기 때문이다. 그래서 증거가 없다는 것이 해가 없다는 것과 같을 수 없다는 전제하에 제품의 영향에 상당한 정도로 존재하는 불확실성을 규제하는 것을 정당화하기 위해 종종 사전 예방의 원칙precautionary principle이 거론되곤 한다.

〈세계무역기구〉 규범은 공정하고 차별 없는 국제 경쟁을 보장하는 규범을 지지하기보다는 오히려 무역에서 정부는 거의, 혹은 전혀 역할을 할 필요가 없다는 신자유주의적 사고에 입각하고 있다. 정부 조달 협정(GPA)은 그런 점에서 〈세계무역기구〉에게는 중요한 돌파구였다. 공공 조달 시장 자체의 엄청난 상업적 잠재력은 차치하더라도 정부가 사업에 관여하는 가장 중요한 사례이며, 그러한 '개입'을 억제하는 것이 신자유주의적 시나리오에서는 좋은 일이기 때문이다. 하지만 정부 조달 협정이 다자간 협약이라는 사실은 공공 조달 결정이 순수하게 경쟁적 기준에 따라 이루어져야 한다거나 협소한 상업적 가치들이 다른 모든 가치에 우선한다는 믿음을 신봉하는 것이 〈세계무역기구〉의 극소수 회원국에 불과하다는 것을 뜻한다.

그렇다면 어떤 종류의 가치가 공공 조달 과정에 영향을 미쳐야 하는가? 이 질문이 녹색 및 지속 가능한 공공 부문 구매에 대한 새로운 논쟁의 핵심이다. 이 논쟁은 〈유럽연합〉, 정확히는 〈유럽연합〉 내 소위 '그린 7' 그룹, 곧 오스트리아·덴마크·핀란드·독일·네덜란드·스웨덴·영국이 주도하고 있다(Bouwer et al, 2006).

27개 회원국을 보유한 〈유럽연합〉은 세계에서 가장 큰 공공 조달 시장이다. 〈유럽연합〉을 지탱하는 경제적 기둥의 하나는 자본·재화·서비스·사람의 자유로운 이동에 기초하는 단일 시장이다. 단일 시장은 1992년 이래로 법적으로 실체를 갖기 시작하기는 했지만 경제적 현실과는 여전히 거리가 멀다. 실제로 다양한 분야 전반에 걸쳐, 특히 '공공시설' 부문에서 다양한 요인들로 공개 경쟁이 제한되어 왔다. 그중 하나는 공공 조달이 국내 공급자들로 편향되는 경향이 있다는 사실이다.

〈유럽 경쟁 당국 협의체(European Competition Authorities, ECA)〉는 공공 조달이 단일 시장 원칙과 양립할 수 있음을 보장하기 위해 조달 과정의 각 단계를 감독하기 위한 일련의 정교한 규제를 고안했다. 지난 몇 년 동안 〈유럽연합〉은 공공 조달을 관장하던 복잡한 규제를 줄이기 위해 네 개의 지침을 두 개의 법률적 수단으로 축소했다. 이는 공공사업·공공 공급·공공 서비스 계약을 위한 2004/18/EC 지침과 이른바 물·에너지·교통·우편 서비스 같은 특별 부문, 다시 말해 공영이었거나 공영 상태인 공공시설 부문에 대한 2004/17/EC 지침이다. 이러한 지침을 둘러싼 엄청난 혼란을 감안할 때 계약 당국에 실제로 허용되는 일이 무엇인지 살펴보려면 발주 기준 사용에 대한 안내서의 핵심 부분인 제안 이유 46 full Recital 46을 인용해 보는 것이 좋겠다.

투명성, 차별 금지, 동등 대우의 원칙 준수를 보장하며 입찰을 유효한 경쟁 조건하에서 평가하도록 보장하는 객관적인 기준에 근거하여 계약 체결이 이루어져야 한다. 그 결과 다음 두 가지의 기준만이 적용에 적합하다. '최저 가격'과 '경제적으로 가장 이득이 되는 입찰'이다.

계약 체결에서 동등 대우의 원칙을 보장하려면 모든 입찰 참여자에게 경제적으로 가장 이득이 되는 입찰을 선정할 것이라는 기준과 과정에 대한 정보 제공을 보장할 수 있는 투명성을 확보하기 위한 법률상의 의무를 정하는 것이 적절하다. 따라서 계약 선정의 기준과 각 기준에 부여된 상대적 가중치를 알려 줌으로써 입찰 참여자들이 충분한 시간을 가지고 이를 인지하여 입찰을 준비하도록 할 책임이 계약 당국에 있다. 근거를 확실하게 제시할 수 있는 정당하고 적절한 경우, 또는 사전에 가중치가 부여될 수 없는 경우에는 계약 당국이 선정 기준 가중치를 공지하지 않을 수 있다. 특히 계약이 복잡할 경우에 더욱 그러한데, 이 경우에도 계약 당국은 기준의 중요성에 따라 기준을 서열화해 그 순위를 고지해야 한다(European Commission, 2004).

짧은 만큼 극도로 압축적이고 신중하게 제정된 이 법적 안내는 〈유럽연합〉의 공공 조달을 관장하는 새로운 게임의 법칙을 요약하고 있다. 여기서 세 가지를 언급할 필요가 있다.

첫 번째, 이는 가장 중요한 점이기도 한데 이 안내는 계약 선정 기준이 반드시 단일 시장이라는 경쟁친화적인 원칙, 즉 모든 입찰 참여자에 대한 투명성, 차별 금지, 동등 대우 보장 원칙을 준수해야 한다는 점을 명시적으로 밝히고 있다는 점이다.

두 번째, 계약 당국은 '최저가' 입찰을 선택할 의무가 없다. 대신 해당 계약의 주요 사안(이를테면 품질, 가격, 기술적 장점, 미적·기능적 측면, A/S, 시작일, 완료일 등)과 관련된 기준을 채택해야 할 경우에는 '경제적으로 가장 이득이 되는 입찰'을 선정할 선택권을 가진다. 모든 회원국은 지침을 준수해야 하며 공공 조달 절차에 환경적 고려를 감안하는 것을 허용해야 한다. 하지만 회원국의 재량에 맡기는 요소도 있다. 각국은 '특정 부처에 녹색 구매 의무를 부과한다거나 목표치를 설정하는 등의 추가 조치를 단행하도록 허용된다'(Day, 2005: 204). 이는 앞서 언급한 녹색 정책의 실행에서 국가별 차이를 잘 설명해 준다.

세 번째, 새로운 선정 기준, 특히 사회적·환경적 기준의 활용을 마련하는 데 과거의 판례가 중요한 역할을 했다. 〈유럽 사법 재판소(European Court of Justice, ECJ)〉는 유명한 '헬싱키 버스 소송'에서 핀란드 헬싱키 시가 버스 조달 계약을 할 때 최저가 기준 대신 각 차종이 발생시키는 오염량이라는 환경 기준을 선정 기준으로 채택한 것이 정당하다고 판결함으로써 새로운 법적 선례를 남겼다. 이 사례를 통해 〈유럽연합〉에서 지속 가능한 녹색 조달을 위한 새로운 법적 토대가 창출됐다고 해도 과언이 아니다(Morgan and Morley, 2002).

혁신적인 판례와는 별도로 〈유럽연합〉이 지속 가능 발전에 헌신하겠다고 공식 선언한, 2001년 예테보리에서 열린 〈유럽 이사회European Council〉 회의(2001년 6월 15~16일. '더 나은 세상을 위한 지속 가능한 유럽: 지속 가능 발전을 위한 유럽의 전략'을 주제로 개최된 회의. 〈유럽 위원회〉가 지속 가능 발전 전략을 확대시키도록 했으며, 모든 주요 법안이 가능한 한 경제적·환경적·사회적 편익과 비용을 고려할 수 있도록 적절한 체계를 구축할 것을 결의했다. 옮긴이)에서도 게임의 법칙이 급격한 변화를 겪었다. 이 회의는 〈유럽연합〉 정책이 진화하는 데 완전히 새로운 맥락을 만들어 냈다. 특히 공공 조달 관리자들은 재화와 서비스 입찰을 평가할 때 전통적인 경제적 요인뿐 아니라 사회적·환경적 요인들을 포함해 자신들의 가치군을 확장해 나갈 것을 공식적으로 요구받게 됐다. 예테보리 선언을 통해 〈유럽연합〉은 단순히 녹색 공공 조달을 넘어 지속 가능한 공공 조달을 추구해야 할 의무를 지니게 됐다. 이 둘 사이의 구분은 다음과 같이 정리됐다.

- 녹색 공공 조달은 계약 당국이 재화·서비스·노동을 조달하는 과정의 모든 단계 및 물품을 조달하는 전 과정에서 환경적 요소를 고려하는 것을 뜻한다.
- 지속 가능한 공공 조달은 계약 당국이 재화·서비스·노동을 조달하는 과정의 모든 단계에서 지속 가능 발전의 세 가지 원칙을 모두 고려하는 것을 뜻한다.

〈유럽연합〉의 행정부인 〈유럽 위원회European Commission〉는 이 같은 두 가지 조달 형태의 실질적인 차이점을 명확히 하면서 환경적 측면의 적용을 실행에 옮기는 것이 더 쉽다고 언급한다. 생산기술 및 원료 선정을 위한 기술적 요구에 대해 녹색 요건을 명시하는 것은 어렵지 않다. 또한 기술 규격서에 제시된 성능 및 품질 기준을 조달 과정 각 단계에서 규정하고 도입하는 일도 어렵지 않다. 대부분의 경우 생산공정이나 생산물 자체와 관련된 환경적 요건은 그 생산물의 특성이 될 수 있기 때문에 공공 입찰 규격서에 이를 반영하는 것이 가능하다. 반면 〈유럽 위원회〉는 지속 가능한 조달의 사회적·윤리적 측면을 명시하는 것은 최종 생산물에 미치는 영향을 입증하기 힘들다는 점에서 이보다 훨씬 어렵다고 언급한다. 그 밖에도 입찰을 정확하고 공정하게 평가하기 위해 그 효과나 이익을 객관적으로 검증하거나 양적 비교를 수행하는 경우에 발생하는 문제도 있다(European Commission, 2007).

공공 조달을 규율하는 국제 규범이 이 절의 주된 관심사이기 때문에 〈세계무역기구〉와 〈유럽연합〉을 강조하고 있기는 하지만 이 책의 초점인 학교 급식을 감안한다면 미국의 국가적 규범에 대해 언급하는 것 역시 중요하다. 미국 연방 정부는 재화와 서비스를 구매하는 데 연간 3,500억 달러를 지출한다. 이 금액에는 주 정부와 지방정부 수준에서 이루어지는 구매가 포함되지 않았기 때문에 미국의 공공 조달 예산 총액은 이보다 훨씬 더 크다. 연방 수준에서는 두 가지 규제가 조달 과정을 규율한다. 연방 조달 규정(Federal Acquisition Regulation, FAR)과 자국 물품 구매법Buy America Act이다.

연방 조달 규정은 연방 정부 및 산하 단체와 거래를 원하는 공급자들이 꼭 준수해야 할 규칙과 규제를 담은 방대한 개요서다. 〈유럽연합〉과 마찬가지로 연방 조달 규정 역시 〈세계무역기구〉 규범을 준수해야 하기 때문에 규칙과 규제의 원칙은 다른 기구들과 대동소이하다. 가령 소절 6에는 '최고의 가치'를 확보하기 위해 '계약 담당자는 완전한 개방적인 경쟁을 촉진하고 제공한 뒤에 제안서를 받아 계약 업체를 선정해야 한다'고 규정되어 있고(General Services Administration et al, 2005), 〈유럽연합〉의 '녹색 공공 조달'에 상응하는 소절 23에는 친환경 제품과 서비스 조달 계약의 규범을 개관하고 있다. 좀 더 자세히 살펴보면 소절 23.703(5)조는 담당자에게 녹색 및 지속 가능한 공공 조달의 또 다른 핵심 요소인 '전 과정 비용 절감'의 실현을 요구한다. '최고의 가치'라는 선정 기준의 의미를 명시하는 데 있어 연방 조달 규정에 등장하는 순서는 연방 정부가 어떤 사항에 우선권을 부여했는지 보여 준다는 점에서 이러한 규칙과 규정을 그대로 인용하는 것도 좋을 듯하다. 비록 이 규칙과 규제가 연방 수준의 것들이기는 하지만 하위 정부의 조달 과정에도 동일하게 적용 가능하다. 연방 조달 규정은 〈유럽연합〉의 규칙 및 규제와 비슷한 내용을 담고 있지만 법 자체보다는 법 정신에서 큰 차이를 보인다. 유럽에서는 녹색과 지속 가능한 조달과 관련한 조항에 우선권이 부여되고 있으며 더 현저하게 보호되고 있다.

연방 조달 규정은 미국과 유럽을 차별하지 않지만 자국 물품 구매법은 확실히 차별한다. 〈세계무역기구〉 협상에서 무역 규제라며 빈번하게 언급되는 자국 물품 구매법은 1933년 통과 당시에 미국의 모든 연방 계약은 자국산 원료와 제품만 사용해야 한다고 규정했다. 이 법의 주된 목적은 자국산 제품의 장려, 국내 일자리 증대, 자국 제조업 보호의 세 가지다. 자국산 원료와 제품에 대한 선호는 그것이 현실적으로 불가능하거나 자국산 제품이 너무 비싸거나 연방 조달 규정 조항 관할의 구매 등과 같은 특정 상황에서는 완화될 수 있다. 그러나 미국이 〈세계무역기구〉 정부 조달 협정 서명국들에게 자국 공공 시장을 개방해야 할 의무가 있음에도 자국 물품 구매법이 이 협정에서 배제됐다는 데는 논쟁의 여지가 있다.

〈세계무역기구〉, 〈유럽연합〉, 미국이라는 세 관할권에서 통용되는 규칙과 규제가 원칙적으로 분명하고 모호한 부분이 없어 보인다는 것은 전혀 사실과 다르다. '최고의 가치'를 좀 더 지속 가능한 방향으로 해석하고자 하는 계약 담당자들이 직면한 현실적인 문제를 보여 주기 위해 이 장의 마지막 절에서는 학교 급식에 로컬 푸드가 더 많아져야 한다는 진솔한 요청의 결과로 유럽과 미국에서 새로운 공공 급식의 정치가 어떻게 등장하기 시작했는지를 검토하고자 한다.

실제 조달에서 드러나는 학교 급식과 공공 급식의 정치학

공공 조달 논쟁 속에 학교 급식 활동가들의 목소리는 아마도 거의 반영되지 않을 것이다. 하지만 건강과 생태 문제와 관련된 다양한 이익 단체들이 연대하면서 이들은 유럽과 미국 농업정책의 핵심에서 벌어진 충격적인 균열에 관심을 갖기 시작했다. 흔히 사람들은 먹거리를 생각하면서 인간의 건강과 복리를 떠올리지만 유럽과 미국에서는 먹거리가 공공 예산의 지원을 가장 많이 받는 상품이 아니다. 서로 간의 차이점이 무엇이었든 간에 활동가들은 공공 조달이 생산과 소비를 좀 더 지속가능한 방식으로 바꿀 수 있도록 재조정함으로써 농업정책이 인간의 건강 및 복리 정책을 좌절시키지 않고 고양할 수 있는 강력한 수단이라는 결론에 도달했다. 이 새로운 연대는 유럽보다는 미국에서 더 가시적으로 모습을 드러내면서 큰 목소리를 내고 있기 때문에 여기서는 학교 급식 계약에 지역산 식재료를 명시할 권한이 계약 당국에 있는지의 문제가 핵심 쟁점으로 부각되고 있는 미국 상황에 주로 초점을 맞추고자 한다.

미국은 먹거리 체계 산업화의 선구자였다. 이미 오래전부터 먹거리와 장소, 계절과의 의미 있는 연계성이 사라져 버렸고 그 덕분에 미국은 '장소성이 사라진 먹거리 풍경placeless foodscape'을 가지고 있다는 평판을 듣게 됐다(Morgan et al, 2006). 그러나 최근 산업화된 먹거리 체계에 대해 뿌리깊은 반발이 나타나고 있다. 이러한 반발은 미국 소비자들이 지역 내 먹거리 생산자들과의 연계를 회복하고 신선한 먹거리와 제철 산물에 대한 감각을 되찾고, 요컨대 '얼굴 있는 먹거리putting a face on our food'를 통해 먹거리 체계를 다시금 인간화시키자는 소망에 의해 촉발되고 있다 (Hamilton, 2002).

이러한 산업화에 대항하는 반발의 하나가 농장-학교 직거래(Farm-to-School, FTS) 프로그램의 성장이다.

> 그 목적은 학교 급식과 지역 농민이 동반자 관계가 되어 건강에 좋고 신선한 먹거리를 학교 급식에 사용할 수 있도록 하고 지역 농민들에게 추가 소득원과 비교적 안정적인 시장을 제공함으로써 지역 농민을 지원하려는 데 있다(Vallianatos et al, 2004: 415).

농장-학교 직거래 프로그램처럼 지역에 초점을 맞추는 시도들은 전국적인 네트워크의 일부로 활동하거나 그 지원을 받지 못하면 힘을 발휘하지 못할 수도 있다. 이 같은 전국 수준에서의 공백을 메우기 위해 미국에서는 〈지역사회 먹거리 보장 연맹(Community Food Security Coalition, CFSC)〉이 농장-학교 직거래 프로그램을 전국으로 확대할 목적으로 1997년 '건강한 농장, 건강한 어린이' 캠페인을 시작했다 (Gottlieb, 2001).

〈지역사회 먹거리 보장 연맹〉은 미국 41개 주, 캐나다 4개 주, 컬럼비아 특별구에서 325개소의 단체 회원을 보유하고 있다. 회원으로는 사회정의와 경제정의 단체, 환경 단체, 영양 단체, 지속 가능한 농업 단체, 지역사회 개발 단체, 노동단체, 반빈곤 및 반기아 단체 등 다양한 이익 단체들이 포진하고 있다. 〈지역사회 먹거리 보장 연맹〉은 지속 가능한 지역 먹거리 체계를 구축하여 누구나 언제든지 적당한 가격에 영양이 풍부하고 문화적으로 적절한 먹거리를 접할 수 있도록 보장하고 정의, 민주주의, 지속 가능성 원칙하에 활동 기반을 정초하는 데 목적이 있다. 그러므로 농장-학교 직거래 프로그램의 지원은 미국의 농업 및 먹거리 정책을 개혁하려는 훨씬 광범위한 의제의 일부다(CFSC, 2007a).

〈지역사회 먹거리 보장 연맹〉에 따르면 1998년 한줌도 안 되는 학교에서 시작했지만 지금은 38개 주 1,000여 개가 넘는 학교가 지역 생산자들에게서 신선한 급식 식재료를 구입하고 있다. 지역산 먹거리를 구매하려는 학부모나 학교의 관심은 상당하지만 '지역 조달이 더 높은 수준으로 나아갈 수 없게 가로막는 장벽'이 존재한다(CFSC, 2007b). 주된 규제 장벽의 하나는 계약 당국이 지역 먹거리를 명시할 수 없다는 의미로 규정을 해석하는 〈미국 농무부(USDA)〉의 입장이다. 조달 규정을 수호하는 입장을 보호하기 위해서였을 것이라 생각되는데, 그에 대한 다른 해석은 지금까지 절대 인정하지 않고 있다. 특히 〈미국 농무부〉는 2002년 농업법의 일환으로 학교 급식에서의 지리적 선호에 대한 분명한 지지를 표명한 의회의 제안도 수용하지 않았다. 〈미국 농무부〉는 아동 영양 증진 프로그램을 주관하는 각 주 담당자들에게 보낸 짤막한 서한에서 다음과 같이 언급하고 있다.

연방 조달 규정은 7 CFR 3016.60(c)에서 특정 주나 지역에 대한 지리적 선호 표기 사용을 분명히 금지하고 있다. 비영리 학교 급식 예산으로 행해지는 모든 구매는 연방법과 연방 규제에 부합하도록 경쟁을 통해 이루어져야 한다(Garnett, 2007).

조지타운 대학교의 〈해리슨 공법 연구소〉는 완전히 상반된 해석을 제시하면서 〈미국 농무부〉가 지역산 식재료 조달을 관장하는 규칙과 규정을 뒷받침하는 법적 근거에 대해서는 명백히 검토하지 못했다고 주장한다. 연구소에 따르면 현재의 법적 근거는 2002년 농업법(4303절)이라는 것이다.

장관은 이 법의 관할하에 있는 학교 급식 프로그램과 1966년 아동 영양법의 4절에 의해 확립된 아침 급식 프로그램에 참여하는 기관들이 여타의 식재료 구매 이외에도 지역에서 생산된 식재료를 학교 급식에 현실적으로 적절한 선에서 최대한 많이 사용하도록 촉진해야 한다.

〈해리슨 공법 연구소〉는 2002년 농업법 조항에 근거해 '미국의 학군들은 연방 예산을 사용할 때 지역산 먹거리를 우선적으로 구매합니까?'라는 핵심 의문을 제기했다. 그에 대한 답은 다음과 같다.

> 그렇습니다. 일부 혼란이 있기는 하지만 이는 구매 선호의 기초를 제공하는 난해한 법적 언어와 관련될 뿐입니다. 지역산 선호는 '필수 조건'이라거나 '의무 사항'이라기보다는 '금하지 않는다'에 해당합니다. 그리고 이때도 연방법에 규정된 지역산 구매 선호 금지의 예외 기준을 충족시키는 경우에만 지역산 구매 선호가 허용됩니다. 요점은 구매자인 당신을 위해 그 누구도 우선순위를 만들어 주지 않을 것이라는 점입니다. 당신이 하기 나름입니다. 그리고 당신은 그렇게 할 수 있습니다(HIPL, 2007).

현실 속에서 공공 조달이 갖는 모호한 성격을 이보다 더 잘 보여 주는 구절은 아마 찾기 어려울 것이다. 특히 계약 당국이 난해한 규칙과 규정을 새롭게, 또는 혁신적으로 해석하고자 할 때 더욱 그러하다. 아직 완성되지 않았지만 2007년 농업법은 이러한 법적 혼란을 상당 부분 해소하는 데 도움을 주었다. 하원 제출안과 상원 제출안 공히 계약 당국이 지역에서 생산된 산물의 조달에서 지리적 선호를 이용할 수 있도록 분명하게 허용하고 있기 때문이다(2008년에 개정 완료된 농업법에서 드디어 이 부분이 해결되어 학교 급식 식재료 조달에서 지리적 선호 표기가 가능해졌다. 옮긴이). 농장-학교 직거래 프로그램 활동가들은 이제 지리적 선호가 합법적으로 보인다고 하더라도 급식 담당자 대부분은 학교 급식 예산을 지원하는 〈미국 농무부〉에서 분명한 지침을 받기 전까지는 지리적 선호 이용을 꺼릴 것이라고 생각한다(이 내용은 다음 장에서 설명할 것이다).

장기적으로 농장-학교 직거래 프로그램의 운명은 미국의 농업 및 먹거리 관련 정책이 좀 더 지속 가능하게 바뀔 것인지의 여부에 달려 있을 것이다. 이는 농업법 상의 예산을 지역 생산물에 더 많이 지원하고 기본 농산물 품목에는 지원을 줄이는 것을 뜻한다. 그러나 오늘날 상황은 정반대로 돌아가고 있다. 미국은 1995년에서 2004년까지 농산물 생산을 보조하는 데 1,120억 달러를 지원했는데, 그중 80퍼센트 이상은 옥수수·면화·밀·쌀·대두의 5대 농산물 생산에 돌아갔다(Imhoff, 2007). 지난 수십 년 동안 미국은 농산물을 대량으로 수출할 시장 개척에 정책의 초점을 맞추어 왔고 자국 내 지역 시장의 발전은 무시해 왔다. 비판가들은 농업법에서 우선순위의 엄청난 불균형을 지적한다. 2006년 의회가 혁신적인 지역 재배 농산물 판매 프로그램에 지원한 액수는 4,000만 달러에도 못 미쳤는데, 이는 '지난 몇 년간 기본 농산물 품목 생산과 수출 보조를 위해 지원한 200억 달러에 비하면 새발의 피다'(FFPP, 2007).

　2007년 농업법 개정 논쟁에 새로운 목소리가 등장하기는 했지만 미국의 농업 및 먹거리 관련 정책의 급진적인 개혁이 단시일에 이루어질 것 같지는 않다. 설령 농장-학교 직거래 프로그램의 기반 시설이나 과일, 채소 같은 '특수작물'을 재배하는 농민에게 자금을 지원하는 정책은 생겨나고 있다고 하더라도 말이다. 한 논자는 상원에서의 입법 혁명을 방해하면서 "1970년대 이래로 미국 농업정책을 지배해 온 '증산의 철학'이 다음 5년 동안에도 살아남게 됐다"고 주장했다(Beattie, 2007b).

　그러나 더 장기적인 관점에서는 점점 더 많은 사람들이 '농업법'은 편협한 농업 사안에 국한된 것이 아니라 생태, 땅, 식사, 그리고 나라 전체의 건강을 좌우하는 진정한 '먹거리 법'이라는 것을 깨닫게 되고 농업법에 이의를 제기할 것이다. 그래서 현재의 농업법 너머를 바라보는 마이클 폴란Michael Pollan 같은 개혁가들은 다음의 사실에서 기운을 얻는다.

최근 풀뿌리 사회운동이 먹거리 문제를 중심으로 모여들고 있다. 비록 아직은 걸음마 단계일지라도 곳곳에서 표출되고 있다. 우리의 아이들이 다니는 학교에서 자동판매 기를 몰아내고 학교 급식을 개선하려는 지역의 노력, 비육장肥育場에 반대하고 가축의 환경을 개선하도록 식품 기업에 압력을 가하는 지역 운동가들의 노력, 유기농 시장의 경이적인 성장과 지역 먹거리 체계의 부활을 꾀하는 노력 등등. 점점 더 많은 사람들 이 다른 방식의 먹거리 체계를 위해 포크를 들고 투표하고 있다(Pollan, 2007).

조달 규정을 적용하게 되면 유럽도 같은 문제에 직면할 것인가 하는 물음에 간단 히 답하자면 지속 가능한, 특히 지역산 먹거리 조달을 가로막는 장벽은(상자 2.1을 참 고) 나라 별로 차이가 있어서 더 분명한 나라도 있고 덜 분명한 나라도 있다고 해야 하겠다. 이러한 대답은 모든 회원국이 동일한 〈유럽연합〉의 규정에 저촉을 받는 상황에서는 조금 이상하게 들릴지도 모른다.

그러나 사례 연구를 담은 이후 장들에서 보게 될 것처럼 지역산 먹거리 조달 정 책의 설계는 이탈리아보다는 영국에서 더 큰 도전 과제로 자리 잡아 왔다. 이 두 나 라는 유럽의 먹거리 문화에서 어쩌면 양 끝에 위치해 있다. 사실 유럽의 모든 나라 중에서 영국은 먹거리나 조달 문화 면에서 미국에 가장 근접해 있다. 영국의 먹거 리 문화를 고려해 볼 때 영국은 '장소성이 사라진 먹거리 풍경'에 가깝다. 영국도 미 국처럼 생산물과 장소 사이의 문화적 관련성이 사라진 지 오래되었기 때문이다. 이 는 먹거리 문화에 깃든 지역성을 보존하고 촉진하기 위해 적극적인 활동을 펼치는 이탈리아와는 극명한 대조를 이룬다(Morgan and Sonnino, 2007).

또한 영국의 조달 문화는 비용을 다른 가치에 우선하는 판단 근거로 삼아 계약한 다는 점에서 유럽 대륙의 조달 문화보다 미국에 더 가깝다. 비용을 근거로 계약자 를 선정하는 조달 문화가 아주 오랫동안 뿌리내려 왔기 때문에 영국의 공공 조달 담당자들 대부분은 〈유럽연합〉 규정이 금지하고 있다는 이유로 지역 생산자에게서 지역산 식재료를 조달받을 수 없다고 확신해 왔다. 현실에서 이 같은 규제 장벽은 좀 더 분명하다. 왜냐하면 〈유럽연합〉의 규칙을 잘 읽어 보면 공공 계약 주체가 이름만 그렇게 붙이지 않는다면 지역산 식재료를 조달받을 수 있기 때문이다. 지역 생산자만이 공급할 수 있는 지역 생산물을 명시하는 것은 분명 불법이지만(〈유럽연합〉의 차별 금지 원칙 위배) 신선하고 제철에 나는 것이며 유기농이고 인증된 식재료 등과 같이 특정한 품질 요건은 명시할 수 있다. 따라서 실제로는 공공 기관들이 지역산 식재료를 확보하는 것이 허용된다. 물론 이 같은 내용이 제대로 알려져 있지는 않다(Morgan and Morley, 2002; Morgan and Sonnino, 2007). 〈내부 시장 서비스 총국(Directorate-General Internal Market and Service)〉[5] 소속 집행위원은 이렇게 설명한다.

차별 금지 원칙에 저촉되지 않은 방식으로 말한다면 (…) '오래되지 않은 식재료를 원합니다'라고 말하는 것은 적법합니다. 사실상 그 말이 지역에서 재배된 농산물이어야 한다는 뜻이어도 괜찮습니다! 그것은 적법한 기준입니다. 하지만 학교에서 반경 10킬로미터 이내에서 생산된 농산물이어야 한다고 말하는 것은 적법하지 않습니다.

신선하고 제철에 나는 것 등과 같은 품질을 명시하는 일은 이탈리아 조달 담당자들에게는 자연스러우며, 이는 국가나 광역, 기초 자치단체의 규정이 적극적으로 촉진하는 먹거리 문화의 지역적 가치를 반영한다(4장). 이탈리아의 자국 먹거리 문화와 정치적 지원이 결합되면서 이들은 〈유럽연합〉 규정을 먹거리의 지역적 가치를 훼손하는 것이 아니라 강조하는 것으로 해석할 수 있었다. 영국은 좀 더 창의적인 공공 조달 형태를 설계하는 데 큰 어려움을 겪었다. 이는 '효율성'이라는 편협한 기준만을 고수했기 때문이다. 그 때문에 영국은 공공 조달에서 최저 비용이라는 요소 외의 다른 가치를 고려할 수 있게 해 주는 '전 과정 비용 절감' 같은 지속 가능한 회계법에 대해 창조적으로 사고하기 어렵다.

회원국마다 〈유럽연합〉 조달 규정을 극히 상이하게 해석하는 방식과 그 이유가 한 나라의 정치와 문화의 상호작용 때문이라면 국가 차원의 행동만으로는 〈유럽연합〉 27개 회원국들에서 공공 조달의 위상을 높이기에 충분치 않을 것이다. 지역산 식재료 조달의 장기적인 전망은 미국 농업법에 해당하는 〈유럽연합〉 공동 농업정책(CAP)을 개혁하기 위한 공조 활동 여부에 달려 있다. 보조금의 대다수가 가령 곡물, 육류와 유제품 같은 일부 기본 식품에 주어지는 것은 사실이지만 〈유럽연합〉은 먹거리 체계를 더욱 지속 가능하게 만들기 위해 농촌 개발, 환경의 질, 가축 복지 등에도 자금을 지원하는 등 미국보다 더 많은 일을 한다. 그러나 〈유럽연합〉도 미국과 마찬가지로 대체로 인간의 건강과 복리에 반하는 농업 및 먹거리 정책을 고수하고 있고 그 때문에 공공 영역의 심장부에 커다란 정치적 균열이 생겨난다.

결론적으로 공공 조달은 녹색국가로 향하는 생태적 기획에서 중요한 역할을 담당할 수 있다. 하지만 이는 그 잠재력이 더 분명하게 인식되었을 때, 창의적이고 혁신적인 입찰을 고안할 역량과 확신을 갖춘 공공 부문 관리자들에 의해 수행될 때, 그리고 (〈세계무역기구〉, 〈유럽연합〉, 미국의) 규칙과 규정이 인간의 건강과 복리에 필수적인 신선한 로컬 푸드가 다른 거래 가능한 상품과 동일한 취급을 받아서는 안 된다는 것을 인정할 때만 가능할 것이다. 이러한 변화 그 자체만으로는 먹거리 공공 조달의 세계를 변형시키는 데 충분하지 못하지만 서로 합쳐진다면 녹색국가를 조금 더 앞당기는 데 도움이 될 것이다.

3장
패스트푸드 제국의 변화:
뉴욕 시 학교 급식 개혁

우리 미국인들은 슬럼가에 살면서 오염된 공기와 물을 마시고 열악한 학교를 다니며 인구는 폭발적으로 늘어나고 빈민들은 만성적인 실업 상태에 처해 있던 모습을 이제는 어느 정도 과거의 일로 치부할 수 있게 됐다. 하지만 인류, 그중 특히 어린아이들이 여전히 굶주림으로 고통받는다는 사실은 미국인들의 양심을 송두리째 뒤흔든다(조지 맥거번George McGovern 상원의원, 1969, Poppendieck, 1998에서 재인용).

2007년 10월 『뉴욕 타임스』는 '관료주의에 발목 잡힌 지역산 당근'이라는 제목의 기사를 실었다(http://www.nytimes.com/2007/10/17/dining/17carr.html. 옮긴이). 기사는 뉴욕 시 학교에 당근을 판매하려는 한 뉴욕 농민의 고군분투를 다룬 이야기다. 이 기사는 지역산 당근이 생산자와 소비자에게 공히 유익할 것이라는 사실에는 의심의 여지가 없다며 지역산 당근이 '냉동 식품 업체에 적합한 품종만을 거의 재배해 온 농민들이 품종을 다각화하는 데 기여할 뿐 아니라 더 맛있고 신선하며 운송 연료도 적게 사용한다'고 주장한다(Severson, 2007).

이러한 주장은 자명해 보이지만 현실의 당근 생산자는 여섯 곳의 학교에서 시범 납품 결정을 받아내기까지 거의 2년에 걸쳐 수많은 싸움을 벌여야 했다. 당초 이 농민이 재배하려 했던 슈가 스낵스Sugar Snax라는 당근 품종은 캘리포니아에서 광범위하게 재배되는 것으로 [손가락만 한] 베이비 당근 품종이다. 하지만 슈가 스낵스 재배는 실패로 돌아갔다. 뉴욕의 토질은 최상의 슈가 스낵스를 재배하는 데 적합하지 않았고 다른 품종의 당근을 베이비 당근처럼 가공하면 먹는 것보다 버리는 양이 더 많았다. 결국 식품 제조 전문가의 자문을 받아 당근은 당근인데 동전처럼 생긴 캐럿 크런처Carrot Crunchers라는 것을 만들기로 결심했다. 캐럿 크런처는 가공할 때 버리는 것도 더 적고 캐럿 크런처를 만드는 당근 품종은 뉴욕의 토질에 더 적합했다. 신제품은 이를 시식한 몇몇 학교에서 선풍적인 인기를 끌었지만 이 농민은 당근을 동전 모양으로 자르는 특수 장비에 아직 투자하지 않고 있다. 어쩌면 이 농민은 뉴욕 시 학교 급식국장의 말처럼 미국 같은 나라의 '문제는 로컬 푸드에 대해 확신하고 있으니 다음 주에는 로컬 푸드를 구매하겠다고 말하는' 문제가 아니라는 것을 아마도 알고 있을 것이다. 문제는 '로컬 푸드와는 거리가 먼 관료주의'와의 싸움인 것이다(Severson, 2007). 이러한 상황을 몰고 온 근원은 애초에는 굶주림을 없애려는 전략으로서 시작되었지만 학교에 양질의 먹거리를 도입하는 것과는 근본적으로 상반되는 상업화된 서비스로 변모해 간 학교 급식 체계에 있다.

굶주림에서 비만으로 이동한 미국 학교 급식 정책의 역사

미국 최초의 학교 급식 프로그램은 19세기로 거슬러 올라갈 정도로 유구한 역사를 지니고 있다. 특히 대도시에서 자원봉사자나 학교 자체적으로 굶주림과 영양실조 문제를 해결하기 위한 전략의 일환으로 학생들에게 식사를 제공한 것이 시초였다. 뉴욕 시에서는 1853년에 〈아동 구호협회Children's Aid Society〉가 최초로 학교 급식 프로그램을 운영하기 시작했고 밀워키에서는 1904년에 〈위스콘신 여학교 연대Women's School Alliance of Wisconsin〉가 빈곤 지역에서 학생들에게 점심을 주기 시작했으며 보스턴에서는 1908년에 〈여성 교육·산업 연맹Women's Educational and Industrial Union〉이 따뜻한 식사를 제공하기 시작했다.

1900년 의무교육이 도입되면서 '학교 급식' 운동이 미국 전역에 널리 퍼져 나갔다(Poppendieck, 2008). 1904년 로버트 헌터가 출간한 『빈곤*Poverty*』은 결식아동의 교육에 관련된 문제와 딜레마를 조명함으로써 이 운동의 확산에 기여했다. 이 책에서 헌터가 펼친 주장이 아주 인상적이다(Hunter, 1904: 217; Poppendieck, 2008에서 재인용).

> 뉴욕 시에는 수천 명의, 아마도 6,000~7,000명에 이르는 아이들이 식사를 못 해서 학교 수업을 제대로 받기 힘든 상태로 등교한다. 학습이라는 관점에서 볼 때 빈곤 때문에 신체와 정신이 병약해진 아이들이 억지로 지친 몸을 이끌고 학교에 나와 책상에 앉는 일을 매일매일 하도록 몇 년씩 강제하는 의무교육은 정말로 어리석기 짝이 없는 짓이다. 어차피 이 아이들은 거의 아무것도 배우지 못할 것이다.

2년 뒤 존 스파고John Spargo가 발간한 『아이들의 비통한 외침*The Bitter Cry of the Children*』은 '지금까지 각 지역에 흩어져 있었던 가난한 학생에게 식사를 제공하는 활동에 전국적인 관심을 불러일으켰다'(Poppendieck, 2008).

그 이후 학교에서 점심을 제공하는 사례가 급증했지만[1] 연방 정부가 개입하기 시작한 것은 대공황기에 농업 조정법 32조를 통해 연방 재정을 사용하여 학교에 먹거리를 지원하도록 규정하면서부터였다. 1935년 〈공공사업 촉진국(Works Progress Administration(WPA)〉의 발족과 함께 가난한 지역의 여성들이 학교 식당에서 공공 근로를 하게 됐다. 이를 통해 학교 급식 조직이 개선됐고 식단과 조리법의 표준화가 촉진됐다. 1941년에는 2만 3,000여 곳의 학교에서 거의 200만 명에게 점심 급식을 제공했고 고용 인원은 6만 4,000명을 넘어섰다(Van Egmond-Pannell, 1985: 11). 식단과 조리법, 절차의 표준화도 상당한 수준으로 이루어졌다.

초창기 이러한 학교 영양 프로그램에서 미국 정부의 주된 관심은 먹거리 소비자보다는 생산자에 있었다. 대공황기는 미국 농민들에게 매우 가혹했다. 대부분의 농산물이 판로를 찾지 못했고 그 결과 잉여농산물이 쌓여 가면서 가격이 급격히 하락했기 때문이었다(Gunderson, 2007). 가격 하락 압력을 가져오는 잉여농산물을 시장에서 거둬들이기 위해 1936년 320법Law 320이 통과됐다. 이 법은 특정 농산물의 국내 소비를 촉진하기 위해 〈미국 농무부〉 장관에게 예산으로 정상적인 유통 경로에서 잉여농산물을 사들일 권한을 부여했다. 빈곤 가정과 학교 급식 프로그램이 이들 농산물을 '소비할 건설적인' 판로가 되어 주었다(Gunderson, 2007). '시장에서 팔리지 않는 농산물을' 가난한 학생을 위해 '학교에서 소비한다면 농민들은 적정 가격에 농산물을 판매할 판로를 확보하게 되고 농민들에게 도움이 될 것'이라는 취지였다(Gunderson, 2007). 1939년 학교 급식 프로그램으로 이 같은 농산물을 식재료로 활용한 학교는 1만 4,075곳에 달했고 89만 2,259명의 학생들이 급식 혜택을 받았다(Gunderson, 2007).

전국 학교 급식법에서 아동 영양법으로

제2차 세계대전 기간에 미국 학교 급식 프로그램은 위기를 맞았다. 연방 지원금은 삭감됐고 잉여농산물도 부족했다. 〈공공사업 촉진국〉 근로 인력의 상당수가 전쟁 물자 생산에 투입되면서 인력도 부족해졌다(Van Egmond-Pannell, 1985: 12). 그 결과 급식을 제공하는 학교도 자연히 줄어들면서 1943년에는 3만 4,000여 곳을 밑돌게 된다. 이러한 위기에 대처하기 위해 미국 정부는 1946년 〈소비 · 판매국〉[2]을 설립하여 전국 학교 급식 프로그램을 시행하도록 규정한 전국 학교 급식법(National School Lunch Program, NSLA)을 통과시켜 학교 급식을 공식화하기로 했다. 전국 학교 급식법 2조는 학교 급식의 목적을 다음과 같이 명시하고 있다.

> 국가 안보를 증진하는 수단으로 적절한 먹거리를 공급하고 비영리 학교 급식 프로그램의 구축·유지·운영·확대를 위한 여타 시설을 제공함으로써 이 나라 어린이의 건강과 복리를 보호하고 보조금 및 여타 수단을 활용한 국가 지원을 통해 영양이 풍부한 농산물 및 여타 먹거리의 국내 소비를 활성화해야 한다는 것이 의회의 정책임을 선언한다(Van Egmond-Pannell, 1985: 21에서 인용).

애초 농민 지원에 초점을 맞추었던 미국의 학교 급식 정책이 전쟁 직후 최초로 건강 및 영양실조라는 새로운 사안과 결합되기 시작했다. 이 법의 핵심은 '선의와 농산물 정책의 절묘한 조합'에 있다(Dwyer, 1995: 173). 다른 한편으로는 전국 학교 급식법은 학교 영양 프로그램에 다양한 농산물을 공급할 권한을 〈미국 농무부〉에 부여했다. 이 법은 잉여농산물을 줄어들게 하여 일반 시장에서 농민들이 판매하는 농산물 가격을 높여 주었다(Allen and Guthman, 2006: 404). 또 다른 한편으로는 어린이의 건강을 보호하기 위해 필요 영양분을 충분히 제공할 수 있는 식단을 고안했다(Nelson, 1981: 29).

그러나 전국 학교 급식법에도 약점은 있었다. 이 법률에 '급식비 감면'이나 '지불 무능력 학생'에 대한 규정이 없었기 때문에 학교는 급식비 감면 대상 학생을 직접 선정해야 했고 감면 금액에 대한 추가 지원금도 받을 수 없었다(Poppendieck, 2008). 한동안은 〈공공사업 촉진국〉 프로그램을 통해 공공 근로 인력과 연방 정부 제공 농산물로 학교들이 대다수의 학생에게 무상 급식을 제공할 수 있었지만 〈공공사업 촉진국〉이 해체되자 학교가 무상 급식 비용을 마련해야 했고 결국 학생들이 내는 급식비가 일차 재원이 됐다. 이 같은 상황은 가난한 어린이를 찾아 지원하려는 학교의 의지를 꺾어 놓았다.

이후에는 학교 급식에 참여하는 학생 수가 꾸준히 증가했고(1960년에는 1,400만 명에 달했다), 이에 따라 학교 급식 프로그램은 빈곤 학생에게 더욱 초점을 맞추게 됐다. 일련의 법안 상정 끝에 의회는 무상 급식이나 감면 급식 자격 조건에 대한 전국적인 기준을 마련하고 이 기준을 충족하는 아동에게 제공되는 급식 비용을 연방 정부가 전액 지원하는 법을 제정했다. 이때 개별 주가 받을 수 있는 지원금에 '상한선'을 두지 않았다(Poppendieck, 2008).

1966년 아동 영양법은 미국 학교 급식 프로그램에 새 시대를 열었다. 빈곤 지역 아동 및 원거리 통학생들이 많은 학교를 대상으로 아침 급식 시범 사업이 도입됐고 비식품 지원 프로그램Non-Food Assistance Program을 통해 기존의 급식 프로그램도 강화했다. 아동 영양법은 식재료의 저장과 수송·처리·급식 제공에 필요한 설비 마련이 시급한 빈곤 지역 공립학교와 비영리 학교에 재정을 지원하도록 명시함으로써(Nelson, 1981: 33) 학교 급식은 '급식 프로그램을 제공하기로 선택한 학교에 다니는 저소득층 아동들을 위한 권리'로 탈바꿈했다(Poppendieck, 2008).

다음의 아동 영양법 2조에서 볼 수 있듯이 이번에도 의회는 미국 농민들을 잊지 않았다.

> 먹거리와 양질의 영양과 성장하고 학습하는 아동의 능력 사이에 입증된 상관관계가 존재함을 인식함으로써 (…) 이 나라 아동의 건강과 복리를 보호하고 보조금 및 여타 수단을 활용한 국가 지원을 통해 농산물 및 여타 먹거리의 국내 소비를 활성화하며, 아동에게 필요한 영양을 더욱 효과적으로 충족시켜야 한다는 것이 의회의 정책임을 선언한다.

굶주림에서 비만으로, 미국 학교 급식의 상업화

1970년대에는 도심 수천 곳의 학교가 교실을 식당으로 개조하고 급식 준비와 제공에 필요한 설비를 구입하는 데 필요한 재정을 지원하도록 한 의회 입법이 이루어지면서 여러 학교 급식 프로그램들이 모두 상당한 규모로 급속하게 확장됐다(Van Egmond-Pannell, 1985: 17). 연방 정부의 이와 같은 노력은 맥거번 상원의원이 주도한 〈필수품 및 영양 위원회Committee on Nutrition and Human Needs〉가 유발시킨 굶주림에 관한 대중의 관심 증대가 뒷받침이 되었다. 1971년 〈미국 농무부〉는 '굶주림과의 전쟁'의 일환으로 아침 급식 프로그램 지원 대상 학교를 맞벌이 가정과 저소득 가정 아동의 영양 상태와 식사를 특별히 개선해야 하는 학교를 중심으로 확대해 나갔다(Nelson, 1981: 33~34). 1975년 감면 급식 대상 아동의 선정 기준을 확대하는 방향으로 전국 학교 급식법이 개정됐다. 그 결과 1979년에는 무상, 또는 감면 급식 대상 아동 수가 거의 세 배로 늘어났다(Van Egmond-Pannell, 1985: 73). 이와 함께 '아동들이 더 잘 먹도록 급식을 제공하면 남는 음식물이 줄어들 것이고 아동들 역시 영양가 높은 식사를 할 수 있을 것이라는 취지로' 급식의 질을 개선하려는 노력도 이루어졌다(Nelson, 1981: 34~35). 예컨대 1977년 학생들에게 영양 정보를 제공하고 급식 공급자들에게 영양 및 식단 계획 수립법을 교육하기 위한 '영양 교육 및 훈련 프로그램' 같은 제도가 도입됐다.

1970년대에 학교 급식 지원과 사회적 포용이라는 가치의 중요성을 강조하려는 목적의 연방 입법들이 확대되어 가자, 어느 한쪽으로 기울지 못하게 균형을 잡기라도 하려는 듯 미국 학교 급식 체계의 철학과 기능을 영구히 바꾸게 되는 법안이 발효됐다. 1972년 통과된 공법 92-433(PL 92-433)은 학교에 '먹거리의 경쟁 공급'을 허용했다. 이 때문에 학교 실무자들은, 에드워드 케네디 상원의원의 표현을 빌자면 '학교 급식이나 아침 급식 프로그램과 직접 경쟁할 먹거리 품목들의 판매를 허용하도록' 하는 새로운 압력을 받기 시작했다(Van Egmond-Pannell, 1985: 20에서 인용). 대중의 분노가 폭발하고 지난한 법정 싸움을 벌인 끝에 이 사건은 네 가지 범주의 식품(청량음료·얼음·껌·사탕 중 일부) 판매에 제한을 두는 규제를 도입하는 것으로 마무리됐다. 그러나 1983년 〈전미 청량음료협회National Soft Drink Association〉가 제기한 소송에서 연방 법원은 학교 식당만을 관할해야 하는 〈미국 농무부〉 장관이 '월권했다'고 판시하면서 이 같은 규제는 종결됐다.[3]

1980년대는 미국의 학교 급식 프로그램이 점진적으로 악화되어 갔던 시기였다. 장기적인 실업을 촉발한 급격한 경기 후퇴로 연방 사회복지 예산이 급격히 삭감되면서 먹거리를 안정적으로 확보할 수 없는 미국 시민의 수가 날로 증가했다. 이 시기에 무료 급식소나 푸드뱅크 앞에는 항상 줄이 길게 늘어서 있었다(Poppendieck, 1998: 3). 뉴욕 시에서는 1983년 한 해에만 급식 구호소가 100개 생겨났다. 연방 예산 삭감은 아동 급식 프로그램에 지대한 영향을 주었다. 급식비가 급격히 상승했고, 이는 자연히 학생들의 급식 선택률에 영향을 미쳤다. 1983년 전국 학교 급식 프로그램하에서 학교 급식을 제공하는 학교 수는 1979년 이후 3,975곳이 줄어 9만 360곳이 됐고, 1980년에서 1983년 사이에 400만 명의 아동이 이 프로그램에서 빠져나갔다(Van Egmond-Pannell, 1985: 1). 높은 실업률과 경제 위기로 무상 및 감면 급식 대상 아동 수가 급격히 늘어났다. 1984년 전국 학교 급식 프로그램에 참여하는 학생의 45퍼센트가 무상 급식을, 6퍼센트가 감면 급식을 받았다. 뉴욕의 경우 무상 급식 대상 학생이 무려 88퍼센트에 달해(Van Egmond-Pannell, 1985: 35), 경제 위기의 영향을 가장 크게 받은 미국 도시의 하나가 됐다.

1980년대 학교 급식 예산의 삭감은 보수주의 정부의 반反복지 의제의 일환이었다(5장 영국 사례). 연방 정부의 예산 삭감, 높은 인건비, 숙련 노동력의 부족이라는 현실에 직면한 많은 학교들은 전처리 식재료와 즉석식품을 활용하거나 〈미국 농무부〉가 무상으로 제공하는 냉동 체리, 통칠면조, 치즈, 밀가루 같은 식재료로 급식을 지속했다. 1983년 미국의 주들은 500여 개가 넘는 기업들과 가공 계약을 체결했다(Van Egmond-Pannell, 1985: 26~27). 이 같은 변화의 결과 영양의 질에 급격한 변화가 일어났다. 1992년의 한 연구는 미국의 학교 급식에서 지방과 포화지방과 나트륨이 권장치를 훨씬 초과하고 있음을 보여 준다(Allen and Guthman, 2006: 404). 간단히 말해 '학교 급식 프로그램은 본래 아이들이 음식을 충분히 먹지 못한다는 현실 인식에서 시작되었지만 이제는 나쁜 음식을 너무 많이 먹는다는 우려가 커지고 있다'(Allen and Guthman, 2006: 404). 〈건강한 학교 급식을 위한 뉴욕 연대New York Coalition for Healthy School Lunches〉의 한 관계자는 다음과 같이 설명했다.

> 뉴욕 주에서 가장 많이 소모되는 식재료는 간 쇠고기, 닭고기, 치즈, 감자입니다. 간 쇠고기는 거의가 햄버거 형태로, 닭고기는 대부분 치킨너겟 형태로, 치즈는 모차렐라 치즈스틱이나 베이글에 햄과 함께 끼워져 제공되기도 하고 마카로니나 피자에 들어가기도 합니다. 치즈는 빠지는 법이 없습니다. (…) 그리고 감자는 대부분 감자튀김 형태로 제공되지요. 학교 급식의 나트륨 함량이 매우 높습니다. 몇몇 급식 음식은 주 요리만 먹어도 아동의 하루 나트륨 섭취 권장량을 훌쩍 뛰어넘기도 합니다.

영국에서도 그랬지만 미국 연방 정부의 예산 삭감은 아동에게 제공되는 음식의 영양의 질뿐만 아니라 많은 부분에 영향을 미쳤다. 예산 부족으로 학교는 먹거리를 직접 준비한다는 대원칙을 지키지 못하고 전국 규모의 유통 업자가 공급하는 '데우기만 하면 되는 즉석식품'을 구매하지 않을 수 없었다(Allen and Guthman, 2006). 이 같은 학교 급식의 현실이 미국 공교육에 닥친 최근의 위기와 결합되면서 학교들은 '경쟁' 식품의 판매 촉진을 위해 패스트푸드 회사들과 자판기 설치 계약을 맺거나 청량음료 회사들과 '독점 공급' 계약을 맺을 수밖에 없는 처지에 내몰리고 말았다.[4] 그 대가로 지역 교육청이 받는 금액은 청량음료 판매량에 따라 달라지게 되었으며 이 같은 계약은 '건강과 이윤 간의 갈등'(Simon, 2006: 222)을 가져왔다. 〈전미 청량음료협회〉나 다른 기업들의 로비나 신우파들의 반反복지 의제가 지속적으로 공교육 예산의 삭감을 초래하고 이 때문에 재정 위기가 발생했다는 점을 감안할 때 이러한 갈등은 도저히 해소될 것 같지 않다(Guthman and DuPuis, 2006: 434).

정크 푸드와의 전쟁

현재 미국에서 학교 급식에 대한 규제나 문화의 맥락이 변화하고 있다. 최근의 농업법 개정(2장)과 함께 2004년의 '아동 영양 및 영유아·임산부 영양 보충 프로그램 재승인법'은 기존의 초중등학교에서 시행되고 있던 시범 프로그램을 확대해 학생들이 신선한 과일과 채소를 더 많이 접할 수 있도록 해 주었고 농장-학교 직거래 프로그램을 통해 학생들이 로컬 푸드를 더 많이 접할 수 있도록 보조금과 기술을 지원했다. 또한 이 법은 학교 급식에 참여하는 모든 지역 교육청들이 영양 교육 프로그램을 촉진하고 학교에서 접하는 모든 먹거리에 대해 영양 지침을 정하는 '건강 정책'을 수립하도록 했다(Food and Research Action Center, 2007).

청량음료 및 제과 업체 역시 적어도 공식적으로는 학교에서의 건강한 식사에 대해 최근 떠오르는 수사修辭를 받아들이고 있다. 업계의 이러한 반응이 진정한 관심의 결과인지 아니면 절반이 넘는 주에서 경쟁 식품에 영양 기준을 도입한 결과 직면하게 된 어려움을 타개하기 위한 대응 전략인지는 확실치 않다. 하지만 이유야 어찌되었든 이 새로운 접근법이 흥미로운 결과를 가져오고 있다는 것만은 분명하다. 2006년 5월 미국의 상위 세 개 청량음료 회사는 2008년 여름부터 학교 식당과 자판기에서 설탕 첨가 음료를 철수하겠다는 의사를 표명했다. 몇 달 뒤 5대 제과 업체 역시 학교 식당 및 자판기에서 건강에 유익하지 않은 제품을 건강에 유익한 제품으로 교체하기로 합의했다(Kanemasu, 2007: 14).

그러나 두 경우 모두 합의와 지침은 자발적인 것에 불과하다. 실제로는 대부분의 청량음료 업체나 정크 푸드 제조 산업은 여전히 '자유'와 '선택'이라는 신자유주의적 가치에 호소하면서 자사 제품의 학교 납품을 정당화하고 있는 것이 현실이다. 뒤에서 살펴보겠지만 뉴욕 시도 이와 똑같은 신자유주의적 이상을 포용했다는 점을 기억해야 한다. 이를 통해 학교 급식을 혁명적으로 개혁하기도 했지만 패스트푸드를 건강에 유익한 선택이라는 인식과 동시에 학교 급식에 찍혀 있던 낙인을 극복하고 한때 미국 학교 급식 프로그램의 심장부에 자리 잡고 있었던 사회적 포용이라는 가치를 다시금 강조하는 수단으로 재창출하기도 했다.

복잡한 미국의 학교 급식 조달 체계

학교 급식 개혁에 관심을 보이는 뉴욕 같은 미국 도시들은 매우 복잡한 거버넌스와 조달 체계(2장) 속에서 일을 도모해야 한다. 유럽과 같이 미국의 학교 급식 관리 체계는 다층 구조로 되어 있어서 규제의 권한과 책임 소재가 연방, 주, 지역 당국 등 여러 관련 주체로 나뉘어 있다. 연방 수준에서는 〈미국 농무부〉 산하 〈식품 영양국(FNS)〉이 학교 영양 프로그램을 관할하고 있으며, 정책 수립과 법률 시행 및 주 재정 지원 책임을 맡고 있다. 〈식품 영양국〉은 영양 프로그램에 참여하는 학생 수를 근거로 각 주에 현금 보조금을 지원한다. 뉴욕 주 역시 적게나마 급식비 일부를 충당하도록 학교에 보조금을 지원한다(표 3.1을 참고). 학교 영양 프로그램과 〈학교 급식 기관(School Food Authorites, SFAs)〉(미국에서 SFA는 학교 급식 프로그램의 운영을 관장하는 행정 단위로, 하나 이상의 지역 교육청일 수도 있고 개별 학교일 수도 있다. 옮긴이)의 활동을 관장하는 뉴욕 주 〈교육부〉는 이 같은 재정 지원을 받는 조건으로 급식 참여 학생 수, 지원금 지출 계획, 지역사회 연계 활동의 필요 등 관련 계획을 제출해야 한다.[5]

표 3.1 학교 급식 보조금 비율

	연방 정부	주 정부
무상	2.40달러	0.65달러
감면	2.00달러	0.215달러
정가	0.23달러	0.65달러

출처: Dykshorn(2007)

급식 제공 수에 따라 지원받는 예산은 각 주가 지원받는 보조금 중에서 그리 높은 비중을 차지하지 않는다. 가장 큰 비중을 차지하고 있는 항목은 〈표 3.1〉에서 보듯이 무상 급식이나 감면 급식에 주어지는 보조금이다.

이러한 보조금은 소득이 빈곤선(貧困線, 벤저민 라운트리Benjamin S. Rowntree가 제시한 최소한도의 생활을 유지하는 데 필요한 수입 수준. 옮긴이)의 130~185퍼센트 사이에 있는 가정의 아이들에게 지급되는데 전국 학교 급식 프로그램을 통해 급식을 받는 연간 2,900만 명의 어린이 중 60퍼센트에 해당하며, 금액으로는 79억 달러에 달한다.

활동가들 중에는 이러한 체계가 근본적으로 불공평하다고 지적하는 사람도 있다. 〈건강한 학교 급식을 위한 뉴욕 연대〉의 대표는 다음과 같이 말한다.

학교는 연방 정부와 주 정부에서 무상 급식 아동 한 명당 2.63달러의 보조금을 받습니다. 그런데 급식비를 전액 지불하는 아동의 경우 지불 액수는 1.30달러에서 2.75달러 사이입니다. 평균적으로 그렇습니다. 결국 무상 급식 아동에게 주어지는 보조금으로 전액 지불 아동의 급식비를 보조하는 셈이 됩니다. 이게 과연 공정한 것입니까?

학교는 현금 보조 이외에 물품을 직접 받기도 하는데 이것이 〈미국 농무부〉에서 제공하는 식재료 수령권이다. 〈미국 농무부〉 산하 〈식품 영양국〉 식품 유통부에서 매 학년도마다 지원 물품의 양을 결정하고 어느 주에 얼마나 배분할 것인지 계획한다. 각 주는 제공하는 급식 한 끼당 계상된 기준 금액에 따라 평가된 양만큼의 물품을 지급받는다(Nelson, 1981). 현재 급식 한 끼당 학교가 수령하는 물품의 양은 (연간으로 환산했을 때) 16.75달러어치다. 학교가 〈미국 농무부〉에서 수령할 수 있는 식재료의 종류는 시장 상황에 따라 달라진다. 그리고 모든 학교가 목록상의 모든 식재료를 수령할 수 있는 것은 아니다. 식재료는 트럭으로 운송되기 때문에 특정 물품을 수령하려면 급식 프로그램을 운영하는 해당 지역의 수요가 어느 정도 이상 되어야만 가능하다(Hamlin, 2006). 때에 따라 학교는 '덤'으로 불리는 잉여농산물을 수령할 기회를 잡을 수도 있다. 〈학교 급식 기관〉이 〈미국 농무부〉 지급 물품을 수령해 갈 때까지 보관해 두는(그렇지 않으면 가공 업체로 보내진다) 지정 창고까지 운송하는 비용은 연방 정부가 부담한다. 〈학교 급식 기관〉은 제공된 물품을 수령하지 않을 권리가 있지만 거절한 물품을 주 정부가 다른 물품으로 대체해 줄 의무는 없다.

제공되는 물품에는 육류나 치즈와 같은 식재료 외에 신선한 과일과 채소도 있다. 〈미국 농무부〉는 주 정부의 농산물 수령 기금의 일부를 활용하여 1994년부터 〈국방부〉 조달부서와의 협력하에 신선한 과일과 채소를 학교에 조달해 주는 〈국방부〉 신선 식품 조달 프로그램(DoD Fresh)을 여덟 개 주에서 시작했다.[6] 시범 프로그램이 성공하여 이 프로그램은 이제 43개 주에서 시행되고 있으며, 이를 통해 조달되는 신선한 과일과 채소의 농산물 수령 기금 총액은 연간 5,000만 달러에 달한다.[7] 게다가 학교는 일반 자금을 활용해 이 프로그램으로 신선한 과일과 채소를 구입할 수도 있다(Dykshorn, 2007: 4~5).

마지막으로 지역 교육청 수준에서 학교 영양 프로그램을 관장하는 것은 〈학교 급식 기관〉이다. 이 기관은 식재료 조달과 운영, 무상 및 감면 급식 학생 선정, 금전 기록 관리, 학교 급식 운영 감독의 책임을 맡고 있다. 몇몇 경우에 개별 학교나 지역 교육청들이 컨소시엄을 구성해 급식 식재료를 공동 구매하는 경우도 있지만 대부분의 경우에는 〈학교 급식 기관〉이 전국 규모의 유통 업체들이 제공하는 물품 목록에서 식재료를 선택한다. 가령 뉴욕 시 같은 구매력 있는 거대 기관은 때로 전문 중개상의 도움을 받아 새로운 식재료를 공급받기도 하지만 소규모 기관은 그렇게 하기 어렵다. 뉴욕을 포함한 대부분의 도시에서 조달 담당자는 거의가 최저 입찰가를 제시하는 공급 업체와 계약을 맺을 수밖에 없도록 강요되고 있다. 이는 일련의 비리 사건이 터지면서 도입된 제도다.

미국 학교 급식 제도의 저변에 깔려 있는 철학을 이해하는 일도 중요하지만 이처럼 학교 급식을 규율하는 관리 구조와 조달 과정을 종합적으로 묘사하게 되면 뉴욕 시의 급식 체계가 작동하는 방식을 온전히 설명하기가 힘들다. 매일 86만 명분의 학교 급식을 관장하고 연간 예산 4억 5,000만 달러를 운영하는 〈뉴욕 시 교육위원회New York City Board of Education〉는 직접 급식을 공급하는 단일 주체로서는 군대 다음가는 거대 공급자인 동시에 최대 식재료 구매 기관이다[8](상자 3.1을 보라). 이런 사실은 미국의 뉴욕 시를 그 어떤 도시보다도 게임의 규칙을 좌지우지하는 위치에 올려놓았다.

'뉴욕에서 할 수 있는 일이라면 어디에서도 할 수 있다'는 오래된 미국 속담은 뉴욕 시 학교 급식 개혁이 갖는 잠재력과 효과를 잘 드러내 준다. 그러나 그것만으로는 미국에서 가장 인구가 많고 다양한 민족이 섞여 살며 사회경제적으로도 다양성이 큰 도시의 사람들에게 음식을 제공해야 할 공공 기관과 조달 담당자들이 직면하고 있는 도전을 적절히 대변할 수 없다. 800만 명 이상의 시민과 2,000만 명에 달하는 대도시권 주민을 거느린 뉴욕 시는 미국에서 인구밀도가 가장 높은 도시다. 식재료 공급자들은 트럭으로 매일 1,450곳의 서로 다른 장소로 식재료를 운송해야 하기 때문에 운송 문제는 뉴욕 시가 직면한 심각한 문제의 하나다.

또한 뉴욕 시는 정치나 행정 면에서 꽤 독특한 곳이다. 뉴욕 시에는 뉴욕 주의 다섯 개 군郡에 버금가는 다섯 개 자치구(맨해튼·퀸스·브루클린·브롱크스·스태튼아일랜드)가 있다. 각 자치구는 직접선거로 구청장을 선출한다. 구청장은 시장에게 해당 자

학생 수	1,101,000명
고용인 수	9,000명
연간 예산	4억 5,000만 달러
무상 및 감면 급식 비율	70퍼센트
아침 급식 / 연간	32,412,000끼
점심 급식 / 연간	111,532,000끼
간식 / 연간	9,908,000끼
저녁 / 연간	2,324,000끼

출처: Food Management(2006a)

치구 관련 사안들에 대해 조언은 할 수 있지만 최소한의 행정력만 가지며 입법권도 없다. 행정력의 대부분은 시장이 발휘하며, 이 때문에 뉴욕 시 정부는 미국의 도시 중에서 가장 중앙집중화되어 있다.[9]

뉴욕 학교 급식 개혁의 도전, 저비용 고영양

뉴욕 시에는 비만과 굶주림이라는 양극단이 나란히 공존한다. 최근의 자료를 통해 성인의 거의 58퍼센트가 과체중이거나 비만이며 6~11세 어린이의 24퍼센트가 비만인 것으로 드러났다. 전국 평균은 15퍼센트다. 이런 상황은 소수민족들에게서 특히 심각하다. 뉴욕의 라틴계 어린이의 31퍼센트가 비만에 시달린다(Thorpe et al, 2004). 라틴계 가정에는 빈곤이 만연하여 먹거리의 구입과 소비 형태가 '어린이에게 부정적인 영향을 미칠 가능성을 안고 있다. 평소에는 부족하게 먹다가 이따금씩 폭식을 하기 쉽고 (주로 건강에 좋지 못한) 먹거리에 대한 갈망이 크다'(Kaufman and Karpati, 2007: 2186). 또한 뉴욕에서는 굶주림 역시 중요한 사안이다. 벤 토마시스Ben Tomases는 최근 새롭게 만들어진 먹거리 정책팀장이라는 직책에 대해 다음과 같이 설명한다.

> 사회정의라는 관점에서 정책이 추진되었습니다. (…) 뉴욕 시에서 진정으로 중요한, 서로 연결된 두 가지 먹거리 정책 사안이 있습니다. 바로 굶주림, 더 정확히 말해 먹거리 수급의 불안정성food insecurity과 비만입니다. (…) 빈곤, 먹거리 불안정성, 비만은 서로 밀접하게 관련된 사안들이라는 데는 이견의 여지가 없습니다. (…) 우리는 매일 식탁을 차릴 수 있을지 없을지 불안해하는 수십만 명에 대해 이야기하고 있습니다.

식습관이나 요구 사항이 서로 다르다는 현실은 특히 학교에서 명확하게 드러난다. 학교 급식 영양 팀장은 이렇게 설명한다.

> 뉴욕에서는 "우리는 왜 호머스(hummus, 병아리콩을 으깨어 기름, 마늘과 섞은 다음 빵에 발라먹는 중동 음식. 옮긴이)나 타히니(tahinis, 참깨를 갈아 여러 가지 향료를 넣은 중동 지역의 소스. 옮긴이)를 먹을 수 없지? 수프도 없고 말야"라는 말을 (…) 듣게 되는 동네가 있는 반면에 상반된 사회경제적 배경을 가진 다른 동네에서는 "이봐, 왜 더 먹으면 안 된다는 거야?"라는 말을 듣기도 합니다. (…) 먹거리의 보장이나 안전을 염려하는 동네도 있고 아이들이 제때 식사를 하는 것조차 희망 사항인 동네도 있습니다.

이런 맥락을 감안하여 뉴욕 시의 학교 급식 개혁은 서로 다르고 심지어는 서로 상충되는 식습관, 우선순위, 요구를 조화시킬 수 있는 유일한 사안인 영양 문제에 강력하게 초점을 맞추는 것부터 시작했다. 그리하여 2003년 마이클 블룸버그Michael Bloomberg 시장과 조엘 클라인Joel Klein 교육감은 지도력, 관리, 계획 및 전략 수립의 변화를 통해 뉴욕의 학교 체계를 개선하고자 하는 '어린이 먼저Children

First' 프로그램을 출범시켰다. 이때부터 학교 식당, 매점, 자판기를 포함해 교내에서 판매되는 모든 먹거리에 새로운 영양 기준이 도입됐다. 〈뉴욕 시 교육위원회 학교 급식 및 영양국〉(일명 〈스쿨푸드SchoolFood〉, 뉴욕 〈스쿨푸드〉 홈페이지 http://www.opt-osfns.org/osfns, 옮긴이)의 데이비드 베르코위츠David Berkowitz 국장은 다음과 같이 언급한다. '우리는 사회적인 임무를 띠고 일합니다. 그 가운데 최고 핵심은 영양입니다'(Food Management Staff, 2006a).

영양을 개선하는 것이 개혁의 유일한 목표는 아니었다. 블룸버그 시장의 머릿속에서는 학교 급식 프로그램의 재정을 개선하는 것 또한 중요한 과제였다. 당시 〈스쿨푸드〉는 지역별로 청구서를 받아 자금을 지원했다. 이러한 체계하에서 개별 학교는 아무런 책임을 질 필요가 없었고 이는 결국 엄청난 재정 적자로 이어졌다. 2001년에는 7,500만 달러의 적자가 나서 세금으로 충당해야만 했다[10](FoodManagement Staff, 2006a).

영양의 질을 높임으로써 학교 급식을 개혁하려는 이중 목표를 세우게 되자, 관심의 초점은 뉴욕 시의 조달 체계 정비로 옮겨 갔다. 2003년 '학교 급식의 직영 체제를 유지하면서도 민간 부문의 모범 사례들을 (…) 부서에 도입하기 위해' 급식 관리 전문가 베르코위츠를 고용했다(FoodManagement Staff, 2006a). 얼마 뒤에 요리사 호르헤 콜라조Jorge Collazo가 위원회에 합류하여 (다섯 개 자치구당 한 명씩의) 요리사들로 구성된 '식단 개발 팀'을 꾸려 학교 급식에서 영양의 질을 책임졌다.

베르코위츠의 지도하에 학교 급식 프로그램 운영의 효율을 높이고 기능을 단순화하기 위한 일련의 조치들이 도입됐다. 개혁 초기에 우선 〈스쿨푸드〉는 한 곳의 공급 업체에 서비스를 위탁하려 했다. 그러나 한 곳의 공급 업체가 감당하기에는 뉴욕 시 학교들이 사용하는 식재료의 양이 너무 많다는 것이 명확해지자, 시는 다섯 개 자치구에 공급할 네 곳의 공급 업체와 계약을 체결했다. 최저가 입찰자를 선정하도록 한 조달법을 준수하기 위해 입찰가를 토대로 공급 업체들을 선정하며, 추가로 2년 더 갱신 가능한 조건으로 5년 계약을 체결한다. 로마(4장을 보라)와는 달리 사회경제적인 비용은 제안 입찰가의 평가에 반영되지 않는다. 조달 담당자의 말을 들어 보자. "'공급 트럭은 환경친화적이어야 합니다'라고 말한다면 입찰에 영향을 줄 겁니다. 그러면 최저가 입찰은 의미가 없어지지요."

뉴욕 시는 식재료 공급 체계의 변화와 함께 각 지역 팀장들에게 '각 지역의 이익과 손실'에 대한 책임을 지도록 함으로써 학교 급식 프로그램의 책임성을 높이고자 했다. 이러한 조치는 책임 소재를 (세 곳에서 다섯 곳의 학교를 관장하는) 관리자에서 지역 팀장에게 보고할 의무가 있는 학군 관리자에게까지 계층화하는 효과를 냈고 그 결과 재정 적자는 약 3,000만 달러로 감소했다(FoodManagement Staff, 2006a).

또 다른 근본 목표, 즉 급식 영양의 질을 개선하려 했던 콜라조는 어마어마한 도전에 직면하고 말았다. 그가 부임했을 당시 학교 사람들은 '도저히 봐줄 수 없는 형편없는 식재료와 영양이나 풍미라고는 찾아볼 수 없는 간편식'에 익숙해져 있었다. (다음 장에서 보게 될) 로마에서 이루어 낸 것과 같은 품질 혁명을 평균 65세 이상의 주방 인력에 달랑 컨벡션 오븐, 아니면 요리가 불가능한 찜통만 있는 개조된 주방을 보유한 학교가 대다수인 도시에서 이루기란 불가능했다. 콜라조의 설명을 들어 보자. "제가 왔을 당시 모든 닭과 생선에는 빵가루가 입혀져 있거나 아예 튀겨져 있었고, 아니면 무언가로 덮어 씌워져 있었지요. 그래서 제가 물었습니다. '그냥 닭가슴살이나 생선 살은 왜 안 씁니까? 거기에 맛있는 저지방 카차토레(cacciatore, 토마토·양파·버섯·허브 등을 넣고 찐 고기 요리. 옮긴이)나 기사도 소스(guisado sauce, 필리핀식 닭고기 소스. 옮긴이)를 얹어서 다시 데우면 안 됩니까?" 당시에는 그냥 닭고기나 생선 살, 또는 소스를 구할 수 없었다(Spake, 2005).

급식 식단의 영양의 질을 개선하려는 〈스쿨푸드〉의 임무를 가로막는 또 다른 장애물은 [〈미국 농무부〉에서] 지급받는 식재료였다. 베르코위츠는 이렇게 설명한다.

칠면조를 가지고 오면 우리는 이 칠면조를 받아서 요리해야만 해요. 우리는 붉은 살 육류를 받고 싶지 않습니다. 지방이 더 많기 때문이죠. 하지만 '흰 살 육류를 원해요' 라고 말할 수는 없습니다. 그냥 칠면조를 받는 수밖에 없지요. 칠면조는 트럭으로 가득 공급됩니다만, 이 칠면조만 아니라면 우리가 붉은 살 육류 따위를 사서 쓰는 일은 없을 거예요.

콜라조는 영양가가 높으면서도 조리가 쉬운 식재료를 찾아내기 위해 식품 제조 업자 및 식재료 공급 업자[11]와 긴밀한 관계를 형성해야만 했다. 처음에 이들 업자들은 건강에 더 좋은 식재료를 활용할 수 있다는 것을 이해하지 못하거나 영양가가 더 풍부한 식재료를 조달하는 것이 불가능하다고 생각하는 것 같았다. 하지만 연간 식재료비가 1억 2,300만 달러에 달하는 상황이었기 때문에 콜라조는 식품 제조 업자들을 설득해 저염 소스나 기름기 적은 육류 가공품 같은 신제품을 개발하게 만들수 힘을 갖고 있었다(Schibsted, 2005: 37). 이 밖에도 콜라조는 이들과 협력해 "오븐에 넣고 바로 조리할 수 있도록 고기를 비롯한 식재료를 반조리 상태로 생산하되 '금방 요리한 것처럼' 온전한 모양을 유지하는" 제품을 개발하는 데 꽤 많은 시간을 할애했다(Culinary Institute of America, 2005: 13).

활용 가능한 식재료의 품질 개선을 위해 노력하고 나자, 이제는 뉴욕 학생들의 다양한 기호를 충족시키면서도 엄격한 품질 관리가 가능하게끔 유연한 식단을 짜서 이를 표준화해야 하는 새로운 도전에 직면했다. 콜라조가 설명한 대로 그의 목표는 "'구운 닭고기'의 날을 정해서 어떤 곳에서는 허브와 채소와 빵을 곁들여 내고, 다른 곳에서는 도미니칸 토마토 소스나 데리야키 소스를 곁들여 내는" 것이었다 (FoodManagement, 2006b).

요리와 건강한 식사를 하는 법이 쇠퇴일로에 있는 미국에서 콜라조와 그의 팀은 조리사들과 긴밀하게 작업하면서 새로운 식단을 만들어 내야 했다. 작업의 대부분은 요리 훈련이었다. 콜라조의 표현을 빌자면, 이 훈련은 '채소 볶는 법, 적절한 해동법, 점심 급식에 사용될 채소를 오전 9시에 한꺼번에 조리하지 않고 그때 그때 조리하는 법과 같은 기본적인' 것이었다(FoodManagement Staff, 2006a). 이와 동시에 이들은 조리사들이 샐러드 바를 차리거나 부리토(burrito, 고기·콩·쌀 등을 넣고 토르티야로 싼 멕시코 음식. 옮긴이) 바, 델리 바, 파스타 바 차리기 같은 특별 프로그램을 진행할 수 있도록 지원했다.

학부모들을 참여시키는 일은 학교 급식 개혁의 중요한 측면이었다. 이를 위해 이탈리아 〈학교 급식위원회〉(4장)와 유사한 〈학교 급식 협력체School Food Partnership〉를 만들었다. 〈스쿨푸드〉 영양 팀장 허먼 매키Herman Mckie가 이끄는 〈학교 급식 협력체〉는 학부모, 학생, 행정가 및 다양한 비영리 단체들이 모여 학교 급식에 관한 질문이나 관심사를 논의하고 영양 문제에 관해 지역사회 전반에 교육의 장을 제공하는 역할을 했다. 〈학교 급식 협력체〉는 매달 한 차례 자치구 전체에 걸친 모임을 갖고서 홍보 포스터나 안내서, 조리법을 배포한다. 〈학교 급식 협력체〉는 지역사회를 대상으로 영양에 대한 교육을 실시할 뿐만 아니라 학교 급식 개혁을 통해 개선된 내용을 학부모들에게 알림으로써 이들이 〈학교 급식 협력체〉에 참여하도록 북돋워 왔다. 퀸스 지역 팀장은 이렇게 설명한다.

집에 돌아온 학생들에게 부모가 "오늘은 뭘 먹었니?" 하고 물으면 대부분 "아무것도 못 먹었어요. 먹을 게 없더라고요. 끔찍해요. 매일 똑같은 음식이 나온다니까요" 하고 대답합니다. 그러니 학부모들이 학교 급식에 대해 뭘 알겠습니까? 학부모들은 학생들이 하는 말을 곧이곧대로 듣습니다. 우리는 학부모들을 〈학교 급식 협력체〉로 나오게 할 수 있습니다. "학부모님, 다음 〈학교 급식 협력체〉 회의 때 나오시면 학생들에게 제공되는 식단을 보여 드리고 설명하겠습니다" 하고 설득할 수 있습니다.

조달 담당자들이 학부모를 개혁에 참여시키고자 하는 궁극적인 목적은 의외로 단순하다. 학생들의 학교 급식 선택률을 높이는 것이다. 그 이유는 앞서 설명한 대로 미국에서 학교 급식 프로그램의 재정적 생존 능력은 제공 급식 수에 대부분 의존하고 있기 때문이다. 하지만 전통적으로 학교 급식에 '복지' 급식이라는 낙인이 찍혀 있는 상황에서 학생 선택률을 높이는 일은 중요하기는 하지만 쉽지는 않은 과제다. 브루클린 지역 팀장은 다음과 같이 말한다.

> 저소득층 학생들 사이에도 사회적 계급과 계층이 존재합니다. 모두 똑같이 가난한데도 복지 혜택을 받는 학생과 그렇지 않은 학생으로 나뉩니다. (…) 어디를 가나 차별화의 요인이 존재하는 법이죠. 중학교나 고등학교의 경우에 그 요인은 바로 이런 것입니다. "급식을 받아야 하나, 말아야 하나?"(…) 이런 의식이 학생들에게 각인되어 있기 때문에 참으로 극복하기 어렵습니다. 이들 중에는 배고픈 학생들도 있다는 것을 알기 때문에 때때로 마음이 아픕니다. 그래서 이렇게 물어봅니다. "뭐라도 먹는 게 어떻겠니?" 하지만 돌아오는 대답은 이렇습니다. "그럴 수 없는걸요."

뉴욕 〈스쿨푸드〉는 급식 선택률을 높이기 위해 다음과 같은 대책을 도입했다.

- 학부모 공략: 학부모들에게 무상 및 감면 급식 자격 확인서를 제출하도록 설득하기 위해 〈스쿨푸드〉는 하와이 여행권 지급 같은 경품 행사를 실시한다. 그러나 이 방법은 큰 성공을 거두지 못했다. 사실 뉴욕은 불법 이민자 비율이 높아서 대부분의 부모들이 서류 제출을 꺼린다(Dykshorn, 2007: 13).
- 급식비 지불 방식 변경: 현재 급식비 전액 지불 학생들은 현금을 내지만 무상 및 감면 급식 학생들은 식권이나 전자 카드를 이용한다. 이러한 지불 방식의 차이가 만들어 내는 낙인 효과를 없애기 위해 〈스쿨푸드〉는 고등학교에 통합

전자 카드와 개인 식별 체계를 도입해 모든 학생들이 동일한 방식으로 급식비를 지불하도록 만들고 있고 이를 확대하고 있다. 학부모들 역시 미국의 다른 대부분의 지역과 마찬가지로 급식비를 선지불할 수 있게 됐다.

- 모든 학생에게 무상 아침 급식 제공: 아침 급식비를 내고 있는 소수 학생들에게 돈을 걷어 학교 고용인들의 인건비를 마련하는 것이 아니라 모든 학생에게 무상 아침 급식을 제공하는 것이 비용 측면에서 더 효율적임을 깨닫게 됐다. 그리하여 2003년부터 〈스쿨푸드〉는 무상 아침 급식 대상을 전체로 확대했다. 〈스쿨푸드〉 관계자들은 무상 아침 급식 제공을 학교 급식에 붙어 있는 낙인을 제거하는 또 다른 전략으로 생각한다. 그러나 지난 3년간 제공된 총 아침 급식 수가 500만 식이나 증가했다고 해도 뉴욕의 학교 급식 참여 학생 전체로 보면 이는 여전히 10퍼센트에 불과하다. 그 결과 2006년 〈스쿨푸드〉는 아침 급식에 배정된 1억 3,400만 달러의 연방 재정 지원을 놓치고 말았다(McGovern and Quinn, 2006).

이와 같은 여러 가지 대책의 결과가 엇갈리는 가운데서도 뉴욕 시 학교 급식 선택률은 올라가고 있고, 특히 고등학교에서는 지난 3년간의 총 급식 수 대비 3퍼센트가 증가했다. 이 같은 성공은 학교 급식의 문화적 맥락을, 논란의 여지가 분분하지만, 근본적으로 바꾸어 낸 결과다. 〈스쿨푸드〉의 마케팅 국장은 이를 다음과 같이 간략히 설명한다.

학교 급식을 패스트푸드라고 부르고 싶지는 않습니다. 그렇게 부르는 순간 건강에 좋지 않은 음식이 머릿속에 떠오를 테니까요. 하지만 패스트푸드처럼 보이는 급식은 아이들에게 '미국 기업'이 판매하는 것과 똑같은 음식을 제공받는다는 느낌이 들게 하지요. 우리는 '미국 기업'이 이루어 내고 있는 업적을 모방하고 있습니다.

아동을 소비자로 만든 뉴욕 시의 (패스트)푸드 모델

뉴욕 시 학교 급식 기관들은 식재료 선택이나 조달 방식 같은 사회문화적 환경이 이탈리아의 사례(4장)와는 완전히 다르다. 미국에서는 식품 기업들이 아이들을 대상으로 하는 정크 푸드 마케팅 및 홍보에 해마다 150억 달러를 사용한다(Birchall, 2007). 그 결과 미국의 아이들은 건강을 해치는 먹거리를 사 먹는 데 해마다 300억 달러에 달하는 돈을 쓰는 것으로 집계됐다(Nestle, 2006).

학교 급식은 매일매일 패스트푸드나 정크 푸드와 한바탕 전투를 벌여야 한다. 대부분의 중고등학교에서는 점심시간에 학생들의 외출을 허용하기 때문에 학생들은 학교 주변에 전략적으로 위치해 있는 수많은 패스트푸드 매장에 들를 수 있다. 이와 동시에 대다수의 학교는 재정 적자 때문에 2004년에 도입된 '건강 정책'을 무시하고 정크 푸드를 판매해 예산을 마련하지 않을 수 없다. 영양 팀장은 다음과 같이 설명한다.

> 지난달에는 초등학교에서조차 점심시간에 학교 식당 바로 뒤편에서 사탕을 판매했습니다. (…) 그러면 안 됩니다만 이렇게 자위합니다. "과학 실험 비용을 어떻게 감당하지? 우리 학생들이 다음 달에 박물관으로 견학을 가고 싶어하는데 무슨 수로 비용을 마련하지?" 사정이 이렇다 보니 사탕을 팔고 피자 파티를 열고 매점에서 장사를 해서 비용을 마련하게 됩니다.

마찬가지로 조달 담당자는 다음과 같이 설명한다.

> "이걸 못 팔면 도서관 책도 못 사고 견학도 못 가요" 하고 말하는 교장 앞에서 뭐라고 말할 수 있겠어요? 그러니까 제 말은 "그래도 안 됩니다!" 하고 말할 수 있는 완고한 관료

가 될 수 없다는 말입니다. 〈펩시〉나 〈프리토레이〉, 〈서브웨이〉 같은 식품회사 사람들이 학교 자금을 마련하려고 백방으로 애쓰는 교장을 찾아와서 "들어 보세요. 우리 제품을 입점시켜 주시면 2,000달러쯤 드릴 수 있어요" 하고 말하면 (…) 교장은 학생들에게 무엇이 최선인지 갈등할 수밖에 없게 됩니다.

많은 급식 활동가들에게는 이러한 경쟁이야말로 개혁 과정에서 극복해야 할 가장 큰 장애물일 것이다. 〈건강한 학교 급식을 위한 뉴욕 연대〉의 대표는 다음과 같이 말한다.

건강에 나쁜 먹거리를 학생들이 더 좋아하는 한 대부분은 절대로 건강에 좋은 먹거리를 선택하지 않을 겁니다. 그래서 나는 학교 급식에 건강에 좋은 식단을 얼마나 추가했는지에는 관심을 갖지 않습니다. 어차피 건강에 좋지 못한 음식을 완전히 제거하기 전에는 문제가 계속되는 것이니까요. 학교 급식은 매우 훌륭합니다. 하지만 과자나 아이스크림이 급식 줄의 끝에서 계속 판매되는 한 학생들은 건강에 좋은 급식을 먹는 대신 점심으로 과자나 아이스크림을 사 먹을 겁니다.

미국의 다른 도시들처럼 뉴욕 시 〈스쿨푸드〉도 이 문제를 위해 논란이 분분한 전략을 택했다. 어차피 학생들이 좋지도 않을 '건강에 좋은 식사'라는 수사를 강요하기보다는 건강에 좋은 학교 급식을 패스트푸드처럼 보이도록 위장하는 방식을 선택한 것이다. 학생들의 급식 참여를 늘리는 것을 직접적인 목적으로 하는 사회적 홍보 캠페인과 식사 경험의 질을 높이는 데 초점을 두는 판매 조치를 개혁의 핵심으로 삼았다. 학교 식당을 패스트푸드 매장처럼 꾸며 학생들의 눈길을 끌기 위해 요리사 콜라조는 디자이너 산타 디스클라파니Santa Disclafani를 특별 채용했다. 이 디자이너는 콜라조와 함께 '마음의 양식Feed your Mind'을 〈스쿨푸드〉의 구호로 내

그림 3.1 〈스쿨푸드〉 로고

출처: http://www.newyorkjets.com/community/article/show/280-schoolfood

걸고 파란색과 녹색을 이용한 로고를 만들어 〈스쿨푸드〉의 '브랜드'를 만들었다. 물론 급식 음식의 차림도 바꾸었다. 가령 아침식사용 부리토를 종이나 비닐 랩에 싸서 내놓음으로써 학생들이 패스트푸드 매장에서 먹는 것과 비슷한 느낌을 받도록 한 것이다(Schibsted, 2005). 콜라조는 샐러드 바에 대한 아이들의 반응을 설명하면서 이런 접근법이 효과적이라고 덧붙였다.

> "샐러드 바에 활기를 불어넣을 필요가 있어요" 하고 말했더니, "아! 아이들은 채소라면 질색하는걸요" 하는 반응이 돌아왔습니다. 그래서 내가 말했죠. "물론 그렇습니다. 하지만 잘 차리면 됩니다." 아이들은 예전보다 훨씬 더 까다롭습니다. 외식에 익숙해져 있어서 어른들이 좋아하는 것들, 그러니까 보기 좋고 깔끔하게 차려진 좋은 것[음식]을 원합니다. 달라이 라마에게 배울 수 있는 교훈은 물론 아니지만 아무튼 학생들은 잘 차려진 좋은 음식을 원합니다(Wright, 2007).

아이들의 눈높이에 맞춰 고급 음식점에서나 찾을 것 같은 메뉴들로 바꾸고 음식 이름도 새로 짓는다. 콜라조는 새로운 메뉴에 대해 결정할 때는 항상 학생들의 의견을 참고한다. 콜라조는 '고객의 의견을 묻는 일은 어떤 업종에서든 고객의 필요에 부응하기 위해 꼭 필요한 일'(Schibsted, 2005: 37)이라고 지적한다. 특정 식재료의 매출을 늘리기 위해 콜라조는 과감한 방법을 내세웠다. 가령 채식 버거 판매량을 15퍼센트 증가시켰다(Schibsted, 2005). '개학 100일 기념일', '행운 과자의 날', '카리브 해의 날'같이 특정 주제의 날을 정한 것도 마케팅의 일환이었다.

학교 밖에서는 지역의 스타 운동선수들이, 예를 들면 라디오 방송을 통해 급식에 대한 메시지를 강화했다. 그리고 고등학교 운동 팀 전체가 유니폼을 입고 아침 급식을 먹는 날을 정함으로써 콜라조가 말했듯이 '학교 급식도 스포츠처럼 멋지다'는 것을 학생들에게 보여 줄 수 있었다. 이와 함께 그는 학교 식당의 분위기도 쇄신했다. 이를 위해 콜라조는 〈음식 교육 연구소Institute of Culinary Education〉와 협력 관계를 맺고 해마다 학교 조리사를 대상으로 이틀 간의 교육을 진행하면서 학생들을 '고객'으로 대하고 학교 식당을 급식소가 아닌 프랜차이즈 음식점처럼 보이게 하는 법을 가르쳤다.

학생들은 〈스쿨푸드〉의 사회적 홍보 캠페인에 긍정적인 반응을 보였다. 퀸스 지역 팀장은 학생들에게 선택권을 줄 때 나타나는 긍정적인 효과를 힘주어 역설한다.

> 델리 바를 열자 아이들은 이런 반응을 보였습니다. "오! 〈서브웨이〉 같은데?" "우와, 학교에 〈서브웨이〉가 들어왔네!" 아이들은 너무 좋아했습니다. (…) 아이들은 스스로 선택해서 먹을 수 있어서 마치 어른이 된 것처럼 (…) 느꼈습니다. 누군가가 어떤 음식이 '건강에 좋다'고 말하면 아이들은 '그 음식이 나를 건강하게 만들게 내버려 두지 않을 거야' 하고 생각할 겁니다.

이러한 조치는 뉴욕 시의 가장 가난한 지역에서 특히 중요하다. 브루클린 지역 팀장은 부시윅 같은 동네에서 이룩한 결과를 다음과 같이 설명한다.

부리토 바나 샐러드 바, 델리 바가 설치된 것을 보자 아이들은 의심의 눈초리를 거두고 열광했습니다. 아이들은 그곳에서 학교 밖에서 사 먹는 패스트푸드를 떠올렸던 겁니다. 물론 영양은 그보다 훨씬 풍부하지요.

뉴욕 시 학교 급식 개혁의 핵심에 있는 사회적 홍보 캠페인이 공공 당국에게는 미국 기업들의 압도적인 힘에 맞서 싸울 수 있는 하나의 방편이다. 〈스쿨푸드〉의 홍보부장은 다음과 같이 설명한다.

수백만 달러를 들인 광고가 아이들의 눈길을 사로잡습니다. 우리도 아이들의 눈길을 사로잡으려 합니다. 그리고 미국 기업들은 아이들을 꾸준히 붙잡아 놓을 수 있을 만큼 광고를 계속할 돈이 있지요. (…) 이러한 광고에 필적할 만한 홍보 계획을 우리가 세우지 못한다면 아이들을 기업에 빼앗기고 말 겁니다. (…) 아이들이 학교 밖에 나가면 바로 앞에 〈맥도날드〉, 〈웬디스〉, 〈타코벨〉이 있기 때문입니다. 아이들을 학교 안에 붙들어 두지 못하고 (…) 바깥으로 나가게 한다면 우리는 아이들을 잃는 겁니다.

뉴욕 학생들은 패스트푸드를 먹는 것 같은 경험을 즐기고 있지만 실은 그것보다 건강에 더 좋은 급식을 제공받고 있다. 콜라조와 식단 개발팀의 노력에 힘입어 학교 급식의 질이 최근 몇 년 사이 개선되면서 〈미국 농무부〉가 권장하는 영양 표준을 초과 달성하는 성과를 거뒀다. 학교는 매일 채식 선택 식단 외에도 두 종류의 주요리를 제공한다. 현재는 식단에 생선이나 식물성 단백질을 주성분으로 하는 식재료를 더 많이 사용한다. 식용유와 감자튀김에는 트랜스지방이 들어 있지 않다. (통조림) 과일 · 채소보다는 신선한 것, 또는 냉동시켜 놓았던 것을 매일 제공한다. 인공색소, 뼈를 제거한 육류, 성장호르몬, 인공감미료 등은 급식에서 완전히 사라졌다 (Schibsted, 2005). 이와 더불어 각 민족의 전통 음식들도 폭넓게 제공한다. 모든 고등학교 식당에 샐러드 바를 설치했고 아동 비만 억제 노력의 일환으로 일반 우유나 맛을 낸 우유 대신 저지방 탈지 초콜릿 우유로 바꾸었다(Garland, 2006).

로마와 달리 뉴욕은 유기농 식재료 조달 예산을 책정하지 않는다. 뉴욕은 신선 농산물 재배철이 짧고 개별 농민들의 공급 능력과 지역 내 포장 및 유통 시설이 부족해서 지역 생산물을 조달하는 것도 매우 어려운 형편이다(Market Ventures et al, 2007: 86). 그럼에도 지역산 식재료가 학교에 적극적으로 도입되고 있어서 뉴욕 시의 '패스트푸드' 모델은 겉으로 보는 것보다는 훨씬 더 정교하고 복잡하다. 모든 것은 2003년에 시작됐는데 '농장-학교 직거래' 프로그램의 일환으로 〈뉴욕 주 농업·시장부New York State Department of Agriculture and Market〉는 〈스쿨푸드〉를 설득해 뉴욕 주 내 생산물의 판매를 촉진하기 시작했다. 〈스쿨푸드〉는 창의적인 조달법을 채택하고 뉴욕 주에서만 재배되는 품종으로 인정되는 신선 사과 입찰 규격서를 작성했다. 첫해에 2,495톤 상당의 지역산 사과가 학교에 공급됐고, 이로써 뉴욕 주 농업경제에 150만 달러의 경제적 이득을 가져왔다(Market Ventures et al, 2007: 85).

일 년 뒤 뉴욕 시는 〈국방부〉 신선 식품 조달 프로그램 배정분 모두를 활용하여 뉴욕에서 생산·가공·포장된 잘게 자른 사과를 조달받기로 결정했다. 베르코위츠의 설명에 따르면 이 같은 최근의 조치는 뉴욕 시 학교 급식 전략이 가져온 효과를 잘 보여 주는 사례다.

　전에는 (…) 사과를 통으로 팔았는데, 아이들이 사과로 야구를 하더군요. 그런데 잘게 자른 사과를 주니까 야구를 계속할 수가 없지요.[12] 맛도 좋고 보기도 좋습니다. 저는 바로 이것이 판촉과 영양을 잘 결합한 사례라고 생각합니다.

2005년 〈스쿨푸드〉는 〈W. K. 켈로그 재단〉이 자금을 지원하는 300만 달러 규모의 합작 사업 조직 〈스쿨푸드 플러스SchoolFood Plus〉와 협력 관계를 맺었다. 〈스쿨푸드 플러스)는 '지역산 식재료 조달을 통해 뉴욕 주 농업경제를 강화하면서 뉴욕 시 공립학교 학생들의 식습관과 건강을 개선하고 학습 능력을 높이는' 것을 목표로 한다(Market Ventures et al, 2005: 17). 〈스쿨푸드 플러스〉는 식물성 식재료로 만드는 새로운 메뉴를 개발·적용·홍보하고 '요리 강좌' 같은 활동을 통해 학생들에게 요리를 가르치는 동시에 지역산 식재료 조달을 의제로 삼는다. 회원 단체의 하나인 〈카프 리소시스Karp Resources〉는 지역 농민과 포장 업자 및 〈스쿨푸드〉와 계약을 맺은 네 곳의 식재료 공급 업자 사이에서 조정과 협상을 이끌어 내는 공익적 중개자 역할을 수행한다. 〈카프 리소시스〉는 공급 업자와 〈스쿨푸드〉 양자의 신뢰를 확보하고 이들을 참여시키려고 애쓴 끝에 2006년 여름 59톤, 금액으로는 5만 달러 상당의 지역산 자두, 복숭아, 천도복숭아, 배를 공급할 기회를 얻어 냈다(Karp Resources, 2007: 2). 같은 해 〈스쿨푸드〉는 지역산 우유를 사용해 요거트를 생산하는 요거트 생산자와 매달 약 7,000개의 요거트 공급 계약을 체결했다.

　뉴욕에서 로컬 푸드 공급의 범위를 확대해 나가기 위해서는 아직도 해야 할 일이 많다. 하지만 로컬 푸드 공급이라는 방향에서 시가 지금까지 이루어 온 성과를 과소평가해서는 안 된다. 미국에서 가장 큰 학군이며 '시설도 가장 낡았고 인건비도 가장 비싼 곳이면서 또한 가장 정치적인 측면에서 학교 급식을 운영하는 곳'(Food-Management Staff, 2006a)인 뉴욕의 학교 급식 혁명은 한 걸음 두 걸음으로 조금씩 앞으로 나아갈 수밖에 없다. 〈스쿨푸드 플러스〉의 한 관계자는 이렇게 설명한다.

　　우리 사례가 다른 지역에도 귀감이 되면 좋겠네요. 이런 말씀을 드리고 싶어요. "우리가 해낼 수 있었던 일을 한번 보세요. 우리가 할 수 있는 일, 그 긍정적인 이득에 대해 한번 생각해 보세요. 그리고 한두 학교에서, 비록 처음에는 미미하더라도 일단 시작해 보세요."

뉴욕 시 (패스트)푸드 모델의 이해

활동가들이나 학자들 중에는 뉴욕 시에서 추진한 학교 급식 개혁 방식이 이른바 신자유주의적 철학이 밑바탕에 깔려 있는 것이라는 점에서 근본적인 결함을 안고 있다고 생각하는 사람들도 있다. 이들의 주장도 일리가 있다. 뉴욕은 민간 부문에서 통용되는 가치와 철학을 의도적으로 학교 급식 개혁에 도입했다. 먹거리 공급 체계를 통합하려는 초기의 시도나 학교 식당 '브랜드'를 창출하려는 노력, 변화를 촉발할 기제로 개인적인 선택을 강조하거나 아이들을 '고객'으로 보는 관점의 광범위한 수용 등을 꼽을 수 있다.

그러나 일부 학자들처럼(Allen and Guthman, 2006 참고) 〈학교 급식 기관〉이 활용한 방식에 근거해 이들의 노력을 폄하하는 것은 지나치게 순진한 처사로 보인다. 사실 이들의 비판은 미국 같은 나라에서는 공공 당국이 지속 가능한 학교 급식 체계의 수립을 곱게 보지 않는 정치적·규제적·경제적·사회문화적 맥락 속에서 활동한다는 사실을 고려하지 못한 결과다. 이러한 맥락에는 다음과 같은 것들이 있다.

- 학교 급식에 제공되는 음식을 학교에서 직접 조리하는 것보다는 정부 지정 공급자가 납품한 반조리 식품을 '데워서 바로 제공'하도록 압력을 받은 결과, 지난 20년 사이 조리 도구나 건강에 좋은 음식을 섭취하는 방법에 대한 지식이 점차 사라져 버렸다.
- '복지 급식'이라는 낙인이 학생들의 학교 급식 참여에 부정적인 영향을 미친다. 그 때문에 보조금으로 학교 급식 재정을 마련하는 체계 속에서 학교들이 심각한 재정적 어려움에 직면하고 있다.
- 학교 급식이 영양 측면에서 질이 떨어지는 다른 먹거리들과 경쟁 관계에 있다. 연방 정부〈미국 농무부〉가 학교에 '쏟아붓는' 무상 지급 식재료, 점심시간에 '일

품요리' 형태로 판매하는 경쟁 음식, 점심시간에 학교 밖에 나가는 학생들을 상대로 파는 학교 바로 옆의 패스트푸드 등을 들 수 있다.

• 학생들의 식습관이 정크 푸드나 청량음료 회사들이 엄청나게 쏟아붓는 광고 및 홍보에 큰 영향을 받는다.

이런 상황에서는 로마 사례(4장)처럼 지역 수준에서 급격한 활동을 벌이기가 여의치 않다. 또한 런던(5장)에서처럼 지역 당국이 공공 급식과 환경적 지속 가능성을 연계시키는 것조차 간단치 않다. 이런 상황에서는 다양한 수준에서 변화가 이루어져야만 지속 가능한 조달 방식이 가능해진다. 간단히 말하면 '연방 정부도, 주 정부도 지역의 학교 급식 프로그램을 제대로 통제하고 있지 못한데, 학교 급식을 변화시키려면 모든 수준에서의 변화가 절실하다'는 것이다(Dwyer, 1995: 176). 뉴욕의 조달 담당자는 다음과 같이 말한다.

나라 밖에서 생산된 것은 어떤 것도 받지 않는다고 연방 정부가 결정하도록 내버려 두고 있습니다. (…) 만약 시에서 모든 차량은 배출 검사를 통과해야 한다고 규제한다면 (…) 만약 보조금을 받으려면 모든 생산물은 지역에서 키운 것이어야 한다고 결정한다면 [우리는 그대로 따를 겁니다]. …… 이런 것들이 법으로 제정되어야 할 부분이지요. [현재는] 우리가 할 수 있는 한 재정적으로 유리하고 계약의 범위에 영향을 미치지 않는 선이 어디까지인지를 우리 스스로 판단하고 있습니다.

요약하면 무엇보다도 먹거리 선택이나 조달과 관련된 사회문화적 환경이 먼저 변화되어야 한다. 당연히 하룻밤 사이에 일어날 수 없는 일이다. 앞으로 보게 될 영국 사례가 입증해 주듯이 시장 상업주의에 핵심 가치를 빼앗겨 버린 학교 급식을 재건하려면 여러 해가 걸릴지도 모른다. 이렇게 볼 때 여전히 학교 급식을 지배하는 시장적·산업적 관습에 맞서 사회적 포용을 다시금 강조하려는 뉴욕 시의 시도는 칭찬받아 마땅하다. 뉴욕 시는 학교 급식 개혁을 시작했고 모든 학생들에게 무상 아침 급식을 제공했다. 또한 문화적 다양성을 반영하고 축복하는 각 민족의 전통 음식들도 장려했다. 통합 전자 카드와 개인식별 체계를 도입하여 학교 급식에 붙어 있던 낙인을 떼어 내려 애썼다. 동시에 포괄적 조달 방식을 도입해 학교 급식 체계 안팎에서 신뢰 관계를 새로이 정립하고 관련 지식을 공유하게 됐다. 학교 급식의 영양가를 높이고 학생 참여도를 높이며, 재정 적자를 줄이고 지역산 식재료 조달 기회를 창출하기 위한 개혁 과정에서 학부모, 비영리 단체, 주 정부, 식재료 공급 업자, 농민, 조리사, 학교 직원 들 모두 다양한 단계에서 적극적으로 기여했다. 뉴욕 시는 미국을 지속 가능성으로 가는 가시밭길로 이끌고 있으며 [이 과정에서] 학교 급식을 둘러싼 형평성과 민주주의에 대한 전망을 다시금 공유해 나가기 시작하고 있다.

4장
학교 급식은 사회정의다:
로마의 품질 혁명

지중해식 식사(채소·생선·올리브 기름·과일·견과류 중심의 식사. 옮긴이)의 본고장이라는 나라가 광고와 소비주의, 바쁜 생활 때문에 영양 지침을 마련해야 하는 현실은 역설이 아닐 수 없다(이탈리아 〈보건부〉 장관, 2007년 2월, Kington, 2007에서 인용).

최근 이탈리아인들의 식습관을 조사한 결과는 분열적인 상황을 보여 준다. 이탈리아식 식습관은 건강에 좋다고 널리 알려져 있음에도 막상 자국에서는 패스트푸드가 지중해식 식사를 잠식하고 있는 것으로 나타난다. 매일 60만 명의 이탈리아인들이 〈맥도날드〉에서 식사를 하며(Helstosky, 2006: 156) 지방·설탕·소금을 다량 함유한 가공식품이 어린이와 10대들 사이에서 큰 인기를 끌고 있는 것으로 나타났다. 2000년에 6~17세의 이탈리아 어린이와 청소년 중 20퍼센트가 과체중이고 4퍼센트가 비만이었던 것이(Brescianini et al, 2002), 2005년에는 7~11세의 이탈리아 어린이 가운데 과체중이나 비만인 비율이 30퍼센트를 넘어섰다(International Obesity Task Force, 2005).

다른 한편으로는 윤리적이고 똑똑하며 지속 가능한 소비를 지향하는 사람들의 수가 꾸준히 늘어나고 있다. 2005년 보고서에 따르면 이탈리아 소비자의 41퍼센트가 유전자조작 먹거리(GMO)나 오염된 먹거리를 피하는 것으로 나타났다(Naselli, 2005). 2006년 또 다른 연구는 이탈리아인의 83퍼센트가 식품에 붙은 표시 내용을 주의 깊게 읽어 본 뒤 구매를 결정하고 71퍼센트는 먹거리의 원산지를 확인하고 구매하며, 4분의 1은 일상적으로 유기농 제품을 구입하는 것으로 나타났다. 이러한 추세의 요인이 단지 건강과 안전에 대한 관심 때문만은 아니다. 표본조사한 이탈리아 소비자의 33퍼센트가 공정무역 상품을 구매해 본 적이 있으며 또 다른 15퍼센트는 윤리적인 이유로 특정 브랜드를 구매하지 않는 등 '성찰적인' 소비자가 꾸준히 늘어나고 있는 것으로 보인다(Ceccarelli, 2006; Diamanti, 2006).

서구의 다른 나라들처럼 이탈리아에서도 먹거리 소비 양상이 상당 부분 바뀌면서 간편식이 대중화됐다. 또한 식사 준비에 드는 시간이 줄어들었고 실소득에서 식품 구입비가 차지하는 비중도 감소하는 상황이다(Morgan and Sonnino, 2005). 그러나 서구의 다른 나라들과 달리 이탈리아에서는 국민의 영양 습관이 전반적으로 나빠지는 상황에 대해 공공 부문이 정치적 행위를 통해 적극 맞서 왔다. 대중의 소비 습관을 형성하는 데 미치는 공공 기관의 역할을 살펴보면 이탈리아 '정부의 개입이 문화적 전통보다도 (…) 아마 더 중요했을 것'이라는 주장도 있다(Helstosky, 2006: 151). 이런 점에서 지속 가능한 학교 급식 체계가 정부의 활동에도 '불구하고' 발전하고 있는 영국이나 미국 같은 나라와는 대조적으로 이탈리아의 학교 급식 혁명은 정부의 활동 '덕분에' 이루어지고 있다고 말해도 과언이 아닐 것이다.

역사적으로 이탈리아 중앙정부가 민주주의의 성공 척도로서 식습관을 조사하기 시작한 것은 파시즘의 여파였다. 이와 함께 '과거에는 민족주의와 먹거리 자급이 정부의 주된 관심사였지만 이제는 사회적 평등과 보건 문제로 넘어갔다'(Helstosky, 2006: 129~130). 1952년 주세페 알리베르티Giuseppe Aliberti 의원은 이렇게 기록했다. '전쟁은 복지 운동을 탄생시켰고 그 결과 전후 시기에 구내식당이 널리 보급됐다. 이는 대중의 먹거리 소비라는 측면에서 커다란 진전을 보여 준다'(Helstosky, 2006: 132에서 인용).

이 같은 맥락에서 단체 급식이 각별한 주목을 받게 됐다. '국민 영양 수준'이 '공화국이 모든 시민에게 자유와 존엄을 보장하겠다는 약속을 제대로 이행했는지 가늠하는 척도'가 되었기 때문이었다(Helstosky, 2006: 133). 이처럼 정치적으로 접근한 결과, 이탈리아 정부는 식습관을 사회경제적 진보를 나타내는 중요한 하나의 기준으로 연구하게 됐다. 특히 〈국립 영양 연구소National Institute of Nutrition〉는 시행 중인 조치들을 주의 깊게 연구했다. 가령 단체 급식으로 제공되는 식사나 간식은 노동자와 학생에게 하루 40~100그램의 단백질을 섭취할 수 있게 하고 밀라노 학생들에게 제공되는 간식의 열량은 700~1,400칼로리라는 사실을 알아냈다.

당시 수집된 자료의 분석 결과로 학교 급식이 '아동의 건강과 꾸준한 발육에 지대하게 기여'했음을 알 수 있다. '이로써 많은 연구들은 전후 급식 프로그램이 아마도 전쟁 동안 어린이들에게 발생한 영양실조의 영향을 어떤 식으로든 반대로 바꿔 놓을 것이라고 결론내렸다'(Helstosky, 2006: 132). 〈이탈리아 및 국제 복지 활동국Italian and International Welfare Activities〉[유엔 구호 및 재건 기구(United Nations Relief and Rehabilitation Administration, UNRRA) 소속], 〈유엔〉의 〈식량농업기구(Food and Agriculture Organization, FAO)〉, 〈국립 영양 연구소〉의 공동 노력으로 초창기 학교 식당의 상당수가 이때 만들어졌다.

이후 이탈리아의 학교 급식은 건강한 식습관을 강화하는 한편 똑똑하고 현명한 신세대 소비자층을 창출하는 수단으로써 공공 당국을 점점 더 많이 활용하게 됐다. 이 장에서는 국가 먹거리 교육 프로그램을 분석하여 이탈리아인들이 학교 급식에 부여하는 가치를 살펴본다. 다음으로는 최근 로마에서 진행 중인 학교 급식 혁명에 그 가치가 어떤 영향을 주었는지 검토할 것이다. 현재 로마에서는 창의적인 공공

조달 정책을 수립하고 이를 통해 지속 가능 발전이 주는 광범위한 환경적·경제
적·사회적 혜택을 극대화할 수 있는 먹거리 체계를 설계하고 있다.

보건 및 교육 서비스로서의 이탈리아 학교 급식

수십 년에 걸쳐 학교 급식을 상업적 서비스로 다루어 왔던 영국이나 미국 같은
나라들과는 달리 이탈리아에서는 학교 급식이 국민의 교육권과 소비자의 건강권
의 일부로 인식된다. 세계의 다른 나라들과 차별화되는 이탈리아 학교 급식 체계가
추구하는 이상향을 확인하는 일은 우고 루폴로 법학교수의 법률 분석에서부터 시
작해 보자(Ugo Ruffolo, 2001: 104~105).

루폴로 교수는 이탈리아 헌법의 적어도 다섯 개 조항이 지역에서 생산되는 건강
에 좋은 먹거리를 먹을 아동의 권리를 직간접적으로 보장하고 있다고 한다.

1. 각 개인에 부여된 기본적인 건강권(32조).
2. 개인으로서, 사회집단의 구성원으로서 각 시민에 부여된 개인의 조화로운 발
   전을 도모할 불가침적 권리(2조).
3. 문화적 발전과 지역 발전의 촉진(9조) .
4. 가족 구성원으로서(29조, 30조, 31조), 지역 기반 사회적 집합체(가령 학교)의 구성
   원으로서의(33조, 34조, 37조) 아동 보호.
5. 지역 자율성이라는 가치의 인정 및 의사 결정권의 분권화 강조(5조, 114조).

이 같은 법적 배경을 가진 이탈리아의 학교 급식은 이중의 교육적 기능을 수행한
다. 한편으로 학교 급식은 학생들에게 지역성과 지역 전통이 지닌 가치를 가르치고

다른 한편으로는 학생들의 인격 발달에 기여할 미각을 형성하도록 도와줄 수 있다.

이 같은 이상향은 근본적이면서도 아주 독특한 세 가지 방식으로 이탈리아의 학교 급식 체계를 이루고 있다(Morgan and Sonnino, 2005, 2007을 참고하라). 첫째, 학교 급식을 폭넓은 교육 프로젝트의 일환으로 삼음으로써 이탈리아 학교 급식 체계는 계약 수탁자에게 학교 급식 전반에 대한 완전한 통제권을 부여한다. 실제로 계약자에게 변경권ius variandi, 즉 학교 급식을 포괄하는 상위의 교육 프로그램이 변경될 경우 법적으로 계약된 서비스를 수정할 권리가 있다(민법 1661조). 나아가 계약서에 명시한 교육적·문화적 테두리를 따르고 있는지 여부를 확인하기 위해 계약 수탁자가 학교 급식을 감독할 권한을 가진다(민법 1662조).

둘째, 이탈리아 학교 급식 체계는 학교 급식에 지역 전통을 보존하는 기능을 부여함으로써 (식재료 조달을) '차별'할 수 있는 가능성을 정당화한다. 즉 지역 공급자나 로컬 푸드 관련 전문가들에게 특혜를 부여할 수 있다. 1992년 의회의 선언대로 기초 자치단체는 '지역 소비자의 입맛을 고려하고 문제가 발생할 경우 원활한 의사소통과 개입이 필요함을 감안하여' 관할 내 기업만이 공공 경쟁 입찰에 참여하도록 제한하는 것이 법적으로 가능하다(Cons. Stato, V, 24/11/1992, no. 1375, in Cons. Stato, 1992: 1636, Ruffolo, 2001에서 인용). 이로써 〈유럽연합〉의 '차별 금지' 원칙(2장)을 뒤엎을 법적인 길이 열린 것이다.

셋째, 이탈리아에서는 '최고의 가치'에 입각해 급식 공급 계약자를 선정한다. 이 말은 경제적 측면(제시 가격)뿐 아니라 위생, 영양, 관능官能적 특성 및 폭넓은 교육적 맥락과의 조화 여부를 포괄적으로 감안한다는 뜻으로 해석된다. "경제적 이득을 (…) '최저가' 기준뿐만 아니라 '음식 문화'의 측면에서 제공되는 서비스의 질적 특성 및 교육 과정과의 조화 여부를 고려하여 평가한다"(Ruffolo, 2001: 117).

이탈리아 공공 당국의 학교 급식에 대한 이러한 해석은 중앙정부에서 기초 자치단체에 이르기까지 여러 수준에서 건강한 식사 정책을 다양하게 고안해 시행할 수 있게 해 주었다. 사실 이탈리아에서 식사란 '협력이 필요한' 주제다. 중앙정부는 일반적인 지침을 내려보내지만 이를 시행할 책임은 광역 정부에 있다. 지역의 정치적 자율성이 상당히 높은 나라인 이탈리아에서 기초 자치단체들은 학교 급식 체계를 독자적으로 고안해 운영하기도 한다. 〈농식품 품질총국General Directorate for the Quality of Agri-Food Products〉의 관계자는 다음과 같이 말한다.

> 광역 정부와 기초 자치단체가 이 분야에서 자율적인 조치를 취합니다. 광역 규제와 기초 규제가 정글처럼 뒤섞여 있습니다. 광역 행정법원이 학교에 유기농 제품을 사용하라고 판결을 내린 적도 있지요. 정말 정글과 다름없습니다!

역사적으로 이탈리아의 지속 가능한 공공 급식 조달 분야에서 시행된 초창기 조치들은 〈국립 영양 연구소〉가 공공 부문 급식에서 지중해식 식사법을 증진하기 위해 『건강에 좋은 이탈리아식 식사 지침Guidelines for a Healthy Italian Diet』(1986)을 발간한 1980년대 중반으로 거슬러 올라간다(Soil Association, 2003: 63). 이와 동시에 에밀리아-로마냐 주의 체세나Cesena에서 최초로 유기농 학교 급식이 도입됐다. 1989년에서 1990년 사이에 두 가지 의미 있는 실험이 이루어졌다. 베네토 주 파도바Padova에서는 최초의 유기농 대학 구내식당이 탄생했고, 프리울리-베네치아 줄리아 주의 우디네Udine에서는 병원에 유기농 식단이 도입됐다.

1990년대 내내 광우병과 잔류 농약이 인체에 미치는 영향에 대한 우려가 보편화되면서 먹거리 교육과 로컬 푸드에 대한 이탈리아인들의 노력은 한층 강화됐다(Morgan and Sonnino, 2005). 언론에서는 광우병을 '소를 제대로 키우는 법이나 음식을 제대로 먹는 방법을 모르는 다른 나라에서 온 병'(Sassatelli and Scott, 2001: 225)이라고 보도했다. 반면 지중해식 식사는 '원산지도 모른 채 대량으로 생산되어 여러 가공을 거치며 이상한 것들이 섞여 들어간 먹거리가 아니라 건강한 통먹거리whole food를 활용하고 인증받은 유기농 식재료가 더 많이 포함된 먹거리를 활용하는 방향으로 옮겨 가는' 이상적인 수단으로 자리 잡았다(Soil Association, 2003: 63~64).

이 같은 새로운 인식에 부응하여 1999년 12월 이탈리아 정부는 유기농과 지역산 식재료를 공공 부문 급식과 직접적이고 명시적으로 연계하는 혁신적인 법률인 재정법 488Finance Law 488을 제정했다. 재정법 488 1장 4절 '고용 및 경제 발전 촉진 수단'은 다음과 같이 명시하고 있다.

> '고품질' 유기농 농산물 생산을 활성화하기 위해 학교나 병원 식당을 운영하는 공공 기관은 유기농, 대표 음식, 전통 음식, 그리고 지리적 명칭을 지닌 식재료를 제공해야 한다. 이때 〈국립 영양 연구소〉가 제시한 지침 및 기타 권장 사항을 반영해야 한다(Soil Association, 2003: 65에서 재인용).

이 법은 여러 기초 자치단체가 유기농으로 전환하는 계기를 제공했다. 특히 여섯 개 광역 정부[1]는 공공 급식에 유기농 활용을 장려하는 구체적인 법률을 발의했다. 10년이 지나지 않아 유기농 학교 식당은 (1996년) 70곳에서 (2006년) 658곳으로 늘어났고, 전국에서 해마다 제공되는 유기농 급식 수는 (1996년) 2만 4,000끼에서 (2006년) 100만 끼로 늘어났다(Bertino, 2006).

이탈리아 급식 공급자들이 건강을 이유로 유기농 식재료를 선호하는 것과 더불어(Bertino, 2006) 최근 이탈리아의 조달 담당 공무원들은 로컬 푸드도 강조하기 시작했다. 488/1999법에서는 급식 서비스의 질은 학교 급식과 지역 문화 및 전통과의 관계도 고려해서 평가되어야 한다는 원칙을 확립함으로써 명시적으로 학교 급식 체계의 지역성을 증진하고 있다. 그 결과 (에밀리아-로마냐 주) 파나노Fanano, (마르케 주) 아스콜리Ascoli, (토스카나 주) 보르고 산 로렌초Borgo San Lorenzo 등의 기초 자치단체의 경우 학교 급식에 지역산 식재료만을 쓰기로 결정했다(VITA Non-Profit

Online, 2003). 기존의 유기농 학교 급식 체계를 지역화하는 조치를 취하고 있는 사례도 있다. 프리울리-베네치아 줄리아 주의 소도시 부도이아Budoia의 경우 학교 급식에 사용되는 유기농 양배추가 네덜란드 산이라는 사실을 알게 된 학부모들이 지역 유기농 생산자를 동원하기 위한 조직을 만들기에 이르렀다(Green Planet, Net, 2006). 이 조직은 독특한 공공 급식 조달 방식을 고안해 운영하고 있는데 이탈리아에서 법적인 논란의 중심에 서 있다(상자 4.1을 참고하라).

지금까지 간략하게 검토한 이탈리아 학교 급식의 역사가 보여 주듯이 이탈리아의 먹거리 조달 정책은 기본적으로 공급자나 급식 업체가 제시하는 입찰을 평가하는 '대안적인' 기준으로 식재료의 안전성·제철성·지역성이라는 세 가지 가치가 우선된다. 의미 있는 것은 공공 기관들이 다양한 먹거리 교육 프로그램을 통해 이러한 가치들을 미래 세대로 전승시키려고 노력하고 있다는 점이다.

이탈리아에서는 '전숲 학교적 접근' 개념을 학교 급식에 도입하고 그에 따라 학교에서 다양한 종류의 교육 활동을 진행하고 있다. 한 예로 1992년 〈슬로푸드 협회〉는 '미각 주간'이라는 프로그램을 시작했다. 이 주간에는 작업장으로 변한 학교 교실 급식 주방에서 학생들이 음식 맛을 보고 요리 실습을 한다(Petrini, 2001). 1998년

상자 4.1 가족 사업: 부도이아 학교 급식 모델

부도이아는 프리울리-베네치아 줄리아 주에 위치한 인구 3,000명의 소도시다. 학교 급식을 받는 학생 수는 140명에 불과하지만 특유의 학교 급식 체계로 이탈리아에서 유명해졌다.

학교에서 15킬로미터 떨어진 곳에서 급식 조리 센터를 운영해 온 다국적 기업이 제공하는 학교 급식에 학생들이 불만을 표출하자, 2005년 학부모들은 협동조합을 결성해 급식 서비스를 인수했다. 현재 식재료 구입, 주방 감독, 시식 후 아이들이 좋아할지 판단하는 일 등을 학부모들이 나눠서 맡고 있다. 〈이탈리아 유기농업협회Italian Association for Organic Farming〉의 지원을 받는 학부모 협동조합은 식재료의 90퍼센트를 유기농으로, 50퍼센트 이상을 지역산으로 공급하도록 운영해 오고 있다.

일주일에 한 번 학부모가 신선한 식재료를 시장에서 구입하고 이에 맞는 식단을 짠다. 지자체는 이 방식을, 부도이아 시장의 표현을 빌자면 '지역 농업을 뒷받침할' 전략으로 판단하고 입찰 과정 없이 식재료 비용을 지불한다. 이 때문에 2006년 지자체는 '이례적인 행정'을 이유로 고발당했지만 법원이 '공익'이 우선한다고 판결함으로써 소송은 마무리됐다.

〈슬로푸드 협회〉는 교사 및 학부모용 교재로 『말하기, 체험하기, 맛보기: 학교에서의 미각 교육*Talking, Doing, Tasting: Taste Education in School*』을 출간했다. 이 책은 아이들이 자신의 오감을 이용하는 법, 날식재료를 다루는 법, 연회의 즐거움을 재발견하는 법을 가르치는 실험들을 제시하고 있다. 슬로푸드의 창시자 카를로 페트리니(Petrini, 2001: 76)는 다음과 같이 말한다.

> 학생들이 감각의 ABC를 배우고 맛의 문법과 구문을 구성해 봄으로써 지역의 특수성과 (…) 연결된 문화적 가치를 깨닫게 됩니다. 그러므로 먹거리는 역사 및 사회적 과정과 연계되어 있습니다. (…) 식사는 단순히 삼키는 것을 뛰어넘는 일입니다. 결국 (…) 의식 있는 소비자로 자라날 것입니다.

최근 이탈리아의 음식 문화는 '우리를 살찌우는 음식 문화Cultura che Nutre(Culture that Feeds)'라는 국가 교육 프로그램의 핵심 요소로 자리 잡게 됐다. 다음 절에서는 이 프로그램의 핵심적인 측면들을 분석하여 이탈리아 학교 급식 체계에 뿌리내려 있는 문화적이고 교육적인 가치를 규명해 보고자 한다.

지속 가능한 급식 조달로 음식 문화, 문화를 살찌우다

'우리를 살찌우는 음식 문화'는 1998년 이탈리아 〈농림부〉와 광역 정부가 먹거리 교육 관련 여러 주체들 간에 네트워크를 형성하기 위해 출범시킨 '먹거리 교육 및 소통' 프로그램의 일환이다. 그 중심에서 조율하는 역할은 〈농림부〉, 광역 정부, 〈교육부〉, 〈국립 식사 영양연구소(National Institute for Research on Diet and Nutrition, INRAN)〉, 〈농업 시장 연구조사 정보연구소(Institute for Study, Research and Information on Agricultural Markets, ISMEA)〉 관계자들로 구성된 위원회가 맡는다. '먹거리 교육 및 소통 프로그램'은 아홉 가지 목적을 가지고 있다(Finocchiaro, 2001: 16).

1. 고품질 지역 생산물의 증진과 농촌 지역 전통의 가치 구현을 통한 이탈리아 농업 발전.
2. 먹거리를 '상징·문화·역사·환경 존중·이탈리아 먹거리 전통과 지역에 대한 지식'으로 여기는 건강한 식사 원칙의 확산.
3. 웰빙과 똑똑한 소비에 대한 교육으로서의 먹거리 교육 증진.
4. 먹거리 품질의 감시자로 나서도록 소비자들의 참여 보장.
5. 먹거리 교육 부문에서의 시너지 창출.
6. 먹거리에 관한 건전한 과학적 상식 전파를 증진.
7. 책임감 있는 소비자의 창출.
8. 미각 교육의 증진.
9. 소비자 권리에 관한 정보의 확산.

광역 정부 수준에서는 광역 정부나 기초 자치단체의 관계자로 구성된 위원회가 '우리를 살찌우는 음식 문화' 프로그램을 관리한다. 이탈리아의 광역 정부는 식습관 관련 프로그램 시행에 상당한 자율권을 누린다. 〈농업 시장 연구조사 정보연구소〉 관계자의 설명은 다음과 같다.

> 모든 광역 정부는 일반 지침을 준수하는 한에서 자체 프로그램을 운영할 수 있습니다. 따라서 교사 연수 프로그램을 운영하는 곳도 있고 영양사나 조리사에 초점을 맞추는 곳도 있고 둘 다 중요하게 생각하는 곳도 있습니다. 큰 틀은 같이 공유하지만 해석은 지방마다 다릅니다.

'우리를 살찌우는 음식 문화' 프로그램은 '먹거리 교육 및 소통' 프로그램의 아홉 가지 목적 달성을 위한 시책 중에서도 가장 창의적인 전략에 속한다. 이탈리아의 모든 광역 정부에 도입된 이 프로그램의 목표는 프로그램 팀장이 설명한 대로 '미래의 소비자'이자 배운 내용을 가족에 전달하는 '영향력 있는 전달자'인 학생들이 '똑똑하고 건강한 식사'를 할 수 있도록 교육하는 것이다.

교사들에게는 먹거리의 다양한 차원들에 초점을 맞춘 세 권짜리 교육 자료가 제공되며, 이 자료는 다양한 학급 활동을 하는 데 이용된다(Morgan and Sonnino, 2005를 참고하라). 1권 『땅, 산물, 시장 The Land, the Product, the Market』은 먹거리의 경제적 측면을 분석한다. 1권은 이탈리아 농업의 다기능적인 측면을 간단히 설명한 뒤 먹거리의 품질을 농업적·건강적·영양적·관능官能적·사회심리학적 특성을 동시에 포괄하는 개념으로서 상세히 탐구한다. 먹거리의 품질에 대한 이 같은 전일적인 개념화가 바로 이 프로그램의 핵심적인 특징이다. 〈농업 시장 연구조사 정보연구소〉 관계자는 다음과 같이 말한다.

이탈리아의 먹거리 교육은 언제나 건강 측면, 과학적 측면, 영양적 측면에 입각해 진행되고 있습니다. '우리를 살찌우는 음식 문화'의 방법론은 참신합니다. (…) 건강 측면에 더하여 사회학적·인류학적·심리학적·민속문화적 접근법을 시도하고 있습니다. 이는 지중해 전통, 이탈리아의 대표 산물, 지역의 전통적인 요리법을 보존하는 데 초점을 맞추는 다른 정책들에 완벽하게 통합됩니다.

1권의 마지막 부분에는 교사들이 실제로 학생들의 나이에 알맞는 먹거리 교육에 적용할 수 있도록 여러 제안을 소개하고 있다. 유치원생에게는 동식물과 꽃을 구별하는 법을 배울 수 있도록 시골 견학을 권장한다. 초등학생에게는 낙농품을 이용해 일반적인 먹거리 보관법들을 실습해 볼 것을 조언한다. 중학교에서는 허브와 약초,

고등학교에서는 이탈리아의 대표 산물들에 대한 연구 활동에 초점을 맞춘다.

2권 『나는 먹는다 고로 존재한다*I Eat Therefore I Am*』는 영양 습관이 인간의 복리, 건강, 생활양식과 어떻게 관련되는지 분석한다. 이 책은 교사들에게 이탈리아 식습관의 변화, 식사와 건강의 관계, 건강에 좋지 않은 식습관이 유발하는 사회적 비용에 대해 설명한다. 이러한 주제를 아이들에게 가르치기 위한 학급별 과제는 학생들의 나이에 따라 다양하다. 초등학교 선생님들은 우유 및 유제품과 관련해 역사·지리·과학, 식재료 준비, 관련 법률에 관한 연구 활동을 장려한다. 중학생들에게는 '똑똑한 소비'를 배울 수 있도록 영양적 기능, 화학적 조성, 식재료 준비 방법, 먹거리의 제철과 (원산지의) 이력 추적 가능성 등을 기준으로 먹거리를 분류해 보는 활동을 제안한다. 고등학생들에게는 생산·유통·광고·저장·가공·식재료 준비 과정을 모두 포함해 먹거리의 총비용을 실제로 계산해 보는 활동을 권장한다.

3권 『맛과 문화가 함께하는 식탁*At the Table with Taste and Culture*』은 이탈리아 식사의 역사적·인류학적·심리학적·사회학적 측면을 탐구한다. 교사들은 먹거리와 사회화·전통·정체성·인격 발달·역사와의 관계에 대한 정보를 제공한다. 학교에서 수행할 만한 연구 과제로 제시하는 것들에는 (유치원과 초등학교의 경우) 맛을 분석하는 활동, (중학교의 경우) 먹거리와 오감의 관계를 탐구하는 활동, (고등학교의 경우) 먹거리와 사회적 추세와의 관계를 탐구하는 활동 등이 있다.

'우리를 살찌우는 음식 문화'에 참여하는 학생들에게도 인쇄 자료가 제공된다. 이 자료도 마찬가지로 이탈리아에서 먹거리에 부여하는 가장 근본적인 두 가지 가치, 즉 제철성(그림 4.1)과 지역성(그림 4.2)을 강조한다. 이에 따라 초등학생들에게는 두 권의 책이 제공된다. 『좋은 먹거리가 나는 땅*The Land of Good Things*』은 제철 먹거리의 의미를 강조하고 『좋은 먹거리의 축제*The Festival of Good Things*』는 이탈리아에서 가장 유명한 인증 먹거리 산물을 설명한다. 책과 함께 열두 편의 영상물이 담긴 비디오테이프도 받는다. 이 프로그램의 방법론을 담당한 책임자는 영상물의 목적

그림 4.1 제철 먹거리

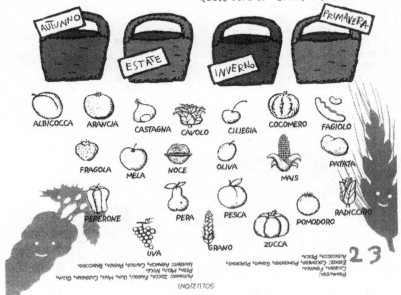

어린이들에게 제철 먹거리가 갖는 가치를 가르치기 위해 『좋은 먹거리가 나는 땅』에는 다양한 놀이들이 실려 있다. 위의 그림에서는 어린이들에게 과일과 채소에 색깔을 칠하고 각 과일과 채소가 나는 계절을 표시한 바구니에 선을 그어 연결해 보도록 하고 있다.

을 다음과 같이 설명하고 있다. '아이들이 자신의 뿌리와 지역과의 관련성을 강화하고 농업을 지역 자원 보존의 근본적인 수단으로 이해하도록 하며 생산 체계, 먹거리 체계, 환경 보존 간의 관계에 대한 인식을 증진하려는 목적으로 제작됐습니다'(Finocchiaro, 2001: 18).

이탈리아의 대표 먹거리와 건강에 좋은 먹거리에 관한 아이들의 지식을 키우는

그림 4.2 지역 먹거리

In Sardegna non c'è solo il mare. Ci sono anche un sacco di pecore. Anzi, da sole sono più della metà degli animali dell'isola. Questo spiega bene il formaggio pecorino, uno dei motivi di vanto dei sardi. Le pecore fanno il latte, i pastori con il latte ci fanno il pecorino. Sfortunatamente per le pecore, l'uomo è anche carnivoro, e la carne di pecora e di agnello è molto ambita, specie in certi periodi dell'anno. Così, un altro vanto di questa terra bellissima è l'**Agnello di Sardegna**, o meglio la sua carne.

Gli agnelli di Sardegna devono essere allevati allo stato brado.

Il formaggio pecorino è un altro prodotto protetto.

Piace tanto che a volte certi commercianti disonesti hanno venduto carne di agnelli polacchi o rumeni fingendo che fossero sardi. Ma il marchio IGP, se ricordate, serve proprio a evitare confusioni e disonestà. Qui per esempio il marchio garantisce che quell'agnello è un tipo a posto, che viene dalla Sardegna, ha preso il sole e il vento dell'isola, ha scorrazzato liberamente sui suoi prati e bevuto la sua acqua, ha succhiato il latte della mamma e ha mangiato solo le erbette del posto. Più sardo di così!

In Sardegna si mangia carne quattro volte di più che nel resto d'Italia.

『좋은 먹거리의 축제』는 이탈리아를 대표하는 인증된 산물과 그 주산지와의 관계에 대해 가르친다. 여기에 제시된 내용은 사르데냐 지방의 양과 양에서 얻는 생산물(페코리노 치즈와 고기)에 초점을 맞추고 있다. 특히 사르데냐산 양을 구별시켜 주는 지리적 표시(PGI) 인증이 갖는 의미에 특별히 관심을 쏟는다. 이 표시는 사르데냐 섬에서 키우거나 야생에서 자란 양임을 보증한다고 설명하고 있다. 아래쪽에는 이탈리아의 특정 지역과 그 지역 대표 산물과의 관련성을 상기시키는 그림이 실려 있다.

것이 '우리를 살찌우는 음식 문화' 프로그램이 펼치는 다른 여러 활동들의 목표다. 2003년 9월 '국제 자연 음식·건강·환경 박람회'에는 아이들에게 이탈리아의 대표 먹거리들에 관해 교육하기 위해 '미각' 연구소가 설치됐다. 같은 해에 열린 전국 학교 경연대회에서는 자기 지역에서 나는 대표적인 산물들을 이용해 가장 훌륭한 '뱀사다리 놀이판'(100까지 쓰여 있는 숫자판에 뱀과 사다리가 그려져 있고 주사위를 던져 100에 먼저 도착한 사람이 이기는 보드 게임으로 뱀주사위 게임이라고도 한다. 옮긴이)을 만들어 온 전체 학급 중 (각 지역당 한 개 학급씩) 총 스무 개 학급을 선정해 부상으로 방학 농장 체험을 보내 주었다. 2006년 '우리를 살찌우는 음식 문화'는 채소와 대량생산 식품 간에 벌어진 전쟁을 그린 연극을 공연했다. 물론 건강하고 신선한 채소의 승리로 끝난다.

요약하면 이탈리아의 공공 급식 조달 체계는 학교 급식(과 먹거리 전반)을 지역 정체성과 연결시키는 뿌리 깊은 문화가 원인이 됐다기보다는 그 문화가 낳은 산물이다. 이탈리아 정부는 창조적인 조달 전략과 '우리를 살찌우는 음식 문화' 같은 교육 프로그램을 시행함으로써 '지역'을 유지하고 싶어하고 또 그렇게 할 수 있는 똑똑한 소비자를 만들어 나가고 있다. 그러나 이런 노력은 배타적인 지역주의 형태가 아니다. 〈농업 시장 연구조사 정보연구소〉의 관계자는 이렇게 설명한다.

> 학교에서 자국 문학을 가르친다고 비난하지는 않습니다. 이탈리아에서는 이탈리아 문학을 가르칩니다. (…) 소비에서도 마찬가지입니다. (…) 단테의 작품을 감상하는 법을 배우게 되면 분명 세르반테스도 읽게 될 것입니다.

이 장에서 다루는 주된 내용은 최근 학교 급식 공급 사슬을 지역화하기 시작한 로마에 관한 이야기다. 로마에서는 '품질'이 건강, 생태적 지속 가능성, 사회정의 등 여러 상이한 의미를 지닌다. 아마도 사회정의가 가장 중요할 것이다. 이런 가치에 입각해 로마는 전례 없는 규모로 학교 급식 혁명을 이루어 냈다.

로마의 학교 급식 품질 혁명

488/99법이 발효되었을 때 로마는 프란체스코 루텔리Francesco Rutelli 시장이 이끄는 〈녹색당〉이 집권하고 있었고 유기농 학교 급식의 가능성 여부에 특히 많은 관심을 갖고 있었다. 하지만 일 년에 190일 동안 매일 15만 명의 학생들에게 150톤 분량의 먹거리를 제공하고 있는 로마가 학교 급식을 유기농으로 바꾸기 위해서는 수많은 도전을 헤쳐 나가야 했다(그림 4.3을 참고).

〈교육부〉 학교 급식 담당자 실바나 사리Silvana Sari는 이렇게 설명한다.

로마 〈교육부〉는 이탈리아에서 가장 큰 계약 주체입니다. 공립학교 급식의 40퍼센트가 로마에서 이루어질 정도입니다. 우리는 로마에서의 수요 때문에 유기농 가격이 통제 불가능한 수준까지 치솟게 될 수도 있다는 점을 알고 있습니다.

학교 급식 체계의 혁명적 개혁을 결심한 로마는 점진적인 조달 방식을 선택했다. 생산 측면에서는 유기농 인증 기관들에 로마의 대량 수요가 야기할 경제적 영향을 감당할 수 있는 유기농 품목이 어떤 것인지를 의뢰하고, 소비 측면에서는 영양학자들에게 아이들의 건강에 가장 도움이 될 유기농 품목이 어떤 것인지 의뢰했다. 먹거리 사슬의 양쪽에서 로마가 얻은 답변은 동일했다. 과일과 채소가 가장 우선순위가 높았다(Sonnino, 2009).

로마 당국은 품질 혁명을 이루려면 시 조달 정책과 입찰 절차를 완전히 바꾸어야 한다는 결론을 내렸다. 이탈리아의 조달 체계에서는 지역 당국이 중심 역할을 하는데 급식 공급 업체 선정을 위한 입찰 절차를 설계하는 기본적인 책임을 맡고 있다. 그러나 로마 같은 대도시에서는 무니시피Municipi라고 불리는 자치구 역시 중요한 역할을 담당한다. 실제로 자치구는 시 교육청과 함께 입찰 규격서를 작성하고 각자

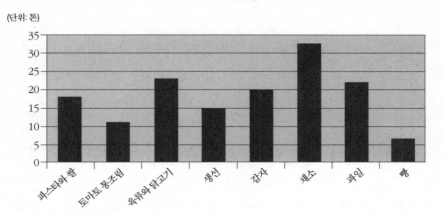

그림 4.3 로마의 학교에서 매일 제공되는 식재료의 수량

(단위: 톤)

출처: 로마 시(Smargiassi, 2007)

의 경험에 입각해 학교 급식의 영양 측면에 관해 자문을 제공하며, 급식 서비스를 점검할 일부 책임을 지고 유치원 급식을 직접 운영하기도 한다. 로마의 행정 체계는 뉴욕 시만큼 중앙에 집중된 것도 아니고 다음 장에서 살펴볼 런던 시만큼 분산된 것도 아닌 중간 형태다. 그래서 로마 시 정부를 장악한 정당과 반대 당이 통치하는 자치구 사이에 갈등이 생길 확률이 특히 높다.

품질 혁명을 시작하기 전 10년 동안 로마는 20개 자치구를 아우르는 8개 단위 지구 공급 입찰에 소수의 급식 공급 업체만 참여시키는 '협상 입찰' 방식을 채택해 왔다. 사리는 당시 학교 급식 체계는 '매우 높은 가격, 규범의 부재, 비유기농, 그리고 고품질 급식에 필요한 직원 수에 대한 통제 부재'가 특징이었다고 지적한다. 이런 상황을 변화시키기 위해 로마는 '공개 입찰' 방식을 도입해 로마 학교 급식에 관심이 있는 모든 급식 공급 업체에 입찰 참여 기회를 부여하는 동시에 급식 공급 업체 간에 형성됐던 강고한 카르텔을 깨기 위해 단위 지구를 11개로 재편했다.

주목할 점은 로마 당국이 '품질'과 '가격'을 서로 조화시킬 수 없는 목표라고 생각하지 않았다는 점이다. 사리는 다음과 같이 설명한다.

> 공공 행정기관 스스로가 원하는 것이 무엇인지 알고 있고 품질을 보장하는 다양한 요소들이 어떤 것인지 분명하게 규정하고 있다면, 모든 것을 쉽게 사전에 결정할 수 있을 것입니다. 그러면 최저가 입찰에 근거한 경쟁을 증진할 수 있습니다.[2]

유럽의 다른 나라들처럼 이탈리아에서도 '경제적으로 가장 이득이 되는 입찰'이라는 기준을 토대로 계약자를 선정한다. 하지만 영국과는 대조적으로 이탈리아에서는 이 원칙이 단순한 비용 절감 측면으로만 해석되지는 않는다. 로마는 제출된 입찰서를 평가할 때 사회적·환경적 외부성도 고려한다(Sonnino, 2009). 특히 2002~2004년 입찰에서는 급식의 기본적인 품질 보증을 목적으로 필수적인 기준들이 마련됐다. 아이들의 건강 보호를 최우선으로 고려해야 한다는 대원칙하에서 급식 공급 업체는 계약 첫해에는 신선한 유기농 과일과 채소를, 다음 해에는 콩·빵·과자·파스타·쌀·달걀·토마토 통조림까지 유기농으로 공급해야 한다. 완두콩·깍지콩·시금치처럼 수확 기간이 짧은 일부 채소의 경우에는 냉동된 것을 공급할 수 있도록 예외 조항을 두었다(Comune di Roma, 2001).

이에 더하여 입찰 업체들이 제공하는 식재료와 서비스의 사회적·환경적 품질을 더욱 향상시키도록 할 목적으로 매우 혁신적인 입찰 평가 기준을 도입했다. 100점 만점으로 평가하는 입찰에서 제시 가격에 51점, (직원 수, 급식 공급 시간, 보유하고 있는 환경 인증 수, 수송 체계의 환경친화성 등의) 서비스 조직 수준에 30점, 급식 제공 학생들에게 먹거리 교육 증진을 위한 '계획, 개입 및 서비스 제공'[3]과 학교 식당의 소음을 낮추는 데 15점이 배점된다. 마지막 4점은 입찰 규격서에서 규정한 것 이외에 유기농 식재료 및 원산지 명칭(PDO) 인증, 지리적 표시(PGI) 인증 식재료를 추가로 납품할 수 있는 역량을 지닌 업체에 주어진다(Comune di Roma, 2001).[4] 사리는 '시장이 스스로 기회에 부응하도록 만듦으로써' 기대하지도 않았던 올리브 기름, 모차렐라 치즈, 요거트, 송아지고기, 돼지고기, 칠면조고기, 햄도 유기농으로 급식에 제공할 수 있게 됐다고 설명한다(Sonnino, 2009).

사리는 '로마 모델은 학교 급식이 교육적인 경험이어야 한다는 생각과 먹거리의 안정적 공급 및 품질에 근거한 것'이라고 설명한다. 물론 로마 모델이 등장하는 데 어려움이 없었던 것은 아니다. 생산 측면의 경우 급식 공급 업체들이 공공 급식에 대한 유기농 식재료의 전국적인 수요에 맞추기 위해 여러 해에 걸쳐 고군분투해야 했다. 급식 공급 업체 담당자는 이렇게 설명한다.

> 1990년대 후반 재정법 시행 이전에 유기농 식재료를 처음 공급하기 시작할 당시에는 몇 년 동안 유기농을 아예 구할 수 없거나, 구할 수 있더라도 생산지까지 가야 했습니다. 수송 비용이 높아졌지요. 하지만 이러한 어려움이나 비용 손실을 당국이 보전해 주지는 않았습니다.

로마의 신규 수요는 이 같은 상황을 더욱 복잡하게 만들었다. 또 다른 급식 공급 업체의 말은 이렇다.

> 오늘날 우리는 로마로부터 급식 한 끼가 아니라 꾸준히 양질의 급식을 유지할 것을 요구받습니다. 그러니 하루 단위로 계획을 세워서는 안 됩니다. 제공되는 급식의 수를 생각해 보면 그렇게 해서는 안 되지요.

거대한 시장에 급식을 공급하면서 경제적인 면과 물류상의 어려움에 직면하게 된 급식 계약 업체들은 로마 당국에게 대화를 요구했고 이를 성사시켰다. 그 결과 영구적인 논의의 장을 만들었고 이 자리에서 공공 기관, 생산자, 공급자가 정기적으로 만나 문제를 논의하고 필요한 계획을 수립하며, 가장 중요하게는 어느 급식 공급 업체 대표의 말처럼 '급식이 나아가야 할 방향에 대해 서로의 의지를 공유할 수 있게 됐다'(Sonnino, 2009).

이와 함께 로마는 품질 혁명에 관련된 공급자들이 편법을 쓰지 못하도록 매우 엄격한 통제와 감시 체계도 발전시키기 시작했다. 모든 급식 계약 업체들은 ISO 9001 품질 인증을 받아야 하고[5], 식품위해요소 중점관리기준(HACCP) 계획[6]을 수립해야 하며, 직원·시설·식당의 위생 상태에 관한 모든 규정들을 명시한 위생 모범 준수 편람을 만들어야 한다. 통제의 측면에서는 시가 명시한 지침을 계약 업체들이 준수하는지 여부를 다수의 기구들이 검증할 수 있게 됐다. 자치구는 계약을 관리하고 계약 업체들과 관계를 유지한다. 자치구가 고용한 영양사들이 급식 업체의 서비스를 감시하고 이를 위반할 때는 제재나 벌금을 부과한다. 시 교육청은 자치구를 지원하고 자문을 제공하는 동시에 영양사를 통해 자율적인 검사를 수행할 수 있다. 또한 시는 급식의 품질과 위생 상태, 주방에서의 위생 및 청소 절차, 종사원의 배치, 시가 규정한 식단 및 제공량 준수 여부, 유기농 인증, 시설과 기계 장비의 유지 상태, 식품위해요소 중점관리기준의 적용 등을 검증하는 업무를 위해 별도의 전문 업체와 계약을 맺기도 한다(Sonnino, 2009).

게다가 지역 보건 기관도 소위 학교별 〈급식위원회Canteen Commissions〉를 통해 각 학교의 급식을 감시할 수 있다. 최소 2인 이상의 학부모가 참여하고 모든 학교에 설치된 〈급식위원회〉는 식단 준수 여부, 식재료 유통기한, 식당 위생 상태 등을 점검한다(Comune di Roma, 2004b: 23~27). 〈급식위원회〉는 학교 급식 체계를 구성하는 일부로서 먹거리 사슬의 소비 쪽 끝에서 등장하는 문제를 다루는 매우 중요한 역할을 담당했다. 실제로 시는 〈급식위원회〉를 통해 급식 이용자들과 지속적으로 대화를 나눌 수 있었고, 이는 로마 학교 급식에서의 품질 혁명이 첫 발을 내딛는 데 특히 중요했다. 마리아 코스키아Maria Coscia 전 교육위원은 이렇게 회상한다.

그때 학부모들은 회의적이었습니다. 왜냐하면 이탈리아 사람들은 겉보기에 멀쩡한 먹거리에 익숙해져 있었기 때문이지요. 유기 농산물은 크기가 작은데다가 때로는 썩은 것처럼 보일 때도 있어요. 그러니 처음에는 소비자들이 신뢰하지 않았습니다.

2004년 로마의 학교 급식 개혁은 2단계에 돌입했다. 2004~2007년 입찰에서도 어린이의 건강을 지키고 먹거리를 안정적으로 공급한다는 명목하에 급식에 포함되는 동물성 단백질 양을 줄이고 조리된 모든 음식의 중량을 정확히 명시했다. 식재료의 보존·처리·조리·유통 과정에서 급식 공급 업체가 반드시 채택해야 할 원칙을 규정했고 모든 학생들에게 건강에 좋은 오전 간식(과일 타르트·바나나·롤빵 등)을 제공했다. 그리고 연령에 따라 식단을 다양화했고 네 가지 품질 원칙을 토대로 식단을 재구성했다.

1. 제철성: 여름용 식단과 겨울용 식단을 별도로 구성하고 신선한 식재료의 사용을 기본 원칙으로 한다.
2. 다양성: 아이들이 필수영양소를 적당량 고루 섭취하고 다양한 먹거리를 접하도록 하기 위해 5주에 한 번 이상 같은 음식을 제공하지 않는다.
3. 지역성: 먹거리와 특정 생산 지역 간의 연계성을 강조하기 위해 로마 시는 인증 육류 제품에 우선권을 부여했다. 이를 통해 이탈리아의 송아지고기 생산자뿐 아니라 웨일스산 양고기나 프랑스산 돼지고기 생산자들에게도 새로운 시장을 열어 주었다. 이와 더불어 학교 급식에 제공되는 빵은 반드시 구운 후 6시간 내에 포장되어야 하며, 포장 후 12시간 내에 소비되어야 한다.
4. 영양: 〈이탈리아 영양연구소Italian Institute of Nutrition〉의 지침을 토대로 오전 간식이 아동 하루 영양 권장량의 8~10퍼센트, 점심은 35퍼센트를 제공해야 한다는 규정을 마련했다. 여기에 의학적이거나 종교적인 이유로 식사를 제한

해야 하는 약 4,500여 명의 아동을 위해 별도의 건강 식단이 마련됐다.

로마는 어린이의 건강을 강조하는 것 말고 학교 급식의 사회적·환경적 지속 가능성을 향상시키기 위한 새로운 입찰 장려제를 도입했다. 당초 급식 공급 업체가 선택적으로 공급했던 유기농 품목을 모두 의무 납품 품목으로 지정함으로써 의무 납품 유기농 품목 수가 상당히 늘어났다. 또한 추가로 유기농 품목을 납품할 경우 4점을 받을 수 있는 제도는 지속됐다. 이로써 유기농 파르메산 치즈, 모차렐라 치즈, 버터를 학교 급식에 제공할 수 있게 됐고 급식에 사용되는 유기농 식품 비중의 70퍼센트를 달성할 수 있었다(Comunw di Roma, 2004b).[7]

유기농 식재료의 오염 가능성을 낮추고 동시에 공급 사슬을 단축하기 위해 로마는 유기농 부문에서만 활동하는 기업이 생산·가공·포장·유통하는 먹거리인 '생명 헌신적bio-dedicated' 먹거리를 공급할 수 있는 급식 공급 업체에 추가로 4점을 부여했다. 먹거리의 근원과 이력 추적의 가능성을 강조하기 위해 원산지 명칭 인증이나 지리적 표시 인증 식재료를 공급하는 입찰 업체에 9점을 주었다. 마지막으로 '우리의 삶의 질을 높이려는 활동이 전 세계 다른 지역 사람들이나 미래 세대의 삶의 질을 위협하는 일이 없도록 한다'는 명시적인 목표하에 급식 공급 업체들이 공정무역 제품을 공급하도록 장려하기 위해 2점을 주었다(Comune di Roma, 2004b). 교육위원은 이렇게 설명한다.

> 학교에서는 개발도상국과의 연대라는 주제를 중심으로 여러 가지 활동을 펼칩니다. (…) 급식은 (…) 교육입니다. 단순히 아이들을 먹이는 문제가 아니라 훨씬 더 포괄적인 교육 프로젝트의 일환입니다.

오늘날 로마의 공립학교는 매주 에콰도르산 공정무역 바나나 28만 개와 도미니카공화국산 공정무역 초콜릿바 14만 개를 제공한다. 이로써 이탈리아의 공정무역 제품의 시장 규모는 20퍼센트 증가했다(Massimiani, 2006: 17).[8] 로마는 급식 서비스 그 자체도 중요하게 여겨서 주방과 식당 환경 개선에 17점, 종사원과 훈련받은 영양사의 일자리 창출에 5점을 배정하기로 결정했다. 마지막으로 학부모와 교사를 대상으로 하는 먹거리 관련 교육 프로그램 실시 여부에 8점을 주었다(Comune di Roma, 2004b).

　로마가 창조해 가는 먹거리 체계는 여러 가지 측면에서 관행 먹거리 부문과 대안 먹거리 부문 사이의 경계를 흐릿하게 만들고 있다. 로마의 학교 급식에는 유기농・생명 헌신적・인증 식재료가 기존의 관행적 식재료와 서로 공존하고 있다(Sonnino, 2009). 한 급식 공급 업체는 이렇게 설명한다.

　　급식 공급 과정에서 중대한 고비는 자체 통제, 즉 식품위해요소 중점관리기준(HACCP)의 적용과 관련됩니다. 대기업들은 모두 연구소를 갖추고 자체 생산품에 대해 미생물과 화학분석 검사를 한 뒤에 판매합니다. (…) 모든 업체들이 수작업 생산방식을 유지하는 것은 어려운 일입니다.

　더 나아가 수작업 방식의 생산물로는 거대 도시의 학교 급식에 필요한 공급량을 맞출 수 없다.

　　수작업 방식으로는 표준화된 생산물을 이 정도 물량으로 공급할 수 없습니다. 생산물의 품질은 정말 월등하지만 고르지는 못해요. (…) 관행적인 생산물들은 평균적인 품질 기준을 충족시킵니다. 그저 먹을 만한 수준이라는 말이 아니라 괜찮은 정도이고 입찰 기준을 만족시키는 수준이지요. (…) 생명 헌신적인 산물, 공정무역 산물, 원산지 명칭 인증이나 지리적 표시 인증 산물은 로마나 로마 외의 다른 몇몇 지역에서만 존재하는 신규 시장이라는 문제가 있습니다. 공급이 수요를 충족시키지 못합니다.

로마의 먹거리 체계에도 약점은 존재한다. 특히 환경적 지속 가능성 면에서 그러하다. 가령 로마 근교 농촌 지역에서 생산된 농산물 일부는 로마 이외의 다른 지역에 위치한 전국 규모의 식재료 집하 센터로 보내졌다가 다시 로마로 돌아오기도 한다. 이렇게 발생하는 푸드 마일은 급식 공급 업체에게 피할 수 없는 일이다.

에너지 낭비인 것은 확실합니다. 하지만 로마의 수요량에 맞춰 공급하려면 다른 방도가 없습니다.

덧붙여 생산자와 급식 공급 업체는 상당한 금전적 어려움에 맞닥뜨릴 수밖에 없었다. 2007년까지 시가 정한 한 끼당 4.23유로라는 가격에 대해[9] 한 급식 공급 계약 업체 이사는 다음과 같이 말한다.

품질과 전문성을 높이는 방향에 동참할 수 있게 된 것을 행운으로 여깁니다만 급식 업체들이 자체적으로 적용할 시간이 조금 필요했습니다. 이건 공공 기관과는 조금 다른 것이었습니다. (⋯) 이들이 가격을 올려 주지 않는다면 지금은 장점으로 여겨지는 것들이 내일은 단점으로 전락하게 될 것입니다.

또 다른 공급 업체는 이렇게 말한다.

검증을 거쳤거나 검증할 수 있는 믿을 만한 농산물들은 가격이 높다는 것을 이해해야 합니다. (⋯) 만약 로마의 규모와 시장에서의 존재감이 그 정도가 아니었다면 그 공급 가격에 그 정도 품질 수준을 이룰 수 없었을 겁니다.

로마는 다시 한 번 공급자들의 이야기를 들어 보기로 했다. 사리는 다음과 같이
설명한다.

> 우리는 전체 과정을 통해 공공의 고객에 대한 새로운 존경심을 갖게 되었습니다. 과거
> 에는 급식 공급 업체가 통제력을 행사했습니다. (…) 두 번째 입찰에서 (…) 경쟁이 정착
> 되었습니다. 급식 공급 업체들은 자신들이 제공할 수 있는 무언가를 약속하지 않으면
> (…) 안 된다는 것을 깨달았습니다. 로마 시 당국이 입찰을 관리할 능력과 의지가 있다
> 는 사실을 알게 되면서 이들은 이데올로기적이고 정치적인 공격을 중단했습니다. (…)
> 이 시점에서는 우리가 그들의 말에 귀를 기울이는 일이 중요합니다. 왜냐하면 우리가
> 그들에게 막대한 비용이 드는 노력을 요구했기 때문입니다.

2007년 3월 로마는 학교 급식 품질 혁명의 3단계에 진입했다(Comune di Roma,
2007). 새로운 입찰은 3년이 아니라 5년 계약을 체결하게 된다. 이는 생산자와 급식
공급 업체가 새로운 요구사항에 적응하고 신규 투자를 시행할 수 있도록 고려한 것
이다. 계약 업체에 지불되는 급식 가격은 한 끼당 5.28유로로 상향됐다. 대신 계약
업체는 더욱 혁신된 모습을 보여 주어야 한다. 우선 로마 학생들의 민족적 다양성
이 늘어나는 것을 기념하는 뜻으로 매달 한 번은 민족 전통 음식을 제공한다. 학교
급식에서 먹다 남은 음식물은 가축 사료로 재활용하고 남은 식재료는 자선단체로
보낸다. 전과자를 고용하거나 마피아에게서 몰수한 땅에서 작업하는 사회적 협동
기업에서 식재료를 공급받는 급식 공급 업체에게 인센티브를 부여한다. 심각해지
는 환경문제에 대처하기 위해 급식 공급 업체는 생분해 식기만 사용하고 재활용 계
획을 수립하며 환경 영향이 적은 세제를 사용하도록 요구된다(Maisto, 2007).

로마가 점수를 주기로 한 새로운 평가 기준 중에서도 급식에 사용하기 사흘 이내
에 수확된 농산물을 사용하면 점수를 주는 '신선도 보증' 항목은 주목할 만하다. 로

마는 푸드 마일, 즉 수확과 소비 사이의 이동 거리와 시간에 주목한 최초의 도시다.

몇 년에 걸친 갖은 노력으로 꾸준한 개선을 이룬 끝에 로마의 개혁 과정은 이제 다시는 되돌아갈 수 없는 단계에 이르렀다. 사리는 이렇게 말한다.

로마에서 이제 다시는 학교 급식의 품질을 희생시키지 않을 것이라는 점을 모두가 이해하고 받아들이게 될 정도로 문화적 인식이 바뀌었습니다.

이제 급식 업체들은 새로운 품질 요건에 부응할 준비를 마친 것 같다. 최대의 급식 공급 업체 중 한 업체의 이사가 한 말을 다시 한 번 인용해 보자.

로마는 품질을 무척 강조합니다. (⋯) 맛의 측면에서부터 산지라는 측면에서의 식재료의 품질에 이르기까지 매우 폭넓은 의미에서 그렇습니다. (⋯) 점진적인 진화 과정이라 해도 과언이 아니지요. (⋯) 급식 서비스 자체에 관련된 포괄적인 형태의 질도 있습니다. 그래서 무엇이 제공되는지만 중요한 것이 아니라, 그 음식이 어떻게 준비되는지도 중요합니다. 그리고 이제는 식사를 하는 장소의 환경에 대해서도 관심을 가집니다.

로마의 공공 조달과 사회적 포용

로마의 공공 급식 조달 방식은 세 가지 특징을 지닌다(Sonnino, 2009). 첫째, 먹거리의 품질 개념에 대해 끊임없이 재협상하고 이를 점진적으로 수정하는 역동적인 방식이다. 시 조달 팀은 개혁을 시작할 당시 로마는 어린이의 건강과 안전을 학교 급식 혁명의 대원칙으로 삼았다고 설명한다(Comune di Roma, 2004a). 이런 맥락에서 잔류 농약이 검출되지 않는 유기농과 '생명 헌신적' 식재료를 우선하게 됐다.

그러나 앞서 언급한 대로 당시 유기농 시장은 연간 2,700만 끼의 학교 급식을 제공하기에는 공급량이 달렸다. 이 문제를 해결하기 위해 로마는 한편으로는 학교 급식 식재료를 유기농으로 전환하기 위한 점진적인 접근을 채택했고 다른 한편으로는 제공되는 식재료의 '자연성'만이 아니라 원산지도 함께 강조함으로써 '품질'에 대해 좀 더 폭넓은 해석을 시도했다.

주목할 것은 로마가 식재료의 원산지를 지역과 전 지구적인 차원 둘 다에서 강조했다는 점이다. 지리적 표시 인증 육류의 요건에 대해 설명을 요청하자, 조달 담당자는 건강에 좋다는 이유를 들면서(구체적으로 인증된 가축 품종이 영양가가 더 높다) 이와 함께 유럽에는 인증받은 육류가 부족하다는 사실을 지적했다. 이 결정은 지역의 육류 생산자들에게 새로운 기회를 열어 주기 위한 것이었다. 이런 의미에서 로마가 원산지를 강조하는 것은 일차적으로 지역화 전략, 즉 지역 경제 발전과 환경보호를 증진하기 위한 수단이다. 이는 '신선도 보증'이라는 새로운 요건이 시사하는 바이기도 하다. 하지만 이와 동시에 로마의 원산지 강조 전략은 전 세계 다른 지역의 로컬 푸드 생산자들에게 새로운 기회를 열어 주는 전략이기도 하다. 로마는 공정무역 산물에 대한 수요를 창출함으로써 일국의 국경을 넘어서는 사회정의와 사회적 연대를 실제로 증진하고 있다.

부분적으로는 첫 번째 특징의 결과이기도 한 두 번째 특징은 서로 다른 품질 관습을 (갈등을 야기하는 것이 아니라) 조화시킬 수 있는 통합적 조달 방식이라는 점이다. 로마의 학교 급식 체계 속에는 먹거리 관련 연구에 나오는 네 가지 '정당화의 세계'(1장)가 서로 공존한다. 개혁 초기에는 시장의 관습이 적어도 두 가지 근본적인 결정을 내리는 데 영향을 주었다. 이 두 결정은 계약자를 선정할 때 가격을 가장 중요한 단일 기준으로 삼겠다는 것과 입찰 참여 의향이 있는 모든 공급자들에게 열려 있는 경쟁 방식으로 입찰 절차를 근본적으로 바꾸겠다는 것이다. 이러한 움직임은 유기농 시장을 자극하는 데 결정적인 것이었다.

산업적 관습의 핵심인 표준화와 신뢰성 문제는 모든 계약 업체가 환경 기준 인증 측면에서 먹거리 사슬 전반에 걸쳐 표준화된 품질을 유지해야 한다고 요구함으로써 강조되었다. 이와 함께 로마 같은 대도시의 대량 수요로 식재료 자체의 품질을 더욱 높은 수준으로 전반적으로 표준화하는 일이 불가피했다. 급식 공급 업체들이 지적하듯이 이는 현실적으로는 수작업 방식으로 생산된 식재료 대신 관행적 식재료를 강조하지 않을 수 없었다는 뜻이다. 이런 점에서 로마의 학교 급식 혁명에 대한 분석은 먹거리 부문의 생산 및 품질 유지에는 표준화와 차별화가 동시에 필요함을 입증한다(Hatanaka et al, 2006). 로마에서는 지역(생명 헌신적이고 인증된) 식재료에 대한 수요가 점진적으로 늘어나면서 차별화 또한 실제로 촉진되고 있다.

지역성의 가치를 중심으로 하는 식단 개발 및 먹거리 교육 조직과 결합됨으로써 지역산 식재료에 대한 수요는 특정 장소에 부여되어 있는 가내적 관습과 전통적 생산방식을 로마의 학교 급식 체계 속에 뿌리내리게 했다. 공정무역 산물과 다양한 민족의 전통 음식을 학교 급식에 도입하는 등의 시도를 통해 이러한 가내적 관습은 먹거리가 갖는 사회문화적 의미와 함께 그 의미가 공간을 넘나드는, 다르게 표현하면 이웃 나라 소비자 및 먼나라 생산자들과 사회정의와 연대를 촉진할 수 있는 능력을 높이 평가하는 시민적 관습과 떼려야 뗄 수 없는 관계가 됐다.

셋째, 로마는 생산자와 소비자 모두를 개혁 과정에 적극 참여시키는 포괄적 방식을 채택했다. 공급 측면에서는 급식 공급 업체와 시 당국자가 정기적으로 만남을 갖는 상시적 논의 구조를 구축했고 조달 공무원들은 공공과 민간 부문 사이에 신뢰와 상호 존중의 관계를 창출해 냈다. 이 같은 신뢰와 상호 존중 때문에 급식 공급 업체들이 시장에 진입하여 개혁 초기에 한 끼에 0.13유로라는 적은 중간 이윤을 감내할 수 있었다. 한 급식 공급 업체의 이사는 로마가 시의 요구에 부응하기 위한 조직을 구성할 시간을 급식 공급 업체에 주기 위해 3개월의 '유예 기간'을 인정해 준 사례를 예로 들면서 다음과 같이 말한다. "시 당국이 '인내심'을 보여 주었습니다. 급식 공급 업체 역시 이런 태도에 긍정적으로 반응했습니다. 당국이 우리 사정을 이해해 준다고 느꼈습니다."

이와 함께 소비자들도 학교 급식 개혁에 참여했다. 일반적으로 급식 공급 업체가 조직하는 먹거리 교육에 학생과 교사가 참여한다. 이 교육의 목적은 로마의 학교 급식 혁명이 지니고 있는 기술적 측면에서부터 그 이면의 가치들에 이르는 모든 측면을 학교 급식 이용자들과 공유하려는 것이다. 학부모들은 학교 급식 과정을 감시하고 통제하는 역할을 맡은 〈급식위원회〉의 운영을 통해 학교 급식 체계에 접근할 수 있게 된다.

좀 더 구체적으로는 로마의 포용 정책은 상이한 사회경제적·민족적 배경을 가진 아동들을 학교 급식 체계 속에 끌어들이는 조치를 통해 그 면모를 드러낸다. 실제로 로마는 연소득 5,164유로 이하 가정의 학생들에게 무상 급식을 제공해 왔고, 연소득 12,911유로 이하 가정의 학생들에게는 25퍼센트 낮은 금액으로 급식을 제공해 왔다. 로마는 개혁 시작 당시부터 종교나 건강상의 이유로 맞춤 식사를 해야 하는 4,500여 명의 학생에게 특별 식단을 제공해 왔다. 더 최근에는 로마 학생들의 문화적 다양성이 증가하고 있는 상황을 기념하고 급식을 연대적 가치의 증진 수단으로 활용하기 위해 각 민족의 전통 음식을 제공함으로써 사회적 포용의 과정이 더욱 확대됐다(Maisto, 2007).

질 좋은 먹거리와 사회정의

로마의 학교 급식 체계는 정치적인 진공 상태에서 홀연히 등장한 것이 아니다. 오히려 정반대로 경제 발전과 사회적 결속이 불가분의 관계임을 강조하는 로마의 통치 철학이 형태를 만들고 지원했다. 많은 관계자들에 따르면 이 철학이 매우 독특하고도 효과적인, 이른바 '로마 모델'을 형성해 왔고 이 모델은 제조 부문의 확대만으로는 더는 시장에서의 경쟁력을 확보할 수 없는 이탈리아에서 새로운 발전 경로를 개척할 가능성을 열어 주었다(Pirani, 2006). 로마 모델은 '여러 상징적인 정책, 다양한 사상의 현명한 융합, 매우 명확하고 가시적인 메시지, 다양한 주제, 주의 깊은 감성 관리, 의식儀式이 사회적 결속과 지역사회 재창조에 기여하는 바에 대한 인식'에 기반한 모델로 묘사되어 왔다(Ceccarelli, 2005: 15). 2001년부터 2008년 초까지 로마 시장을 지닌 발테르 벨트로니는 이렇게 말한다(Veltroni, 2006: 144).

> 사회의 품격이 높아지지 않고서는 진정한 발전이 있을 수 없습니다. (…) 만약 로마 모델이 존재한다면, 그리고 오늘을 사는 많은 사람들이 이런 측면에서 우리의 경험에 관해 이야기를 한다면, 그것은 우리가 목적하는 모든 것이 경제성장과 사회적 결속을 결합하고 있기 때문일 것입니다. 우리가 선택한 모든 것의 기초에는 언제나 기초 자치단체, 시의회 및 이들과 함께 하는 재계, 노동조합, 사회단체, 다양한 시민사회 주체들이 함께 일하고 협력하고 '조화를 추구하며' 일을 진행하는 방식이 있습니다.

이어서 벨트로니는 만일 '사회적 결속의 증진'이 발전이라면 공공 기관의 일차적 의무는 '불신이 커지지 못하도록 막고 사회계급 전체가 상심하고 포기하지 못하도록 막는 것'이라면서 다음과 같이 설명한다(Veltroni, 2006: 147).

> 마치 사회의 모든 부문을 분리시켜 불안하고 주변화된 상황으로 빠뜨릴 수 있는 지극히 위험한 원심력이 존재하는 것과 같습니다. 정부, 행정기관의 근본 임무는 이런 힘에 맞서 안으로 끌어들여 포용하는 것입니다.

로마의 '연대 기반 복지국가' 모델에서 학교 급식 체계는 '재능 있는 자에게나 결핍된 자에게나 모두 기회가 주어져야 한다는 점에 주목하면서 시민의 삶의 혁신과 경쟁력 모두를 증진할 수 있는 '역량'을 갖추고 있음을 보여 주는 사례로 간주된다 (Veltroni, 2006: 4). 로마 시 교육위원의 언급대로 학교의 역할은 넓은 의미에서 '지역 사회 전체의 복지에 중요한 문화·건강·연대의 가치를 증진하는 곳'이며, 학교 급식은 이런 학교의 역할을 충실히 수행하게 한다.

로마의 학교 급식 당국은 역동적·포괄적·통합적 방식을 채택하고 생산자-소비자 간에 사회적·환경적으로 뿌리내린 경제 관계가 뒷받침된 품질 기반의 급식 체계를 설계하고 있다. 학교 급식에 지역산 식재료 사용을 배타적으로 증진할 필요는 없다. 물론 먹거리의 지역화가 로마 조달 정책에서 우선시된 것은 얼마 되지 않았다. 로마는 여러 해에 걸쳐 공정무역·유기농·인증 산물을 조달함으로써 지속가능성이라는 목표를 달성하기 위해 노력해 왔다.

로마는 특히 공정무역 조달 정책을 통해 불평등한 초국가적 노동관계 문제를 다룸으로써 좀 더 공정한 경제 발전을 촉진하고 있다. 이와 함께 급식 업체 종사자 수를 서비스 품질을 보증하는 기준으로 특화하고 추가로 급식 종사자를 고용하는 업체에 혜택을 줌으로써 국내 노동문제도 강조하고 있다. 민주주의와 사회정의 또한 로마의 품질 혁명에서 중요한 역할을 담당한다. 적절한 수준으로 급식 가격을 유지하는 동시에 급식을 다양화하여 사회경제적·민족적 배경과 상관없이 모든 학생들이 학교 급식을 먹을 수 있도록 만들었다. 더 나아가 로마의 조달 정책은 자선단체와 사회적 협동기업을 체계 안으로 끌어들여 이들에게 가장 열악한 상황에 있는 시민들을 지원하도록 하고 있다.

로마는 학교 급식의 품질 혁명 과정에서 환경적 통합성이라는 목표와 관련하여 공급자들에게 공급 사슬을 단축시키고 환경에 영향을 덜 미치는 방법으로 생산된 식재료를 조달하며, 학교 식당의 소음 공해를 줄이고 환경 인증을 획득하며, 재활용 체계를 수립하도록 장려했다.

로마의 품질 혁명은 이제 학교 수준을 넘어서고 있다. 2007년 3월 시 당국은 [로마를 둘러싸고 있는] 라치오Lazio 주 정부와 협력 관계를 맺고 (제철 및 유기농 과일, 원산지 명칭 인증 치즈 같은) '건강에 좋은' 간식을 20개 고등학교, 공공 기관, 우체국 구내 자판기에서 시범 판매하는 데 8만 4,000유로를 투자하기로 했다. 광역 교육청의 한 교육위원은 이렇게 언급했다. '이는 건강에 대한 시민들의 요구에 부응하는 구체적인 해답인 (…) 동시에 환경·건강·자연과 조화를 이루는 경제성장을 촉진하고 있습니다'(Brera, 2007: iii). 라치오 주 정부는 로마의 품질 혁명이라는 상위의 사회적 목표에 따르기 위해 과일과 채소 판매 수익금 일부를 콩고 아이들에게 음식을 제공하기 위해 만들어진 농장에 보내기로 결정했다.

지속 가능 발전이라는 목표를 달성하는 데 로마의 학교 급식 혁명이 미친 구체적인 영향을 평가하기에는 아직도 이른 감이 있다. 그러나 로마 사례 연구는 적어도 공공 부문이 먹거리 체계 전반에 지속 가능 발전에 대한 각종 지원을 동원할 수 있는 힘을 가지고 있음을 잘 보여 준다. 로마에서 새롭게 등장하고 있는 녹색국가는 시장 개입을 먹거리 교육 및 먹거리 사슬 양쪽 끝 두 주체[생산자와 소비자] 간의 지속적인 대화로 보완함으로써 경제 발전·민주주의·환경적 통합성이라는 지속 가능한 미래를 향한 전망을 공유해 나가고 있다.

5장
지속 가능한 세계 도시:
런던의 학교 급식 개혁

런던이 가진 이례적인 사회적·문화적 다양성은 영국 전체 음식점의 절반이 넘는 1만 2,000여 개 이상의 음식점에서 60가지가 넘는 다양한 여러 나라의 음식을 맛볼 수 있다는 데서 찾아볼 수 있습니다. 그러나 런던에는 심각한 문제도 존재합니다. 비만과 음식 관련 질병은 젊은 나이에 찾아오는 갑작스러운 죽음의 주범이며, 이는 특히 저소득층에서 높게 나타납니다. 런던 곳곳에서 사람들은 영양이 풍부하고 가격이 적당한 먹거리를 찾느라 고군분투하고 있습니다. 먹거리 체계에 관여하고 있는 사람들은 경제적으로 별다른 이득을 보지 못하고, 먹거리 체계가 환경에 미치는 영향은 상당합니다. 지속 가능한 세계 도시라는 제 이상을 실현하려면 런던 먹거리 체계의 여러 측면이 개선되어야 할 것입니다(LDA, 2006a: 3).

세계화 시대에 세계 도시들이 가진 자만심의 하나는 자국과의 공통점보다는 세계 도시들 서로 간의 공통점이 더 많다는 관념이다. 마치 각 도시가 자기 나라와는 따로 떨어져 전 지구적이고 배타적인 도시국가 네트워크를 형성하고 있기라도 한 것처럼 말이다. 이러한 관념은 글로벌 경제계의 상층부에 널리 퍼져 있고, 세계 곳곳을 누비는 기업 중역들은 어느 도시에 살건 생활하고 일하고 노는 방식이 비슷한 경향이 있다. 이는 특히 문화적 유사성이 매우 큰 세계 도시인 런던이나 뉴욕에 딱 들어맞는다. 실제로 영어권의 이 두 최고의 도시는 너무도 비슷해 두 도시의 머리글자를 따서 '나일론NyLon'이라는 신조어가 만들어졌을 정도다(Gapper, 2007).

런던 시장의 공간 개발 전략을 일컫는 '런던 플랜' 역시 세계 도시라는 관점에 깊숙이 기대고 있다.

> 세계 도시로서의 런던은 점점 더 늘어나는, 세계경제를 가로지르는 상호 거래 네트워크 속에서 몇 안 되는 중앙통제소다. 세계 도시들은 매우 독특한 욕구를 갖고 있다. 서로가 수천 킬로미터 이상 떨어져 있다고 해도 시장 거래와 통신망을 통해 가상적인 글로벌 실체로 긴밀하게 연결되어 있다. 이 같은 연결고리를 반영하기 위해 런던 시장은 다른 주요 세계 도시들과 협력 관계를 발전시켜 나갈 것이다(Mayor of London, 2006: 15).

이러한 도시 중심적 관점이 꼭 틀린 것이라고는 할 수 없지만 매우 편협한 관점인 것만은 분명하다. 물론 세계 도시들은 서로 많은 부분을 공유하고 있으며, 특히 재계의 관행이나 대중문화에서 더욱 그렇다. 그럼에도 이 도시들은 여전히 자국의 사회적·경제적·정치적·생태적 측면에서 엮여 있다. 세계 도시들은 비록 평범함의 연속이라 할지라도 매우 중요한 방식으로, 수없이 많은 '일상적인' 활동에 엄청나게 의존한다. 이런 활동이 없다면 일상생활의 리듬은 순식간에 멈춰 버리고 말 것이다. 가령 세계 도시들은 도시 주변의 배후 지역에 살면서 도시로 통근하는 사람들의 물결에 의존한다. 이는 경제적으로 도시 자체보다는 도시권이 중요하다는 것을 잘 보여 준다. 또한 세계 도시는 거의 눈에 띄지 않는 저임금 노동자들, 곧 청소부, 버스 기사, 간호사, 식당 종업원, 학교 조리사 등에 의존하고 있다.

학교 급식은 영국이라는 나라에 속해 있는 '평범한 도시로서의 런던'과 특별한 위상 덕분에 독특한 특징을 보여 주는 '세계 도시로서의 런던'이라는 분열적인 상황을 보여 줄 수 있는 매우 좋은 방법이다. 런던이 평범한 도시라는 사실은 세계 도시라는 지위도 런던을 질 낮은 영국 학교 급식에서 구해 주지 못했다는 사실에서 드러난다. 이런 점에서 런던은 영국 문화의 일부임이 틀림없다. 다른 한편 런던의 문화적 다양성과 거대한 도시 규모의 결합은 세계 도시에서의 학교 급식 개혁이라는 과제를 농촌 지역(6장)보다도 훨씬 더 어렵게 한다.

런던의 학교 급식 개혁을 온전하게 이해하기 위해서는 이를 좀 더 폭넓고 다층적인 맥락 속에서 살펴볼 필요가 있다. 전국적인 도시이자 수도라는 위상에서 비롯된 런던의 역동성으로 학교 급식 문제가 정치 쟁점으로 재등장하게 됐다. 이 장은 이러한 쟁점을 크게 세 부분으로 다루어 본다. 우선 영국에서 학교 급식 사안이 정치 쟁점으로서 몰락했다가 떠오르는 과정을 검토한다. 두 번째는 런던을 '지속 가능한 세계 도시'로 변모시키겠다는 런던 시장의 전략을 검토하기 위해 전국적 차원에서 도시 차원으로 초점을 이동한다. 이러한 런던 시장의 전략은 먹거리와 책임감 있는 공공 조달을 크게 강조한다. 마지막으로 텔레비전에 나오는 유명한 요리사가 학교를 방문하기 전부터 이미 학교 급식 개혁 측면에서 런던의 선도 자치구로 자리 잡은 그리니치의 경험을 탐구한다.

영국 학교 급식의 몰락과 부활, 복지 개혁의 세 시대

영국의 학교 급식 개혁의 역사는 완전히 다른 두 가지 방식으로 서술할 수 있다. 하나는 복지의 역사로 아동의 건강과 복리 차원에서 접근하는 것이다. 다른 하나는 전쟁의 역사로 잘 먹고 신체 건장한 노동계급 출신을 군대에 모병하기 위한 것이다. 실제로는 복지나 전쟁은 사회적으로나 정치적으로 전혀 다른 지지층에게 설득력을 가지지만 영국에서 학교 급식 정책의 기원과 진화 과정을 설명하는 데는 둘 다 도움이 된다.

집단 급식의 복지 시대

1980년대와 1990년대에 학교 급식은 정치적 쟁점으로 별로 주목받지 못했기 때문에 대부분의 사람들은 학교 급식이 한때는 복지국가 영국을 떠받치는 기둥이었다고는 상상조차 하기 어려울 것이다. 사회정책사를 연구하는 역사학자들은 대체로 학교 급식의 기원을 1880년대 의무교육이 시작되면서 아동의 영양 부족과 효과적인 학습 능력의 부족 문제가 노출되었던 때로 잡는다. 보어 전쟁(Boer War, 1899년에서 1902년까지 영국과 보어인이 건설한 트란스발공화국이 벌인 전쟁. 옮긴이)이 일어났을 당시 모집된 신병의 열악한 신체 상태가 전쟁 수행에 악영향을 미친다는 사실을 알게 되면서 전쟁도 복지만큼 중요한 영향을 미치는 것이 됐다. 그 결과 〈왕립 체격 저하 위원회Royal Commission on Physical Deterioration〉가 구성됐고 이곳에서 펴낸 보고서는 1906년 (급식 제공에 관한) 교육법이 제정되는 길을 열었다. 이 법은 급식비를 낼 형편이 안 되는 어린이에게 무상 급식과 감면 급식을 제공할 권한을 모든 〈지역 교육청Local Education Authorities(LEAs)〉에 부여했다(Passmore and Harris, 2004).

복지 시대의 기원이 1880년대까지 거슬러 올라간다고는 하지만 집단 급식 시대의 가치를 실제로 명문화한 것은 1944년 교육법이었다. 무엇보다 이 법은 모든 〈지역 교육청〉이 학교 급식과 우유를 초중등학교에 의무적으로 제공하도록 했고 급식 가격이 식재료비를 넘어서는 안 된다고 규정했다. 또한 점심이 하루의 주 식사로 손색이 없도록 할 것과 또 다른 전쟁이 최고조에 달했던 1941년에 처음 도입된 영양 기준을 충족하도록 규정했다(Sharp, 1992).

그런데 복지 시대가 애초에 의도했던 것 중 한 번도 실현된 적이 없는 것도 있다는 사실에 주목할 필요가 있다. 1944년 교육법에 대한 학부모를 위한 안내서에는 급진적인 전망이 쓰여 있다. '학교 급식이 완전히 정착되면 교육 체계의 일부로서 급식을 무상으로 제공할 것이다'(Gustafsson, 2002). 이처럼 중요한 측면에 대한 복지 시대의 핵심적인 언급은 전후 노동당 정부의 뇌리에서 조용히 잊혀져 버렸다. 그렇지 않았더라면 학교 급식은 복지국가의 초석을 놓는 데 크게 기여했을 것이다. 집단 급식을 제공했던 복지 시대에도 한계는 있지만 그럼에도 돌이켜보면 이때가 '황금기'였다고 말할 수 있다는 사실은 뒤따랐던 시대에 대해 많은 것을 시사한다.

선택을 강조한 신자유주의 시대

공공 지출을 축소하려는 열망이 신자유의 시대를 주도했지만 그것만이 유일한 요인은 아니었다. 학교 급식은 1970년대 들어 새로운 소비문화에 적응해야 했다. 아동들은 전통적인 집단 급식을 거부하기 시작했다. 이처럼 학교 식당에서 나타난 '소비자' 행태의 변화는 공공 지출을 줄이고 개인의 선택을 더 많이 보장해야 한다는 보수당 이데올로기의 낡은 주제와 맞아떨어지면서 대처 정부가 유례없는 열성으로 추구했던 완전히 다른 학교 급식 정책을 정당화하는 증거로 내세워졌다.

완전히 새로운 두 가지 정책이 신자유주의 시대를 예고했고 또 구현했다. 첫째는 1980년 교육법으로 모든 아동에게 국가가 의무적으로 지원했던 학교 급식을 지방정부의 재량에 맡기도록 전환했다. 1980년 교육법에서 개정된 네 가지 근본적인 사항은 다음과 같다. 우선 무상 급식 아동을 제외하고는 〈지역 교육청〉이 학교 급식을 제공할 의무를 삭제했다. 둘째, 정해진 가격으로 급식을 제공할 의무를 삭제했다. 셋째, 학교 급식의 국가적 영양 기준을 삭제했다. 마지막으로 무상 우유 급식을 없앴다(Passmore and Harris, 2004). 1980년 교육법이 갖는 역사적 의미는 1944년 교육법의 성과를 의도적으로 없애고 복지 시대의 가치를 폐기했다는 사실에 있다.

보수당 정권의 〈교육부〉 장관 마크 칼라일Mark Carlisle은 학교 급식에 개혁이 필요한 이유를 세 가지로 정리했다.

1. 공공 지출을 줄이고 학부모·납세자·아동을 위해 '건전한 경제'의 원칙을 수립한다.
2. 교육 자체에 들어가는 교육 지출을 줄이지 않고 학교 급식에 들어가는 교육 지출 부담을 줄인다.
3. 학부모와 아동에게 더 많은 선택의 자유를 준다.

의회가 이를 최종 승인한 후에도 장관은 학교 급식이 영양을 공급한다는 매우 중요한 목적을 가질 뿐만 아니라 아이들이 서로 어울려 식사하는 법을 배우기 때문에 문화적 가치 역시 크다는 항의를 들어야 했다(Hansard, 1979).

1944년 교육법을 후퇴시킨 것은 보수당 정부였지만 전임 노동당 정부가 이미 1970년대부터 학교 급식 서비스를 축소하기 시작했고 만약 1979년 선거에서 승리해 정권을 잡는다면 축소 폭을 더 늘릴 계획을 가지고 있었다. 영국 최초의 먹거리 정책 연구자 팀 랭Tim Lang 교수가 한 말을 잊어서는 안 된다. '학교 급식에 대한 노동당의 성과는 정말 형편없다. 게다가 『뉴 소사이어티New Society』지에 정책 관련 정보가 새어 나가자 무상 급식 수준을 허둥지둥 올린 것은 또 얼마나 황당한 일인가.'(Lang, 1981)[1] 신자유주의 정부가 학교 급식 같은 핵심적인 복지 척도에 애정이 거의 없을 것이라는 점은 쉽게 예측할 수 있는 일이지만 노동당이 학교 급식을 적극적으로 방어할 의지나 역량을 갖고 있지 않았던 이유는 쉽게 이해하기 어렵다.

신자유주의 시대를 위한 두 번째 법률 장치는 1988년의 지방정부법으로 공공 부문 급식에 의무 경쟁 입찰제(Compulsory Competitive Tendering, CCT)를 도입함으로써 지역 당국들은 학교 급식 위탁 사업자를 외부 경쟁으로 선정해야 했다. 입찰 참여 업체들은 최저가를 써내야 한다는 압박을 받기 때문에 이 제도는 비용을 엄청나게 낮출 수 있었지만 대신 학교 급식에 상당한 변화가 일어났다. 우선 종사원들의 숙련도가 떨어졌고 (가공식품 문화가 자리 잡으면서) 학교에서 주방이 사라졌으며, 서비스의 철학은 건강에 좋은 음식과 멀어지는 쪽으로 기울어졌다. 의무 경쟁 입찰제가 가져온 이와 같은 여러 변화 중에서도 가장 중요한 것은 음식 자체의 질이 떨어진 것이었다. 어느 유명한 학교 식당 조리사가 '싸구려 쓰레기 가공식품'이라고 푸념할 정도였다(Orrey, 2003).

이 두 가지 법률적 변화가 결합되면서 학교 급식을 설계하고 시행하는 방식에 진정한 혁명이 촉발됐다. 그 파급력은 특히 중등학교에서 두드러졌다.

> 대부분의 급식 공급 업체는 학교 식당에서 직접 현금을 받았다. 그 결과 개별 음식마다 값이 매겨졌고 학생들은 원하는 음식을 자유롭게 골라 먹었다. 학생들은 자기 뜻대로 쓰고 싶은 만큼, 또는 아껴서 사 먹었다. 학생들이 무엇을 먹든지 통제할 방법은 없었다. 이렇게 소비자 주도적인 학교 급식이 되다 보니 잘 팔리고 이익이 많이 남는 음식은 제공되지만 잘 안 팔리고 이익이 많이 남지 않는 음식은 사라졌다. 1980년에서 1998년까지 시행된 이러한 전략 때문에 현재 대부분의 중등학교 급식에서는 극히 제한된 범위의 음식들만 공급되고 있다(Passmore and Harris, 2004).

오늘날의 시각에서 보면 신자유주의 시대의 학교 급식 정책은 지극히 근시안적인 실수로 보인다. 보수당 정부는 단기적으로 공공 지출을 줄이겠다는 열망에서 사실상 건강에 안 좋은 식사라는 문제에 원인을 제공했고, 학교 급식 예산 절감액의 몇 배에 달하는 [보건 의료] 공공 지출을 가져왔다. 그러나 신자유주의 실험을 그릇된 역사적 호기심이라고 치부해 버리기 전에 그 정책의 근거가 되었던 '값싼 먹거리'

와 '선택'이라는 가치가 많은 소비자와 정치인들 사이에서 여전히 호소력을 갖고 있다는 사실을 기억해 둘 필요가 있다. 이 같은 역설에 대해서는 8장에서 다시 살펴볼 것이다.

생태의 시대, 지속 가능한 학교 급식과 선택의 통제

신노동당이 집권한 지 8년이 지난 2005년까지도 근본적으로 새로운 학교 급식 정책이 영국에서 등장하고 있지 않은 것을 보면 정부가 바뀌면 정책도 바뀐다는 사고가 잘못되었음을 알 수 있다. 대중들의 마음속에서 영국의 학교 급식 정책의 혁명은 런던에서 제이미 올리버가 '급식 종사원' 역할을 하며 영국 학교 급식 체계의 문제를 다룬 인기 텔레비전 프로그램 〈제이미의 학교 급식Jamie's School Dinner〉과 연관되어 있다. 그가 주도하는 '더 잘 먹여 주세요Feed Me Better' 캠페인은 대중의 상상력에 불을 당겼고 정부 정책을 거의 하룻밤 사이에 뒤바꾸는 데 공헌했다.[2] 하지만 영국 학교 급식 혁명의 진정한 근원은 런던의 텔레비전 프로그램에 있는 것이 아니라 스코틀랜드에서 전문가 집단이 발간한 중요한 보고서 『성공을 향한 갈망 *Hungry for Success*』에 있다(Scottish Executive, 2002)(http://www.scotland.gov.uk/Publications/2003/02/16273/17566. 옮긴이). 이 보고서는 학교 급식이 극본적으로 새로워져야 한다고 촉구한다. 특히 이 보고서는

- 학생들이 교실에서 배우는 내용이 식당에서 반향을 일으킬 수 있도록 학교 급식 개혁에 대한 총체적인 접근 방식을 증진했다.
- 새로운 영양 기준을 충족시킬 수 있을 정도로 학교 급식의 품질을 향상시킬 것을 촉구했다.
- 학교 급식은 상업적 서비스보다는 건강 서비스에 더 가깝다는 점을 제시했다.

이 같은 스코틀랜드의 사회정책 개혁이 일으킨 파문은 잉글랜드와 웨일스(웨일스 학교 급식 보고서『생명을 향한 열망*Appetite for Life*』(2006)은 http://www.continyou.org.uk/files/documents/documents/doc_992_pdf에서 볼 수 있다. 옮긴이)에서 학교 급식 개혁 캠페인이 시작되도록 자극했다. 두 지역은 각각 2005년과 2006년까지는 스코틀랜드와 같은 보고서를 만들지 못했다. 잉글랜드의 학교 급식 보고서『식탁을 바꾸자*Turning the Tables*』(http://www.schoolfoodtrust.org.uk/UploadDocs/Library/Documents/SMAP_Report.FINAL.pdf. 옮긴이)는『성공을 향한 갈망』보다 훨씬 뒤에 만들어져서 학교 급식 개혁에 '생태적 접근'의 도입이라는 진일보한 모습을 보여 준다. 생태적 접근은 순수하게 환경에만 관심을 두는 것이 아니라 지속 가능 발전의 핵심 원칙 중 하나, 즉 다소 무미건조한 손익계산서에 기초한 기존의 비용 편익 분석에서는 외부화되어 (보이지 않았던) 비용과의 관계를 가시적인 것으로 만들어야 한다는 원칙에 입각하고 있다. 이 보고서는 잉글랜드가 근본적으로 새로운 학교 급식 체계를 시행해야 할 이유와 방법에 대한 주요 권고 사항 서른다섯 가지를 담고 있다. 잉글랜드의 권고 사항은 스코틀랜드가 제시한 권고 사항의 많은 부분들을 상기시키는 동시에 여기에 식재료 조달 과정을 포함시킴으로써 좀 더 전일적인 접근 방식이 등장해야 함을 예고하고 있다. 보고서는 이렇게 언급하고 있다. '지속 가능 발전 원칙과 부합해야 하며 학교와 급식 공급 업체는 될 수 있는 한 지역 농민과 공급자를 주시해야 한다'(School Meals Review Panel, 2005).

잉글랜드 보고서는 더 많은 자원을 투입하고 새로운 기술이 필요하며, 먹거리 기준이 더 높아져야 함을 요청하면서 동시에 토니 블레어 총리의 핵심 이데올로기 개념인 '선택'에 대해 문제를 제기했다. 사실『식탁을 바꾸자』는 '선택권의 통제라는 원칙이 학교 급식뿐 아니라 학교 내의 모든 매점에서도 좀 더 건강에 좋은 식사를 증진하는 데 그 효과가 입증되었음'을 강력하게 주장했다. 정부는 2006년 9월부터 새로운 기준을 적용할 것이라고 공표한 2006년 5월 19일의 역사적인 선언을 통해 권고 사항의 대부분을 수용했다.

- 학교 급식에서는 질 낮은 육류 제품·탄산음료·칩·초콜릿 및 기타 과자류를 제공하지 않는다.
- 양질의 육류·가금류·생선을 정기적으로 제공한다.
- 학생들에게 끼니마다 최소 두 가지 종류 이상의 과일과 채소를 제공한다.
- 기름에 튀긴 음식은 일주일에 두 번 이내로 제한한다.
- 학교와 자판기 업자들은 건강에 좋은 간식, 그리고 물·우유·과일 주스 같은 음료 판매를 늘린다.
- 초등학교에는 2008년 9월, 중등학교에는 2009년 9월에 필수영양소, 비타민, 미네랄 공급을 규정한 엄격한 영양 기준이 도입됨에 따라 품질 기준을 더욱 높인다(Department for Education and Skills, 2006).

생태 시대의 가능성과 한계

하지만 잉글랜드의 새로운 학교 급식 기준을 반겼던 대중들의 기쁨은 그리 오래 가지 못했다. 수사를 현실화하는 것은 장기적인 일이며, 중앙정부에서의 행정 명령으로 달성될 일도 아니었다. 생태의 시대가 제시한 약속이 영국 전역의 학교에서 실제로 시행되려면 적어도 세 가지 선결 조건이 충족되어야 한다.

첫 번째로 가장 중요한 문제는 추가 자원을 투입하는 문제다. 정부는 잉글랜드의 학교 급식을 건강에 더 좋은 것으로 전환하는 데 3년간 2억 2,000만 파운드를 지원하겠다고 발표했다.[3] 투자가 제대로 이루어지지 못했던 식재료, 주방 시설, 훈련 프로그램을 궤도에 올려놓기 위해 학교를 지원하겠다는 것이었다. 이를 통해 학교 급식 개혁 과정이 제 궤도에 올라갈 것이라는 점은 분명한 사실이지만 확고한 토대를 놓는 데는 그다지 충분치 않은 액수였다. 실제로 새로운 학교 급식 서비스는 지역 급식 공급 업체들이 재정적으로 매우 열악한 상황에 있을 때 시작되고 있다. 제이미 올리버의 텔레비전 프로그램이 시작된 뒤, 부분적으로는 그 여파로 영국의 학교 급식 선택률은 하락했고 학교 급식 공급 업체들은 높아진 비용과 낮아진 급식 선택률이라는 지속 불가능한 상황을 타개해야 하는 난처한 상황에 처해 있다.

둘째, 개혁을 추진하기 위해서는 새로운 기술 역량을 갖추어야 한다. 급식 공급 업체와 조리사들은 건강에 좋은 요리법을 익혀야 한다. 생태의 시대는 전ਣ 학교적 접근 방식에 입각해 있기 때문에 '건강에 좋은 식사'라는 취지가 학교 식당, 자판기, 교실에 스며들도록 학교 교장과 교사 역시 적극적으로 동참해야 한다. 지역 당국의 조달 담당자들은 로컬 푸드가 예외가 아닌 규범이 될 수 있도록 입찰 계획을 세우고 실행에 옮길 수 있는 역량과 확신을 가져야 한다. 마지막으로 농민과 생산자 역시 되도록 지역에서 생산된 신선한 먹거리를 학교에 공급할 수 있는 기술 역량을 갖추어야 한다. 농장에서 식탁에 이르기까지 먹거리 사슬 전체에 걸쳐 새로운 기술의 개발이 이루어져야 한다.

세 번째, 개혁이 지속되려면 사회 참여가 더욱 확대되어야 한다. 복지 시대와 신자유주의 시대가 아동을 위한 정책을 수립했다면, 생태의 시대는 아동 및 학부모와 함께 정책을 설계해야 할 것이다. 더욱 심사숙고하는 민주적인 거버넌스 체계는 학교 급식을 전환하는 데 있어 아동이 과거처럼 수동적인 대상이 아니라 능동적인 주체가 될 수 있도록 만들 것이다. 아동과 학부모는 건강에 좋은 식사로 전환하는 것을 논의하는 데 더욱 적극적으로 참여할 필요가 있다. 〈지역 공공 급식 공급자협회(LACA)〉가 지적하듯이 제이미 올리버의 텔레비전 프로그램 방영 이후 다음 해 학교 급식 선택률은 약 10퍼센트(7,100만 끼) 하락했다. 8장에서 다시 논의하겠지만 아이들의 입맛은 하룻밤 사이에 바뀌지 않는다. 그러므로 '건강에 좋은 식사'는 문자 그대로 이해하거나 일회성의 행사가 되어서는 안 되고 사회적으로 협상해야 할 과정으로 이해해야 한다.

재정이나 기술 역량, 관리 방식이 주된 관심사인 것은 확실하지만 그것만이 전부는 아니다. 한 예로 〈건강 교육 트러스트Health Education Trust〉는 정부가 무상 급식 확대를 거부한다는 사실을 한탄했다. 급식 가격이 올라갈수록 많은 아이들에게 여전히 따뜻한 식사로는 거의 유일한 점심식사 급식 선택률이 떨어질 수 있기 때문에 이는 건강 문제 활동가들에게는 큰 근심거리다.[4] 향후에도 선택률이 높아지지 않는다면 다음 개혁 단계는 '전면 무상 급식'을 중심으로 전개될 수 있을 것이다. 전면 무상 급식은 스코틀랜드에서 요구하고 있는 정책이자 잉글랜드의 헐Hull 시에서 잠시 시행된 바 있는데, 헐의 경우 시행 중단 이전까지는 선택률이 높아지는 성과를 보였다.[5]

학교 급식 개혁가들이 우려하는 또 다른 문제는 '점심시간'이라고 불리던 시간이 점점 사라지고 있다는 것이다. 점점 더 많은 영국의 학교들이 현재 평균 45분인 것을 짧게는 30분으로 점차 단축하려고 하고 있다. 이에 따라 아이들이 즐거운 식사 환경 속에서 점심 급식을 즐기는 것은 불가능해진다. 점심시간을 늘리지 않는다면 새로운 학교 급식 기준의 시행은 거의 불가능할 것이다.

만약 이런 문제들이 해결될 수 있다면 학교 급식 개혁에서 생태의 시대는 집단 급식을 도입하면서 복지의 시대를 이끌었던 역사적 사건인 1944년 교육법 제정 이래로 사회정책의 가장 의미 있는 시대가 될 수도 있을 것이다. 복지 시대가 중앙집권화된 체계였다면 생태의 시대는 탈중앙집권화된 체계가 될 것이다. 학교 급식은 지역 당국만이 운영 책임을 맡는 것이 아니라 몇몇 지역에서는 개별 학교도 운영 주체가 되고 있다. 이처럼 분권화된 체계에서는 한 지역의 사례를 다른 지역으로 일반화시키는 것이 어렵기 때문에 학교 급식 개혁의 미묘한 차이를 확인하기 위해 지방정부의 세계로 눈을 돌려보도록 하자.

지속 가능한 세계 도시를 위한 런던의 먹거리 전략

런던은 직접선거로 선출된 켄 리빙스턴Ken Livingston 전 런던 시장의 지시로 지속 가능한 세계 도시가 되겠다는 야심 찬 기획에 착수했다. 녹색 운동가들은 런던의 막대한 생태 발자국 지수(ecological footprint, 인간이 소비하는 에너지·먹거리·주택·도로 등을 만들기 위해 자원을 생산하고 폐기물을 처리하는 데 드는 비용을 토지로 환산한 것. 캐나다·미국·영국과 같은 선진국일수록 지수가 높다. 옮긴이)를 감안할 때 이 단어가 형용모순이라고 생각할 수도 있겠지만 런던 시장의 전략은 비단 런던뿐 아니라 도시에 대한 일반적인 생각을 바꿔 놓을 수 있는 잠재력을 지니고 있다는 이유로 커다란 주목을 받았다. 특히 지속 가능한 세계 도시(Sustainable World City, SWC) 전략은 대도시 수준의 '녹색국가'가 지닌 의미를 탐구하고 세계화와 지역화 사이에 좀 더 신중한 균형을 유지할 필요가 있음을 부각시키는 데 기여한다. 우리가 보기에 지속 가능한 세계 도시 전략에서 가장 흥미로운 점은 '건강에 좋은 학교 급식'이 그 핵심에 있다는 사실이다. 이 주제는 런던 시장의 먹거리 전략에서도 우선순위가 높다.

분권과 발전 간의 상호작용을 잘 보여 주는 사례인 지속 가능한 세계 도시 전략은 최근 설립된 〈런던 광역청(Greater London Authority, GLA)〉이 없었다면 아마도 등장하지 못했을 것이다. 2000년 설립된 〈런던 광역청〉은 1986년 대처 정부가 광역 런던 시 정부를 폐지하면서 영국의 수도가 광역시 정부를 갖지 못한 놀라운 상태로 전락한 뒤에 처음으로 광역 런던 차원의 전략을 수립·시행하는 시 정부다. 인구 750만 명에 달하는, 빠르게 성장 중인 세계 도시 런던을 대신하는 전략 광역 시 정부는 형평성과 효율성 측면에서 필수적인 것으로 생각됐으며, 토니 블레어의 신노동당 정부는 분권화 정책의 일환으로 〈런던 광역청〉을 설립했다(Morgan, 2007a).

세계 도시라는 위상을 가졌음에도 런던 광역시 정부의 권력은 생각보다 훨씬 취약하다. 뉴욕 시와는 대조적으로 권한이나 가용 자원 면에서 많은 제약을 받고 있기 때문이다. 주된 문제는 〈런던 광역청〉과 런던 시장이 중앙정부 및 (32개의 자치구와 런던 시로 구성된) 지방정부 사이에 끼어 압박을 받는 현실이다. 저명한 런던 거버넌스 전문가의 말에 따르면 런던 시장은 기껏해야 자신의 '후원, 설득, 명성'을 활용하여 다른 기관들이 행동에 나서도록 하는 정도의 명령을 내릴 수 있을 뿐이다. '하지만 이런 수단은 실질적인 재정적·행정적 권한이 아니다'(Travers, 2004: 185).

리빙스턴 시장은 지속 가능한 세계 도시라는 자신의 이상을 실현하기 위해 교통과 이동성, 주택, 보건, 공간 계획, 먹거리와 조달 등의 분야에서 일련의 창의적인 전략들에 착수했다. 재선 기간 동안 리빙스턴 시장이 이룩한 가장 가시적인 성과는 도심 교통량을 줄이기 위한 혼잡세 제도를 성공리에 시행한 일이라는 점에는 두말할 여지가 없다.[6]

2장에서 논의한 점에 비추어 볼 때 리빙스턴 시장의 지속 가능성 정책 중 가장 눈에 띄지 않은 것이 공공 조달 부문이라는 사실은 그리 놀랍지 않다. 2006년 리빙스턴 시장은 (이른바 〈런던 광역청〉 그룹으로 알려진) 시장 책임하의 모든 공공 기관에 지속 가능한 조달 정책을 새로 도입했다. 이 기관들에서 해마다 소비하는 물자와 서비스는 총 40억 파운드에 달한다. 원래 이름인 '지속 가능한 조달sustainable procurement'은 대중에게 이 문제가 사회문제가 아니라 환경문제로 각인될지도 모른다는 우려에서 이듬해 '책임 있는 조달responsible procurement'로 명칭을 바꿨다. 런던에서 시행되고 있는 '책임 있는 조달'은 독자적인 일곱 가지 목표를 추구한다.

1. 공급자 기반의 다양화를 장려한다.
2. 공정한 고용 관행을 증진한다.
3. (런던 생활임금London's Living Wage 보장 같은) 노동자 복지를 증진한다.
4. 전략적 고용 필요를 충족하고 훈련 기회를 제공한다.
5. 지역사회에 혜택을 제공한다.

6. 윤리적인 조달을 실천한다.

7. 환경적 안정성의 제고를 증진한다.

'세계 일류 수준의 도시인 런던이 재화와 서비스를 책임성 있게 구매하도록 이끌고 다른 구매자와 공급자가 이 길을 따르도록 장려하는 것만이 올바른 길입니다. 그래서 지역사회가 수도의 번영이 가져다주는 혜택을 온전히 누릴 수 있도록 해야합니다'(Mayer of London, 2008b). 리빙스턴 런던 시장은 '책임 있는 조달'이 런던에 상당한 혜택을 가져다줄 것으로 믿었다(상자 5.1의 목록을 참고하라).

이러한 새로운 정책의 효과를 체감한 첫 번째 부문은 급식 공급 및 청소 부문이다. 〈런던 광역청〉은 오랫동안 저임금으로 고통받아 온 이들 노동자들에게 더욱 공정한 조건을 보장하기 위해 급식 및 청소 계약에 생활임금 조항을 도입한 최초의 기관이 됐다. 그럼으로써 생활임금선 이하의 저임금 노동자가 없도록 하고 이 때문에 다른 고용 조건들이 악화되지 않도록 보장해 주었다. 이러한 사회적 혁신과 더불어 시청에서는 역사상 최초로 환경적인 이유에서 '로컬 푸드'를 우선시하게 됐다(Livingstone, 2006).

조달 부문이 대중들의 눈에 잘 띄지 않았다면 '런던 푸드 전략(London Food Strategy, LFS)'은 〈런던 광역청〉이 추진한 정책 중에서 혼잡세를 제외하고는 대중들의 관심을 가장 많이 받은 부문이었다. 리빙스턴 런던 시장은 재임 초반기 수도의 먹거리 전략을 수립하기 위해 〈런던 푸드 위원회London Food Board〉를 구성하고 녹색당 소속 런던 시의원 제니 존스Jenny Jones를 위원장으로 임명했다. 폭넓은 자문을 거친 끝에 2006년 5월, '런던을 위한 건강에 좋고 지속 가능한 먹거리' 전략이 공식적으로 시작됐다.

런던 푸드 전략은 일상적인 전략이라기보다는 야심 찬 전략이었음이 명백했지만 리빙스턴 전 런던 시장의 '지속 가능한 세계 도시'라는 이상을 구성하는 중요한 요소임에는 틀림없다. 무엇보다 이 전략은 수도 런던의, 수도 런던을 위한 먹거리가 갖는 중요성을 탐색했고, 미래 런던의 먹거리 체계가 가져야 할 전망을 수립했으며, 이러한 전망을 실현하기 위해 필요한 핵심 활동을 밝혔다. 전체적인 전략은 수도 런던의 '먹거리 체계'가 '지속 가능한 세계 도시가 되려는 런던의 야망'과 보조를 맞추지 못하고 있다는 지극히 단순한 관찰에서 출발했다(LDA, 2006: 17).

세계 도시는 대개 [도시 내에서] 여러 가지 극명한 대비를 보이는 것으로 유명한데 런던 역시 예외가 아니다. 풍부한 외식 문화 덕분에 최근 '세계의 미식 수도'라는 별칭을 얻은 런던이지만 먹거리 체계의 다른 측면들은 칭찬받을 만한 것이 없다.

- 런던에서 비만 인구의 수가 늘어나고 있고 특히 아동 비만이 그러하다. 전략 발표 이후 아동 비만이 잉글랜드나 웨일스보다 런던에서 더 만연한 것으로 나타났다. 현재 4~5세 아동의 11.3퍼센트, 10~11세 아동의 20.8퍼센트가 심각한 체중 문제로 고통받고 있다.
- 수도 런던의 일부 지역에서는 영양이 풍부하면서도 가격이 적당한 먹거리를 찾는 것이 쉽지 않다.
- 가정, 또는 지나치게 많은 카페와 음식점에서 먹거리를 안전하게 준비하는 일이 여전히 중요한 문제다.
- 많은 소규모 먹거리 자영 업체들이 생존에 어려움을 겪는 현실은 런던 먹거리 체계의 다양성과 유연성을 위협한다.
- 런던의 먹거리가 생산·가공·운송·처리되는 방식이 환경에 미치는 영향은 런던의 생태 발자국 지수 중 41퍼센트가 먹거리 때문에 발생할 정도로 심대하고 광범위하다(LDA, 2006: 17).

공간적 규모와 사회적 특성의 차원에서 런던의 먹거리 체계는 영국의 다른 지역과 구별되며, 여기서 '로컬'을 어떻게 규정할 것인가와 관련해 흥미로운 미묘한 차이가 생겨난다. 공간적 측면에서 런던은 도시 규모가 크기 때문에 런던에 적합하도록 '로컬'에 대한 기존의 정의를 수정해야 한다. 가령 농민 장터의 경우, 〈전국 농민 소매·농민 장터 연합National Farmer's Retail and Markets Association〉의 승인 조건에는 시장에서 반경 48킬로미터 내 생산자들의 산물만 취급한다고 규정되어 있다.

그림 5.1 런던 푸드 전략 보고서 『런던을 위한 건강에 좋고 지속 가능한 먹거리』

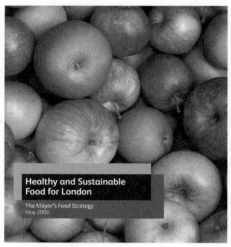

출처: http://www.londonfoodstrategy.org.uk/upload/pdf/LDA_Food_strategy.pdf

하지만 런던은 160킬로미터 반경을 인정해 오고 있다.

먹거리 체계의 사회적 특성 역시 차이가 난다. 런던은 국제 이민자가 가장 많이 유입되는 곳이기 때문에 민족적·문화적 특징이 뚜렷한 음식에 대한 수요가 다른 지역보다 훨씬 크고 증가세 역시 빠르다.[7] 런던의 다양한 지역사회가 문화적으로 적절한 먹거리에 접근할 수 있도록 보장할 필요성 탓에 수도 런던에는 위협과 기회라는 독특한 조합이 동시에 생겨난다. 한편 이러한 특성은 '로컬 푸드'가 런던의 수요를 충족시키는 데 문화적 제약을 만들어 내기도 하지만 다른 한편으로는 런던이 전 세계 먹거리 생산자들의 전망에 긍정적 영향을 미칠 수 있다는 점에서 문화적 여력을 창출하기도 한다.

런던 푸드 전략의 가장 혁신적인 특징 한 가지는 이 전략이 기능적 차원과 정치적 차원이라는 서로 다른 두 가지 차원을 고려하여 수립됐다는 점이다. 기능적 차원은 1차 생산물에서 먹거리 소비 및 폐기물 처리에 이르기까지 전 단계에 걸친 먹거리 체계를 포괄한다. 정치적 차원은 런던 시장의 지속 가능한 세계 도시 전략에 부응하는 먹거리 관련 다섯 가지 정책 주제, 곧 건강·환경·경제·사회/문화·안정적 수급을 포괄한다. 리빙스턴 시장은 2016년까지 더욱 지속 가능한 먹거리 체계를 만들기 위해 이 두 가지 측면을 통합하고자 했다. 먹거리 소비에 관해 리빙스턴 시장이 제시한 10년 뒤 수도 런던의 전망은 다음과 같다.

- 건강과 품질 문제에 관한 인식이 런던 어디에서나, 특히 사회경제적으로 취약한 계층에서 깊이 뿌리내려 있다.
- 태아 때부터 자녀의 건강에 좋은 영양을 제공하도록 부모들을 장려한다. 문화적 배경과는 상관없이 모유 수유가 가능하도록 산모를 지원한다.
- 런던에서든 런던 이외의 지역에서든 민족별 전통 음식과 문화의 다양성 속에서 먹거리가 소비된다. 시민들이 화기애애한 분위기에서 식사할 수 있도록 장려하며, 음식과 식사를 즐기는 데 필요한 개인적 식사 시간을 보낼 수 있는 기회를 널리 보장한다.
- 특별한 식이요법이 필요한 어린이를 비롯한 모든 어린이가 영양 많고 가격이 적당하며 맛있는 먹거리와 음료를 접하도록 한다(LDA, 2006: 66).

런던 푸드 전략은 완전히 새로운 도시 먹거리 체계를 위한 최초이자 가장 중요한 전망이지만 전략을 수립한 입안가들은 만사가 '협력'에 달려 있다고 강조한다. 즉 모든 이해관계자들이 마음을 모아 노력하는 것이 중요하다는 것이다. 런던 푸드 전략은 이 같은 노력에 초점을 맞추면서 여섯 가지 우선 행동을 천명한다.

1. 상업적 활력을 보장한다.
2. 소비자 참여를 보장한다.
3. 조달 권한을 활용한다.
4. 광역적 연계망을 발전시킨다.
5. 건강한 학교를 만든다.
6. 폐기물을 줄인다(LDA, 2006: 69).

종합해 보면 이 같은 행동들은 지속 가능한 먹거리 체계를 구성하는 여러 요소를 포괄한다. 특히 공공 구매는 수도 런던을 광역적인 배후지들과 연결시켜 더욱 지역화된 먹거리 체계를 구축할 수 있는, 매우 효과적인 기제가 될 수 있다. 따라서 공공급식의 힘이 결국 인정받는다는 것을 살펴보는 것은 매우 유익하다. 위 목록에 제시된 행동들을 통해 우리는 건강한 학교라는 우선 목표를 위해(상자 5.2를 보라) 일련의 보완적인 투자가 필요하다는 것을 알 수 있다. 가령 급식 공급 기법의 개선, 설비(주방과 식당)의 개선, 정치적 노력의 강화 같은 것들이다.

런던 푸드 전략을 전체적으로 평가하거나, 아니면 '건강한 학교'라는 우선 항목에 대해서만 평가하거나 상관없이 지속 가능 발전의 세 가지 목표를 달성한다는 차원에서의 전망은 동일하다. 성공 여부는 자원과 거버넌스에 달려 있기 때문이다.

만약 가용 자원이 〈런던 개발청(London Development Agency, LDA)〉의 공식 예산(최초 3년간 약 400만 파운드)으로 한정된다면 이 금액은 리빙스턴 시장의 거대한 전망을 실현하기에는 턱없이 부족한 금액이라고 할 수 있다. 런던 푸드 전략을 수립한 사람들 역시 이 문제를 잘 알고 있다. 그들은 이렇게 말한다.

상자 5.2 런던의 건강한 학교 만들기

학교는 런던의 먹거리 체계에서 근본적인 역할을 한다. 학교는 학생들에게 건강에 좋은 식사를 적어도 하루에 한 번 제공하고 먹거리, 영양, 건강한 식사, 환경에 대해 가르칠 수 있다. 또한 학교는 학생들에게 똑똑하게 먹거리를 선택하고 스스로 먹거리를 준비하는 데 필요한 기술을 가르칠 수 있고 학생들의 친구나 부모에게 학생들의 지식을 전달하도록 해 줄 수 있다. 학생들은 런던의 다른 어떤 집단보다 강력한 지도를 필요로 하고 또 그럴 권리가 있다.

이러한 기회에 모든 초점을 맞추게 되면 건강·행동·환경에 당장, 또는 장기적으로 가져올 혜택이 얼마나 폭넓은 것인지 알 수 있게 된다. 이는 쉽게 단기적으로 거둘 수 있는 목표는 아니다. 급식 공급 기법의 문제, 공급자와 맺은 기존 계약의 유연성 부족, 적절한 조리 시설 부족과 전반적인 예산 문제 등을 포함한 극복해야 할 여러 가지 중대한 장애물이 있다. 그러나 잠재적인 혜택이 크기 때문에 전체 런던 차원의 행동이 지금 필요하다. 이런 이유로 다음과 같은 핵심적인 행동을 제시하고자 한다.

- 학교에서 요리와 먹거리 교육 시간을 늘리도록 교육 체계를 지원한다. 이를 위해 학교와 교사를 위한 구체적인 지원 조치뿐만 아니라 국가 교육 과정 자체를 개정할 수 있다.
- 영양이 풍부한 먹거리가 학생들에게 주는 긍정적인 혜택에 대해 연구하고 이를 증진하며, 이러한 혜택이 지속되도록 필요한 투자 예산을 확보하도록 노력한다.
- 영양 면에서 학교 급식의 질을 개선하고 급식 학생 수를 늘려 나간다. 이를 위해 급식 종사원 교육, 급식 시설, 정치적 의지 및 전반적인 예산 배정 등에 초점을 맞춘다.
- 학교 급식 말고도 건강에 좋고 질 좋은 먹거리를 접할 수 있는 기회를 늘린다. 이를 위해 학교에서 신선한 과일 공급을 늘리고 깨끗한 물을 마실 수 있도록 한다. 건강에 좋은 (녹색) 자판기를 시범 도입하도록 지원하고 아침 급식을 확대한다.
- 학교들의 농장 및 도시 농장 방문 횟수를 늘린다.

이러한 쟁점 이면에는 이 전략을 구체화하고 공고하게 하는 데 필요한 상당한 계기가 전국 수준과 런던 내에서 존재한다. 가령 런던에서는 크로이던Croydon, 그리니치Greenwich, 캠든Camden 자치구에서 이미 훌륭한 노력들이 이루어지고 있다.

출처: LDA(2006: 95)

런던의 먹거리 체계를 개선하는 데 드는 비용은 공공 부문만으로는 감당할 수 없다. 공평하고 지속적인 토대 위에서 자원봉사 단체와 개별 소비자뿐만 아니라 민간 부문의 투입과 영향력을 극대화하는 것이 관건이 될 것이다(LDA, 2006: 103).

동일한 상황이 거버넌스 문제에도 적용된다. 이를 위해서는 국가와 광역과 지역의 다양한 기구들이 협력해야 한다. 런던 푸드 전략 입안가들은 '런던 푸드 전략이 효과를 내려면 구체적인 행동을 통해 이상을 추진하려는 광범위한 세력을 참여시켜야 하며, 먹거리 사슬 전체에 걸쳐서 지원을 필요로 한다'고 말한다(LDA, 2006: 101). 하지만 런던 푸드 전략에 내재한 가장 큰 약점은 런던 시장이 자신이 영향력을 행사하고 싶은 활동들에 대해 통제력을 거의, 또는 전혀 갖지 못한다는 점이다. 그렇기 때문에 말하기는 쉽지만 실행에 옮기기란 결코 쉽지 않다.

통제력과 영향력 사이의 이 같은 괴리는 특히 학교 급식에서 잘 드러난다. 런던 시장이 아니라 런던 자치구들이 통제력을 갖고 있기 때문이다. 런던의 학교들에 대한 관할권은 복잡한 문제다. 전통적으로 잉글랜드 소재 공립학교들에 대한 책임 소재는 지역 기관에 있었다. 그런데 1990년에 시행된 학교 자치 관리제(Local Management of Schools, LMS)로 많은 권한이 각 학교 이사회로 이양되면서부터는 학교가 자율권을 더 많이 누리게 됐다. 런던의 학교들에 대한 책임은 33개 개별 자치구와 각 학교에 나뉘어 있기 때문에 런던 전역 차원으로 책임 소재를 일반화하여 말하는 것이 사실상 불가능하다. 특히 학교 급식의 경우, 자치구 내 및 자치구 간에 종잡을 수 없는 다양한 형태들로 나타나는 게 사실이다. 2005년 런던 학교 급식 조달에 대한 연구에서 직영 서비스 조직(Direct Service Organization, DSO), 즉 학교 급식에 자체 급식 공급 시설을 사용하는 자치구는 12개에 불과하다는 사실이 드러났다. 이는 33개 자치구의 절반 이상이 급식 공급 민간 업체에 외주를 준다는 뜻이다. 이 연구는 공공 및 민간 부문 급식 공급 모두에서 모범 사례들이 나타나고는 있지만 직영 서비스 조직이 더 많은 학교들에 접근할 수 있는 역량이 있기 때문에 지자체 행정이 모범적인 곳에서는 변화를 가져올 여지를 가장 폭넓게 제공한다고 결론내렸다(Sustain, 2005).

이처럼 복잡한 학교 급식 공급 체계하에서는 적어도 몇몇 사례를 통해 런던 자치구들이 자체적으로 학교 급식 공급에 거의, 또는 전혀 직접적인 영향을 미치지 못할 수 있다는 것을 확인할 수 있다. 따라서 개별적으로든 집단적으로든 학교 급식 공급 체계를 새로운 방향으로 이끌어 나가는 것이 훨씬 더 어려워진다. 따라서 지역 수준에서 무슨 일이 벌어지고 있는지 알아보기 위해서는 런던 학교 급식 개혁의 선봉에 서 있는 자치구의 세계로 들어가 보아야 한다.

그리니치의 학교 급식 개혁

런던의 자치구들은 런던 중심부의 화려한 생활양식에서 동쪽 지역의 극빈자들에 이르기까지 수도에서 이루어지는 모든 삶의 방식을 관할한다. 그리니치는 아주 가난한 자치구이지만 런던 학교 급식 개혁의 최전선에 서 있다. 그리니치 자치구는 제이미 올리버가 영국 학교 급식의 비참한 상태를 보여 주기 위해 선택하면서 전국적으로 유명해졌지만 그러한 유명세는 그리니치의 학교 급식 개혁을 시작한 요인이라기보다는 촉진한 요인이었다.

그리니치는 여러 면에서 독특한 자치구다. 런던 자치구의 대부분이 학교 급식을 민간 급식 공급 업체에 위탁할 때 그리니치의 88개 학교 중 5개를 제외한 모든 학교는 지자체 직영 급식 공급 조직 〈그리니치 케이터링Greenwich Catering〉에서 공급을 받았다. 잘 운영만 되면 직영 서비스 조직을 통한 공급이 이점이 더 많은데, 지자체가 특히 자치구 전반에 걸쳐 영양이 풍부한 먹거리를 제공할 수 있게 된다는 점에서 그러하다. 이 점은 런던에서 빈곤 수준이 가장 높고 민족적 다양성이 가장 큰 지역인 그리니치에서 특히 중요하다.

그리니치 주민 22만 2,000명 중 5분의 1 이상이 15세 이하이고, 그중 4분의 1이 여러 형태로 소득 보조를 받는 가정에 살고 있다. 무상 급식 자격은 빈곤 수준에 따라 결정되기 때문에 그리니치 초등학생의 38퍼센트가 무상 급식 대상자이며 이는 잉글랜드 평균인 17퍼센트의 두 배 이상이라는 점을 언급할 필요가 있다.[8] 이처럼 빈곤 수준이 엄청난데도 그리니치 학교의 90퍼센트 이상이 2008년 말에는 '영국의 건강한 학교National Healthy School' 지위를 받게 된다(Greenwich Council, 2007).

그리니치 자치구의 인종적·문화적 다양성은 이곳에서 100개가 넘는 언어가 사용된다는 놀라운 사실을 통해 잘 알 수 있다. 주민의 26퍼센트가 백인이 아니다. 그중 가장 큰 집단은 흑인과 흑인계 영국인, 아시아인과 아시아계 영국인이다. 민족 구성이 최근 이곳으로 이주한 서아프리카인, 동유럽인, 이라크 난민들로 빠르게 바뀌고 있다는 점이 중요하다. 이러한 현실은 지역의 공공 서비스, 그중에서도 특히 급속하게 변화하는 식사 수요에 대응해야 하는 학교 급식에서 지속적인 문제가 되고 있다.

또한 사회적·문화적 다양성은 건강과 관련해서도 특별한 문제가 된다. 가령 카리브 해 지역 출신 흑인 여성의 비만율은 평균보다 50퍼센트나 높고 파키스탄 여성의 경우는 평균보다 25퍼센트 높다. 이와 유사하게 아시아계 아동의 비만율은 백인 아동보다 거의 네 배나 높다. 그리니치 내에서 상당한 차이가 있기는 하지만 그리니치 주민의 기대 수명은 잉글랜드 평균보다 훨씬 낮다.

지역 정치를 살펴보면 〈그리니치 의회Greenwich Council〉가 민간에 학교 급식을 위탁하지 않고 자체 급식 공급 조직인 〈그리니치 케이터링〉을 활용하여 학교 급식 개혁에 헌신하고 있는 이유를 이해하는 데 도움이 된다. 〈그리니치 의회〉 51석 중 36석을 차지하여 의회를 확실하게 장악하고 있는 노동당은 지금까지 그리니치 전역에 건강에 좋은 학교 급식을 제공하는 데 전적으로 헌신하고 있다. 〈그리니치 의회〉의 노동당 지도자인 크리스 로버츠Chris Roberts 의원은 그간의 성과를 자랑스럽게 언급했다.

〈그리니치 의회〉와 그리니치 학교들은 청소년의 건강을 증진해야 한다는 각오의 일환으로 건강에 좋은 학교 급식에 전력을 다하고 있습니다. 새로운 식단에 대한 3년 이상의 경험을 바탕으로 학생, 학부모, 급식 종사원은 건강에 좋고 신선하게 조리된 음식을 규범으로 생각하게 됐고 그 밖의 다른 것을 급식에 제공한다는 것은 꿈에도 생각하지 않습니다. 그리니치 학교 급식의 성공은 급식 종사원과 학교의 엄청난 헌신과 의지, 학부모와 학생의 전폭적인 지원이 없었다면 불가능했을 것입니다. 우리는 그리니치의 성과에 대해, 그리고 우리의 성공이 영국의 학교 급식에 미치고 있는 영향에 대해 지극한 자부심을 가지고 있습니다(Roberts, 2008).

정치적 지원이 그리니치의 학교 급식 개혁에 중요한 요소였다면 지역의 급식 공급 조직인 〈그리니치 케이터링〉도 마찬가지로 중요한 요소였다. 〈그리니치 케이터링〉은 지자체의 급식 공급을 종식시켰던 대처 수상의 시대에도 살아남은 조직이다. 〈그리니치 케이터링〉의 운영 책임자 보비 브레머캄프Bobbie Bremerkamp는 이렇게 묘사한다.

그리니치 내에서 우리는 학교 급식에 대해 매우 엄격한 통제권을 가집니다. 우리 주방을 아직도 우리 손으로 지키고 있으니 운이 좋았다고 할 수 있지요. 우리만의 조리 기술도 유지하고 있고, 매일 적절하게 조리된 음식을 만들어 냅니다. 모두 식단표에 들어 있는 음식입니다.

그리니치가 매우 짧은 기간에 상당한 개혁을 이룰 수 있었던 역량의 핵심은 조리 기술과 주방 시설을 유지했다는 데 있다. 마찬가지로 중요한 요인으로는 가장 어려웠던 신자유주의 시대에조차 〈그리니치 케이터링〉이 그리니치 초등학교 전체와 급식 공급 계약을 성공적으로 유지했다는 점, 비록 초기에는 열세 곳의 중등학교와 맺은 계약이 대부분 파기되었지만 그중 열한 곳과 계약을 다시 체결했다는 점을 들

수 있다. 행운이 따랐다고 해도 신자유주의 시대 동안 〈그리니치 케이터링〉에 아무 탈이 없었던 것은 아니다. 브레머캄프는 이렇게 회상한다.

4~5년마다 입찰에 참여해야 했습니다. 입찰 때마다 가격이 내려갔고요. 식재료 품목들의 가격도 내려갔습니다. 당연히 품질도 떨어졌지요. 나중에는 사람들이 들으면 어이없어 할 일들이 일어나는 지경에 이르렀습니다.

그리니치에서 보인 '제이미 올리버 효과'의 가능성과 한계 분석

제이미 올리버가 끔찍한 영국 학교 급식 체계를 고발하기 위해 텔레비전 관계자들과 그리니치에 나타났을 때 입증되었지만 유명세라는 것은 분명 장단점이 있다. 제이미 올리버는 그리니치의 급식 조리사들에게 신선한 재료 요리법, 새로운 요리법, 새로운 식단 짜기, 지역 공급자들과 협력하는 법 등 많은 것을 가르쳐 주었고, 또 그 역시 많은 것을 배웠다. 이 속에서 올리버는 가난한 지역사회의 학교 급식 일선에서 맞닥뜨리는 압력에 익숙해지도록 강요받았다. 예산은 엄청나게 빡빡했고, 45분 안에 5,600명 분 급식을 준비해야 했으며, 정크 푸드에 확실히 중독되어 있던 아이들이 이를 끊도록 만들어야 했다. 물론 고급 레스토랑의 세계에도 압력은 있다. 하지만 올리버가 그리니치에서도 가장 낙후된 지역인 키드브룩Kidbrooke의 '급식 종사원' 역할을 하면서 맞닥뜨린 압력만큼 도전적인 것은 아니다. 대량 급식이라는 현실세계에 노출된 제이미 올리버는 비용과 시간 제약하에서 제공할 수 있는 식단을 새로 짜는 수밖에 없었다.[9]

또한 그 유명세 덕분에 이 새로운 '급식 종사원'은 하루아침에 지역의 정치적 지원을 받을 수 있게 됐다. 올리버는 우선 지역의 교육 관계자를 초대하는 것부터 시작했다. 학교의 교장들과 의회 지도자들을 런던 시내에 있는 자신의 레스토랑으로 초대해 차별화된 저녁식사를 대접했다. 저녁 만찬은 그리니치의 급식 종사원들이 직접 요리했고, 식단은 그리니치 학교들에서 제공될 수 있는 급식의 질을 부각시키도록 짜여졌다. 그리니치 자치구의 문화·지역사회 서비스 담당 구멜 싱-칸돌라 Gurmel Singh-Kandola는 손님들이 보인 극적인 반응을 이렇게 묘사했다. '그러고 나서 그날 밤 그곳에 모인 모든 교장들이 서명했고, 서명이 끝나자마자 브레머캄프에게 새로운 프로그램을 확대하라고 분명하게 지시했습니다.' 저명인사의 유명세가 지역 정치·교육기관들의 '구매' 확정에 기여했는데, 이는 정상적인 행정 절차를 통해서라면 최소 몇 달, 어쩌면 몇 년이 걸릴지도 모를 일이었다.

올리버가 건강한 식사라는 명분으로 여러 정치인과 교장을 설득하는 일은 쉬웠지만 학생과 학부모의 마음을 얻기 위해서는 훨씬 힘든 시간이 필요했다. 브레머캄프에 따르면 올리버는 자신의 메뉴에 대한 첫 반응에 마음을 졸였고 여기서 많은 교훈을 얻었다. 사람들이 음식을 대부분 먹지 않는 바람에 남은 음식을 모두 버려야 했다고 한다. 브레머캄프는 학부모들의 반응을 다음과 같이 기억한다.

그러니까 학부모들은 그에게 정말로 독기를 품고 응수했습니다. "우리 딸은 당신 음식 안 먹을 겁니다. 완전 쓰레기예요." "당신 딸은 뭘 먹습니까?" "우리 딸은 햄버거만 먹는다구요." 학부모들은 그런 말만 늘어놓았지요. 이들은 햄버거가 식단에 다시 들어가길 바랐습니다. 이 아이들은 무상 급식 대상 학생들이었지만 학부모들은 반대 의사를 표명하기 위해 퇴장했고 자녀들에게 도시락을 들려 보냈습니다.

많은 것을 깨닫게 한 이 사건 이후 올리버는 '급식 종사원'으로 일했던 게 일평생 가장 힘든 일이었다고 털어놓았다. 올리버가 자신의 홈페이지에 올려놓았듯이 키드브룩 학생들에게 건강에 좋은 먹거리를 먹도록 설득할 수 있는 유일한 길은 그것 말고는 다른 대안이 없음을 증명하는 것뿐이었다(상자 5.3을 보라).

상자 5.3 '더 잘 먹여 주세요' 캠페인은 어떻게 시작되었나?

그리니치 키드브룩 학교의 급식 종사원이 되기로 결심했을 때 나는 학부모들에게 아이들이 학교에서 얼마나 쓰레기 같은 음식을 먹는지, 학교 급식에 정부가 얼마나 쥐꼬리만 한 예산을 쓰고 있는지 보여 주고 싶었다. 기본적으로 나는 정크 푸드를 학교에서 몰아내고 싶었다. 나는 과자 한 봉지 값밖에 안 되는 37펜스로 잘 요리된 영양 많은 음식을 점심 급식으로 만들어 먹일 수 있다는 것을 증명해 보여야 했다.

나는 〈제이미의 학교 급식〉이 그렇게 거대한 캠페인으로 발전하게 될 것이라고, 전 세계의 학부모, 교사, 학생에게 그렇게 엄청난 성원을 받을 것이라고는 꿈에도 생각하지 못했다.

〈제이미의 학교 급식〉 텔레비전 프로그램

키드브룩의 학생들은 매주 4분의 1톤에 달하는 스낵을 먹고 있었다. 식재료 예산은 한 끼당 37펜스였고, 노라와 급식 종사원들은 자신들이 제공하는 급식에 전혀 동기부여가 되어 있지 못했다.

나는 그리니치 지역 1만 5,000명의 학생에게 같은 가격으로 제공할 수 있는 식단이 필요했다. 영국 전체에 적용할 수 있는 선례를 만들고 싶었고 정부에 그것이 가능하다는 것을 보여 주고 싶었다. 우선 군대의 도움을 받아 50명의 선임 급식 종사원을 모아 놓고 채소를 다듬고 써는 법을 훈련시켰고 직접 신선한 급식을 조리하도록 교육했다. 그 후 각 학교는 일주일 동안 뒤에서 새로운 식단을 짜고 이를 운영하는 일을 도와줄 요리사를 보유하게 됐다. 학생들이 새로운 음식을 받아들이도록 나는 모든 정크 푸드를 선택할 수 없도록 했고 따라서 학생들은 다른 대안이 없었다. 일평생 가장 힘들었던 일이었지만 결국 해냈다. 일 년이 지난 지금 노라는 여전히 같은 음식을 급식으로 제공하고 있지만 학생들은 이제 그 음식을 좋아하며 끼니마다 과일과 채소, 또는 샐러드를 먹고 있다.

'더 잘 먹여 주세요'

'더 잘 먹여 주세요' 캠페인은 환상적이었다. 정부 사람들을 변화시키기 위해서는 많은 지원이 필요했기 때문에 정부에 아래의 다섯 가지를 요청하는 선언문을 작성했다.

1. 아이들이 영양 면에서 균형 잡힌 적절한 급식을 받도록 보장할 것.
2. 영양 기준을 마련하고 정크 푸드를 급식에서 몰아낼 것.
3. 급식 종사원들에게 투자할 것. 이들에게 더 나은 주방을 마련해 주고 더 많은 시간을 주고 지원을 아끼지 말 것. 또 이들이 다시 직접 조리할 수 있도록 훈련시킬 것.
4. 아이들에게 먹거리에 대해 가르치고 요리 수업을 교육 과정에 반영할 것.
5. 학교 급식 개선을 위한 장기적인 예산 지원을 약속할 것.

갑자기 학교 급식이 모든 신문의 1면을 채우기 시작했다. 우리는 1만 명의 서명을 받기를 희망하면서 인터넷 서명 사이트를 열었다. 일주일 만에 2만 5,000명의 서명을 받았다.

출처: www.jamieoliver.com/media/jo_sd_history.pdf?phpMyAdmin=06af156b76166043e2

일 년 뒤 새로운 식단이 자치구 전역에 시행되자, 아이들은 건강에 더 좋은 학교 급식을 받아들이는 것처럼 보였다. 하지만 급식 선택률이 갑작스럽게 늘지는 않았다는 사실을 언급해 두어야겠다. 이는 입맛이란 게 하루아침에 잠그고 열 수 있는 수도꼭지가 아니라는 사실을 입증한다. 하지만 아이들은 더욱 영양이 풍부해진 급식을 먹고 있다. 〈그리니치 케이터링〉은 신선한 과일과 채소, 육류만을 급식 식단에 사용한다(표 5.1). 브레머캄프는 이렇게 말한다. "제이미 올리버가 나타나기 전에는 과일과 채소를 제외한 모든 것이 냉동 식재료였습니다. 몇 년 전만 해도 신선한 것들을 사용했는데 말입니다." 〈그리니치 케이터링〉에서 이미 했던 일을 다시 하게 되는 경우는 이것뿐만이 아니다. 브레머캄프는 이렇게 덧붙인다. "우리는 〈런던 교육청〉 시절에 활용했던 기존 조리 지침서를 다시 사용하게 되었습니다.[10] 그렇지만 마늘과 양념류에는 변화를 주었습니다. 요즘 음식들은 향이 좀 더 강하기 때문입니다."

〈제이미의 학교 급식〉이 전국의 학교 급식 선택률을 떨어뜨리는 데 기여했다고 여겨지지만 그리니치 자치구에서 제이미 올리버가 만들어 낸 이러한 변화는 대체로 긍정적으로 받아들여진다(제이미 올리버의 2010년 2월 동영상 강연(한국어 자막)을 참조할 것. http://www.ted.com/talks/lang/kor/jamie_oliver.html. 옮긴이). 만약 유명 인사가 개입하지 않았으면 과연 이러한 변화들이 나타났을 것인가 하는 것이 그리니치의 끝없는 논쟁거리가 됐다. 이 과정에 깊이 관여했던 싱-칸돌라는 '제이미 올리버 효과'가 그리니치 자치구에서 학교 급식 개혁을 최우선 정치 의제로 끌어올렸다고 믿는다. 그 때문에 어떤 조직에서든 급격한 변화를 방해하는 일반적인 관료제의 장벽을 피할 수 있었다는 것이다. 이러한 장벽은 특히 지방정부에서는 그 정도가 심하다.

변화를 원하겠지만 이는 쉽지 않은 일입니다. 제이미 올리버는 유명 요리사라는 자신의 위상 덕분에 이곳에 오자마자 간판 인사가 되었습니다. 사람들은 그와 가까워지고

표 5.1 그리니치의 학교 급식 식단 예시

모든 급식은 직접 조리합니다. 모든 채소와 샐러드는 신선하며 학교에서 직접 조리합니다.
채소가 기본 기준입니다. 모든 육류는 신선하고 영국산입니다.

* =육류 선택 ** =생선 선택 V=채소 선택

	월요일	화요일	수요일	목요일	금요일
첫째 주 매일 빵과 샐러드 바	* 진짜 소시지 부드럽게 으깬 완두콩과 옥수수 멕시코 콩 요리(V) 치즈와 파를 넣은 파스타(V) 완두콩과 옥수수 샐러드 바닐라 스펀지 케이크와 커스터드	* 닭고기와 버섯 찜 * 칠리 콘 카르네[1] 양념한 쌀과 샐러드 채소 차우멘(V)[2] 샐러드 과일 크럼블[3]	* 구운 쇠고기 구운 감자, 껍질콩과 그레이비[4] 버섯과 렌즈콩 구이(V) 구운 감자와 껍질콩 ** 참치를 얹은 통감자 구이 껍질콩 신선한 과일과 커스터드	* 양고기와 채소 파이 콩을 갈아 넣은 파이(V) ** 코로넛 크림에 졸인 생선 햇감자 브로콜리 크림을 넣은 쌀 푸딩	* 바비큐 치킨 파일을 넣은 치즈 파이 (V) 웨지 감자 샐러드 * 고기 파이 계절 채소 신선한 파일 커스터드
둘째 주 매일 빵과 샐러드 바	* 수제 소시지 롤 깍둑썰기한 감자, 구운 콩 칠리를 곁들인 채소(V) 깍둑썰기한 감자 * 이탈리아 오븐 파스타 샐러드 과일 스펀지 케이크와 커스터드	* 새콤 달콤한 닭고기 ** 생선 코르마[5] 쌀과 완두콩 마카로니 치즈(V) 완두콩 당근 케이크와 커스터드	* 닭고기 티카 마살라[6] * 발사믹 쇠고기 야채 굴라시(V)[7] 쌀과 껍질콩 사과 파이 커스터드	* 무사카[8] ** 지중해 생선 당근과 치즈 슬라이스(V) 프렌치 빵 옥수수 신선한 과일이나 요거트	* 레몬을 곁들인 닭고기 채소 파이(V) 햇감자 샐러드 채소 카넬로니(V)[9] 샐러드 신선한 과일 샐러드와 커스터드
셋째 주 매일 빵과 샐러드 바	* 진짜 소시지 햇감자, 완두콩과 그레이비 * 달걀과 베이컨 파이 햇감자와 완두콩 파와 렌즈콩을 넣은 파이 (V) 완두콩, 샐러드 쇼트브레드[10] 비스킷과 커스터드	* 구운 칠면조 구운 감자, 양배추와 그레이비 소스 콜리플라워 치즈(V) 구운 감자와 양배추 * 칠리 쇠고기 파히타 샐러드 과일 스펀지 케이크와 커스터드	** 허브를 입힌 생선 * 쇠고기 굴라시 부드럽게 으깬 브로콜리 콩과 콜리플라워 구이(V) 샐러드 복숭아 크럼블과 커스터 드	* 닭고기 커리 쌀 샐러드 채소 라자냐(V) ** 참치를 넣은 오븐 파스타 샐러드 신선한 과일이나 요거트	* 고기 파이 당근과 완두콩 * 면과 닭고기 치즈를 얹은 통감자 샐러드 레몬 스펀지 케이크와 커스터드
넷째 주 매일 빵과 샐러드 바	치즈와 토마토를 얹은 피자(V) 커리로 양념한 채소 페이스트리(V)[11] 오븐에 구운 양념한 햇알감자 샐러드 ** 참치 아라비아타[12] 샐러드 쌀 푸딩	* 케이준 닭고기 * 양고기 커리 쌀, 오이 라이타[13]와 샐러드 치즈 감자 핫포트[14] 쌀, 오이 라이타와 샐러드 사과 파이와 커스터드	* 라자냐 향신료를 넣은 치즈 볼 (V) 샐러드 * 레몬을 곁들인 구운 닭고기 깍둑썰기한 감자, 양배추와 당근 바닐라 스펀지 케이크와 커스터드	* 볼로냐 스파게티 채소 볼로냐 스파게티(V) 샐러드 ** 연어 구이 마늘빵 샐러드 체리 스펀지 케이크와 커스터드	* 닭고기와 버섯 파이 달걀과 치즈를 넣은 파이 (V) * 지중해 양고기 요리 햇감자 껍질콩 신선한 과일이나 요거트

싶어했고, 그것이 정말 큰 기여를 했다고 감히 말할 수 있습니다. 여기까지 오는 데 아마도 여러 해가 걸렸을 변화가 6개월이라는 짧은 시간 동안 일어났습니다. 이토록 굳은 의지로 이토록 빨리 이루어진 변화를 본 적이 없습니다.

그러나 조금 다르게 해석하는 사람도 있다. 그리니치 자치구의 협동조합과 사회적 기업을 지원하는 공공 기관인 〈그리니치 협동조합 개발청Greenwich Cooperative Development〉에서 먹거리 접근성 개선 프로젝트를 담당하는 클레어 프리차드Claire Pritchard다. 프리차드는 올리버가 급식 공급 서비스에 대한 대중적 관심을 드높였다는 것을 인정하지만 브레머캄프와 그의 팀은 그전에 이미 개혁에 시동을 걸었음에도 대중의 관심을 못 받았고, 자신들의 목소리도 못 냈으며, 그리니치 자치구 최고위층의 정치적 지원도 못 받았다고 주장한다. 프리차드는 이렇게 설명한다.

제이미 올리버가 오지 않았더라도 학교 급식 체계를 총괄적으로 감독할 수 있었던 브

표 5.1 요리 설명(옮긴이)

1) 칠리 콘 카르네chilli con carne: 칠리와 고기, 강낭콩을 넣고 끓인 매운 스튜.
2) 차우멘chow mein: 잘게 다진 고기와 채소를 국수와 함께 볶은 중국 요리.
3) 과일 크럼블fruit crumble: 잘게 자른 과일에 밀가루, 설탕, 버터를 섞은 반죽을 부은 뒤 오븐에 구운 음식.
4) 그레이비gravy: 고기를 익힐 때 나온 육즙에 밀가루와 향신료를 넣어 만든 소스.
5) 코르마korma: 요거트나 크림에 흔히 아몬드를 넣어 만드는 아시아 남부 지방의 요리나 소스.
6) 티카 마살라tikka masala: 토마토 소스를 기본으로 향료를 살짝 넣어 만든 부드러운 질감의 붉은 빛을 띠는 커리.
7) 굴라시goulash: 고기에 파프리카를 넣은 헝가리 스튜 요리.
8) 무사카moussaka: 잘게 자른 가지와 다진 고기를 켜켜이 놓고 맨 위에 치즈를 얹은 그리스 요리.
9) 채소 카넬로니vegetable cannelloni: 채소로 속을 채운 원통형 파스타.
10) 쇼트브레드 비스킷shotbread biscuit: 밀가루와 설탕에 버터를 듬뿍 넣고 두툼하게 만든 비스킷.
11) 페이스티pasty: 다져서 익힌 고기와 향신료, 감자를 패스트리 반죽으로 싸서 구운 것.
12) 아라비아타arabiatta: 마늘, 토마토, 붉은 칠리를 올리브 기름으로 볶은 로마식 소스.
13) 라이타raita: 생야채를 다져서 요거트와 섞은 남아시아 음식.
14) 치즈 감자 핫포트cheese and potato hot pot: 얇게 썬 감자에 양파와 치즈를 넣고 닭육수를 부어 오븐에서 익힌 것.

출처: www.greenwich.gov.uk/Greenwich/Learning/SchoolsAndColleges/
ImproviingOurSchools/HealthySchoolMeals/SampleSchoolMenus.htm

레머캄프 같은 사람들이 있다는 것은 사실입니다. 역량이 있었고 그러한 일을 하도록 요청받았습니다. 다만 이들의 목소리는 들리지 않았습니다. 바로 그것이 문제입니다. 이들이 요구했던 것들이 제이미 올리버가 요구할 때까지는 이루어지지 않았다는 것 말입니다.

학교 급식 담당자들의 요구가 '들리지 않았다'는 사실은 전국의 학교 급식 공급 업체 관계자들이 깊이 공감하는 내용일 것이다. 이들 역시 대중의 관심을 받지도 못할 뿐더러 학교 급식 책임자나 지방정부의 정치 지도자들에게 존재감을 드러내거나 목소리를 내지도 못한다. 클레어 프리차드는 좀 더 '협력적으로' 대응했더라면 그리니치 자치구가 건강에 좋은 식단에 대한 학부모들의 적대적인 반발을 겪지 않고도 학교 급식 개혁이라는 도전 과제를 잘 해결해 나갈 수 있었을 것이라는 또한 가지 요점을 적절하게 지적했다.

그리니치는 일찍이 2003년부터 모범적인 먹거리 및 건강 전략을 발전시키기 시작했다. 주민들의 영양 개선을 위해 자치구와 〈1차 진료 기관 트러스트Primary Care Trust〉, 〈그리니치 협동조합 개발청〉 간에 협력 관계를 맺었다. 지역사회의 개발 자원으로서의 이러한 협력 관계는 새로운 급식 식단에 대한 학부모의 지지를 이끌어내는 가교가 될 수 있었을 것이다. 하지만 이 협력 관계는 자치구가 극빈 가정과 문제가 있다는 사실을 깨닫기 전까지는 실제로 묵살되었다. 프리차드는 다음과 같이 설명한다.

지역사회의 발전을 위해 일하면서 학부모와 학생들을 직접 만나 본다면 학교 급식 개혁을 진심으로 지지할 수 있게 될 것입니다. 이제는 정말로 긍정적인 협력 관계를 구축했는데, 만약 처음부터 그랬더라면 일이 좀 더 수월했을 겁니다. 이제 우리들에게는 아주 아주 긍정적인 일들이 일어나고 있습니다.

돌이켜 보면 그리니치 자치구가 제이미 올리버의 유명세가 만들어 낸 변화에 결국에는 잘 대응하기는 했지만 본래 가지고 있던 유연한 토대인 지역사회의 참여를 활용했다면 이러한 과정을 분명 더 잘 해냈을 것이다.

지속 가능한 학교 급식 서비스의 안착

학교 급식 개혁의 진정한 시험대는 새로운 품질 기준을 충족시키는 일이 아니라 대중의 관심이 멀어지면서 학교 급식이 정치적 의제에서 사라질 때도 이 기준을 꾸준히 유지할 역량이 있는가 하는 것이다. 그리니치가 다른 자치구들처럼 급식 공급 종사자들과의 계약 조건, 조리 기술의 축적, 주방 설비 같은 측면에서 과거로 회귀하지 않았다는 점은 참으로 다행스럽다. 오히려 새로운 종사자를 확충하고 훈련 프로그램을 마련하고 설비를 개선했다. 전환기 동안 품질 관리자 여섯 명을 새로 뽑았고 재정과 운영 담당 정규직도 두 명 충원했다. 강화된 기준으로 전환하는 동안에 필요한 추가 자금을 중앙정부에서 지원받았지만 그 액수는 그리니치 전역에서 13만 7,000파운드에 그쳤다. 싱-칸돌라는 이렇게 지적한다.

> 무례하고 싶지는 않지만 현재의 프로그램에서 그 돈은 거의 도움이 안 됩니다. 그래서 필요한 돈의 대부분은 자치구가 조성해 주었고 우리가 투자해 온 금액도 상당했습니다. 2005~2006년에는 62만 9,000파운드를 투자했고 2006~2007년에는 60만 파운드를 투자했습니다.

가난하고 돈에 쪼들리는 런던의 자치구에게 이것이 하찮은 금액이 아니다. 〈그리니치 케이터링〉이 신선한 과일과 채소, 육류를 더욱 강조하면서 그리니치 자치구는 이 같은 변화에 발맞춰 식재료 조달 입찰에 이를 반영해야 했다. 비록 그리니치가 녹색 조달 정책을 시행하고 있지만 그리니치 자치구 공무원들은 학교 급식 개혁의 속도가 자치구의 소관 부서마다 다르기 때문에 '당장 한꺼번에 추진할 수 있는 일이 아니라는' 것을 인정한다. 그러나 새로운 입찰 규격서는 '자치구의 식재료 구매 규격서는 영양과 건강 측면과 결부될 것'이라고 명확하게 천명한 그리니치 자치구의 로컬 푸드 정책을 반영하고 있다. 그리니치 자치구가 조달 문제에서 직면한 도전은 입찰 규격서에 있는 것이 아니라 사람들이 그 규격서를 심각하게 받아들이고 그에 근거해 행동하도록 보장하는 데 있다.

〈그리니치 케이터링〉은 조직의 재정적 생존에 결정적인 요인인 급식 선택률을 높이기 위해 열심히 노력 중이다. 학생들을 붙잡아 두기 위해 시작한 혁신 중 한 가지는 점심을 빨리 먹고 친구들과 어울려 노는 것을 좋아하는 학생들에게 급식을 제공하는 일이었다. 브레머캄프는 이 문제와 새로운 해법을 이렇게 묘사한다.

> 중등학교에서 급식 선택률은 날로 떨어졌습니다. 우리가 급식으로 제공하는 음식은 반드시 앉아서 포크와 칼을 사용해 먹어야 했습니다. 식사 시간도 오래 걸리고 줄도 길게 서야 하지요. 반면 예전에는 햄버거 같은 것들을 학생들이 가지고 나갔습니다. 그래서 우리는 중등학교에 야외 급식을 도입했습니다. 학교에서 조금 떨어진 장소에서 파니니, 샐러드, 과일을 1파운드 50펜스에 제공합니다. 이 가격은 중등학교 무상 급식 단가와 같습니다.

야외 급식은 운동장에서 이루어졌고 학생들은 패스트푸드를 먹을 때와 마찬가지로 친구들과 함께 밖에서 식사를 할 수 있었다. 뉴욕 시가 채택한 방식과 유사한 이러한 혁신은 중등학교 학교 급식에 필요한 매출을 증대시키면서 학생과 급식 공급 업체 모두에게 성공적인 전략이었던 것으로 판명됐다. 그리 대단하지 않아 보이는 이 혁신은 조리사와 급식 공급 업자들이 학기 중 매일같이 마술을 부리듯 대처해야만 하는 결정적인 변수(비용, 시간, 맛)가 무엇인지 잘 보여 주는 좋은 사례다. 제이미 올리버 역시 이 변수들 때문에 어려움을 겪었다.

새로운 식단은 자치구의 민족적 구성 비율이나 지역의 입맛을 고려해 다르게 짰다. 브레머캄프는 이렇게 설명한다.

> 발사믹 쇠고기 요리를 제공했을 때 어떤 학교에서는 열화와 같은 성원을 보냈지만 어떤 학교에서는 손도 대지 않았습니다. 하지만 그 위에 패스트리를 씌워 쇠고기 파이 형태로 제공하면 먹기도 했지요.

또 개별 학교 수준에서도 급식 방식에 혁신이 일어났다. 어떤 학교에서는 식당을 설계하는 데 학생들이 참여했고, 채소 텃밭을 직접 가꾸고 수확물을 급식에 활용하는 학교도 생겼다. 이때 재정적인 문제 외에 주요한 제약 요인은 모든 학교가 주방을 갖추고 있지는 못하다는 점이다. 이 문제는 그리니치의 건강한 학교 전략에서 장기적으로 달성해야 할 목표로 남아 있다.

또한 자치구는 〈그리니치 협동조합 개발청〉과 (비정부 단체인) 〈서스테인Sustain〉을 통해 '런던 푸드 전략'의 후원하에 자금 지원을 받는 먹거리 혁신 프로젝트에 관여하고 있다. 이러한 프로젝트의 목적은 수도 런던 먹거리 체계의 핵심적인 약점을 바로잡으려는 것이다. 그중 하나는 학교 급식 전문가와 학교 주방을 이용해 아이들에게 새로운 요리 기술을 가르치자는, 단순하지만 근본적으로 중요한 생각을 토대로 하고 있다. 또 다른 프로젝트는 그리니치에 런던 전역의 학교 조리사들에게 건강에 좋은 먹거리 요리법을 교육하는 통합 공공 급식 훈련 시설을 설립하는 일이다. 또 그리니치의 학교 급식 개혁가들은 다른 자치구의 학교, 병원, 복지시설 등과 함께 공공 부문 구매를 통합하여 조달력을 증진할 방법을 모색하고 있다. 이러한 수요 측면의 프로젝트와 함께 공급 측면의 재편, 특히 배송 기반 시설들의 재편 계획도 진행되고 있다. 그리니치는 다시 한 번 런던 푸드 전략의 후원하에 좀 더 지속 가능한 광역 차원의 먹거리를 공급할 〈이스트 런던 센터East London Hub〉를 구축할 방법을 모색하고 있다.

이러한 훈련과 조달, 배송 관련 프로젝트는 자치구와 시 모두에게 매우 중요한 의미를 가진다. 자치구에게는 파급 효과가 발생하기 시작했음을 시사한다. 학교 급식 개혁을 위한 매우 단순한 프로젝트로 시작되었던 일은 먹거리 체계의 다른 분야들에서 약점을 드러냈고, 이를 통해 먹거리, 건강, 지속 가능 발전 간의 상호 연관성을 잘 보여 줄 수 있는 통합적 접근의 필요성이 드러났다.

런던에서 이러한 시도들은 런던 시장의 열망보다 너무 작은 권한을 가지고 있는 데서 오는 괴리와 같은 런던 푸드 전략에서 확인된 약점들이 실제보다 더 뚜렷이 드러날 수 있음을 시사한다. 런던 시장이 자치구의 학교 급식에 대해 직접적인 통제력을 거의, 또는 전혀 갖지 못한 것은 분명한 사실이다. 하지만 자치구 역시 학교들이 자신들의 업무를 완전히 통제하고 있다고 여기는 상황에서 이 학교들을 통제하지 못하기는 마찬가지다. 그리니치는 모든 초등학교와 대부분의 중등학교들을 통제할 수 있었기 때문에 〈그리니치 케이터링〉의 서비스 질에 관여할 수 있었다. 런던 푸드 전략하에서 자치구와 도시 간의 합동 프로젝트 역시 영향력과 통제력을 혼동해서는 안 된다는 점을 시사한다. 런던 시장은 앞으로도 그리니치의 학교 급식에 대해 직접적인 통제력을 전혀 행사할 수 없을지도 모른다. 하지만 시장의 런던 푸드 전략은 분명 자치구 내 학교 급식 개혁가들이 스스로 성취하고자 하는 내용에 동조하고 있다. 도시도, 자치구도 혼자서는 목표를 달성할 수 없으며, 협력할 때만 가능하다. 학교 급식 개혁의 여러 사례에서 종종 그러하듯이 진보는 명령과 통제보다는 협력과 설득을 통해 이루어지기 마련이다.

6장
도시를 넘어서:
농촌 학교 급식 공급의 혁명

우리의 전망은 학교 내에서 적절한 영양 구성을 가진 먹음직스럽게 제공되는 먹거리에 대한 접근성을 높이고 학교 안팎과 인생 전반에 걸쳐 아이들의 선택과 식습관을 이끌어 줄 먹거리, 영양, 건강한 생활양식에 대한 광범위한 이해를 발전시키는 데 필요한 어린이, 학교, 가정과 지역사회 사이의 협력에 관한 것이다(스코틀랜드 행정부Scottish Executive), 2002).

현재 선진 국가들에서 진행되고 있는 학교 급식 혁명에서 가장 놀라운 결과들의 상당 부분은 농촌 지역의 지역 기관들에 의해 이루어졌다. 이탈리아에서는 정부나 로마 같은 대도시에서 일하는 조달 공무원들이 이 사안에 관심을 가지기 한참 전부터 소규모 농촌 지역들이 지속 가능한 먹거리 조달을 실천하기 시작했다(4장). 미국에서 농장-학교 직거래 프로그램은 대도시 지역보다는 대부분 캘리포니아, 매사추세츠, 미시건, 뉴햄프셔, 노스캐롤라이나 및 남부의 주 같은 농촌 지역에서 최상의 결과를 이룩해 냈다(Joshi et al, 2006).

이러한 경향은 영국에서 더욱 강력하다. 사우스 글로스터셔(잉글랜드), 카마던셔(웨일스), 이스트 에어셔(스코틀랜드) 같은 농촌 주들이 될 수 있는 한 지역 내에서 조달하는 건강한 학교 급식을 설계하고 공급하는 데 선구적인 역할을 해내고 있다. 몇몇 도시 중심적 이론에서 낙후 지역으로 간주되어 온 것과는 달리, 그리고 도시 편향적인 미디어가 자주 무시해 왔음에도 이러한 농촌 지역들은 학교 급식, 개인의 복리, 지역사회의 지속 가능 발전을 서로 연결시키는 데 선도적인 역할을 하고 있다. 이 장에서는 영국의 학교 급식 혁명의 기원을 따라가면서 사우스 글로스터셔, 카마던셔, 이스트 에어셔에서의 학교 급식 개혁 이야기를 들려주고자 한다. 사회 정의, 지역사회 발전, 지역 내 조달에 대한 강조점들은 서로 다르지만 이들 세 사례 연구는 지속 가능한 학교 급식에 헌신하는 농촌 지역들이 전 세계적으로 직면하고 있는 핵심 도전들에 대해 많은 것을 이야기해 줄 것이다.

노동의 역사로서의 학교 급식 개혁, 사우스 글로스터셔(잉글랜드)의 예

잉글랜드 남서부에 위치한 사우스 글로스터셔 주South Gloucetershire County는 이 장에서 다룰 다른 농촌 지역들과는 상당 부분 다르다. 실제로 카마던셔와 이스트 에어셔와는 달리 이 지역은 지난 15년 동안 경제가 활발하게 급속히 팽창해 왔다는 특징을 갖고 있다. 가령 이 지역의 일자리 숫자는 1991년 9만 1,000개에서 2007년 14만 7,500개로 늘어났는데, 전국 평균인 78.5퍼센트와 비교했을 때 예외적으로 높은 87퍼센트라는 고용률을 기록했다(Godwin et al., 2007). 25만 명의 주민과 125개 학교에 연간 400만 끼를 공급하는 급식 시설을 갖추고 있는 이 지역은 또한 이 장에 나오는 다른 농촌 지역들보다 더 크다(표 6.1을 보라).

표 6.1 세 농촌 지역의 학교 급식

	사우스 글로스터셔	카마던셔	이스트 에어셔
인구	25만 명	18만 명	12만 명
개혁 참여 학교 수	125개	150개	26개(2007)
급식 가격	1.45파운드(2007)	1.65파운드(2007)	1.52파운드(2007)
선택률	54퍼센트(2006)	70퍼센트(2005)	44퍼센트(2006)

하지만 사우스 글로스터셔 학교 급식 지역 서비스의 초창기 역사를 보면 차이점이 없다. 영국의 다른 주와 마찬가지로 1990년대 후반 사우스 글로스터셔는 의무 경쟁 입찰(CCT)이 가져온 경악스러운 결과(5장)에 직면해야만 했다. 급식 책임자가 회상하듯이 당시 학교 급식 서비스는 아이들의 22퍼센트만 학교에서 식사를 할 정도로 '수렁에서 헤매고 있었다'(Knight, 2004: 31). 더 중요한 것은 학교 급식 서비스에 어떠한 가치도, 존엄성도 없었다는 것이다.

급식 서비스는 어떤 가치도 없었고, 그랬기 때문에 예산도 없었습니다. (…) 적절한 서비스, 적절한 먹거리, 적절한 상호작용과 사회적 배려가 주는 혜택, 이러한 것들 중 어떤 것도 보이지 않았습니다. (…) 아이들의 복리를 지원한다거나 학습의 질을 높이고 발전시키는 것을 지원하는 데 가치를 둔다거나 하는, 제대로 된 급식 공급에 대한 어떠한 인식도 없었습니다.

오랜 기간에 걸친 서비스의 상업화가 가져온 결과는 여러 가지 측면에서 재앙이었다. 사우스 글로스터셔는 주요 기반 시설에도 문제가 있었다. 학교들은 점차 주방을 없애고 그 공간을 창고로 활용하고 있었다. 이와 더불어 급식 책임자가 묘사하는 것처럼 급식 종사원들이 이용할 수 있는 시설은 '매우 낡고 오래되고 (…) 교육적 지원의 영역에서 우선순위가 한참 뒤떨어졌다.' 다른 한편으로는 의무 경쟁 입

찰이 '급식 종사자의 조건과 상황을 악화시켰다.'

> 서비스에는 어떠한 존엄성도 없었고, 거기서 일하는 사람들도 존엄성이 없었습니다. (…) 임시직을 정규직으로 전환하면 병가나 연차를 제공해야 합니다. 노동력의 70퍼센트가 임시직이라면 할 수 있는 일은 서비스를 저렴하게 만드는 것뿐입니다. 여기에는 가치가 없었습니다. (…) 계약은 가치 지향이 아니라 절감 지향이었습니다.

사우스 글로스터셔는 영국에서 최초로 학교 급식 개혁을 위해서는 우선적으로 정치 문화가 변해야 한다고 인식한 지자체였다. 급식 책임자는 다음과 같이 호소력 있게 주장했다.

> 의무 경쟁 입찰 시대는 '고객'과 '공급자'를 만들어 냈습니다. 도대체 이게 말이나 됩니까? 제 생각에 고객과 공급자는 서비스에 통합성과 가치를 불어넣는 것을 방해하는 가장 큰 장애물이었습니다. 왜냐하면 공급에서 두 계층이 생겨났기 때문입니다. (…) 계약은 고객에 의해 성립됐습니다. 그래서 계약자가 진정으로 이를 발전시키고 혁신하며 잘 이행하도록 할 여지가 없었습니다.

실제로 사우스 글로스터셔의 급식 부서는 1996년 이후 지속 가능 발전 원칙을 정책으로 통합시키는 데 헌신한 의회의 지원을 받을 수 있었다(South Gloucestershire Department for Children and Young People, 2005: 7). 더는 잃을 것이 별로 없다는 확신을 갖고 '틀을 깨는 사고의 위험을 감수할' 준비가 되자, 2001년 사우스 글로스터셔 의회는 〈청소년부〉가 직접 관리하는 상주 인력에 서비스를 위탁하는 데 동의했다.

이때부터 사우스 글로스터셔는 노동 사안을 학교 급식 개혁의 핵심에 두었다. 지자체의 전망 속에서 경제적·환경적 지속 가능성은 잘 훈련되고 고도로 동기부여된 급식 인력 없이는 달성될 수 없었다. 다시 급식 책임자의 말을 인용해 보자.

> 식재료를 잘 이해하는 종사원들이 있어야 합니다. (…) 우리 지역에는 125곳의 현장이 있습니다. 이들이 식재료를 낭비하지 않는지 일일이 확인할 수는 없습니다. 이들이 서비스를 자기 것으로 생각하지 않는 한 자원을 관리하는 것은 불가능합니다. 종사원들이 10톤의 쇠고기를 쓰레기통으로 직행시킨다 해도 무엇을 할 수 있을까요? 그 사람들이 뭐하러 그걸 신경 써야만 할까요? 이들이 이해, 가치, 주인의식을 갖고 있지 않다면 도대체 무엇을 이룰 수 있겠습니까?

이러한 접근하에서 학교 급식 개혁은 노동 사안이 우선 사항이 됐다. 조달 책임자는 다음과 같이 말한다.

> 자기 존중과 존엄성, 이것이 핵심입니다. 이들은 단순한 급식 종사원이 아니라고 사람들을 설득시키는 것입니다. 급식 공급은 가치가 있는 일입니다.

2002년과 2003년 주방 인력들은 영양과 고객 배려에 관한 집중 훈련 프로그램을 이수했다. 이들은 식당과 주방을 개선하기 위해 서로 다른 학교에서 필요한 일(가구·주방 시설을 바꾸고 재정비하는 일)과 관련된 자문을 받았다(Knight, 2004: 32). 그리고 이들에게 자신들이 직접 선택한 새로운 '흰색' 유니폼이 지급됐다.

> 급식은 패스트푸드 서비스가 아닙니다. 조리사와 요리사, 그리고 혁신이 필요한 서비스입니다.

사회정의에 대한 사우스 글로스터셔의 강조는 학교 급식 서비스에 특별히 '포용성의 문화'를 뿌리내리기 위해 취한 다른 조치를 통해서도 드러났다(Knight, 2004: 35). 가령 지자체는 무상 급식 대상 학생을 명시하지 않는 정책을 내놓았다. 초등학교에서는 아이들에게 점심 식권을 배부하지 않고 교사가 급식 줄을 서는 아이들을 기록하고 학교가 급식비를 현금으로 받았다. 이러한 체계에서 학생들은 급식대 앞에 줄만 서면 됐고 유상 급식과 무상 급식 대상 학생 사이에 차별은 없었다(Knight, 2004: 34). 게다가 사우스 글로스터셔는 빈곤 지역에 위치한 학교 23곳에 매우 저렴한 가격으로 아침식사를 제공하는 서비스를 도입했다(가령 계란 토스트 가격이 15펜스다). 학교 급식은 학부모들에게 1.45파운드라는 합리적인 비용을 부담시켰고 이 가격은 급식 책임자의 말에 따르면 급식 선택률을 54퍼센트까지 끌어올렸다.

해가 거듭되면서 사우스 글로스터셔의 학교에서 공급되는 급식의 질을 개선하기 위한 여러 가지 노력들이 이루어졌다. '사우스 글로스터셔에서 로컬 푸드의 이용 가능성과 소비를 늘리고 건강한 식사를 증진하기' 위한 지자체의 목표를 반영하여 급식 서비스는 지역산 식재료 공급을 늘리고 학생들에게 건강한 식사를 장려하기 위한 많은 조치를 취했다(South Gloucestershire Department for Children and Young People, 2005: 7). 건강 측면에서 보면 학교에서 제공되는 급식은 대부분 신선한 재료들로 직접 조리한 것들이다(표 6.2를 보라). 영양적 관점에서 메뉴는 〈캐롤라인 워커 트러스트〉가 제공하는 영양 권장 기준을 따르고 있다.[1] 게다가 80개에 달하는 학교들이 여러 가지 과일을 먹기 좋게 잘라서 과자로 만든 그릇에 담아서 제공한다(그림 6.1을 보라).

건강한 식사를 장려하고[2] 에너지원을 제공하는 동시에 전全 학교적 접근 방식과 연결시키기 위한 목적에서 학교와 협의해 고안된 건강한 과일 간식 프로그램은 쓰레기 발생량을 줄였다. 마지막으로 사우스 글로스터셔는 첨가물, 소금, 지방, 설탕을 줄이거나 아예 없앴고 급식 식단에 유전자조작 먹거리를 사용하지 못하도록 했다(South Gloucestershire Department for Children and Young People, 2005).

표 6.2 사우스 글로스터셔 지역 초등학교 급식 식단 예시

초등학교 점심 식단 및 영양 분석표
'파랑' 식단—제3주

초등학교 '파랑' 식단
2005년 9월~2006년 2월(가격 1.4파운드)

(v)=채식주의자에 적합   ☺ =지역산 식재료 사용   🏠 직접 만든 음식

제3주 시작일 9월 12일 · 10월 10일 · 11월 14일 · 12월 12일 · 1월 16일	
월요일 오븐에 구운 유기농 햄버거와 그레이비 ☺ 구운 콜리플라워와 브로콜리 🏠 (v) 오븐에 구운 유기농 감자 ☺ 각종 구운 채소 옥수수 샐러드	초콜릿, 코코넛을 얹은 통밀 빵 🏠 과 페퍼민트 소스 🏠 요거트/신선한 과일
화요일 꿀을 발라 구운 햄과 그레이비 🏠 치즈와 토마토를 넣은 파이 🏠 (v) 크림을 넣고 끓인 유기농 감자 ☺ 유기농 당근 ☺ 완두콩 샐러드	잼 소스 🏠 를 얹은 쌀 푸딩 🏠 요거트/신선한 과일
수요일 요크셔 푸딩, 그레이비와 구운 쇠고기 ☺ 🏠 향료를 넣은 강낭콩 볶음밥 🏠 (v) 구운 유기농 감자 ☺ 브로콜리 채썬 양배추 샐러드	도싯 사과 케이크 🏠 와 커스터드 소스 🏠 요거트/신선한 과일
목요일 그레이비를 얹은 닭고기 파이 🏠 채식 햄버거(v) 오븐에서 살짝 튀긴 유기농 감자 ☺ 유기농 통감자 ☺ 유기농 당근 ☺ 크림을 넣고 끓인 순무 샐러드	레몬 쇼트브레드 비스킷 🏠 밀크셰이크 요거트/신선한 과일
금요일 레몬을 곁들인 오븐에 구운 대구 스틱 참치 오븐 파스타 🏠 채식 라자냐 🏠 (v) 얇게 썬 감자 구운 강낭콩(저염, 저당) 바삭한 양배추 샐러드(저지방) 🏠 샐러드	아이스크림을 곁들인 여러 가지 과일 ☺ 요거트/신선한 과일

그림 6.1 사우스 글로스터셔 지역의 간식 식단

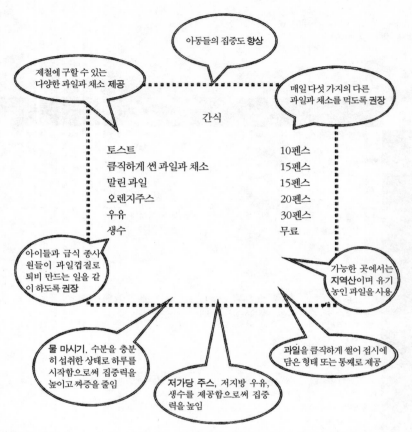

지자체는 다양한 품목의 소비가 가져다주는 주된 혜택들에 대한 설명을 덧붙였다. 구할 수 있는 상황에서는 항상 지역산 유기농 과일을 사용한다.

식재료 조달 정책에서 〈케이터링 서비스Catering Service〉는 몇몇 지역 산물, 곧 주 내에서 생산되는 쇠고기·돼지고기·칠면조고기·양고기·아이스크림 그리고 대부분의 과일과 채소를 우선시했다. 하지만 여러 가지 측면에서 이들은 단순히 지역 산물 구매를 넘어섰다. 급식 책임자는 다음과 같이 설명한다.

우리는 이를 오랫동안 해 왔고 대부분의 사람들이 보는 것보다 훨씬 더 큰 그림을 보고 있습니다. 우리는 포장을 봅니다. 우리는 온실가스 배출을 봅니다. 우리는 몇 대의 트럭이 도로를 달리는지 봅니다. (…) 우리는 한 주에 몇 번 배송을 하는지, 충분한 저장고를 갖추고 있어서 세 번 배송하는 대신에 한 번 배송으로 끝낼 수 있는지 봅니다. 이 많은 캔이 필요합니까? 이 모든 것이 필요합니까?

현실에서 이는 로마에서처럼 로컬 푸드가 유기농, 공정무역, 심지어는 관행 먹거리를 보완한다는 것을 의미한다. 차·커피·설탕·바나나는 공정무역 산물이다. 감자와 당근은 유기농으로 지역 내에 위치한 찰스 왕세자의 더치 농장에서 온다. 신선한 유기 농산물의 높은 비용을 상쇄하기 위해 〈케이터링 서비스〉는 단지 눈에 보이는 홈 때문에 슈퍼마켓이 거부한 것들을 적절한 가격에 구매한다. 이는 또한 더치 농장에도 좋은 거래가 된다. 농장 관리자는 다음과 같이 설명한다.

감자는 껍질 상태에 따라 모든 것이 결정됩니다. 몇몇 품종에는 긁힌 자국이 있습니다. 이건 우리 부모님이나 조부모님이라면 눈여겨보지도 않을 껍데기에 난 자국일 뿐입니다. 하지만 슈퍼마켓은 감자 껍질이 사과 껍질 같기를 바랍니다. 사실 이렇게 생산하기는 매우 어려운데, 그렇게 안 되면 반품시켰습니다. 때로는 50퍼센트를 반품한 적도 있습니다. 그래서 우리는 재배 면적을 50퍼센트 줄였습니다.

더치 농장은 감자와 당근을 관행 농산물과 같은 가격에 판매하기로 사우스 글로스터서 당국과 계약을 맺은 후에 두 품목의 경작 면적을 3만 2,000제곱미터에서 10만 제곱미터로 늘리기로 결정했다.

사우스 글로스터서는 지역산이거나 유기농이 아닌 산물을 대형 전국 식재료 공급 업체 〈3663 퍼스트 포 푸드 서비스3663 First for Foodservice〉에 의존한다. 많은 사람들이 이 회사와 지속 가능한 학교 급식과의 연관성을 즉각 연관짓지 못할 것이다. 하지만 〈케이터링 서비스〉는 학교 급식 혁명 속에 이 회사를 포함시켰다. 급식 책임자는 다음과 같이 지적한다.

> 우리가 지역산 콩을 사지 못할 수도 있지만 운송과 배출에서 〈3663〉이 하고 있는 일들에 영향을 줄 수는 있습니다. 그들이 녹색 연료를 이용하는지와 같은 것 말입니다. 우리는 처음으로 '저장품과 냉동 식품을 합쳐서 공급받는 걸 원합니다'라고 말한 사람들입니다. 식품 트럭 두 대가 차례로 나타나는 걸 원하지 않았거든요. 지금 우리는 그렇게 공급받고 있습니다. (…)
> 이는 우리가 하려는 일에 대한 것만은 아닙니다. 이는 서비스가 사람들에게 미치게 될 영향에 관한 것이고, 사람들의 문화를 변화시키는 일에 관한 것입니다. '환경을 돌보는 것이 좋지 않을까요? 나는 많은 포장을 원치 않아요. 어떻게 좀 해 보세요' 하고 말하는 것과 관련한 윤리입니다. 이는 우리에게 지역사회를 되돌려 줍니다.

조달 전선에서의 이러한 접근법은 입찰 체계를 매우 독특하게 발전시켰다. 사우스 글로스터셔는 입찰 서류를 준비하지 않는다. 대신 농민들을 '선택된 공급자'로 선정하고 식재료 배송에 대해서만 입찰한다. 조달 책임자에 따르면 이러한 뉴욕식 입찰 체계는 농민에게 유리하다. 많은 경우 농민은 생산물을 포장하고 중량을 측정하고 선별하고 배송할 여력이 없기 때문이다. 그러나 가장 중요한 것은 환경적 지속 가능성 측면에서 바람직하다는 것이다. 급식 책임자는 다음과 같이 설명한다.

> 기후변화 시대에, 그리고 자동차 배기 가스와 도로에서의 윤리에 대한 지자체 정책에서는 시골에서 50명의 배송자가 소포장으로 배송하는 것보다는 한 명이 배송하는 편이 우리에게 훨씬 더 낫습니다. (…) 이는 자동차 배기 가스에 관한 일이고, 여러 대의

트럭이 들락거려서 학교가 아수라장이 되어 버리기를 원하는지와 같은 것에 관한 일입니다. 따라서 우리는 매우 다른 방식으로 일을 해 오고 있습니다. 우리는 계약자들에게 공지했습니다. 이들에게 우리가 무얼 원하는지 이야기했습니다. (…) 그러면서 우리는 배송자를 통해 지역 공급자들을 한데 모읍니다.

일반적으로 이 체계 속에 들어와 있는 농민들은 이러한 조달 체계를 문제로 지적하지 않았다. 가령 육류 공급자 한 명은 사우스 글로스터서 학교들에 공급을 하는 데 있어서 발생하는 문제는 예산 제약과 시장에 제철 음식이 공급되는지 여부라고 지적했고, 기존 입찰 체계의 결여는 문제가 아니었다. 하지만 이러한 접근법이 몇몇 지역 농민들에게는 심각한 문제를 가져온다는 데는 의심의 여지가 없다. 가령 미래의 새로운 공급자의 경우에 그러하다.

6~8주 동안 재고를 쌓아야 할 것이고 (…) 그 양에 맞춰 생산을 해 나가야 할 것입니다. 그리고 계약은 없습니다. 내 말은 그 순간에는 악수와 말만 있을 뿐이라는 겁니다.

이러한 체계를 진정으로 지속 가능하게 만들기 위해 사우스 글로스터서 지자체는 조달 정책의 비공식성을 재고해야 할 것이며, 공급자들에게 장기적인 관점을 제공해야 할 것이다. 로마 사례에서 보았듯이 이는 학교 급식 시장이 요구하는 모든 필요한 투자를 가능하게 해 줄 것이다. 동시에 개혁의 정신을 잃지 않는 것이 중요하다. 전반적으로 이 지역 학교 급식 혁명 이야기는 주로 학교 주방에서 힘든 노동을 통해 이 체계를 일상적으로 기능하도록 해 주는, 그동안 잊고 있었던 저임금 노동자들에게 존엄성을 되돌려 주는 것에 관한 이야기다. 이 점에서 사우스 글로스터서가 학교 급식 혁명 이야기에 보태 주는 주된 교훈은 급식 책임자가 전하는 다음과 같은 일화 속에 응축되어 있다.

어떤 사람이 학교 주방에서 어려움을 겪는다면 우리는 이들에게 초콜릿 상자 같은 걸 보냅니다. 내가 공급을 책임지는 사람이기 때문에 큰 상자는 못 보냅니다. 대신 우리는 다른 방식으로 표현하려고 애씁니다. '고맙습니다. 정말 고맙습니다.'

결론적으로 사우스 글로스터셔의 이야기는 학교 급식 혁명이 먹거리 생산자와 소비자에 관한 것만이 아니라는 점을 잘 보여 주고 있다. 이는 또한 학교 주방과 식당에서 음식을 준비하고 제공하는 사람들에게 존엄성과 가치를 되돌려 주지 않는다면, 지속 가능 발전의 근본적인 한 기둥인 민주주의가 절대로 달성되지 않을 것임을 인정하는 것이다. 카마던셔와 이스트 에어셔의 사례가 보여 주겠지만 이는 또한 종종 수반되는 어려운 시기에 걸쳐 개혁 과정을 지속시킬 수 있는 새로운 형태의 사회적·문화적 자본을 창출하는 일이다.

지역사회 개발로서의 학교 급식: 웨일스 카마던셔의 사례

'최고의 가치' 체계하에서의 카마던셔 학교 급식

카마던셔Carmarthenshire는 웨일스 서부에 위치한 인구 약 18만 명의 주다. 영국의 다른 농촌 지역과 마찬가지로 빈곤과 궁핍 문제로 고통받고 있고 이는 다른 경우와 마찬가지로 주민들의 건강 상태를 반영한다. 식습관에 관해서는 주민들의 58퍼센트 이상이 비만이거나 과체중이라고 말해도 될 정도인데, 이는 웨일스 지역 평균보다 2.3퍼센트 높은 수치다. 청소년들의 경우 최근 연구에서는 중등학교 학생 열 명 중 한 명은 아침식사를 거르고 여섯 명 중 한 명은 저녁식사조차도 집에서 먹지 않는다는 점이 밝혀졌다(Welsh Procurement Initiative, 2005: 18). 많은 카마던셔의 청소년들에게 학교 급식이 하루의 주식인 셈이다.

　이러한 맥락에서 카마던셔 주는 학교 급식 서비스를 주민들의 식습관을 개선하는 수단으로 간주하고 강력한 노력을 기울이고 있다. 실제로 2001년 카마던셔의 학교 급식 서비스가 '최고의 가치' 감사를 받게 되었을 때 다섯 가지 근거에서 '우수한 수준'이라고 인정받았다.

1. 초등학교 학생들이 식습관 개선을 위한 도움을 받는 동시에 건강하고 영양적으로 균형 잡힌 식사를 제공받았다.
2. 대부분의 중등학교 학생들이 학교 급식의 질이 좋다고 생각했다.
3. 일선 종사원들이 서비스의 목적을 분명히 이해하고 고객 지향과 품질 배려, 공통의 목표를 잘 보여 주었다
4. 웨일스에서 유상 급식의 학생 선택률이 가장 높았고 무상 급식의 학생 선택률은 상위 25퍼센트 내에 들었다.
5. 서비스 수행의 대부분이 비슷한 지자체들보다 높았다(Audit Commission, 2001).

이러한 사실들에 비추어 '최고의 가치' 감사관은 다음과 같이 보고서에 썼다.

　　학생들의 식습관에 분명하게 초점을 두고 있는 (…) 주방 종사원들의 접근 태도에 깊은 인상을 받았다. 우리는 학생들의 선호를 반영하기 위해 조리원들이 식단을 유연하게 구성하는 사례를 살펴보았다. 그리고 건강하지 않은 식습관을 지닌 학생들이 더욱 다양하고 건강한 음식을 좋아하게 된 상황에 대해 들었다(Audit Commission, 2001).

　하지만 이러한 장점들과 함께 '최고의 가치' 감사관은 카마던셔 급식 서비스가 고비용 서비스라는 점도 지적했다. 웨일스 주의 다른 초등학교 학생들보다 더 많은

급식비를 지불하고 있었기 때문이다(2000~2001년에 1.35파운드). 이와 더불어 카마던셔 학교 급식 서비스의 '생산성' 역시 심한 비판을 받았다. 초등학교 주방의 생산성이 상대적으로 낮으며, 따라서 보완될 필요가 있음을 지적했다(Morgan and Sonnino, 2005).[3] 특히 생산성이 개선될 수 없다면, 그리고 경쟁력이 입증될 수 없다면 지자체는 서비스 공급에 민간 부문을 참여시켜야 할 것이라고 결론 내렸다(Audit Commission, 2001).

우리는 조사관들이 제시한 두 개의 그림을 서로 병치함으로써 이 둘이 인과적으로 서로 연결되어 있다는 것을 인식할 필요가 있다. 즉 초등학교 급식 서비스의 '낮은 생산성'은 카마던셔 급식 종사원들이 아이들의 식습관을 바꾸는 데 헌신하는 시간의 결과였다는 점이다(Morgan and Sonnino, 2005). 서비스의 비용이 높은 것은 반대로 될 수 있는 한 로컬 푸드를 공급하기 위한 지자체의 노력과 관련되어 있다. 이러한 접근은 이스트 에어셔의 사례에서도 보겠지만 가난한 농촌 지역에 상당한 경제적 이득을 가져다줄 수 있다. 하지만 이러한 이득 중 어느 한 가지도 소위 '최고의 가치' 감사의 팍팍한 회계 규준에는 들어 있지 않다. 지자체 관계자는 이를 간명하게 표명한다.

감사관들은 숫자를 살펴본 것입니다. 우리가 관심 있는 것은 질과 영양입니다. 감사관들은 이를 평가할 수 있는 충분한 능력을 갖고 있지 않았습니다.

기존의 개발 규준에 대한 카마던셔 학교 급식의 도전

카마던셔 지자체에게 저비용 생산자가 되기를 요구하는 '최고의 가치' 감사 절차는 '분명 건강에 대한 배려는 거의 없이 높은 생산성만 고집하는 왜곡된 쇼를 만들어 냈을 것이다'(Morgan and Soccino, 2005: 30). 하지만 다행스럽게도 카마던셔는 감사관들의 비판에서 학교 급식 체계를 보호할 수 있었을 뿐 아니라 서비스 개선 절차를 시작할 수 있었다. 지자체 관계자는 감사의 종결에 대해 이렇게 설명한다.

갑작스럽게 우리들의 권한을 매우 분명하게 이해하게 됐습니다. 조달의 관점에서 우리는 처음으로 목적이 뚜렷해졌고 (…) 단순히 재화와 서비스를 구매하는 것 이상을 할 수 있을 것이라는 점을 알게 됐습니다.

개혁이 성공할 수 있는 결정적인 변수는 지자체가 광범위한 지속 가능 발전의 규범을 중심으로 당파를 넘어선 정치적 지원을 이끌어 낼 수 있는 능력이었다. 지속 가능 발전은 영국에서 가장 혁신적이고 '연합적인' 지방정부 전략의 하나인 카마던셔 '지역사회와 기업의 전략'의 전망에서 핵심적인 내용이다(Carmarthenshire County Council, 2004). 2004~2020년에 '지역사회와 기업의 전략'을 통해 카마던셔는 '생애 전반에 걸친 질병의 원인과의 싸움'에 전력을 다하고 있다. 이 전략의 또 다른 핵심 주제는 '재생'이다. 이는 다른 무엇보다도 지역 내에서 지역 생산자와 공급자를 지원함으로써 지속 가능성을 증진하는 것을 의미한다(Cullen, 2007: 223).

급식 책임자의 설명대로 '부서별이 아니라 주제별'로 일하기 위한 노력의 일환으로 카마던셔 주 정부, 〈주 정부 평생 교육 및 여가부County Council Lifelong Learning and Leisure Department〉, 〈국가 보건 서비스 트러스트(NHS Trust)〉, 〈지역 공공 보건 팀Local Public Health Team〉, 〈카마던셔 건강한 학교 프로그램Carmarthenshir Healthy Schools Scheme〉 등 여러 기관에 걸친 협력 관계가 만들어졌고 2004년 4월에는 '학교 급식 전략School Meals Stratege'에 착수했다. 이 전략은 지속 가능 발전의 상이한 목표들의 통합을 목적으로 한다. 건강과 복리는 과일과 채소 33퍼센트, 곡물과 감자 33퍼센트, 우유와 유제품 15퍼센트, 육류와 생선 12퍼센트, 설탕과 지방 함유 음식 7퍼센트라는 비율을 따르는 주간 식단을 통해 증진된다. 학부모와 아이들과의 협의하에 첨가물과 설탕 소금을 줄이고 유전자조작 먹거리는 사용하지 않으며 전통 방식으로 조리되는 신선한 제철 먹거리를 제공하는 새로운 식단이 만들어졌다(표 6.3을 보라). 카마던서는 초등학교에서 식단을 선택하지 못하도록 하는 중요한 결정을 내렸다. 급식 책임자가 지적하듯이 이 조치는 많은 교장들이 보고한 것처럼 점심식사 이후 학생들의 행동을 개선하는 데 기여했다.

'학교 급식 전략'은 '전全 학교적 접근'을 채택함으로써 음식이 건강에 미치는 중요성에 대한 학생들의 인식을 제고하고 식사 경험의 교육적인 가치를 증진할 필요도 강조하고 있다. 문서에서 지적하듯이 이는 또한 학교에 도시락을 싸오는 학생들도 목표로 해야 한다. 이런 점에서 카마던셔가 사회 통합이라는 사안을 특별히 강조하고 있다는 점을 주목해야 한다. 실제로 급식 종사원들은 명시적으로 '모든 학생을 동등하고 공정하게 대해야 하며 누구도 차별해서는 안 된다'는 주의를 받는다 (Carmarthenshire Partnership, 2004: 7). 이러한 목적을 위해 이 문서는 급식 업자들이 치료용 식단과 채식주의자인 학생들의 필요도 충족시켜야 한다고 명시하고 있다.

경제적인 관점에서 학교 급식 전략은 급식을 통해 더욱 지속 가능한 경제를 발전시킬 수 있는 잠재력을 강조한다. 이 문서는 실제로 급식 업자들로 하여금 가능한 곳에서는 지역 생산자들과 농촌 경제를 지원하도록 권장하고 있다(하지만 공정무역 같은 다른 '윤리적 조달 정책'을 시행하는 업체를 잊지는 않는다). 이런 점에서 '학교 급식 전략'은 2004년 11월에 시작된 '지속 가능한 로컬 푸드 전략'과 연결되어 있으며 또한 그 지원을 받고 있다. '카마던셔 주의 급식 계약에 지속 가능 발전을 구축하기 위해' 기획된 이 전략은 지속 가능한 조달을 위한 종합적이고 고무적인 모델을 제공한다. 이는 공공 급식 공급과 관련한 잘못된 관념과 결점(2장)에 도전한다.

지속 가능한 로컬 푸드 전략은 지속 가능 발전의 원칙(웨일스 의회 정부가 이를 증진하기 위한 헌법적인 의무를 지고 있다[4])에 입각하여 다음과 같은 핵심 원칙과 목표를 설정하고 있다.

표 6.3 카마던셔 초등학교 주간 식단표 사례

월요일	직접 만든 치즈 토마토 피자 구운 콩 두껍게 자른 감자	과일 요거트 또는 과일
화요일	직접 만든 고기 파이 완두콩과 당근 그레이비를 뿌린 삶은 감자	복숭아와 커스터드
수요일	민트 소스를 바른 구운 웨일스식 양고기 브로콜리와 당근 그레이비를 뿌린 삶아서 구운 감자	과일과 아이스크림
목요일	직접 만든 닭고기 코르마 백미와 현미를 섞어 지은 밥 완두콩 인도 빵	과일과 초콜릿을 넣은 스펀지 푸딩과 커스터드
금요일	파인애플을 곁들인 구운 돼지고기 강낭콩	요거트 젤리

출처: Carmarthenshire County Council Services(2005)

- 카마던셔 먹거리 조달 지도 원칙으로 '생각하는 먹거리Food for Thought'를 채택한다. 이 원칙은 적절한 곳에서 지역 공급 사슬의 발전을 극대화하고 최고의 가격 대비 가치를 달성하기 위해 전 과정 비용 평가를 장려한다(Carmarthenshire Catering Services, 2004: 6).

- 카마던셔 영양 전략과 부합하는 양질의 식재료 사용을 통해 영양가 높은 식사를 공급하고 건강과 복리를 증진한다.

- 폐기물을 최소화하면서 환경과 자연 자원을 돌본다.

- 모든 수준에서 급식 서비스를 지속적으로 개선한다.

- 유기농과 공정무역을 포함하는 윤리적 조달 정책을 채택한다.

- 영양 성분·신선도·유통 기한·추적 가능성·포장뿐만 아니라 윤리적 품질(가령 유기농·공정무역·지리적 표시 인증)과 지속 가능 발전에 기여하는 먹거리를 명

시하는 규정을 발전시킨다.

조달 과정에서 소규모 공급자를 참여시키기 위해 지자체는 기존 공급자와 잠재적인 공급자에게 그 목표와 기대 및 정책을 설명하는 날을 정했다. 지속 가능성 원칙을 준수하기 위한 지속 가능한 로컬 푸드 전략은 다음과 같다.

> (이러한 목표와 정책은) 에너지를 보전하고 생물 다양성을 증진하고 화석연료와 농약 사용을 줄이는 농업 방식을 이용하며, 가축 복지를 지지하고 포장을 최소화하고 에너지 효율적인 기기를 사용하고 유류, 플라스틱, 캔, 유리를 재활용하며, 장기적인 환경 영향을 고려하는 등의 요구 사항을 포함하고 있다(Carmaethenshire Catering Servives, 2004: 10).

이상에서 현실이 된 웨일스 농촌의 지역 조달 도전

총 145학교에서 매일 1만 9,000끼를 제공하는 지자체에서 이러한 원칙을 실천하기가 쉬운 일은 아니었다. 한 지자체 관계자는 다음과 같이 설명한다.

> 아주 작은 사업체들은 우리에게 모두 같은 말을 했습니다. 당신들은 매우 다루기 어려운 동물이고, 당신들은 매우 크고 우리는 누구에게 말을 해야 할지 모르겠다고.

지자체는 소규모 지역 생산자를 참여시키기 위해 특별한 노력을 기울이고 있다. 가령 대형 계약 업체는 소규모 농민과 생산자를 2단계와 3단계 공급자로 포함시키도록 유도하고자 했다. 또한 중소 규모 사업체들에게 공급 계약의 일부에 대한 입찰을 허용하기 위해 입찰 과정 동안 구역을 분할하도록 장려해 왔고 공식적·비공식적 모임과 시도를 통해 생산자를 훈련시켜 왔다(Cullen, 2007: 224). 하지만 카마던셔의 소규모 먹거리 생산자들은 학교 급식 시장의 수요를 충족시키는 데 어려움을 겪고 있는 것 같다. 급식 책임자는 학교들이 해마다 소비하는 연간 23톤의 치즈를 공급하기 위해 서로 힘을 모을 필요가 있는 치즈 생산자 세 곳의 협력을 증진하려는 시도에 대해 다음과 같이 언급한다.

이곳에 거대한 시장이 존재하지만 사업이 크게 발달되지는 못했습니다. 수요를 충족시킬 정도로 정교화되지 못한 것입니다.

현재 모든 신선한 육류·생수·과일 주스·베이컨·계란·얇게 저민 육류는 웨일스산을 사용한다. 모든 아이스크림과 빵의 절반, 그리고 우유의 상당 부분은 웨일스 주에서 생산된 것으로 공급한다. 그리고 신선한 채소들도 할 수 있는 한 지역에서 조달한다(Cullen, 2007: 224). 아이들은 이러한 학교 급식 혁명을 만끽하고 있다. 실제로 급식 책임자가 설명하듯이 개혁 첫해 동안 과일과 채소 소비량이 40퍼센트 증가했고 우유 소비량은 두 배로 늘어났다.

하지만 카마던셔 학교 급식 혁명의 경제적 지속 가능성을 위협하는 요인들이 있다. 실제로 지자체는 더 높은 품질의 재료들을 조달하는 데 있어서 상당히 지출이 늘어났다는 문제에 직면해야만 했다. 예를 들어 신선한 육류를 사는 데 25퍼센트가 증가했다. '최고의 가치' 감사 이래로 학교 급식 전체 예산 또한 40만 파운드가 줄어들었다.[5]

요약하면 카마던셔의 학교 급식 혁명 이야기는 아직까지는 로컬 푸드 조달에 관한 이야기가 아니다. 그렇지만 '로컬 조달'에 관한 이야기다. 달리 말하면 지역 공급자들에 의존하기는 하지만 그것이 반드시 로컬 푸드는 아닐 수도 있다는 것이다. 분명히 학교 급식 시장의 경제적 지속 가능성을 증진하여 이를 지역사회 개발을 위한 실천적인 도구로 전환하기 위해서는 더 많은 일을 해야만 한다. 이런 점에서 지역 초등학교의 급식을 혁명적으로 바꾸기 위한 이스트 에어셔의 시범 사업은 어려운 지역 경제를 지역화하기 위한 도구로 학교 급식을 활용하고자 하는 영국의 다른 지역들과 유럽, 미국의 많은 농촌 지역에 중요한 교훈을 제공해 주고 있다.

스코틀랜드 이스트 에어셔의 지속 가능한 학교 급식

학교 급식을 건강 서비스로 재창출하다

스코틀랜드 중서부 지역에 위치한 이스트 에어셔 주East Ayrshire County는 카마던셔와 비슷한 점이 많다. 인구 12만 명의 궁핍한 농촌 지역으로 실업률이 4.5퍼센트에 달하며, 많은 가구(6퍼센트 이상)들이 수당에 의지한다. 이러한 궁핍은 카마던셔처럼 이 지역 주민들의 건강 상태에 영향을 미친다. 전체 가구의 40퍼센트가 만성질환을 한 가지씩 이상 가지고 있다(Sonnino, 2007c).

하지만 카마던셔와는 달리 학교 급식 개혁에 대한 이스트 에어셔의 열망은 영국에서 일찍이 없었던 수준의 정치적·재정적 지원을 중앙정부에서 끌어올 수 있었다. 1990년대 후반 자치권 이양으로 스코틀랜드의 많은 지역들에 먹거리 정책과 관련한 일차적, 이차적 입법 권한이 부여됐다.[6] 새롭게 구성된 스코틀랜드 정부는 사회정의를 우선순위로 삼았고 건강 개선과 건강 불평등 완화를 위한 조치들을 즉각 개시했다.[7] 이러한 맥락에서 1996~1997년에 연간 200만 파운드였던 스코틀랜드의 공공 보건 개선을 위한 지출은 2005~2006년에 8,600만 파운드로 증가했다(Lang et al., 2006: 10~12).

이스트 에어셔에서는 영국 최초로 학교 급식이 상업적인 것이 아닌 건강과 복리 서비스로 재창출됐다. 실제로 스코틀랜드 학교 급식 보고서 『성공을 향한 갈망』은 사회적 통합 원칙을 중요한 정책 동력으로 이용함으로써 학교 급식의 공급에 전全 학교적 접근을 도입했다(5장)(Lang et al., 2006: 49). 보고서에서는 스코틀랜드의 모든 학교들을 2007년까지 건강을 증진하는 학교로 만들기 위해 새로운 학교 급식 영양 기준을 채택했다. 그리고 학교 교육 과정과 급식 공급에서 건강한 식사에 대한 학습과 교육 간의 연결을 장려했으며, 개혁 과정에 대한 학생과 교직원의 능동적인 참여를 증진했다(Scottish Executive, 2002). 2003년에서 2006년 사이에 학교 급식 개혁을 지원하기 위해 6,350만 파운드가 사용됐고 2006년 비슷한 수준의 자금(7,000만 파운드)이 3년간 배당됐다는 데 주목할 만하다. 이러한 강점이 있는 반면에 『성공을 향한 갈망』 보고서는 '시선을 끄는 한 가지 약점을 갖고 있었는데 먹거리가 어떻게, 어디서 생산되는지에 대해서는 전혀, 또는 거의 언급하지 않았다'는 점이다(Sonnino and Morgan, 2007: 130). 이스트 에어셔가 특별한 것은 지자체가 유기농, 공정무역, 로컬 푸드의 조합을 매우 혁신적인 학교 급식 개혁에 통합함으로써 『성공을 향한 갈망』이 안고 있는 약점을 극복했다는 데 있다.

학교 급식 정책의 개혁에 더하여 스코틀랜드는 공공 조달에 대한 지속 가능한 접근에 유리한 규제의 맥락을 창출하는 데도 힘을 기울이고 있다. 지속 가능한 조달의 장애물(2장)과 영국 국가 조달 정책의 한계(5장)를 염두에 두면서 여기서 특히 두 가지 요인을 언급할 가치가 있다. 첫째, 2004년 스코틀랜드 행정부는 구매자들이 합법적으로 신선도·배송 빈도·특정 품종·생산 기준 등의 요건을 명시할 수 있도록 하는 『공공 조달자를 위한 지속 가능한 조달 지침Sustainable Procurement Guidance for Public Purchasers』을 배포했다. 둘째, 2007년 스코틀랜드 의회는 영국에서 녹색 구매에 대한 최초의 논쟁을 주도하면서 환경친화적인 구매 관행을 위해 당파를 넘어서 주목할 만한 지원을 보여 주었다(Sonnino and Morgan, 2007: 131). 이러한 자극적인 논쟁은 이스트 에어셔의 학교 급식 개혁이 지닌 현실적이고 잠재적인 함의를 맥락화할 수 있는 이상적인 기회를 제공해 준다. 실제로 공공 조달을 둘러싼 공포와 불확실성에 대해 녹색당의 엘리너 스콧Eleanor Scott은 다음과 같이 말한다.

> 현재 녹색 구매 관행을 개선하고자 하는 조달 담당관은 특별한 개인적인 헌신과 노력이 요구된다. (…) 모든 사람들이 이스트 에어서의 먹거리 사례를 감탄과 경이에 찬 시선으로 바라보고 있지만 그러한 접근은 규범이 되어야 한다(Scottish Parliament, 2007).

이스트 에어서의 학교 급식 개혁

2004년 이스트 에어서의 급식 책임자는 '결합적' 사고의 정신과 '성공을 향한 갈망' 프로그램이 제공하는 새로운 기금으로[8] 〈토양협회〉의 '생명의 먹거리'(Food for Life, 2006년부터 〈토양협회〉 중심으로 원하는 학교들에 급식 품질 인증 협력 프로그램을 시작했다. http://www.foodforlife.org.uk. EBS 〈세계의 교육 현장〉 "영국, 학교 급식 혁명"(2010년 6월 9일 방영)에 이 프로그램이 소개되어 있다. 옮긴이) 기준을 적용해 '지속 가능한 학교 급식 체계를 창출하는 것이 가능한지' 모색하기로 결정했다(Gourlay, 2007: 212). 영국에서 이 기준은 건강하고 지역에서 조달되는 산물에 대해 전체적인 접근을 전제로 하기 때문에 학교 급식 개혁의 황금률로 널리 간주되고 있다.

2004년 8월 급식 책임자는 헐퍼드 초등학교에 신선한 유기농 지역 조달 식재료 사용에 기반한 시범 프로그램을 도입했다. 학생, 학부모, 급식 담당자 및 교사들은 이 프로그램을 지원했고 그 덕분에 급식 선택률이 즉각 증가했다. 이러한 결과에 기초해 2005년 초 급식 책임자는 이 프로그램을 광범위하게 적용하기 위해 〈주 교육위원회Council Education Committee〉에 이 사례를 보고했다. 카마던셔처럼 이스트 에어서 지자체는 학교 급식을 지역사회의 세 가지 주된 전략인 건강(구체적으로 생활양식 변화로 생기는 건강 불평등의 문제 완화 필요성), 경제적 지속 가능성(특히 지역 경제 발전을 통한 농촌 인구 감소 문제 해결의 필요성), 환경적 지속 가능성(로컬 푸드 증진)과 긴밀하게 연결되어 있는 '포괄적인' 서비스로 바라보았다. 수석 행정관은 이렇게 설명한다.

> 학교 급식 서비스는 환경을 개선하고 (…) 기회를 늘리는 일입니다. 우리는 인구 감소라는 큰 문제를 안고 있습니다. (…) 따라서 경제의 지속 가능성에 기여하는 측면에 대해 우리가 할 수 있는 어떤 일도 지역사회에 긍정적인 영향을 미칩니다. 학교 급식 서비스는 로컬 푸드라는 측면에서 환경에 기여합니다. 따라서 우리는 학교 급식을 매우 포괄적인 것으로 바라봅니다.

2005년 지자체는 또 다른 초등학교 10개교로 시범 사업을 확대하기로 결정했다. 학교에서 사용하는 식재료가 '영양 면에서 가치 있고 즐겁고 재미있다'는 것을 보장한다는 명시적 목표하에 아이들에게 집에서 접하는 것보다 더 다양한 음식들을 소개했다. 급식 책임자는 영양사, 주임 교사, 학교 급식 관리자로 특별 팀을 구성했고 스코틀랜드 음식 전문 푸드 스타일리스트를 고용하여 완전히 새로운 요리법을 고안하도록 지원했다. 새로운 4주짜리 식단은 다음 원칙을 지켜야 했다.

• 지중해식 식사가 갖는 건강상의 장점을 높이기 위해 감자·파스타·쌀·과일과 채소의 양을 늘린다.

- 지방·설탕·소금을 줄이고 천연 조미료와 허브로 대체한다.
- 식용색소·합성향료·유전자조작 먹거리는 금지한다.
- 신선하고 가공되지 않은 식재료를 우선시한다.

로마나 뉴욕처럼 이스트 에어셔의 개혁은 먹거리 사슬의 모든 행위자들을 적극적으로 참여시키는 매우 포괄적인 조달 정책에 근거했다. 공급 측면에서는 입찰 서류를 작성하기 전에 지자체가 로컬 푸드 생산자들과 일련의 공개 모임을 가지고 정책의 목적을 비공식적으로 설명하고 입찰 지침을 제공했다(Anthony Collins Solicitors, 2006: 77~78). 카마던셔에서처럼 조달 담당관의 다음과 같은 설명을 보면 그 점이 분명해진다.

소규모 공급자들이 가장 많이 걱정하는 것은 자신들이 가격 면에서 대규모 농장을 이길 수 없다는 것입니다. 따라서 우리는 이들에게 우리가 실제로 어떻게 평가를 실시하는지 보여 주었습니다. 우리는 이들에게 다른 영역에도 집중해야 한다고 말했습니다.

이러한 결과에 근거하여 지자체는 학교 급식 체계에서 유기농과 소규모 공급자들을 겨냥한 매우 창조적인 입찰 과정을 고안했다.

- 유기농 공급자를 끌어들이기 위해 1등급 채소에 대한 엄격한 지침의 일부를 유연하게 적용했다.
- 소규모 로컬 푸드 공급자들이 대기업들과 경쟁할 수 있도록 기존에는 네 개였던 입찰 계약을 아홉 개(붉은 육류, 건조·병조림·통조림 식재료, 과일, 채소, 우유, 치즈, 계란, 해산물, 가금류)로 쪼개었다.
- 학교에서 사용되는 식재료의 질을 개선하기 위해 가격과 품질에 동등하게 평

가 기준을 적용했다. 지속 가능 발전에 대해 공급자들이 다양하게 기여하는 바를 보상해 주기 위해 품질을 네 가지 하위 기준으로 나누었다(상자 6.2 참고).

지자체는 첫 번째 시범 프로그램에 참여한 모든 공급자들에게 입찰의 상세 내용을 고지했고 지역 신문과 〈유럽연합〉 관보에 12만 유로 상당의 식재료 구매 입찰 공고를 냈다. 지자체는 열세 건의 입찰을 받았고 2006년 10월에 일곱 군데의 지역 공급자를 선정했다. 두 곳은 도매 업자고, 다섯 곳은 생산자다.

이스트 에어셔의 생산자들은 카마던셔에서처럼 학교 급식 시장에서 도전에 직면해야 했다. 가령 유기농 과일과 채소 공급자는 그가 시장에서 버는 수익의 불과 5 ~10퍼센트를 차지하는 12개 학교의 수요를 충족시키기 위해 매주 추가로 배송망과 포장 교대 업무를 해야 했다. 이스트 에어셔 학교들에 매주 800리터의 우유를 공급하는 소규모 유기농 낙농 업자는 학교 급식 시장이 요구하는 제철성과 씨름하고 있다. 지역의 수제 치즈 생산자는 새로운 '베이식 플레인 치즈'를 개발해야만 했

상자 6.2 창조적인 조달의 실행: 이스트 에어셔 급식 계약 품질 기준

평가 배점의 50퍼센트를 차지하는 품질 기준은 다음과 같다.

- 기한 내에 공급할 수 있는 능력(15퍼센트): 배송 방법에 따른 공급자의 적응력과 수확에서 배송까지의 시간.
- 식재료의 품질과 범위(15퍼센트): 공정무역·제철 산물·전통 산물을 제공할 수 있는 공급자의 능력, 산물의 유통기한, 추적 가능성과 회수 절차, 인증 기관이 승인한 품질 체계, 산물 보증 계획, 내부 검사 절차, 제조 과정 검사 절차, 시설 검사, 민족적·문화적·종교적 음식 필요를 충족할 수 있는 공급자의 능력.
- 식재료 취급 설비 및 시설(10퍼센트): 작업 환경의 안전, 급식 종사원의 훈련 기회, 평등 문제, 식품 안전 관리 협회 가입 여부 등.
- 자원의 활용(10퍼센트): 생물 다양성, 포장 및 폐기물 최소화 프로그램(가령 재활용·재사용·퇴비화), 가축 복지 기준 준수에 대한 공급자의 기여.

출처: East Ayershire Procurement Section(2005)

는데 이 치즈는 아이들 입맛에 맞을 만큼 부드러우면서도 몇 주 동안 보관할 수 있을 만큼 단단해서 배송 횟수(및 비용)를 줄일 수 있었다.

이러한 어려움을 겪으면서도 이스트 에어셔의 공급자들은 학교 급식 시장에 매우 헌신적이다. 육류 공급자는 다음과 같이 지적한다.

> 지역 고객과 함께 하고 있다는 점에서 이스트 에어셔에서 하는 사업은 매우 중요합니다. 이들 고객을 잃고 싶지 않습니다. (…) 우리는 서로를 잘 지켜보아야 합니다. 어떤 회사든 아이들은 그 미래입니다. 아이들이 미래입니다.

마찬가지로 이스트 에어셔 학교들에 수제 치즈를 공급하는 낙농 업자는 다음과 같이 말한다.

> 나는 학교(급식 시장)를 좋아합니다. (…) 당신이 아이에게 좋은 식사에 대해 가르친다면, 이는 전체 경제 구조에 영향을 미치기 시작합니다. 나중에 이 아이들이 자라서 아이를 가지게 되면 계속(그 영향이) 이어질 것입니다.

이스트 에어셔 지자체 또한 먹거리 사슬의 다른 행위자들과 마찬가지의 헌신을 해 왔다. 급식 관리자와 요리사를 위해 영양과 건강한 식사에 대한 교육 과정을 조직했다. 공급자를 교실로 초대하여 아이들에게 어디서 어떻게 먹거리를 생산하는지 설명하도록 했다. 학부모들 또한 일련의 '건강한 요리법 시연'을 통해 함께하도록 했다.

이스트 에어셔는 이 같은 포괄적이고 창조적인 조달 방법을 채택함으로써 '생명의 먹거리'의 목표치를 능가할 수 있게 됐다. 2006년, 주에 있는 학교들이 사용하는 식재료(과일·채소·우유·밀가루·콩류·파스타·쿠스쿠스·현미)의 50퍼센트가 유기농이었고 약 70퍼센트가 지역에서 생산된 것이었다(빵·치즈·붉은 육류·가금류와 계란). 그리고 식단에 들어 있는 음식의 90퍼센트 이상이 가공되지 않은 것이었다(Gourlay, 2007: 216). 개혁은 또한 지속 가능 발전이라는 측면에서 중요한 결과를 가져왔다. 환경적으로는 지자체가 지역 조달 접근법을 실시한 결과, 메뉴당 평균 이동 거리가 528킬로미터에서 158킬로미터로 줄어들면서 푸드 마일의 70퍼센트를 감축했다(Gourlay, 2007: 216).[9] 그리고 급식 종사원들의 이야기를 들어 보면 이 같은 새로운 접근법을 통해 포장 쓰레기도 줄어들었다는 점을 알 수 있다. 경제적으로는 개혁은 지역 공급자들에게 새로운 기회를 창출했고 동시에 16만 파운드에 달하는 [지역 경제] 승수(乘數, 새로운 지출 증가가 총소득에 가져다주는 확대 효과 비용. 옮긴이) 효과를 거두었다. 사회적으로는 개혁이 서비스에 대한 고객들의 만족을 높여 주었다. 학생들의 67퍼센트가 학교 급식 맛이 좋아졌다고 생각하고 있고, 88퍼센트의 학생들이 신선한 음식을 좋아한다고 답했으며, 학부모의 77퍼센트가 이 프로그램이 지자체의 돈을 잘 사용하고 있다고 믿는다고 응답했다. 게다가 학교 직원들은 생산물의 '지역성'이 서비스의 질을 개선시키고 있으며, 학교·지역사회·환경 간에 긍정적인 연결을 창출하고 있다고 느낀다(Bowden et al., 2006: 2). 개혁 초기에 학교 급식 선택률은 작기는 하지만 상승세를 보였다. 하지만 로컬 푸드 시행으로 노동 비용의 상승은 거의 없었다.

식재료 비용에서 지역 공급자들은 대규모 전국 기업들이 제시한 가격보다 평균 75퍼센트 높은 가격을 제시했는데도 학교 급식 한 끼당 10펜스 정도가 낮아졌다. 학부모들이 지불하는 급식 가격(2007년 한 끼당 1.52파운드)은 오르지 않았다. 실제로 지자체와 '성공을 향한 갈망' 프로그램의 보조금 지원 덕분에 영양의 질을 높이고 양을 늘릴 수 있었다.

이 같은 긍정적인 결과의 측면으로 2007년 5월의 개혁은 이스트 에어서의 26개 학교로 확대됐다. 2008년 6월까지 지자체는 이 개혁을 30개 이상의 초중등학교로 확대했다. 하지만 이 시도는 지자체들이 직면하고 있는 모든 종류의 새로운 도전을 수반한다. 생산 쪽에서 지역 공급자들은 입찰이 품질보다는 비용 기준으로 평가되고 있고 공공 급식 시장은 너무 많은 시간과 관료적인 일을 요구한다는 고정관념을 극복하기 위한 작업이 여전히 행해질 필요가 있다는 반응을 보였다(Bowden et al., 2006: 62). 게다가 프로젝트가 확대되면서 소규모 공급자들은 생산 비용 증가, 배송의 증가, 생산과 행정의 증가와 관련된 기준을 충족시키기 위해 자신들의 체계를 개선할 필요에 직면한다(Bowden et al., 2006: 42). 이러한 변화를 감당하기 위해서는 로마의 사례에서 살펴본 것처럼 생산자들에게 2004년 체결한 단년 계약보다 장기 계약을 보장해 줄 필요가 있을 것이다.

  '성공을 향한 갈망' 프로그램은 2009년까지 계속될 것이고 이 시간은 학교 급식 개혁을 지속하는 데 필요한 일종의 문화적 변화를 담보하는 데는 어쩌면 충분하지 않을지도 모른다. 사실 먹거리 사슬의 소비 쪽 끝에서는 개혁 초기에 급식 선택률이 상승한 이후에는 초등학교 급식 수가 평균 1.5퍼센트씩 줄어들고 있다. 이러한 부정적인 추세가 일시적인 문제인지 아니면 건강한 먹거리 문화의 증진에 반하는 역공에 직면한 것인지 결론을 내리기에는 아직 너무 이르다(Sonnino and Morgan, 2007). 하지만 '선택의 자유'라는 이상이 가장 어린 소비자들에게조차 지역의 패스트푸드 매장에서 건강에 안 좋은 싸구려 음식을 구매할 기회를 제공하는 나라에서 이스트 에어서 학교 급식 체계의 지속 가능성은 대부분 '건강한 식사'라는 대의에 학부모들의 마음과 정신을 얻어 내는 지자체의 능력에 달려 있을 것이다. 달리 말하면 스코틀랜드의 가난한 지역에서의 학교 급식 개혁의 미래는 대부분 지역 주민들을 이해시킬 수 있는 지자체의 능력에 달려 있다. 급식 책임자의 다음과 같은 말에서처럼 말이다. '그 대부분은 (…) 지역 경제로 다시 돌아오고 이러한 변화는 지역 사회에 혜택을 가져다준다'(Gourlay, 2007: 216).

학교 급식이 이룬 농촌 혁명의 교훈과 과제

우리가 이 장에서 논의한 세 곳의 농촌 지역은 서로 다르지만 똑같이 중요한 학교 급식 혁명의 여러 차원을 포착하고 있다. 하지만 다양한 차원에서 장소 형성과 지역사회 건설을 강조하는 '시민적'이고 '가내적'인 품질 관행을 중심으로 이야기가 진행된다. 사우스 글로스터셔의 사례는 학교 급식 서비스의 핵심인 노동을 다시금 탈바꿈시킨 경우다. 비교적 부유한 잉글랜드의 지자체인 이곳에서 개혁의 주된 동력은 날마다 서비스를 제공하는 저임금 노동자들에게 존엄과 인정, 존중을 되돌려 주고자 하는 바람이었다. 사우스 글로스터셔의 공공 기관들은 이러한 노동자들이 단순한 급식 종사원이 아니라는 점을 이해했다. 이들은 실제로는 자원 관리자들이며 건강을 지키는 노동자들이다. 작업장에서의 민주주의와 사회정의라는 이상 위에서 이 지역은 또한 경제 발전과 환경적 통합, 달리 말하면 지속 가능 발전을 증진할 수 있었다.

카마던셔의 학교 급식 혁명의 핵심에도 사회적 가치가 자리하고 있다. '최고의 가치'라는 규제 체계의 신자유주의적 논리에 직면하여 이 피폐한 농촌 지역은 학교 급식이 지역사회에 주는 다각적인 혜택, 곧 주민의 건강, 농촌의 재활성화, 지역의 경제 발전을 명시적으로 강조하는 '결합적' 접근법을 채택했다. 학교 급식 서비스를 지역의 환경적·사회경제적 맥락에 온전히 뿌리내리도록 하기 위해 카마던셔에서는 여전히 더 많은 일들이 필요하다. 하지만 이 사례에서 얻을 수 있는 두 가지 중요한 교훈이 있다. 첫째, 카마던셔 이야기는 지속 가능한 학교 급식 체계의 회계 관행과 감시 및 감사 규준에 관한 공적인 논쟁이 필요함을 잘 보여 준다. 실제로 웨일스 사례 연구가 분명하게 보여 주듯이 그러한 규준 속에 체화되어 있는 가치와 가정들은 절대 중립적인 장치가 아니기 때문에 지역화 전략을 촉진할 수도, 좌절시킬 수도 있다. 둘째, 카마던셔에서 시작된 학교 급식 개혁은 학교 급식을 지속 가능성과 지역사회의 복리를 위한 광범위한 전략 속에 뿌리내릴 수 있도록 정치적으로 지원할 필요성을 강조한다. 간단히 말해 학교 급식 개혁이 진공 상태에서 일어날 수는 없다. 지역의 혁신이 효과적이고 지속 가능하기 위해서는 상위의 정책 단위로부터 이를 보완하는 지원을 받아야 한다. 또 다른 피폐한 농촌 지역인 스코틀랜드의 이스트 에어서는 지구상에서 가장 창조적인 학교 급식 체계를 고안해 냈다.

이스트 에어서는 중앙정부의 재정적·정치적 지원의 토대 위에서 생산자와 소비자를 '환경적 지속 가능성'이라는 이름으로 서로 연결해 주었다. 생산자, 정책 담당자, 급식 관리자, 소비자들이 함께 '지역'을 창출하고 지탱하고 있다. 이스트 에어서가 지금까지 이룩한 가시적인 결과를 고려한다면 지속 가능 발전을 추구할 때 이러한 공동의 노력이 갖는 중요성이 과소평가되어서는 안 된다. 이는 농업 근대화의 시대가 가져온 부정적 영향들을 완화하기 위한 발전 전략을 고안해 내려는 유럽과 북미의 많은 농촌 지역뿐만 아니라 새로운 학교 급식의 시대, 곧 '직접 조달'의 시대가 막 도래하고 있는 개발도상국의 가난한 지역에도 적용된다.

7장
개발도상국의 학교 급식 혁명

공식은 간단하다. 음식은 배고픈 아이들을 학교로 끌어당기고 교육은 가난한 아이들의 선택권을 넓히면서 가난에서 탈출하게 도와준다. 우리는 캠페인을 시작할 때부터 학교에서 영양 많은 음식을 제공하면 출석률과 성적이 오를 것이라는 점을 알고 있었다. 우리가 예상하지 못했던 것은 단지 어떻게 학교 급식이 주요한 보건 대책을 시작할 수 있는 중요한 디딤돌이 될 것인가 하는 점이었다. '이 한 명의 아이는 모두의 아이다'라는 아프리카 동부 지역의 격언이 글로벌 학교 급식 캠페인 뒤에 있는 생각을 뒷받침해 준다(WFP, 2004).

유럽과 북미 선진국에서 학교 급식 개혁가들의 주된 관심이 비만이라면 아프리카·아시아·중남미 개발도상국의 주된 관심은 만성적인 굶주림이다. 오늘날 부국과 빈국 간의 모든 극명한 대비 가운데 전 세계 비만 인구 수가 현재 굶주리는 사람의 수와 거의 같다는 사실보다 더 비극적인 사실은 없을 것이다. 새천년이 시작될 무렵 이 두 범주에 속할 사람은 각각 12억 명이라고 추정됐는데 이는 영양실조가 얼마나 다양한 형태와 규모로 존재하는지를 잘 보여 준다.

굶주리거나 영양 부족인 사람의 수를 놀라움과 부끄러움이 아닌 다른 말로 설명하는 것은 극히 어렵다. 〈유엔〉(UN, 2007)에 따르면 당면한 현실은 다음과 같다.

- 전 세계에서 하루 1달러 미만으로 살아가는 사람은 13억 명 이상, 만성적인 영양실조인 사람은 8억 5,400만 명이다.
- 해마다 600만 명 이상의 어린이가 굶주림으로 사망한다.
- 3억 5,100만 명의 학령기 어린이가 만성적으로 굶주리고 있다.
- 1억 1,500만 명 이상의 어린이는 학교에 다니지 못하고 있고 그중 대다수는 여자아이다.[1]
- 개발도상국 어린이 중 대략 3분의 1가량이 발육 부진이나 저체중 상태다.

학교에 다니지 못하고 있는 학령기 어린이의 96퍼센트 정도가 개발도상국에 있는데, 이들 중 거의 4분의 3가량이 사하라 이남 아프리카와 서남아시아에 살고 있다. 빈곤과 굶주림, 저개발처럼 가장 어려운 문제들이 산적한 지역들이다.

21세기에도 만성적인 굶주림이 이처럼 많은 남성과 여성, 아동에게 영향을 미치고 있다는 사실은 60년 전에 최초로 선언된 '권리'를 웃음거리로 만들고 있다. 〈유엔〉이 최초로 먹거리를 기본 인권으로 인식하기 시작한 것은 「세계인권선언」이 제정된 1948년부터다. 먹거리에 관한 권리란 모든 사람이 생기 있고 건강한 삶을 영위하기 위해 충분하고 영양 면에서 적절하며, 문화적으로 수용 가능한 먹거리에 정기적으로 접근할 수 있는 권리다. 이는 먹거리를 공급받을 권리라기보다는 스스로 존엄하게 먹을 권리다. 먹거리에 대한 권리는 따라서 법적·도덕적인 의무라 할 수 있다(FAO, 2007a).

이 같은 기본 인권은 주목할 만한 일련의 세계 식량 정상회의들에서 국제사회가 재차 확인해 왔다. 하지만 최근까지 보여 준 각국 정부의 노력을 되짚어 보면 모든 인권 중 가장 기초가 되는 권리가 가장 일관적이고 보편적으로 위배되어 왔다고 말할 수밖에 없다(George, 1990). 일례로 1976년 세계 식량 정상회의에서 150개국 정부는 10년 안에 어떠한 아동도 굶주린 채 잠자리에 들지 않게 하겠다고 엄숙하게 맹세했다. 그 맹세는 지켜지지 못했다.[2] 20년이 지난 1996년 세계 식량 정상회의에서는 180개국 이상의 정부들이 굶주림의 근절을 약속했으며, 그 첫 단계로 '2015년까지 전 세계 영양 부족 인구를 1990년 수준의 절반으로 줄이겠다'는 중간 목표를 설정했다. 하지만 현재 추세로 볼 때 이 역시 또 하나의 공허한 맹세가 될 듯하다. 실제로 그 후 10년 동안 〈유엔〉의 〈식량농업기구(FAO)〉는 '그 목표를 향한 어떠한 진전도 실질적으로 이룩하지 못했다는 슬픈 현실에 우리는 직면해 있다'(FAO, 2006: 4)고 인정하지 않을 수 없었다. 〈식량농업기구〉는 『세계의 먹거리 불안정 상황The State of Food Insecurity in the World』이라는 권위 있는 보고서에서 다음과 같이 말하고 있다(FAO, 2006: 4).

이 보고서는 기아로 고통받는 수백만 명의 사람들을 위해 무엇을 할 수 있을지(혹은 해야 하는지)와 실제로 무엇을 하고 있는지 사이의 차이를 집중 조명하고 있다. 무엇보다도 우선적으로 우리는 기아를 줄이는 것이 전 지구적 입장에서 더는 핑곗거리가 되어서는 안 된다는 점을 강조해 왔다. 오늘날 세계는 분명 10년 전보다 훨씬 풍요롭다. 이용할 수 있는 먹거리는 더 많아졌고 과도한 가격 상승 압력 없이도 생산을 늘릴 수 있다. 기아를 줄이는 데 필요한 지식과 자원도 있다. 부족한 것은 이러한 자원을 움직여 굶주리는 자들에게 혜택을 베풀고자 하는 충분한 정치적 의지뿐이다.

학교 급식 프로그램(SFP)은 빈곤 및 굶주림과 싸우는 데 중대한 역할을 수행한다. 재정적 측면뿐 아니라 정치적 측면에서 적절하게 계획되고 지원이 이루어진다면 이 프로그램은 이상을 현실로 바꿀 수 있는 독특한 전략적 기반을 제공할 것이다. 기존의 학교 급식을 직접 조달 학교 급식으로 바꾸는, 조용한 혁명이라고 불러도 무방할 최근의 변화라는 맥락 속에서 이 점은 더욱 명확해진다.

학교 급식이 먹거리 원조에서 하는 역할

50년이 넘는 세월 동안 학교 급식 프로그램은 여러 다양한 형태로 존재해 왔다. 정부, 비정부 단체, 원조 기구 등 다양한 조직들이 이 프로그램에 돈을 대고 관리해 왔다. 그 목표는 맥락에 따라 다르겠지만 기존의 학교 급식은 일반적으로 '중기적으로는 영양적 목적, 장기적으로는 교육적 목적을 지원하기 위해 먹거리를 1차적 자원으로 삼아 시행되는 개입 정책들'이라고 정의되어 왔다(Bennett, 2003: 7). 〈세계식량계획(WFP)〉은 지구상에서 가장 큰 학교 급식 공급자이며, 우리는 그 역할과 대책이 가진 범위와 한계를 집중적으로 살펴보고자 한다.

〈세계식량계획〉의 학교 급식 체계

〈유엔〉의 먹거리 원조 기구인 〈세계식량계획〉은 1963년 1월에 3년짜리 시범 프로그램을 통해 운영이 시작될 예정이었다. 그러나 이 기구의 실제 빈곤 구제 사업은 1962년 말에야 시작됐다. 이란의 지진, 인도네시아의 태풍, 전쟁 후 알제리로 돌아온 500만 명의 난민들로 유발된 위기 때문이었다.

〈세계식량계획〉은 자체 재원이 없기 때문에 전적으로 정부·기업·개인의 자발적인 기부에 의존할 수밖에 없으며, 60여 개국 정부가 대부분의 재원을 제공한다. 기부는 세 가지 형태로 이루어지는데 곧 현금, 먹거리(밀가루·콩·식용유·소금이나 설탕 등), 먹거리의 생산·저장·운송에 필요한 물품이 그것이다. 이렇게 확보된 자원들은 〈세계식량계획〉의 세 가지 주된 활동을 거쳐 분배된다.

1. 자연재해나 인재를 복구하기 위한 긴급 복구 프로그램.
2. 재해 지역의 자활을 위한 장기 구호 및 복구 활동.
3. 생명 유지에 필요한 기반 시설을 건설하는 노동자에게 먹거리를 배급하거나 학교에 돌아오는 어린이에게 그 보상으로 먹거리를 원조해 장기적인 사회·경제적 발전을 촉진하는 개발 프로그램.

〈세계식량계획〉은 최소한 개발 원조의 50퍼센트를 최빈국에, 90퍼센트까지를 저소득 먹거리 부족 국가에 제공하도록 되어 있다. 특정 지역과 학교를 선정하는 것을 돕기 위한 〈세계식량계획〉의 기준은 다음과 같다.

• 먹거리 불안정 지역을 확인한다.
• 가장 긴급하게 교육적 필요(가령 등록률과 출석률이 낮고 성별 간 차이가 크고 중도탈락률이 높은 지역)가 있는 먹거리 불안정 지역을 선택한다.
• 지역에서 활동하는 국가 및 국제기구와 효과적인 협력 관계를 형성할 수 있는 가능성을 평가한다.
• 최소한의 위생과 안전 수준(특히 여성 직원과 학생을 위해)을 보장할 수 있는 능력을 평가한다.
• 예컨대 학부모 및 교사 연합의 형성 등을 통해 강력한 지역사회 참여에 대한 관점을 이해한다.
• 먹거리를 적절하게 저장하고 조리할 수 있는 능력을 평가한다.
• 프로젝트의 비용 대비 효용성을 평가한다.

〈세계식량계획〉 학교 급식 체계에서는 학교 급식에 이용되는 먹거리와 집에 가져가는 먹거리라는 두 가지 형태로 먹거리 공급이 이루어진다. 학교 급식에 이용되는 먹거리의 경우 각각의 식단은 지역의 기호와 관습, 영양의 필요, 이용할 수 있는 지역의 식재료, 조리의 용이성, 가용 자원에 따라 선택된다. 보통 아침, 오전 간식, 점심, 저녁(기숙학교의 경우)의 네 가지 식사가 있다. 식사의 시기와 특성은 수업 시간의 길이, 지역의 관습, 훈련된 조리사의 활용 가능성, 기구가 잘 갖춰진 주방의 유무, 깨끗한 물 등에 달려 있다. 〈표 7.1〉은 식사 형태별 식단 예다.

두 번째 공급 형태인 '집에 가져가는 먹거리'는 정말로 가난한 나라에서는 아이들도 가정의 생계 활동을 도와야 한다(가령 농사일 돕기, 가축 돌보기, 어린 형제 돌보기, 땔감 모으기, 음식 구하기 등)는 사실에 맞춰 기획된 것이다. 이는 어떤 아이들은 학교에 다니기에는 시간도, 경제적 수단도, 힘도 없다는 것을 뜻한다. 여자아이나 고아처럼 특히 더 취약한 상태의 아이들이 학교 급식을 받는 것이 불가능하거나 불충분한 경우, 〈세계식량계획〉은 기초 먹거리 세트(가령 시리얼과 몇 리터의 식물성 기름이 들어 있는 자루)를 제공하는데, 이는 가정의 생계에 기여하는 아동의 칼로리 손실을 상쇄하기 위해 가정에 배급하는 것이다.

2002년에서 2005년 사이에 〈세계식량계획〉은 추진 중인 학교 급식 활동의 효과를 평가하기 위해 사하라 이남 아프리카 32개국, 4,000여 개 학교에서 100만 명 이상의 아이들을 대상으로 조사를 진행했다. 그 결과 〈세계식량계획〉 학교 급식 프로그램은 지원 대상 학교의 절대 출석률에 크게 기여했음이 밝혀졌다. 특히 프로그램 1차년도의 효과가 높았는데, 평균적으로 여학생은 28퍼센트, 남학생은 22퍼센트씩 평균 등록률이 높아졌다. 그러나 2차년도부터는 학교 급식 프로그램의 형태에 따라 등록률의 상승 정도가 상당히 달랐다(WFP, 2006: 13).

〈세계식량계획〉은 먹거리만으로는 충분하지 못하다는 점에서 이른바 '필수 패키지'를 개발했다. 이는 〈유네스코UNESCO〉, 〈유니세프UNICEF〉, 〈세계보건기구

표 7.1 학교 급식용 식단 예시

식사 형태	예시 식단	총 열량(Kcal)	국가 사례
아침	옥수수-콩 혼합물 8g 죽 8g 설탕 8g 식물성 기름* 8g	404	동티모르
오전 간식	고열량 비스킷 100g	450	이라크
아침과 점심	옥수수 150g 콩류 40g 식물성 기름* 10g 소금 3g	955	르완다
아침, 점심, 저녁	시리얼(쌀 또는 옥수수) 450g 콩류 45g 통조림 생선 25g 식물성 기름* 20g	2027	베냉

* 비타민 A가 강화된 식물성 기름

출처: WFP(2006)

(WHO)〉 같은 협력 기구들과 공동으로 보조적인 영양 교육, 보건 교육, 기초 교육을 제공하는 것을 목적으로 한다. 예컨대 2005년 동안 필수 패키지는 미량영양소 보충 및 체계적인 기생충 구제에 집중했다.

〈세계식량계획〉의 학교 급식 사업은 〈학교 위원회School Commitees〉를 통한 학부모의 참여에 높은 우선순위를 부여한다.[3] 급식 조리는 매일 대개 학부모를 비롯한 지역 주민들이 담당하는데 이들은 학기 내내 어린이들을 위해 (거의 대부분 무보수로) 조리를 한다. 〈세계식량계획〉의 학교 급식 해법에서 학부모나 지역사회의 참여가 핵심 요소이기는 하지만 뒤에 나올 가나의 사례에서도 보듯이, 이것이 항상 쉽게 이룰 수 있는 것은 아니다.

〈세계식량계획〉은 학교 급식 프로그램을 제공하기 위해 다른 기관, 곧 정부, 다른 〈유엔〉 기구, 비정부 단체, 민간 부문, 그리고 당연하지만 〈세계식량계획〉이 활동하는 지역사회와 효과적인 협력 관계를 구축하기 위해 노력하고 있다.[4] 〈세계식량계획〉은 그 나라의 정부가 학교 급식 프로그램을 스스로 관리할 능력과 자원을 갖추었다는 확신이 서면 출구 전략을 개발한다.[5] 〈세계식량계획〉이 출구 전략을 시작하는 주된 기준은 다음과 같다.

- 달성 목표 지점 설정: 철수 시간과 조건이 프로그램 기획 단계에서부터 규정되어야 하며, 이에 관해 모든 이해 당사자들이 소통(및 동의)해야 한다.
- 민간 부문의 포함: 〈세계식량계획〉은 민간 부문이 적극적으로 참여하는 것이 핵심적인 정치적·경제적 행위자 간의 지원과 전문성을 발전시키는 데 기여한다고 믿는다.
- 관리와 의사소통: 〈세계식량계획〉은 프로그램 주도권을 국가적 주체에게 인계하고 교사, 학부모, 수혜자들이 출구 계획을 이해했는지 확인해야 한다.
- 정부의 노력: 해당국 정부가 기여(즉 시행과 능력 개발에서 정부의 능동적인 역할)해준다면 철수는 더욱 성공적으로 이루어진다.
- 지역사회의 참여: 지역사회의 기여, 특히 학부모의 기여가 필수다. 이들이 처음부터 현금이나 현물 지원을 통해 기여하도록 하는 것이 중요하다.
- 기술 지원: 기술 지원은 프로젝트 전반, 그리고 철수 과정과 그 이후에도 요구된다. 이것은 특히 외부 지원 종료 후에도 혜택을 오랫동안 유지하고 기술의 적절한 이전을 보장하기 위해 특히 중요하다(WFP, 2006: 22).

〈세계식량계획〉 학교 급식의 범위는 최근 들어 극적으로 증가하고 있다. 1999년에 52개국 1,190만 명에서 2005년에는 74개국 2,170만 명의 어린이가 혜택을 입었다. 〈세계식량계획〉의 현재 계획은 2008년 말까지 5,000만 명의 어린이에게 사업을 확대하는 것이다(WFP, 2006).

기존 학교 급식의 범위와 한계

〈세계식량계획〉의 학교 급식 프로그램은 우리 시대에 가장 위대한 인도주의적 성공이라는 점은 틀림없다. 하지만 이런 모든 성과에도, 혹은 매우 칭찬할 만한 목표임에도 기존의 학교 급식은 비판에서 자유로울 수 없다. 가장 중요한 비판은 다음 세 가지 사안과 관련된다.

1. 건강 개선 효과의 본질.
2. 교육 혜택의 범위.
3. 현물 먹거리 원조 때문에 수입된 먹거리가 지역의 먹거리를 대체함으로써 가난한 자국 농민들에게 피해를 줄 수 있다는 점.

기존 학교 급식의 장기적인 건강 개선 효과는 두 가지 점에서 그다지 분명하지 못하다. 첫째, 대부분의 학교 급식 프로그램의 포괄 범위가 본질적으로 부분적인 것에 불과하다. 이 프로그램에는 학교에 오지 않는 어린이가 포함되지 않는데, 실은 이들이야말로 가장 취약한 집단이다. 둘째, 상당한 증거가 입증해 주듯이 생후 2년 동안이 아동의 발달에서 가장 중요한 시기임을 고려할 때 학교 급식의 대상 연령 집단이 적절하지 못하다. 빈곤이 만연한 곳에서 6~9세 어린이의 신체 발육은 대부분 빈약한 식단, 질병, 소득 상태 불충분과 위생 상태 불량 등과 같은 환경적 요인들의 영향을 받는다. 발육 부진 어린이가 성장을 따라잡을 수 있는 잠재력은 생후 2년 이후에는 제한되는 것으로 알려져 있다. 게다가 두 살 때의 성장 저해가 후에 인지능력 장애와 연결될 수 있다는 사실은 학교 급식을 더 일찍 행동에 옮겨야 할 필요를 잘 보여 준다(Mendez and Adair, 1999; Bennett, 2003; World Bank, 2006).

학교 급식이 건강에 미치는 혜택이 생각보다 분명치 않다면 교육에 미치는 혜택에 대해서도 같은 비판이 가능하다. 학교 급식이 장기적으로 먹거리 상황의 안정을 지향한다는 목표는 서로 연관된 다음 두 가지 전제에 기초한다.

1. 학교 급식은 교육 효과를 향상시킬 것이다.
2. 교육 효과 향상에 따른 문장 이해력과 계산 능력의 향상은 결과적으로 생산성 증대, 고용 확대, 자연 자원 관리의 개선, 소득 증대, 소가족화 등을 통해 먹거리 안정에 긍정적으로 기여할 것이다.

후자를 뒷받침하는 증거가 많지만 전자를 연계시키는 것은 다소 문제가 있다. 학교 급식은 실제로 아이들이 학교에 등록하고 출석하고 학업을 계속하도록 유도하는 결정적인 동기를 제공한다. 그러나 학생이 출석하는 것만으로는 긍정적인 교육 효과가 보장되지 않는다. 다시 말해 등록, 출석, 학업의 지속은 교육 개선의 필수 요소이기는 하지만 충분 요소는 되지 못한다. 이런 비판을 넘어서려면 학교 급식 프로그램은 몇 가지 최소 교육 기준을 충족시켜야만 한다. 요컨대 '교육을 제공하는 것보다 양질의 교육과 교육 효과에 대한 강조'(Hicks, 1996)가 있어야 한다.

세 번째 비판은 먹거리 원조가 개발도상국의 가난한 농민들에게 미치는 부정적인 영향에 관한 것이다. 세 가지 중에서 이 문제가 가장 중요하다. 따라서 이 문제를 깊이 있게 토론하려면 학교 급식이 개발의 도구로서 지니고 있는 잠재력을 충분히 이해하는 것이 관건이다.

먹거리 원조는 발전의 장애물이다?

원조의 효과는 국제 기부 공동체 내에서도 뜨거운 논쟁거리다. 비판자들은 대규모 해외 원조가 특히 가난한 국가의 절박한 필요보다는 서구 공여자들의 정치적 우

222   학교 급식 혁명

선순위를 만족시키는 데 더 관심이 있기 때문에 실패하고 있다고 주장한다. 원조가 본래 도움을 주려 했던 바로 그 나라에 실제로는 해를 입힌다는 대규모 먹거리 원조의 엄청난 역설을 설명하기 위해 가장 오래된 먹거리 원조의 역사를 가지고 있으며 가장 큰 먹거리 원조 프로그램을 운영 중인 미국에 초점을 맞추어, 지정학적 무기이자 인도적 도구라는 먹거리 원조의 이중적 역할을 정직하게 살펴보려 한다. 허버트 후버Herbert Hoover만큼 먹거리 원조의 이중적 역할을 잘 이해하고 있었던 사람도 없었다. 후버는 31대 미국 대통령이 되기 오래전부터 이미 이러한 먹거리 원조 철학의 숙련된 실천자였다. 그에 대한 비평을 인용해 보자.

> 허버트 후버는 자신의 입지를 획득하는 데 무력 외교나 군사적 개입보다 먹거리를 더 빈번하게, 훨씬 효과적으로 활용할 수 있는 수단으로, 또 미국 농민들을 지원하는 수단으로 보았던 최초의 근대 정치인이었다. 후버는 제1차 세계대전이 일어날 무렵 처음 정치 무대에 등장했다. 후버는 미국의 밀을 팔았을 뿐 아니라 자신이 인정하지 않는 정책을 내놓는 유럽의 정당들에게는 먹거리 원조를 중단하겠다고 위협함으로써 손쉽게 유럽의 몇몇 분쟁을 재빨리, 강제로 해결했다(George, 1986: 193).

미국의 먹거리 원조 정책은 결국 '평화를 위한 식량 법안'으로도 알려진 '공법 480조'로 공식화됐다. 이 법률은 1954년 미 상원을 통과했으며, '외국에서 미국 농산물의 소비를 증대시키는 것'을 목적으로 한다.[6]

미국 먹거리 원조 정책에 대한 비판은 최근 들어 점점 더 커지고 있다. 미국은 공여국들이 소위 '유상 먹거리 원조'라고 부르는 방식을 활용할 수 있는 유일한 나라이기 때문이다. 이는 미국에서 곡물을 선적하여 개발도상국의 자선 단체들(특히 〈케어CARE〉, 〈세이브더칠드런〉, 〈월드비전World Vision〉 같은 미국계)에게 전달하는 방식인데, 이 단체들은 지역 시장에서 이 곡물을 팔아 자신들의 먹거리 지원 프로그램 재원을 마련한다. 지난 50년 간 미국 먹거리 원조의 선도적 배분 기구였던 〈케어〉는 2007년 더는 유상 먹거리 원조를 활용하지 않을 것을 선언하며 마침내 이 방식을 포기했다. 〈케어〉의 선임 고문인 데이비드 콕David Kauck은 이 의미심장한 변화(〈케어〉가 연간 4,600만 달러의 연방 재정에 등을 돌린다는 것)를 다음과 같이 설명했다.

우리가 먹거리 불안정으로 사람들이 쉽게 피해 입는 것을 줄이고자 노력한다면, 어떻게 우리가 유상 먹거리 원조를 성실하게 계속해 나갈 수가 있겠는가(Harrell, 2007).

마찬가지로 2007년에 발간된 미국 〈연방 회계 감사원(Government Accountability Office, GAO)〉 보고서가 미국 먹거리 원조 정책의 신뢰성에 또 다른 엄청난 상처를 입혔다. 이 보고서는 미국 먹거리 원조 정책의 비효율과 미미한 효과를 폭로했다. 〈연방 회계 감사원〉은 미국이 연간 20억 달러의 비용이 소요되는 전 세계 먹거리 원조의 절반 이상을 담당하는 세계 최대의 먹거리 원조 공여국임을 인정하면서도 사업과 운송 비용이 가파르게 증가함으로써 2001년에서 2006년 사이에 제공된 먹거리 규모는 평균 52퍼센트가 줄었다고 밝혔다. 더욱 충격적인 것은 이러한 사업과 운송 비용에 먹거리 원조 전체 예산의 65퍼센트가 쓰이고 있다는 사실인데 이는 먹거리 원조에 할당된 예산의 3분의 1만이 실제로 먹거리 그 자체에 쓰였다는 것을 뜻한다.

부시 행정부는 예산의 4분의 1을 상황이 다급한 개발도상국 내에서 먹거리를 구매하는 데 사용하겠다고 제안하는 등의 조치로 먹거리 원조 체계를 개혁하려고 하고 있지만 이 같은 온건한 제안마저도 현 체계에 깊은 금전적 이해관계를 가진 농산업, 운송 업자, 자선단체 등으로 구성된 강력한 이익집단 카르텔 때문에 의회에서 부결됐다. 미국의 먹거리 원조 산업은 지원 먹거리의 75퍼센트가 미국 내에서 재배되어야 하며, 반드시 미국인 선원을 고용한 미국 국적선으로 운송되어야 한다는 법으로 보호되고 있다. 이러한 체계는 비용이 많이 들어갈 뿐 아니라 전체 과정이 6개월까지 소요될 정도로 시간도 많이 걸린다. 〈연방 회계 감사원〉이 보고서에서 '미국의 먹거리 원조 체계는 적절한 시기에 적절한 사람에게 적절한 먹거리를 전달하지 못하고 있다'(GAO, 2007)[7]고 결론을 내리고 있는 것은 놀라운 일이 아니다 (그림 7.1 참고).

먹거리 원조 과정의 최말단, 즉 궁지에 몰린 개발도상국의 기아 현장에서 미국의 정책에 대한 비판은 훨씬 더 신랄하다. 세계에서 가장 가난한 나라의 하나인 말라위에서 일하는 〈옥스팜Oxfam〉의 메리 코좀바Mary Khozombah는 먹거리 원조의 역설을 현장에서 목도하고 있다. 코좀바의 말을 들어 보자.

> 말라위를 도우려 하는 사람들은 농민을 교육시키고 관개를 개선하여 농업을 지원하고 사람들이 다른 소득원을 찾도록 도와야 한다. 우리는 역량을 강화해야 하고, 그래야 우리 농민들이 수출도 할 수 있다. 우리에게 물어보라! 훌륭한 아이디어들이 떠오를 것이다. 먹거리 원조는 긴급 상황에서 최후의 보루가 되어야 하며, 그것조차도 가능하면 지역 내에서 먹거리를 구매해야 한다. 사람들이 '당신들에게 먹거리를 주고 싶소'라고 말한다면, 물론 우리는 '좋습니다'라고 답할 것이다. 그 누구도 '싫습니다'라고 말할 수 없을 것이다. 우리처럼 가난한 나라들은 자선이 일으키는 효과를 깊이 생각하지 못한 채 이를 받아들인다. 그러나 장기적으로, 그것은 정말이지 우리 국민들을 죽이고 있다(Renton, 2007).

국제 먹거리 원조 프로그램에 대해 가장 영향력 있는 비판가의 말에 의하면 개발도상국의 굶주림과 빈곤은 외국의 원조가 아니라 '자국 내에서 조달하는' 내부 개혁으로 해결될 것이다(Easterly, 2006). 한편으로는 원조가 영리하게 계획되고 수행된다면 수혜국의 삶의 질을 진정으로 바꿀 수 있다고 주장하는 지지자도 있다(Sachs,

그림 7.1 먹거리 원조 정책

2006년 전 세계 먹거리 원조 공여국
주요 공여국(%)

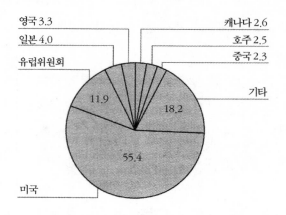

먹거리 원조 유형별 주요 공여국의 식량 원조 규모(2006)

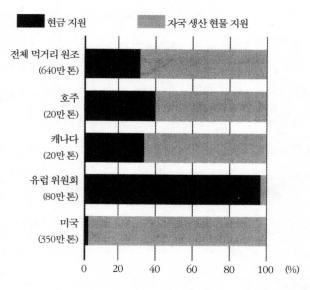

원출처: 유엔 세계식량계획(WFP)
그래픽: FT Graphic   출처: Beatti(2008)

2005). 이렇게 양극단의 주장과 그 반대 주장을 넘어서려면 이 논쟁의 핵심에 있는 세 가지 사안에 주목해야 한다. 원조의 수준, 원조의 성격, 원조의 거버넌스다.

서글플 정도로 부적절한 원조의 수준을 『빈곤의 종말 *The End of Poverty*』의 저자 제프리 삭스 Jeffrey Sachs 만큼 폭로한 사람도 없다. 이 책의 가장 큰 장점 하나는 오늘날 많은 선진국(특히 미국)에서 여전히 영향력을 발휘하고 있는 해외 원조에 대한 신화를 효과적으로 무너뜨리고 있다는 점이다. 가령 전 재무부 장관인 폴 오닐 Paul O'Neill은 아프리카 원조에 관해 '이 문제에 수조 달러를 퍼부었지만 빌어먹을 우리는 거의 아무것도 보여 줄 것이 없다'고 말하면서 미국인들이 흔히 가지고 있는 좌절감을 표출한 바 있다. 제프리 삭스는 아프리카 원조의 결과로 보여 줄 것이 거의 없는 가장 주된 이유는 '실제로 아프리카인들에게 도움이 된 것이 거의 없기 때문'(Sachs, 2005: 310)이라고 주장했다. 사람들이 흔히 생각하는 것과는 달리 아프리카인 1인당 연간 원조액은 대단히 미미하다. 2002년 전 세계에서 사하라 이남의 아프리카인들에게 제공된 원조는 1인당 고작 30달러에 불과하다. 실제 금액은 사실 더 줄어든다. 통상적으로 거의 5달러가 공여국의 상담 고문에게, 약 3달러 정도는 먹거리 원조와 다른 긴급 원조에, 또 다른 4달러는 아프리카의 외채 원금 상환 비용으로, 5달러는 외채 경감 작업에 소요된다. 실제로 아프리카에 주어지는 원조액은 12달러만 남게 된다. 2002년 미국의 해외 원조 중에서 사하라 이남 아프리카의 몫은 1인당 3달러 정도였는데, 삭스는 모든 부대 비용이 공제된 후 개인들에게 실제로 전달되는 액수는 겨우 6센트에 불과하다는 것을 보여 준다. 삭스가 말하는 결론은 분명하다 '우리가 원조의 효과를 보고자 한다면 결과를 얻기에 충분할 만큼 더 잘 제공해야 한다'(Sachs, 2005: 310).

부유한 나라들은 1970년 국민 총소득의 0.7퍼센트를 원조로 제공하겠다는 〈유엔〉의 목표를 위해 노력할 것을 천명했는데, 상당수는 이 약속을 지키지 못했다. 사실 이를 지킨 국가는 스웨덴·룩셈부르크·노르웨이·네덜란드·덴마크에 불과하다. 그리스를 제외하고는 미국이 국민 총소득의 비율로 볼 때 해외 개발 원조 공여국 중에서 제일 밑바닥이다. 국방비와 원조액을 비교해 보면 문제는 더 복잡해진다. 가령 2004년 미국은 해외 원조보다 국방비에 30배(4,500억 달러 대 150억 달러)를 더 썼다(Sachs, 2005: 329). 부유한 G8 국가들과는 달리 〈유럽연합〉은 2015년까지 국민 총소득의 0.7퍼센트라는 〈유엔〉의 목표에 도달하기 위한 시간표에 현재 동의한 상태다. 해외 원조가 좀 더 가시적인 성과를 내려면 원조 수준에 대한 국제적인 노력이 따라야 한다. 물론 외채 경감, 군사 훈련, 기술 이전(매우 포괄적 의미에서) 같은 의심스러운 항목까지 포함시켜서 숫자놀음을 하지 않는다는 것을 전제로 말이다.

원조의 수준이 약속에 비해 떨어진다는 것은 비판자들도 수용하는 것이지만 무엇보다도 가장 격렬한 비판은 원조의 본질, 특히 공여국과 수혜국 사이의 온정적이고 신식민주의적인 관계에 관한 것들이다. 해외 원조는 돈이든 먹거리든 상관없이 아주 오랜 옛날부터 지정학적 무기로 활용되었으며, 이러한 경향은 냉전의 종식과 함께 마무리되지 못했다. 일례로 미국 총 원조의 3분의 2는 석유가 풍부한 중동 지역에 위치한 미국의 핵심 동맹국인 이스라엘과 이집트로 향한다. 〈세계은행〉에서 30년간 일한 전문가는 이러한 맥락에서 또 다른 문제인 '기부자의 온정주의'를 지적하는데, 이것이 아프리카에서 수많은 원조 프로젝트가 실패한 까닭을 설명해 준다(Pomerantz, 2004).

'기부자의 온정주의'는 여러 가지 면에서 비생산적이다. 이는 프로젝트의 성공을 훼손하고 양자의 관계를 비참하게 만들며, 기부자들이 (수혜국의) 지역 토착 지식을 인식하고 존중하지 못하게 한다. 또한 기부자들이 아프리카인들이 스스로 고안해 온 '직접 조달'의 해결책을 볼 수 없도록 이들의 눈을 가린다. 여기서 과제는 선진국들이 개발도상국을 불평등하게 유지될 수밖에 없는 기부–수혜 관계를 애원하는 탄원자가 아니라 이들도 무언가 제공할 것을 가진 진정한 동반자로 받아들이는 것이다. 특히 더욱 균형 잡힌 협력 관계를 위해 선진국들은 아프리카 국가들이 무력한 희생자가 아니라 자기 미래의 주체라는 사실을 인식하고 존중하는 태도를 가져야 한다(Morgan et al, 2007a).

세 번째 사안은 원조의 거버넌스에 관한 것이다. 공여국의 입장에서 현재의 거버넌스 체계는 수혜국에게 너무 높은 거래 비용을 부과하고 있어서 매우 비효율적이다. 여기서 가장 중요한 사안 한 가지는 원조의 조율에 관한 문제다. 과거에 빈국들은 여러 공여자들과 각각 별도 협상을 해야 했다. 그런데 각 공여자는 독자적인 회계 체계를 가지고 있어서 제한된 역량을 활용하여 더 나은 결과를 만들어야 할 상황에서 공여자 방문단을 대접하거나 각각의 공여자를 위해 따로 정기 보고서를 준비하는 등 행정 체계에 엄청난 부담을 안겨 주었다. 개발도상국들에게 무엇보다 필요한 것은 공공투자의 규모를 확대할 수 있는 직접적인 예산 지원이며, 이 예산은 다수의 양자적 공여국들이 아니라 〈세계은행〉 같은 단일한 다자적 공여 기관에게서 받는 것이 훨씬 효율적이다(Sachs, 2005).

또한 수혜국 정부도 '굿 거버넌스'를 증진하기 위해 더욱 노력해야 한다. 개발도상국 정부들은 더 많은 직접 예산 지원을 얻기 위해 자신들이 빈곤 감축에 충분한 우선순위를 두고 있으며 개방적이고 투명한 공공 재정 체계를 운영하고 있다는 것을 기부 공동체에 입증할 필요가 있다. 그러한 보장이 없으면 공여국들은 당연히 개발도상국 지배 엘리트들의 약속을 의심할 것이다. 개발도상국의 일부 지배 엘리트들은 개인의 이익을 위해 공공의 지갑을 약탈하거나 국가의 자원을 건설적인 목적에서 파괴적인 목적으로 바꿔 놓는 것으로 잘 알려져 있다. 어떤 전문가(Sanchez et al, 2005: 8)는 다음과 같이 말한다.

먹거리 불안정이 심각한 국가들은 농업보다 국방에 두 배에서 세 배 정도를 더 지출하는 경향이 있다. (…) 농업 투자의 감소와 국방비 지출 증가의 조합은 지극히 우려스럽다. 노력한다고 밝히고는 있지만 이는 정부와 원조 기구들의 진정한 우선순위를 잘 보여 주는 매우 애석한 지표가 아닐 수 없다.

　개발도상국들은 예외 없이 '굿 거버넌스' 순위에서 낮은 점수를 기록하고 있다. 〈국제 투명성 기구〉가 해마다 발표하는 부패 인식 지수(CPI)는 개발도상국들이 선진국에 비해 훨씬 부패가 심하다는 인상을 준다. 하지만 〈국제 투명성 기구〉는 '내부적으로 덜 부패한 국가들이 매우 자주, 전 세계 빈국들의 부패를 영속화하는 데 주요한 역할을 계속하고 있기' 때문에 앞으로의 순위는 이를 좀 더 반영할 것이라는 점을 인정했다(Williamson, 2007).

　이 세 영역, 곧 원조의 수준, 본질, 거버넌스의 개혁은 원조 과정을 좀 더 효과적이고 효율적이며 형평성 있게 만드는 데 기여할 것이다. 하지만 이 모든 변화들이 간과하고 있는 것은 원조가 개발 의제를 독점하다시피 하는데도 실제로 원조는 전체 그림 중 극히 일부일 뿐이라는 사실이다. 빈국의 발전을 일구는 데 해외 원조가 적당한 역할을 한다고 주장하는 것과 원조 반대 로비 집단의 주장처럼 원조는 효과적이지 않다고 주장하는 것은 전혀 다르다. 전자의 주장은 선진국들이 펴고 있는 다양한 정책이 개발도상국에 영향을 미치고 있음을 인지하자는 것이다. 해외 원조 정책이 분명 가장 가시적인 것은 틀림없지만, 가장 중요한 것은 아닐 수 있다. 폴 콜리어Paul Collier는 이런 논의를 따르는 주장 가운데 가장 설득력 있는 주장을 제기하고 있다. 콜리어가 지적하듯이 원조는 여타의 정책 도구를 다양하게 활용할 수 있는 진정한 발전 전략 속에 자리 잡고 있을 때만 효과를 발휘할 수 있다.

　변화를 위한 우리의 지원이 결정적일 수 있다. 그러나 우리는 원조에 대해 좀 더 지적으로 접근해야 할 뿐 아니라 기존의 개발 패키지에서는 볼 수 없었던 수단을 활용하는 보완 정책도 강구해야 한다. 무역 정책, 안보 전략, (선진국) 법률의 변화, 새로운 국제 헌장 같은 것들 말이다(Collier, 2007: 192).

콜리어는 특히 그가 '밑바닥 10억 명', 즉 개발도상국 중 가장 가난한 나라라고 명명한 국가들에 관심을 가진다. 콜리어는 이들이 내전에 계속 시달리거나 '굿 거버넌스'의 기준을 이행하지 못하거나 이들 국가의 지배 엘리트들이 선진국 은행들의 암묵적 지원을 등에 업고 사적인 목적을 위해 공공자금을 독식하는 상황이라면 원조가 이들 국가들에게 줄 수 있는 도움은 거의, 또는 아무것도 없다고 보았다. 콜리어에 따르면 이와 마찬가지로 중요한 점으로서 부유한 공여국들(특히 〈유럽연합〉과 미국)의 무역정책은 반反발전 정책으로 설명할 수밖에 없음을 강조한다. 선진국들이 자국 농민의 수출을 보조하는 것이 개발도상국의 가난한 농민들을 망가뜨리는 반면, 빈국들이 서구 시장에 접근하는 것은 어렵게 만들기 때문이다. 요컨대 콜리어는 선진국의 다양한 정책(예컨대 무역, 원조, 안보) 간에 더 많은 상승작용이 있어야 한다는 점을 요청하는 것이다.

극심한 굶주림을 줄이는 데 실패한 까닭을 자원이, 지식이, 혹은 능력이 부족해서라고 설명하는 것은 이제 더는 타당하지 않다. 오늘날 풍요 속에 굶주림이 존재한다는 사실을 설명할 수 있는 믿을 만한 유일한 설명은 선진국(이들뿐만은 아니라 하더라도)의 정치적 의지 부족뿐이다. 하지만 새로운 전 지구적 추세와 개발도상국 내에서의 새로운 직접 조달의 철학이 결합된 새로운 힘들이 지금 떠오르고 있다. 이것은 마치 표면적으로 돕고자 했지만 역설적으로 그 나라들의 장기적인 먹거리 안보 전망을 훼손했던 전통적인 먹거리 원조에 작별 인사를 하는 것처럼 보인다.

원조에서 발전으로, 직접 조달 혁명

학교 급식과 개발 원조의 역사에서 완전히 새로운 시대를 여는 신호탄이 된 직접 조달 혁명은 전 지구적 상황과 지역적 상황이 독특하게 결합되면서 시작됐다. 전 지구적 차원에서 가장 중요한 계기는 2000년에 열린 밀레니엄 정상회의였다. 이 자리에서 〈유엔〉 회원국은 여덟 가지 밀레니엄 개발 목표(Millennium Development Goals, MDG)를 위해 공동으로 노력할 것을 약속했다.

밀레니엄 개발 목표는 즉각 학교 급식의 위상을 향상시켰다. 실제로 학교 급식 프로그램은 기아를 절반으로 줄이기, 보편적 초등 교육 달성, 양성 평등 증진이라는 목표를 직접 다루고 있다. 또한 아동 보건, 환경 교육, 에이즈나 말라리아 같은 주요 질병의 예방에 발판을 제공함으로써 질병과 빈곤의 경감에도 기여하고 있다.

굶주림을 줄이기 위한 새로운 방식은 필연적으로 농업에 대한 새로운 관심을 요구한다. 전체 영양 부족 인구의 70퍼센트 이상이 농촌 지역에 거주하며 음식과 생계를 농업에 직접 의존하고 있기 때문이다(United Nations, 2007). 가장 가난한 사람들에게 농업 부문이 이토록 중차대한 의미를 갖고 있음에도 최근 농업에 대한 해외 원조가 급속히 줄어들고 있다는 사실은 우리의 믿음과 상충된다. 농업은 기부 정책을 오염시키는 현재의 흐름에 희생됐음이 분명하다. 실제로 도시화와 산업화가 근대화의 '동력'이라는 유행하는 만병통치약과는 경쟁이 되지 않았던 농업은 어쩔 수 없이 '낙후된' 경제 부문으로 여겨져 왔다.

하지만 결국 국제 원조 공동체가 농업에 대해 갖고 있던 편견은 근거 없는 이데올로기라는 것이 드러났다. 〈식량농업기구〉는 '수많은 연구들이 농업 성장이 어떻

상자 7.1 밀레니엄 개발 목표

1. 극단적인 빈곤과 기아 근절
2. 보편적인 초등 교육 달성
3. 양성 평등 증진과 여성 역량 강화
4. 아동 사망률 감소
5. 모성 보건 개선
6. 에이즈, 말라리아 및 기타 질병과의 전쟁
7. 환경적 지속 가능성 보장
8. 개발을 위한 전 지구적 협력 관계 발전

게 도시나 산업의 성장보다 빈곤과 기아를 훨씬 더 많이 줄여 왔는지 보여 주고 있다'(FAO, 2006)고 밝혔다. 〈유엔 기아 대책위원회UN Task Force on Hunger〉가 〈유엔〉의 후원으로 만든 보고서 『기아를 절반으로: 달성 가능한 목표Halving Hunger: It Can Be Done』는 개발 논의가 새롭게 농업친화적으로 전환하고 있음을 아주 잘 포착하고 있다(Sanchez et al, 2005). 이 보고서는 일곱 가지 권고 사항에 더하여 두 가지 측면에서 기존 원조 정책을 강도 높게 비판한다.

1. 과거에 시행됐던 빈곤 경감 전략은 농업과 영양 문제에 거의 관심을 기울이지 않았다.
2. 관심을 기울였던 경우에는 농업과 영양에 각각 따로 개입함으로써 전반적인 효과가 줄어들었다.

〈유엔 기아 대책위원회〉는 잘못 설계된 빈곤 경감 전략을 극복하기 위해 기아의 증상이 아니라 원인들에 대응하는 통합적 접근 방식을 요청했다. 이런 맥락 속에서 '모든 급식 프로그램은 가능한 지역에서는 수입된 원조 식재료보다는 지역에서 생산된 식재료를 공급받아야 한다'(Sanchez et al, 2005: 12)는 〈유엔 기아 대책위원회〉의 권고가 나왔다. 〈유엔 기아 대책위원회〉는 개입 정책이 효과를 내려면 '상승 효과를 키우는 방식으로' 이용되어야 한다고 말했다. 즉 두 가지 이상의 개입 정책이 결합되면 전반적인 효과가 개별 효과의 총합보다 크다는 것이다. 〈유엔 기아 대책위원회〉는 상승 효과를 일으키는 행동의 사례로서 기아와의 전쟁을 위한 다음 세 가지 주요 조치를 언급한다.

1. 지역사회 영양 프로그램
2. 직접 조달 학교 급식 프로그램

3. 토양 건강과 물 프로그램

이에 대해 어떤 전문가(Sanchez et al, 2005: 18)는 다음과 같이 설명한다.

> 만성적인 영양실조와 낮은 농업 생산성이라는 이중 과제에 직면한 농촌 지역들에서
> 세 가지 개입의 조합을 통해 새롭고 매력적인 통합 프로그램을 구성할 수 있다. 지역
> 사회 영양 프로그램과 국내 조달 학교 급식 프로그램을 토양과 수자원에 대한 기본적
> 인 투자와 병행하여 시행하는 것이다. 이렇게 늘어난 지역의 생산량은 직접 조달 급식
> 프로그램을 운영하기에 충분한, 준비된 시장을 제공해 준다. 그 결과 발생하는 교육
> 효과(특히 여학생들을 위한)의 개선, 농업 생산과 소득의 증대, 모자 영양 상태 개선이 결
> 합된 상승 효과는 다양한 측면에서 지역사회의 굶주림을 해소할 것이며, 새로운 개입
> 을 위한 길을 열어 줄 것이다.

『기아를 절반으로』 보고서는 기아의 감축을 위해 이중 목표 접근 방식twin track approach의 필요성을 확립했다. 단기적으로는 증상을 경감시키면서 동시에 농업 생산성 증대와 농촌 개발 활성화를 통해 원인에 대처하는 접근 방식이다. 이를 통해 빈곤 경감 전략들 속에서 농업의 역할이 복권됐을 뿐 아니라 주류 국제 개발 기구들도 새로운 움직임을 받아들이기 시작했다. 심지어 개발에 대한 보수적 사고의 수호자인 〈세계은행〉마저도 이러한 사실을 꿰뚫어 보고 농업을 지지하게 됐다.[8]

〈식량농업기구〉에 따르면 빈곤 경감을 위한 이중 목표 접근 방식은 여러 개발도상국들에서 효과를 발휘했지만 '영양 부족이 가장 만연해 있고 세 명 중 한 명꼴로 충분한 먹거리에 대한 접근이 허용되지 않는 지역'인 사하라 이남 아프리카는 가장 큰 예외로 남아 있다(FAO, 2006: 5). 〈식량농업기구〉는 1990년 전 세계 영양실조 인구의 20퍼센트가 이 지역 사람들이었는데, 2015년 이전에 그 비중이 30퍼센트까

지 늘어날 것이라고 예측한다. 사하라 이남 아프리카는 전 세계에서 가장 가난한 사람들인 '밑바닥 10억 명'의 핵심 지역으로 국내 요인(내전이나 정치적 부패)과 글로벌 요인(불리한 생필품 무역 조건)이 최악의 상황으로 결합되면서 나아질 기미가 보이지 않고 있다(Collier, 2007). 이런 맥락에서 직접 조달이라는 수단은 희망적인 잠재력을 갖고 있다는 점에서 뒤에서는 사하라 이남 사례에 초점을 맞추고자 한다. 우리는 이 지역의 먹거리 불안정 상태는 단순한 농업 문제가 아닌 정치적 문제이므로 이중 목표 접근 방식을 보완하는 일련의 국내적 조치들이 필요하다고 주장할 것이다.

　새로운 흐름을 만들어 내고 있는 전 지구적 요인과 함께 지역적인 요인도 아프리카 개발도상국 내부에서 작동하고 있다. 아프리카에서 가장 중요한 새로운 변수는 아마 〈신아프리카 개발 파트너십(New Partnership for Africa's Development, NEPAD)〉일 것이다. 〈신아프리카 개발 파트너십〉은 2001년 〈아프리카 통합 기구(Organization of African Unity, OAU)〉 제37차 정상회의에서 다음과 같은 목표들을 채택했다.

- 빈곤의 근절.
- 개별적 · 집합적으로 아프리카 국가를 지속 가능한 성장과 발전의 경로로 끌어 올리기.
- 지구화 과정에서 발생하는 아프리카의 주변화 현상 중단.
- 여성의 역량 강화 가속화.

　〈신아프리카 개발 파트너십〉의 설립 원칙 중 첫 번째가 "평화 · 안보 · 지속 가능 발전의 기초 요건인 '굿 거버넌스'에 대한 헌신"이라는 점은 의미가 있다. 실제로 '취약한 거버넌스'로 하룻밤 사이에 먹거리 안정 상태가 불안정 상태로 바뀌는 등 끔찍한 대가를 치를 수 있다는 데는 의심의 여지가 없다.[9]

　하지만 〈신아프리카 개발 파트너십〉은 아프리카의 현 정치 상황에 대한 반성보다는 미래에 대한 열망이 더 크다는 점을 분명히 보여 주었다. 게다가 〈신아프리카 개발 파트너십〉은 본질적으로 지배 엘리트들이 주도하고 있으며, 국제 원조 기구들 역시 아프리카의 민중들보다는 지도자들과의 협력 관계를 형성하고자 해 왔다. 하지만 이 같은 약점들이 있음에도 〈신아프리카 개발 파트너십〉은 아프리카의 지배 엘리트들이 집단적으로 굿 거버넌스의 원칙을 위해 노력하겠다는 최초의 신호를 보냈다. 아프리카 대륙의 지도자들이 국내적으로는 기업 및 시민사회 단체들과, 외부적으로는 국제 원조 기구들과 새로운 협력 관계를 만드는 데 노력할 것을 약속한 것이다. 이러한 배경을 바탕으로 〈신아프리카 개발 파트너십〉은 2003년 〈세계 식량계획〉과 양해 각서를 체결하고 '직접 조달 학교 급식(Home-Grown School Feeding, HGSF)'을 우선 실천 프로그램으로 확정했다. 에티오피아·가나·케냐·말라위·말리·모잠비크·나이지리아·세네갈·우간다·잠비아가 신규 프로그램을 시범 착수하는 데 동의했다(WFP, 2007a). 실제로 학교 급식은 아프리카의 빈곤과 먹거리 불안정 상태를 완화할 수 있는 가장 중요한 장기 투자로 간주됐다.

직접 조달 학교 급식의 주요 도전 과제

〈아프리카 학교 급식 프로그램 네트워크African Network of School Feeding Program〉의 엠마누엘 오헤네 아포아콰Emmanuel Ohene Afoakwa 사무총장이 언급한 바에 따르면 직접 조달 모델이 직면한 가장 큰 도전 과제는 〈세계식량계획〉이 철수한 이후에도 이 프로그램을 지속시킬 방안을 모색하는 것이다. 개발도상국 정부들은 취약한 거버넌스와 불충분한 재정 및 조달 능력 때문에 국내 조달 프로그램을 제대로 관리하기가 쉽지 않다(Morgan et al, 2007a). 이러한 각각의 문제점을 차례로 간략하게 살펴보자.

거버넌스Governance

포괄적으로 말하면 거버넌스에는 수직적 차원과 수평적 차원이 있다. 수직적 차원은 초국가적·국가적·국가 하부 수준의 정치조직을 포괄하는 다차원적 거버넌스 체계를 가리키며, 수평적 차원은 이러한 각각의 차원들에 존재하는 조직들 간의 관계를 가리킨다. '직접 조달 학교 급식'이 성공적으로 시행되려면 건전한 수직적·수평적 관계가 필요하다. 수직적으로는 중앙정부와 지방정부 사이에서 전자가 법률로 선포한 것을 후자는 이행할 수 있다. 수평적으로는 정부와 그 동반자인 재계 및 시민사회 간의 관계다. 직접 조달 학교 급식은 전적으로 정부가 통제하는 과정이 아니라 상이한 여러 이해 당사자를 움직일 필요가 있다. 이 이해 당사자들이 상호 호혜적인 목적을 위해 협력하기 위해서는 신뢰할 만한 제도적 틀이 필요하다.

재정Finance

거버넌스는 개발도상국에게 늘 요구되는 과제이지만 안정된 재원을 확보하는 것은 훨씬 더 어려운 문제다. 재정상의 과제 중 가장 큰 것은 두 가지인데, 하나는 국제적인 먹거리 원조 체계를 개혁하는 것이며, 다른 하나는 개발도상국들이 정부 예산 집행의 안정성을 갖추는 것이다. 〈세계식량계획〉은 비구속적인 선불 원조up-front untied aid를 가장 이상적인 공여국 원조 형태로 선호한다. 미국의 먹거리 원조를 현금 원조로 전환하도록 설득할 수 있다면 〈세계식량계획〉은 어느 단계보다 중요한 착수 단계에서 직접 조달 모델 재원을 확충할 기회를 더 많이 얻게 될 것이다.

개발도상국들에서 핵심적인 과제는 각국 정부가 직접 조달 학교 급식 모델을 관리할 수 있는 재정적 책임성을 갖추도록 하는 것이다. 가난한 나라일수록 국가 예산을 두고 여러 용처들이 경쟁하기 때문에 수원국受援國 정부가 건설적인 목적(예컨대 영양 정책)의 예산을 파괴적인 목적(예컨대 군비 확충)으로 전용하지 않도록 국제 원조 공동체가 이러한 예산을 직접 지원하는 역할을 하는 것이 중요하다.

조달Procurement

거버넌스와 재정이라는 이중적인 도전 과제가 학교 급식 프로그램의 가장 큰 어려움이다. 이에 더하여 직접 조달 모델은 세 번째 도전 과제인 조달 문제도 안고 있다. 직접 조달 학교 급식은 기존의 학교 급식과는 달리 구매력을 활용하여 수입 먹거리를 지역에서 생산된 먹거리로 대체하는 것을 목표로 하기 때문이다. 선진국의 조달 관리자들은 자신들의 공급자들이 정확한 구매 규격서를 충족시키기에 충분한 역량을 갖추고 있다는 것을 잘 알고 있다. 반면 개발도상국의 조달 관리자들은 훨씬 더 어려운 과제를 안고 있다. 즉 되도록 최저가나 최고의 가치를 얻기 위해 공급자를 윽박지르는 것이 아니라 항상 적대적이고 변덕스러운 생계형 농업의 세계에서 일하는 소농들에게 의존하면서 무에서 공급을 창출해야 한다.

조달이 개발도상국에서 지역 개발을 증진하기 위해 의식적으로 활용된 적은 한 번도 없었다. 실제로 최근 몇 해 동안 아프리카에서 집행된 인도주의적 원조 중에서 겨우 10퍼센트만이 지역에서 생산된 상품과 서비스를 구매하는 데 사용됐다(Simpson, 2006). 세계 최대의 먹거리 원조 조달 기구인 〈세계식량계획〉은 사회적으로 책임 있는 구매자로서의 위상을 스스로 심각하게 의식하게 됐고 그에 따라 자신의 먹거리 조달 예산을 개발 수단으로 전환하기 위해 열심히 노력하고 있다. 〈세계식량계획〉의 조달력이 갖는 잠재력을 이해하기 위해 먹거리 구매 활동의 재정 규모와 지리적인 범위를 간략히 살펴보자.

〈세계식량계획〉먹거리 조달 활동의 규모는 2006년 84개국에서 약 200만 톤의 먹거리(6억 달러 상당)를 조달한 사실로 짐작해 볼 수 있다. 지리적인 범위는 중량 기준으로 77퍼센트가 개발도상국에서, 그중에서 50퍼센트는 최빈국이나 저소득 국가에서 구매됐다는 점에서 드러난다. 〈표 7.2〉에서 볼 수 있듯이 2006년 〈세계식량계획〉은 대부분의 먹거리를 아프리카에서 구매했다. 상위 10대 먹거리 원산지 국가 중 4개국이 아프리카 국가였다.

표 7.2 2006년 10대 먹거리 원산지 국가

순위	국가	먹거리 구매액(백만 달러)
1	우간다	41.2
2	에티오피아	37.0
3	파키스탄	34.7
4	캐나다	32.5
5	케냐	29.7
6	남아프리카공화국	28.6
7	에콰도르	28.0
8	터키	27.9
9	인도네시아	22.5
10	벨기에	22.0

출처: WFP in Africa

공개된 통계 자료는 〈세계식량계획〉 구매의 규모와 범위를 이해하는 데는 도움이 되지만, 무엇을 어디에서 왜 사는지를 결정하는 데 적용되는 원칙에 대해서는 말해 주지 않는다. 이 같은 조달 원칙은 〈상자 7.2〉에 요약되어 있다.

40년 이상 역량을 축적한 〈세계식량계획〉의 조달 지식은 수혜국들의 조달 능력과 극명한 대조를 보인다. 그래서 발생하는 지식의 격차는 추후에 〈세계식량계획〉이 무리 없이 철수하고자 할 때 반드시 메워져야 할 것이다. 하지만 개발도상국의 상황에서 지역의 조달 능력을 창출하는 것은 극히 어려운 과업이다. 우리는 다음 절에서 수요와 공급을 서로 결합하여 육성하는 것이 주된 과제임을 살펴보려 한다.

상자 7.2 〈세계식량계획〉의 먹거리 조달 과정

〈세계식량계획〉 재정 규범에 명시되어 있는 〈세계식량계획〉 먹거리 조달의 주된 목적은 '적절한 식재료를, 적절한 시기에, 비용 효율적인 방식으로 수혜자들에게 제공하는 것이며 〈세계식량계획〉의 구매는 이에 부합하는 동시에 공정하고 투명해야 한다.' 이에 더하여 '조건이 동일한 경우에는 개발도상국 상품의 구매를 선호한다'고 명시되어 있다.

〈세계식량계획〉은 원칙적으로 세 가지 수준, 곧 지역별, 권역별, 그리고 국제적인 수준에서 먹거리 조달에 관여한다. 국제적 조달은 〈세계식량계획〉 본부의 식량 조달국에 의해 다수의 목적지로 보낼 다양한 종류와 규모의 식재료에 대한 입찰을 통해 이루어진다. 결과적으로 이 입찰은 선진국과 개발도 상국 모두를 포함하여 그 지리적 범위가 넓다.

권역별 조달은 특정 권역을 대상으로 하는 입찰을 통해 이루어진다. 이 입찰은 주로 〈세계식량계획 권역 사무소WFP Regional Office〉가 발주한다. 지역별 조달은 〈세계식량계획 국가 사무소WFP Country Office〉가 주로 관장하는데 수혜자들이 살고 있는 수혜국 내에서 이루어지는 구매를 뜻한다.

구매는 자격이 입증된 공급자 간의 공개 경쟁 입찰 과정을 통해 이루어진다. 공급자 선정 기준은 다음과 같다.

- 계약을 유지할 수 있는 법률적 능력
- 특정 상품에 대한 전문성
- 계약 이행에 필요한 재정 기반
- 과거의 만족스러운 성과를 입증

입찰에 참여할 수 있는 공급자에게는 구체적인 품질 기준·배송 조건·포장·표시 등이 요구된다.

이러한 정보들은 〈세계식량계획〉이 '어디서 구매할 것인지 어떻게 결정하는가'라는 질문을 불러일으킨다. 공여자는 특정한 방식이나 지역 또는 특정한 목적지를 명시하여 구매해 달라고 요청할 수 있으며, 〈세계식량계획〉은 요구대로 물품을 조달할 의무를 지닌다.

공여자가 제시한 조건이 따로 없는 경우에 어디서 구매할지에 관한 결정은 적절한 시기와 비용 효율적 방식으로 수혜자에게 적절한 먹거리를 제공한다는 먹거리 조달의 기본 목적에 의거한다. 많은 경우지역 구매가 선호되는데, 이는 운송 비용뿐 아니라 구호 물품 전달에 드는 시간을 줄일 수 있다는 이점때문이다. 더구나 수혜자의 기호에 따른 수용성도 높다. 그 결과 여러 사례들에서 지역 먹거리 조달은기본 목적을 조화롭게 충족시키며, 자원 이전 효과로 수혜국 경제 상황도 개선시킨다. 하지만 모든 구매가 기본 목적에 부합하기 위해서는 각각의 사례별로 지역에서 선택 가능한 경우의 수 사이에 비용을비교하고 동일한 상품을 광역권역 혹은 국제시장에서 가져올 경우의 비용과 비교하게 된다.

입찰 결과 자체가 〈세계식량계획〉이 활동하는 다양한 시장을 대체로 잘 보여 준다. 하지만 언제나모든 시장에 대해 전체적인 그림을 보여 주지는 못한다. 해당 국가에서 농업과 먹거리의 안정적인 상태를 잘 이해하는 것이 시장 현황 정보를 만들 수 있는 가장 중요한 토대가 된다. 〈세계식량계획〉의 조달네트워크는 정기적으로 시장분석을 실시한다. 왜냐하면 주요 작물, 농업 생태권역, 생산 수준, 농업 절기, 최근의 먹거리 대차대조표, 먹거리 시장의 규모·위치·중요성, 주요 수출품과 수입품, 자유로운 먹거리 이동을 방해하는 요인, 지역 간 교역 및 운송 양식에 관한 정보를 파악하는 것이 의무사항이기 때문이다.

먹거리 조달은 도움을 가장 필요로 하는 사람들에게 가능한 한 신속하고 효율적으로 지원을 제공하는 공급 사슬에서 매우 중요한 연결고리다. 이상의 설명을 통해 이러한 기능이 얼마나 필수적인지, 그리고 빠른 시간 안에 책임 있게 먹거리를 조달하기 위한 노력들이 이해되기를 기대한다.

출처: WFP(2008)

아프리카의 개척자, 가나의 학교 급식 프로그램

학교 급식의 직접 조달 모델에 뛰어든 아프리카 국가 중에는 아프리카 서부에 위치한 가나가 선발 주자다. 식민 시기 동안 '황금 해안'으로 알려졌던 가나는 1957년에 영국에서 독립하여 2007년에 독립 50주년을 맞이했다. 과거에는 종종 정치적 불안이 발생하기도 했지만 현재는 아프리카에서 통치가 가장 안정적으로 잘 이루어지는 나라로 간주되고 있다. 가나는 특히 네 번 연속 자유롭고 공정한 선거를 치렀다. 아프리카 전문가들은 〈국민 민주 평의회(National Democratic Congress, NDC)〉에서 〈신애국당New Patriotic Party〉으로 평화적인 권력 이양이 이루어진 2000년 선거를 분수령으로 여긴다(Kwame, 2007).

인구 2,200만 명의 가나는 국가적인 빈곤선 아래에 있는 국민 수를 줄이는 데 실질적인 진전을 이룩했다. 실제로 1991년과 1992년에 전 인구의 52퍼센트였던 빈곤율이 2005년과 2006년에는 28퍼센트로 낮아졌다. 하지만 이러한 고무적인 국가적 통계가 주요한 지역적인 격차를 가리기도 한다. 빈곤과 먹거리 불안정이 가장 심각한 곳은 북부의 세 지역(북부·북동부·북서부)인데, 빈민의 거의 70퍼센트가 이곳에서 살고 있다(WFP, 2005).

행정구역 면에서 가나는 10개 광역권과 138개 기초 지역으로 구성되며, 수도인 아크라는 최남단에 위치한다. 최근 분권화 프로그램의 결과 광역 및 기초 지역들은 관할 구역의 복지에 대한 책임을 더 많이 지게 될 것으로 예상된다. 이러한 과정은 위기이면서 동시에 기회다. 긍정적인 측면에서는 지역 수준에서 분권화는 지역사회가 자신들의 사안을 좀 더 능동적으로 관리할 수 있도록 해 줌으로써 지역의 지식과 지역에서의 책무성을 증진시킬 것이다. 이는 특히 직접 조달 모델의 성공을 위해 매우 중요하다. 하지만 부정적인 측면에서는 더 부유하고 잘 조직된 지역일수록 직접 조달 모델의 성공 가능성이 높아질 것이며, 이 때문에 가난한 북부와 부유한 남부 간의 지역 간 격차는 더욱 심화될 우려가 있다.

가나의 학교 급식 프로그램은 특히 〈가톨릭 구제 서비스(Catholic Relief Service, CRS)〉와 〈세계식량계획〉이라는 두 조직의 선구적인 노력에 힘입어 오랜 역사를 지니고 있다. 가나에서 〈가톨릭 구제 서비스〉의 학교 급식 프로그램은 1959년부터 미국이 제공한 원조 먹거리로 시작됐다. 활동 대상은 가나 북부의 궁핍한 학교들이었고 사업 비용은 학생당 매일 약 0.15달러 정도였다. 이 프로그램의 특징은 높은 수준의 지역사회 참여를 이끌어 냈다는 데 있다. 〈학교 관리위원회School Management Committees〉가 학교에 관한 모든 문제에 대해 책임을 지고, 〈지역사회 식량 관리위원회Community Food Management Committees〉는 전반적인 관리를 책임졌다. 이러한 역할 분담 덕분에 교사들은 가르치는 데만 전념할 수 있었다. 또 〈가톨릭 구제 서비스〉는 관리·위생·조리법을 개선하기 위하여 지역사회를 대상으로 훈련 프로그램을 실시했다. 지역사회가 스스로 프로그램을 관리하도록 훈련받은 덕택에 〈가톨릭 구제 서비스〉의 역할은 단순히 학교로 식재료를 운송하는 것뿐이었다. 〈세계식량계획〉도 가나에서 약 40년 동안 학교 급식 프로그램을 관리해 왔으며, 〈가톨릭 구제 서비스〉 및 가나 정부와의 공조하에 대상 학교를 선정하고 있다. 〈세계식량계획〉의 대상 학교 선정 기준의 투명성을 보장하고 프로그램이 실행되는 지역사회에서 확인을 받는 과정을 거치는 것도 중요하다.

원래 가나의 '직접 조달 학교 급식(HGSF)' 프로젝트는 가나 정부와 〈신아프리카 개발 파트너십(NEPAD)〉 간의 협력 사업으로 기금을 마련하려 했으나, 〈신아프리카 개발 파트너십〉은 자신의 몫을 수행할 수 없는 상태였다. 다행히 직접 조달 학교 급식 프로그램은 진행될 수 있었는데 네덜란드 정부에서 기부 지원을 받아 가나 정부가 초기 비용을 충당할 수 있었기 때문이다. 2006년 4년짜리 프로그램으로 출범한 '가나 학교 급식 프로그램(Ghana Scool Feeding Program, GSFP)'은 다음과 같은 세 가지 목표를 갖고 있다.

1. 굶주림과 영양실조를 줄인다.

2. 학교 등록률, 출석률, 진학률을 높인다.

3. 국내 먹거리 생산을 촉진한다(가나 학교 급식 프로그램, 2006).

4년 프로그램의 전체 예산은 약 2억 1,170만 달러로 추정되며, 이 가운데 90퍼센트 정도가 식재료비다. 정부 부처나 기초 지역 의회 등 다른 협력 기관들은 공식 예산을 보충하기 위해 현금이나 현물 형태로 자원을 지원할 것으로 보인다. 네덜란드 비정부 단체의 한 관계자는 '적절하게 자금이 마련되어 계획한 대로 시행되기만 한다면, 가나 학교 급식 프로그램은 가나의 기아와 교육, 나아가 먹거리 안보와 빈곤의 풍경을 바꿔 놓을 수 있는 잠재력을 지니고 있다'(Sign, 2006)고 말한다. 앞서 확인한 재정·거버넌스·조달이라는 세 가지 도전에 직면한 프로그램을 위한 과감한 주장이다.

이 프로그램을 관리하기 위해 국가, 광역, 기초 및 지역사회 수준에서 새로운 거버넌스 구조가 형성됐다. 그러나 이러한 장치들이 의도한 대로 작동하지는 않았다. 국가 수준에서 중앙정부는 〈보건부〉·〈농업부〉·〈교육부〉·〈여성가족부〉·〈지방자치부〉의 다섯 부처로 구성된 장관급 감독위원회를 설립했다. 이 부처들 모두 가나 학교 급식 프로그램의 운명을 놓고 법적인 이해관계가 있으며, 그 때문에 중앙정부 최상층에서 치열한 권력 투쟁이 촉발됐다. 최근 〈지방자치부〉·〈농촌 개발부〉·〈환경부〉가 이 프로그램의 공식 책임 기관으로 정리되었는데 가나 학교 급식 프로그램이 기초 지자체 수준에서 시행되어야 할 필요가 있다는 점이 이러한 결정을 뒷받침하는 논리가 됐다.

기초 지자체 수준에서는 정부가 임명한 기초 지역 집행위원장이 가나의 138개 기초 지역별로 〈기초 지역 실행위원회(District Implementation Committee, DIC)〉를 구성하게 된다. 공식적으로 〈기초 지역 실행위원회〉는 은행 계좌 개설과 식재료 조달을 비롯하여 해당 기초 지역 내에서 프로그램에 대한 '절대적인 통제권'을 가진 다(GSFP, 2006). 하지만 〈세계식량계획〉이 지적했듯이 많은 곳에서 기초 지역 집행 위원장들이 전체 지역사회를 대표해 단독으로 결정을 내리는 '1인 위원회'를 구성 하는 등 〈기초 지역 실행위원회〉는 거의 기능을 하지 못하고 있고 실질적인 회의도 열지 못하고 있다.

가장 분권화된 최하부 수준인 학교는 〈학교 실행위원회(School Implementation Committee, SIC)〉가 수혜 학교의 조리사를 모집하고 식단을 결정하며, 지역 농민들 에게서 식재료를 조달받고 조리와 급식을 감독하는 역할을 맡는다. 〈학교 실행위 원회〉는 원래 학부모와 지역 촌장 등과 같은 핵심 구성원을 포함하도록 되어 있지 만 교장들이 급식 진행과 관련한 모든 업무를 실제로 해야 하는 경우도 있다.

원래의 가나 학교 급식 프로그램의 거버넌스 편성은 〈그림 7.2〉가 보여 주듯이 분권화되고 투명하게 의사 결정이 내려질 수 있도록 훌륭하고 건전하게 고안됐다. 하지만 현실에서는 본래의 구조에 못 미친다. 〈세계식량계획〉은 현장 답사 후 다 음과 같은 결론을 내릴 수밖에 없었다.

이 프로그램은 핵심 이해 당사자들이 시작 단계에서부터 각자의 역할을 수행할 준비 가 적절하게 이루어지지 않은 상태로 시행되어 왔다. 가나 학교 급식 프로그램은 프로 그램 시행 이전에 이해 당사자들에게 프로그램의 목적, 시행 지침, 각각의 역할에 대 해 설명해 주는 적응 및 교육 프로그램을 시작하기로 되어 있었다. 그러나 이 프로그 램은 진행되지 않았고 그 결과 프로그램 시행의 이해 당사자들은 자신들이 무엇을 시 행해야 하고 각자의 역할은 무엇인지를 거의 또는 전혀 이해하지 못했다. (…) 분권화 는 통치를 받는 이들이 자신들의 행복에 영향을 주는 결정을 스스로 내릴 수 있는 기 회를 만들어 줄 수 있어야 한다. 그러나 가나 학교 급식 프로그램의 시행에서 이런 일 은 대체로 일어나지 않았다. 그 결과 의사 결정이 때로는 한 개인에 의해, 또는 대부분

그림 7.2 가나 학교 급식 프로그램의 다층적 거버넌스

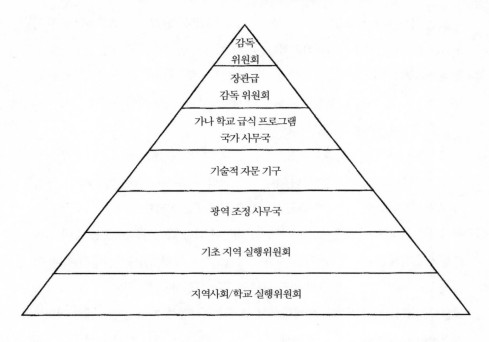

감독
위원회

장관급
감독 위원회

가나 학교 급식 프로그램
국가 사무국

기술적 자문 기구

광역 조정 사무국

기초 지역 실행위원회

지역사회/학교 실행위원회

출처: WFP(2007b)

소수의 입장에 의해 이루어졌다. 궁극적으로 의사 결정이 하향식 방식을 취하게 된 것이다(WFP, 2007b: 44).

이러한 몇몇 문제들이 계획된 것을 전달하는 데 실패했기 때문이라면 계획 자체의 부적절함에서 발생하는 문제도 있었다. 계획상의 실수 중에서 아마 가장 중요하면서도 힘빠지게 만든 것은 이미 정착되어 있던 오랜 구조를 활용하지 않고 새로운 거버넌스 구조를 창출하고자 했던 결정이었을 것이다. 원래 기초 의회와 〈학교 관리위원회〉가 있었는데도 '가나 학교 급식 프로그램은 합법적으로 구성된 이 모든 기구를 무시하고 어떠한 법적 의무도 가지지 않는 새로운 기구를 설립했다'(WFP,

2007b, 45).

조달 역시 거버넌스 만큼이나 문제를 안고 있었다. 원래 프로그램에서는 지역 주민들로 구성된 〈학교 실행위원회〉가 지역 농민과 협력하여 지역산 식재료를 공급하도록 계획되어 있었다. 그런데 결과적으로는 두 개의 또 다른 조달 체계, 곧 '공급자 모델'과 '위탁 급식 업자 모델'이 등장했고 이들 모두 지역 농민을 위해 지역 시장을 만들자는 목표를 훼손했다.

외부 공급자에게서 식재료를 조달하는 모델은 2006년에 시작된 새로운 방식이었다. 시범 단계를 거쳐 이때부터 가나 학교 급식 프로그램의 규모가 커졌다. 공급자 조달 모델의 장점은 두 가지다. 교사들은 교육에만 전념할 수 있고 외부 공급자들이 현금과 신용의 활용도가 높다는 점 때문에 민간 공급자들은 종종 공공 지출 과정에서 발생할 수 있는 지연 문제를 줄일 수 있다. 하지만 〈세계식량계획〉의 사례 연구가 보여 주듯이 공급자 조달 모델은 심각한 결함을 안고 있다. 민간 공급자들은 식재료를 해당 지역사회 바깥에서 구매하기 때문에 지역 농민들에게 어떠한 직접적인 시장 접근 기회도 제공하지 않는다. 그 때문에 가나 학교 급식 프로그램의 핵심 목표의 하나가 무효가 된다. 또한 지역사회의 역할을 과소평가함으로써 지역사회가 어떤 식재료를 어디서 조달할지 결정하는 데 전혀 관여하지 못한다.

위탁 급식 업자 조달 모델은 아크라 대도시권 같은 도시 지역에서 시행됐다. 도시 내 지역사회일수록 학교를 기반으로 하는 활동에 대한 참여의 관심도가 떨어진다. 이 모델에서는 위탁 급식 업자가 모든 핵심 기능을 충족시킨다. 이들이 식재료를 구매하고 저장하며, 학교에서 떨어진 중앙 조리 센터에서 조리를 하고 학교로 배달하여 최종적으로 아이들에게 급식이 이루어진다. 식단은 기초 의회의 동의를 얻어야 하지만 학교나 지역사회의 개입은 거의, 또는 전혀 없다. 이러한 위탁 급식 업자 조달 모델의 문제는 공급자 조달 모델과 동일하다. 오히려 도시의 공급자일수록 수입 식품을 구입할 기회가 많아지기 때문에 학교 인근의 지역 농민뿐 아니라 국내 농민 전체를 취약하게 만든다는 문제가 추가된다.

이러한 문제들 때문에 〈세계식량계획〉 사업단은 '학교 기반 조달 모델'을 권고하기로 결정했다. 이 모델에서는 '지역사회가 무엇을, 언제, 어떤 가격으로 살 것인지 결정한다'(WFP, 2006: 28). 나아가 중간상인이나 장거리 운송 과정이 없기 때문에 비용 절감 효과와 투명성이 더 큰 것으로 나타난다. 하지만 학교 기반 모델이 여러 장점을 지녔음에도 기초 지자체 수준에서 활동하는 몇몇 직원들은 난색을 표명하는 경향이 있다. 이 모델이 가진 비공식적인 성격 탓에 '부패로 향하는 관문이 열릴' 수도 있다는 이유에서다(Fisher, 2007: 22).

가나 학교 급식 프로그램의 성과가 처음의 약속에는 다소 미치지 못했지만 시범 단계에서 몇 가지 고무적인 결과가 나타나기도 했다. 특히 수혜 학교의 등록률이 20.3퍼센트 늘어났다(참고로 비수혜 학교의 등록률은 2.8퍼센트 늘어났다). 또한 수혜 학교의 진학률도 높아졌다. 하지만 이러한 성공에 따르는 새로운 문제도 노출됐다. 학급 수가 늘어난 만큼 추가로 교사가 충원되지 못하고 있어서 늘어난 학생을 관리할 새로운 자원이 지원되지 않으면 교육의 질이 떨어질 수도 있다.

〈세계식량계획〉은 애초에 프로그램을 관리하도록 설계한 정교한 거버넌스 편성이 분명히 제대로 작동하지 않고 있다는 것을 보여 주었다. 특히 〈농업부〉와 〈보건부〉는 큰 기여를 못 하고 있는데 감시·감독과 평가를 개선할 필요가 있고 무엇보다 '지역사회가 프로그램에 기여할 기회를 가져야만 한다'(WFP, 2007b, 53).

〈세계식량계획〉의 현장 연구에 따르면 프로그램 원안의 일부였던 분권화된 학교 기반 조달 체계도 자주 무시됐다. 공급자 조달 모델과 위탁 급식 업자 조달 모델의 활용은 왜 가나 학교 급식 프로그램이 수혜 지역사회의 농업 생산성에 긍정적인 효과를 만들어 내는 데 실패했는지를 설명해 준다. 따라서 학교에서 발생하는 지역의 수요가 지역 농민에게 혜택이 될 수 있도록 더 많이 노력해야 한다. 그러나 가난한 농민을 지지하는 정책을 시행하기 위해서는 소규노 생계농이 지배적인 가나의 농업 현실을 더 잘 이해해야 한다. 이들의 가구당 평균 토지 면적은 1.6헥타르밖에 되지 않지만 이들이 전국 농업 생산량의 80퍼센트를 담당한다. 최근 들어 농업 부문이 성장을 보이고는 있지만 비효율적인 농사 관행, 강수에만 의존하는 천수답형 농업, 생산물의 판로 부족 등이 결합되어 가나의 농업 발전을 저해하고 있다. 그 결과 주곡 생산 농민의 58퍼센트가 '먹거리 불안정 상태'에 처해 있다(WFP, 2006).

수요와 공급을 조율하는 것은 가나 학교 급식 프로그램이 초기 계획 단계에서 파악했던 것보다 훨씬 더 어려운 과제였다. 지역 농민을 위한 지역 시장을 창출한다는 생각에 대해 가나 정부만이 비현실적인 가정을 가졌던 것은 아니었다. 국제 원조 공동체 역시 직접 조달 모델이 굶주림과의 전투에서 '신속한 승리'를 가져올 것이라 순진하게 생각했다. 보고서 『기아를 절반으로』를 작성한 전문가들도 지역 농민들이 생산한 더 많은 농산물을 위해 학교가 '준비된 시장'이 될 것이라 전망했다. 요컨대 공여자와 공여 기관 모두 직접 조달 학교 급식 모델(HGSF)이 밀레니엄 개발 목표를 달성할 수 있는 빠르고 쉬운 방법이 될 수 있을 것이라고 주장하면서 실현 가능성이 낮은 비현실적인 시간 계획을 제시했던 것이다(Morgan et al, 2007a).

많은 경제학자들의 주장과 달리 '수요와 공급'의 힘은 인간이 배제된 무미건조한 자연법칙이 아니다. 가령 직접 조달 모델에서 실제로 '수요'가 의미하는 것은 학교와 기초 지자체를 운영하는 사람들이다. 이들은 학교 급식 이외에도 다양한 수요를 발생시켰다. 그리고 '공급'은 놀라울 정도로 가난한 생계농들로 구성된다. 이들이 농업 생산을 늘리고 학교가 과거에 상상했던 그런 곳이 아니라는 것, 즉 이제는 시장이라는 점을 이해하기 위해서는 농업 지도 사업 형태의 도움이 필요하다. 조달은 수요와 공급을 서로 조율하는 데 기여할 수 있다. 그러나 그렇게 되려면 이러한 수요-공급의 힘과 관계가 사회적으로 구성되고 문화적으로 오랜 시간이 걸려 만들어진다는 점을 충분히 인식해야 한다. 가나 학교 급식 프로그램을 위협하는 조달 문제를 극복하려면 먼저 원조 공동체가 '신속한 승리'나 '준비된 시장'처럼 단연코 도움이 안 되는 용어를 폐기해야 한다. 직접 조달 모델이 여기에 참여하는 모든 사람들에게 가파른 학습곡선을 만들어 준다는 사실을 무시하는 것이기 때문이다.

시급하게 해결해야 할 세 번째 문제는 가나 학교 급식 프로그램의 재원 문제다. 가나 정부는 초기에 국가 예산으로 프로그램에 자금을 제공하는 용감한 결정을 내렸고, 그래서 지속성과 안정성이 보장됐다. 하지만 현재의 4년짜리 프로그램은 네덜란드 정부의 재정 지원 덕분에 가능했고 2010년 종결 예정이다(Fisher, 2007). 앞으로는 프로그램 재원을 어떻게 마련할 것인가?

가나 학교 급식 프로그램을 위한 건전한 재정 기반을 마련해야 한다는 가나 안팎에서의 주장은 그것이 지니고 있는 본질적인 인도적 가치들에 근거한 것이다. 우리가 좀 더 잘 이해할 필요가 있는 것은 가나 학교 급식 프로그램이 아프리카 전체를 위해 중요한 학습 곡선이라는 점이다. 이 점은 2007년 10월 직접 조달 학교 급식의 〈신아프리카 개발 파트너십〉 프로그램을 위한 새로운 설계도의 초안을 작성하기 위해 아프리카 12개국 정상이 아크라에 모였을 때 인정됐다. 이때 가나 학교 급식 프로그램 사무총장 콰메 아모아코 투푸르Kwame Amoako Tuffour 박사는 직접 조달 학교 급식 프로그램을 지속시키기 위해 공여국, 비정부 단체, 시민사회단체가 재원을 출자하는 새로운 신용 기금을 출범시킬 것을 주장했다(이 비용은 가나 정부 자력으로는 조달이 불가능하다). 하지만 〈세계식량계획〉의 〈아프리카 통합 기구(OAU)〉 협력 담당 롤랜드 시반다Roland Sibanda는 정부들이 국제사회에 자금을 요청하기 전에 먼저 직접 조달 모델에 자국 자원을 투입해야 한다고 강조한다. 우리가 볼 때 이 두 입장 간에 실질적인 모순은 없는 것 같다. 직접 조달 학교 급식이 성공하기 위해서는 지역에서 갖춘 자원(지역의 노력을 보여 주는)과 외부 자금(전 지구적 지원과 연대를 보여 주는)을 서로 결합해 재원을 마련하는 것이 가장 이상적이기 때문이다.

미래에 요구되는 로컬-글로벌 협력의 좋은 사례가 바로 〈세계식량계획〉이 가나 학교 급식 프로그램의 질을 높이고 범위를 확대하기 위해 현재 제공하고 있는 실질적인 지원이다. 이 사례는 재정만큼이나 전문성 역시 중요하다는 점을 잘 보여 준다. 예컨대 〈세계식량계획〉이 기본으로 제공하는 먹거리로 가나 학교 급식 프로그램 식단을 만들어 시험해 보고 여기에 주요 영양소를 첨가하는 것이다. 〈세계식량계획〉은 소비량 증가분을 충당하기 위해 지역의 생산 능력을 확충하는 것을 돕고 있다. 즉 요오드화 소금, 야자유, 영양소 강화 옥수수–콩 혼합물, 옥수수 가루 등을 생산하여 이를 영양 강화 식품 전국 공급망을 통해 판매하는 것을 지원하는 것이다. 이와 같은 실질적인 협력 관계는 기본적으로 1차 농수산물 생산자 조직을 포함시키도록 확대되어야 하며, 그렇게 되면 다음의 두 가지 주요한 혜택을 가져올 수 있는 잠재력을 갖게 된다.

1. 토양 관리, 생산 기법, 시장 판로 등에 관해 소농들이 서로 지식을 공유할 수 있는 수단을 제공해 준다.
2. 소농들이 서로 협력하여 먹거리 사슬 속에서 상인과 가공 업자, 소매 업자들에 대한 교섭력을 증강시킬 수 있도록 지원해 준다.

가나 학교 급식 프로그램의 운명은 모든 개발도상국 정부들의 관심사가 되어야한다. 직접 조달 학교 급식 프로그램은 겉으로 보이는 것과는 달리 이미 단순한 학교 급식 이상에 관한 것이기 때문이다. 무엇보다도 이 프로그램은 공동의 활동을위한 확고하고도 투명한 틀을 창출하는 것이다. 둘째, 선거로 정치가 불안한 상황에서도 이 체계가 유지될 수 있도록 하기 위해 전담 예산을 만들어 내고 지속시키는 일이다. 셋째, 소농들이 생계농에서 상업농으로 전환할 수 있도록 지원하고 육성하는 방향으로 구매력을 활용하는 법을 배우는 일이다. 넷째, 부패를 근절하고 시민사회와 재계의 적극적인 지원을 이끌어 내는 일이다. 직접 조달 모델을 있는 그대로 보게 되면 부분에서 전체를 볼 수 있게 되며, 윌리엄 블레이크William Blake

의 불멸의 명언을 빌리자면 '한 알의 모래알에서 세상을 보는' 것이다.

이러한 해석이 옳다면 직접 조달 모델은 개발도상국 정부들에게 정치적으로 최우선 과제가 되어야 할 것이다. 직접 조달 모델은 보건·교육·농업 개발·여성 역량 강화 등과 같은 밀레니엄 개발 목표의 핵심에 놓여 있는 다각적인 혜택들을 가져다줄 수 있는 잠재력을 지니고 있기 때문이다. 여기에 원조 공동체가 '스스로를 돕고자 하는 가난한 나라들'을 도와야 하는 중요한 책임이 있다. 하지만 이를 위해서 선진국들이 개발도상국과 관계를 맺고 개입하는 방식에 커다란 변화가 필요하다. 즉 원조 공동체 전체는 발전과 원조를 혼돈하는, 즉 수단과 목적을 섞어 버리는 습관을 버려야 할 것이다.

실행하며 배우기는 직접 조달의 과제

직접 조달 학교 급식 모델은 과거의 경험과 근본적인, 심지어는 최초 설계자가 인식했던 것보다도 훨씬 더 근본적인 단절을 만드는 것이며, 따라서 '학교 급식의 혁명'으로 불리기에 충분하다. 더 정확하게는 지금 진행 중인 혁명의 프로그램을 계획하는 것과 그것을 실현하는 것은 완전히 다른 일이기 때문이다. 심지어 이 분야의 선두 국가인 가나마저도 프로그램을 수행하는 데 있어 농가와 학교, 즉 생산과 소비 간의 연계가 부족했다는 점에서 큰 아쉬움을 남긴다. 이는 가나 정부의 책임이지만 동시에 원조 공동체의 책임이기도 하다. 실제로 원조 공동체는 "지역 농민들이 지역 학교에서 자신들의 생산물을 소비해 줄 '준비된 시장'을 발견할 수 있을 것"이라고 제안한 이상으로 잘 알고 있어야 했기 때문에 책임이 더 크다. 직접 조달 모델이 성공적으로 시행되려면 선진국과 개발도상국 간에는 새로운 협력 관계가 필요하다. 그 과정에서 발전이란 용어는 실천적 의미를 지닌, 전일적이며 통합적인 정책의 조합을 필요로 하는 다차원적 개념으로 이해되어야 한다.

발전을 향한 길 위에 놓인 서로 연관된 수많은 장애물을 생각할 때 학교 급식은 주목을 끌기에는 너무나 평범한 프로그램이라고 생각될 수도 있다. 하지만 현실만큼 진실을 잘 보여 줄 수 있는 것도 없다. 진정성을 가지고 바라보면 직접 조달 모델은 발전이라는 한 편의 드라마를 보여 주는 축도縮圖다. 직접 조달 학교 급식 프로그램을 기획하고 시행하는 방법을 학습하는 개발도상국들은 다른 여러 가지 학습도 하게 된다. 가령 공공 행정, 재정 계획, 조달, 농업 혁신, 농촌 개발 등이다. 따라서 직접 조달 모델은 실천을 통한 학습으로 이해해야 하며, 그 과정이 주는 최종 산물인 영양 많은 음식은 더 큰 과정을 구성하는 일부분에 불과하다.

8장
공공 급식의 힘

사람들의 복지가 최상위의 법이다(키케로Cicero, 『법률De legibus』).

　학교 급식 개혁은 국가적 맥락이나 문화적 상황이 어떻든 간에 21세기에 한 사회가 스스로에게 던질 수 있는 가장 설득력 있는 윤리적·정치적·경제적 질문들을 제기한다. 국가는 시민들의 행동을 더 나은 방향으로 바꾸기 위해 노력해야 할 의무를 지고 있는가? 이러한 조처들이 혹여 '보모 국가nanny state'가 사적 영역인 개인의 자유와 선택을 부당하게 침해하는 것은 아닌가? 한 사회가 아동과 약자들을 위해 영양 많은 학교 급식에도 투자하지 못하면서 자신들이 지속 가능하다고 진정을 담아 주장할 수 있는가? 만약 사회가 그러한 투자를 결정한다면 어떻게 그러한 선의를 모범적인 실천으로 바꾸어 낼 수 있을까? 달리 말하면 지속 가능한 학교 급식이 갖는 핵심적인 특징은 무엇이며, 이는 북반구의 부국뿐만 아니라 남반구의 빈국에서도 적용 가능한가? 마지막으로 사회가 지속 가능성의 이름으로 자국의 먹거리와 농업 부문을 더욱 '지역화'해야 할 것인가, 아니면 공정무역의 이름으로 더욱 '지구화'해야 할 것인가?

　이러한 질문들을 비판적이면서도 건설적으로 논의하기 위해 우리는 이 책에서 살펴본 다양한 장소들에서의 구체적인 경험에 근거하고자 한다. 이 책은 분명 정책과 실행의 세계 속에서 가장 혁신적인 학교 급식 개혁가들이 이룩한 성과들에 대한 유용한 준거점을 제시한다. 이러한 경험적인 초점을 보완하기 위해 우리는 사회과학에서의 몇 가지 이론적 논쟁들도 근거로 삼았다. 지금까지 학교 급식이 이러한 사회과학의 논쟁에서 다루어진 적은 거의 없었지만 우리는 학교 급식이 오늘날 사회과학을 관통하고 있는 질문들, 가령 더욱 지속 가능한 사회를 증진하기 위한 공공 영역의 역할이나 인류가 '가장 가까운 친근한 이웃'뿐 아니라 '멀리 떨어져 있는 타자'에게 빚지고 있는 윤리적 의무 같은 것들을 탐색할 수 있는 가치 있는 프리즘이라고 믿는다. 요약하면 마지막 장의 목표는 지속 가능한 학교 급식 전략에 관한 이론과 실천을 다양한 문화적 맥락 속에서 다루는 것이다.

학교 급식의 새로운 도덕경제, 공공의 돌봄 윤리

　최근 들어 주류 경제학의 과도한 공리주의에 대한 반발의 일환으로, 또 학계와 활동가들이 본질적으로 중요하다고 생각하는 규범적인 사안들(보건이나 복리 등)을 다룰 수 있는 도구의 일환으로 도덕경제moral economy 개념이 다시금 주목받고 있다. 이 분야의 가장 저명한 사회학자인 앤드류 세이어Andrew Sayer는 도덕경제를 다음과 같이 설명한다.

　　이는 타자에 대한 개인과 제도의 책임과 권리에 관한 규범과 정서를 구체화한 것이다. 이러한 규범과 정서는 '선' 개념을 정의와 평등의 문제를 넘어서, 가령 경제활동의 필요와 목적에까지 확장시키고 있다. 이는 더 나아가 환경을 어떻게 다룰 것인가 하는 문제까지 확장되기도 한다(Sayer, 2000).

이 개념은 현대 경제의 어떤 부문에라도 적용할 수 있겠지만(요즘 우리는 '기업의 사회적 책임' 같은 매우 조악한 모방만을 볼 수 있을 뿐이지만) 특히 학교 급식은 분명 도덕경제에 대해 생각해 볼 수 있는 가장 가까운 맥락이다. 이 경우에는 소비자가 보호와 지도와 양육을 필요로 하는 아이들이기 때문이다. 이런 점에서 우리는 학교 급식의 도덕경제는 돌봄 윤리에 의해 강화되거나 이와 통합되어야 한다고 주장한다.

일반적으로 도덕경제는 대체로 정의의 원칙이나 권리와 연계되는 반면, 돌봄 윤리는 관계와 연계된다. 몇몇 페미니즘 학자들이 '돌봄'은 공식적이고, 추상적이지 않고 구체적인 상황과 연결되며, 원칙이 아니라 행위로서 가장 잘 발현된다고 주장한다. 돌봄 윤리를 옹호하는 페미니스트들은 '도덕성이란 보편적이고 추상적인 원칙에 근거하는 것이 아니라 일상적 경험, 그리고 삶 속에서 사람들이 겪는 도덕적인 문제에 근거한다'고 말한다(Tronto, 1993, 79).

이러한 페미니스트들의 관점은 학교 급식의 도덕경제에 대해 두 가지 이유에서 매우 적절하다고 할 수 있다. 첫째, 페미니스트들은 학교 급식의 핵심 활동인 돌봄이 어떻게 현실 정치의 공론 장에서 가치가 절하되어 왔는지 이해할 수 있도록 도와준다. 반면에 이들은 지속 가능 발전의 원칙에 더 잘 부합하는 새로운 돌봄 윤리를 창출하는 데 학교 급식 혁명이 지니고 있는 잠재력에 주목해 왔다. 자본주의 사회에서 돌봄의 본질에 관해 선구적인 연구를 해 온 조앤 트론토Joan Tronto는 이러한 주장을 발전시키는 데 이상적인 출발점을 제공해 준다.

트론토는 『도덕의 경계: 돌봄 윤리를 위한 정치적 논거Moral Boundaries: A Political Argument for an Ethic of Care』에서 '인간 생활의 중심부에 자리할 것 같은 돌봄이 어째서 현실에서는 그토록 주변적인 것으로 다루어지는가' 하는 핵심적인 질문을 던진다(Tronto, 1993: 111). 이 문제를 다루기 위해 이 책은 공공 생활에서 여성의 대의를 증진하기 위해 페미니스트들이 자주 제기했던 '더 많은 여성들이 정치에 참여할 때만이 정치가 더 도덕적으로 될 수 있다'는 주장을 신랄하게 비판한다. 특히 트론토는 돌봄과 양육, 모성애의 중요성, 인간 관계의 유지, 평화라는 최우선 가치 등과 같은 호소력 강한 친근한 가치를 포괄하는 '여성의 도덕성' 논리가 크게 실패했다고 비판한다. 그러한 주장이 정치 영역에서 중산층 여성의 대의를 증진하는 데 실패했을 뿐 아니라 가난한 여성과 소수민족 여성을 주변화했기 때문이다. 역설적으로 트론토는 "'여성의 도덕성'을 말하는 것을 그만두고 대신에 전통적으로 여성과 결부되어 온 가치들을 포함하는 돌봄 윤리를 말해야 한다"(Tronto, 1993, 3)고 핵심 주장을 밝혔다.

트론토에 따르면 '여성의 도덕성' 주장이 정말로 잘못된 길로 접어든 것은 18세기 후반에 공공 영역과 사적 영역 간의 이데올로기적 경계가 확립됐다는 사실에 있다. 공공 영역은 이성과 정치가 지배하는 남성 지배적 영역인 반면, 사적 영역은 여성으로 한정되는 감정과 도덕성의 영역이다. 트론토의 관점에 따르면 많은 페미니스트들이 돌봄을 개인적 관계를 중심으로 하는 사적 세계로 귀속시키면서 의도하지 않게 이러한 이데올로기적 경계를 강화하고 있으며, 이는 18세기 이래로 서구의 주류 철학의 행위와 일치한다. 페미니즘, 더 나아가 진보 정치 일반을 위해서도 사적 영역에만 국한되지 않는 돌봄 윤리를 발전시키는 것은 중요한 과제다.

트론토는 자신의 주장을 구성하기 위해 베러나이시 피셔Berenice Fisher와 함께 발전시킨 돌봄의 정의에 근거를 둔다.

가장 일반적인 수준에서 돌봄은 자신의 '세계' 속에서 가능한 한 살아갈 수 있도록 이 세계를 유지하고 지속하며 고쳐 나가기 위해 행하는 모든 일을 포함하는 유적 활동으로 보아야 한다고 우리는 제안한다. 그 세계에는 우리의 몸, 우리 자신, 우리의 환경

등 완벽한 생명 부양 체계 속에서 우리가 관계를 맺으려고 하는 모든 것이 포함된다 (Fisher and Tronto, 1991: 40).

트론트에 따르면 돌봄에 대한 이런 미묘한 규정에서부터 몇 가지 쟁점이 생겨난다. 첫째, 돌봄은 인간 관계에만 적용되는 것이 아니라 사물과 환경 일반까지 모두 포괄한다. 둘째, 돌봄이 쌍방적이거나 개인적이라는 가정은 부적절하며, 따라서 가장 정형화된 형태의 돌봄 관계(가령 모자 간의 낭만화된 관계)로 묶일 수 없다. 셋째, 돌봄 행위는 대체로 문화적으로 규정되며, 따라서 사회마다 다른 형태의 돌봄 행위가 가능하다. 넷째, 돌봄은 단순히 지적 관심이나 성격적인 특징이 아니라 일상생활 속의 생생하고 능동적인 인간의 관심사다.

트론토의 연구는 학교 급식의 두 가지 특징을 설명하는 데 도움을 준다. 첫째, 돌봄 제공자들(식재료 장만, 요리, 배식, 돌보기 등은 대부분 여성 노동력이 담당한다)의 낮은 지위는 우연이 아니라 급식이 갖고 있는 체계의 속성이라는 것을 깨닫게 해 준다. 둘째, 여건이 개선된 20세기 후반 상황에서도 여전히 학교 급식이 정치적 우선순위가 낮은 까닭을 설명해 준다. 간단히 말해 돌봄이 대체로 사적 영역으로 한정되어 있는 한(물론 공공 부문의 사회 서비스에서 최소한의 돌봄으로 보완되기는 한다) 노동과 정치의 영역에서 천덕꾸러기 지위를 떨쳐 버릴 수 없을 것이다. 트론토는 이러한 문제를 극복하기 위해 더욱 확장된 공공의 틀 속에서 돌봄을 사고하자고 제안한다. 만약 그러한 틀이 만들어져서 지속되려면 '돌봄 윤리는 돌봄에 가치를 부여하고 이렇게 변화된 가치를 제도가 반영할 수 있도록 재편하려는 정치적 노력을 필요로 한다'(Tronto, 1993, 178).

트론토가 제안한 '공공의 돌봄 윤리'는 우리 사회에서 정의의 원칙과 맞먹는 중요성을 '돌봄'에 부여함으로써 돌봄의 지위를 높여 준다. 도덕경제는 돌봄과 정의의 연대를 요구한다. 돌봄 없는 도덕경제는 동정심이 부족하고 정의 없는 도덕경제는 권리를 소홀하게 취급할 것이다. 많은 이론가들은 도덕성을 보편적으로 접근 가능하게끔 확장시키고자 한다면, 다시 말해 '소중한 가까운 사람들'뿐 아니라 '멀리 떨어진 타자들'에게도 실질적인 지원을 제공하고자 한다면, 돌봄과 정의를 동전의 앞뒷면처럼 다루어야 한다고 주장한다(Clement, 1996; Smith, 1998; Held, 2005; Sayer, 2007).

학교 급식의 기초적인 도덕경제는 20세기 복지국가(대개는 유럽)에서 등장했다. 하지만 전통적인 도덕경제는 다음과 같은 세 가지 단점을 지닌다.

1. 가장 기초적인 돌봄 개념으로만 한정됐다.
2. 급식이 시민과 '함께' 설계된 것이 아니라 시민을 '위해' 설계됐다.
3. 환경보전 의식에 대해 거의, 또는 아무것도 말하지 않았다.

오늘날에는 초기의 단점들을 극복하고자 하는 '새로운' 도덕경제가 학교 급식을 중심으로 등장하고 있다.

1. 더욱 확장된 돌봄 개념에 기반한다(가령 건강한 식사에 대한 '전 학교적 접근'의 핵심).
2. 급식의 설계와 전달에 참여할 수 있는 기회를 더 많이 제공한다.
3. 사회와 자연을 포용할 필요성에 대한 인식이 더 크다는 것을 보여 준다.

이러한 특징 모두가 더 광범위하고 포괄적인 돌봄 윤리가 등장하고 있음을 알리는 신호다. 다음 두 절에서 우리는 새로운 '공공의 돌봄 윤리'의 전망을 두 가지 서로 다른 맥락 속에서 탐색하고자 한다. 첫 번째는 학교 급식 체계라는 구체적인 맥락이며, 두 번째는 먹거리·건강·아동에 대한 더 광범위한 정치적 논쟁의 맥락이다. 앞서 살펴본 사례 연구와 다른 사례에 근거하여 학교 급식의 새로운 도덕경제가 지속 가능 발전이라는 목표에 기여하기를 바란다면 새롭게 등장하고 있는 돌봄 윤리가 더욱 강화되고 일관성 있게 적용되어야 한다. 우리는 이를 위한 다양한 차원들을 찾아보고자 한다.

선한 의도에서 모범적인 실천으로 학교 급식 체계 키우기

지속 가능한 학교 급식 체계는 서비스라기보다는 일종의 생태론으로서, 기존의 학교 급식보다 훨씬 폭넓고 다양한 활동을 포괄한다. 지속 가능한 학교 급식 체계는 먹거리 사슬의 전통적인 측면 이외에도 급식의 환경적 영향, 가령 공급자들의 탄소 발자국(carbon footprint, 온실 효과를 유발하는 이산화탄소의 배출량. 옮긴이)이나 폐기물 처리에도 관심을 가진다. 이처럼 학교 급식이 식전 및 식후 활동을 모두 포괄하면 할수록 좀 더 지속 가능한 학교 급식 체계가 만들어질 수 있다. 새로운 공공의 돌봄 윤리가 지속 가능한 학교 급식 체계의 달성에 기여할 수 있는 점을 탐색하기 위해 우리는 다음의 네 가지 핵심적 차원들에 초점을 맞추려 한다.

1. 건강한 식사에 대한 전全 학교적 접근
2. 학교 급식의 공급
3. 식재료 조달
4. 공급 사슬

우리는 각각의 사례를 통해 지속 가능한 학교 급식 체계의 범위는 어디까지인지, 그리고 어떤 장애물이 있는지를 보이고자 한다.

건강한 식사에 대한 전 학교적 접근

학교는 독립적이고 폐쇄적인 공간이 아니라 지역사회 속에 자리한 지역사회의 것이다. 따라서 학교 스스로가 사회적인 문제를 해결할 것이라 기대할 수 없다. 예를 들어 전숄 학교적 접근 속에 들어 있는 '건강한 식사'라는 메시지가 전 세계의 학교들에서 뿌리를 내리기 시작하고 있지만 이는 두 가지 장애물에 부딪혔다. 첫째, 무엇보다도 '정크 푸드'의 메시지에 압도당하고 있어서 광고 비용 면에서 건강한 식사는 상대가 못된다. 둘째, 공공 보건 영역은 여전히 대중들에게 정확한 정보를 전달하는 것만으로도 충분히 행동의 변화를 이끌어 낼 수 있다는 잘못된 가정에 근거하고 있다. 마치 사람들이 자신들의 개인 복지에 대해 결정을 내릴 때 순수하게 이성적인 태도로 행동하기라도 하는 것처럼 말이다. 이러한 장애물이 있기는 하지만 전 학교적 접근은 학교 안팎에서 아이들의 식습관에 긍정적인 영향을 미칠 수 있다. 따라서 학교에서 좀 더 건강에 좋은 음식의 수요를 늘리는 데 핵심적인 역할을 담당한다.

최선의 경우, 전숄 학교적 접근은 상이한 수준에서 동시다발적으로 작동한다. 그 목표는 아이들의 입맛을 바꾸는 것을 넘어서 '건강한 식사'라는 메시지를 먹거리, 신체 단련, 건강과 육체적 행복과 정신적 행복 간의 긍정적인 연계를 강조하는 광범위한 교육 과정 속에 뿌리내리게끔 하는 것이다. 요컨대 건강한 식사라는 메시지는 학교의 물리적 상황과 정신적 상황이 서로 화합되고 상호 강화시키기 위하여 학교의 모든 측면에 (교실, 학교 식당, 자판기는 특히 더) 적용되어야 한다.

학부모와 학교 급식 업자 모두가 아이들의 입맛, 특히 정크 푸드를 좋아하는 것이 하룻밤 사이에 바뀔 수 없다는 것을 고통스럽게 깨닫고 있다. 아이들이 정크 푸드를 문화적이고 정치적인 상징으로 활용하는 것('멋있는' 척하거나 '일탈' 행동을 표출하기 위해)과는 별개로 몇몇 연구자들은 정크 푸드가 매우 중독성이 강하다고 지적한다. 이러한 주장이 사실로 확인되면 '음식 선택은 자유로운 선택'이라는 식품 산업계의 일관된 주장을 완전히 뒤집을 수 있을 것이다. 어린이와 청소년의 식습관을 바꾸려면 그 과정에 참여하도록 유도하면 될 것이다. 이렇듯 간단하지만 근본적으로 중요한 점을 설명하기 위해, 우리는 음식 문화 스펙트럼의 양 극단에 자리한 이탈리아와 영국에서 두 가지 상이한 전 학교적 접근을 살펴보고자 한다.

우리의 연구에서 발견한 가장 창의적인 전 학교적 접근은 의심의 여지 없이 이탈리아의 '우리를 살찌우는 문화' 프로그램이었다. 이러한 접근 구조는 이 프로그램의 사회공학적 측면에서 놀라울 정도로 솔직하다. 이 프로그램은 아동들을 지역 음식에 대한 '미래의 소비자'이자 가족들에게 건강한 식습관을 전달할 '영향력 있는 전달자'로 키우기 위해 고안됐다. 이런 점에서 이 프로그램은 전 학교적 접근의 정수를 잘 구현하고 있다. 즉 이 프로그램에서 학교 급식은 먹거리에 부여된 가치와 의미를 증진하는 교육 수단이다. 이 점에서 이탈리아의 학교에서는 이러한 가치와 의미를 그냥 수동적으로 전수되는 유산이 아니라 세대마다 새롭게 재창조되어야 하는 것으로 생각한다는 것을 강조하는 것이 중요하다(Morgan and Sonnio, 2007: 22). 이탈리아 당국은 이러한 프로그램을 통해 책 제목인 『나는 먹는다 고로 존재한다』가 전달하려는, 매우 단순하지만 강력한 생각을 미래의 소비자들에게 지속적으로 상기시키기 위해 적극 개입한다.

스코틀랜드의 학교 급식 개혁가들이 그랬듯이 이탈리아처럼 풍부한 음식 문화의 유산을 갖지 못한 나라들에서도 창조적인 전 학교적 접근을 통해 아이들의 상상력을 사로잡을 수 있다는 점을 이해한 것 같다. 또 다른 사례는 웨일스에서 찾을 수 있다. 이곳에서는 매우 가난한 지역을 선정해 '먹거리가 중요하다Food Matters'는 이름의 매우 야심 찬 먹거리 교육 프로그램을 시범적으로 실시했다. 이 프로그램은 '씨앗에서 식판까지' 학교 급식의 공급 사슬에 대한 아이들의 지식을 키워 주기 위해 고안됐다. 가장 혁신적인 특징의 하나는 건강한 식사의 장점에 대해 아이들 서로가 서로를 가르치는 동료 학습 과정이다. 자신들이 기른 것을 먹고 서로에게서 배우며, 무엇보다도 자신의 변화에 능동적으로 관여하는 것이 이 프로젝트의 특징이다. 이 프로젝트는 자극이 되는 학습 기회가 충분히 주어진다면 가장 궁핍한 지역의 아이들도 건강한 식사를 즐기는 법을 배울 수 있다는 것을 입증했다(Morgan et al, 2007b).

이러한 사례들은 건강한 식사에 대한 선호가 개인의 유전자나 가정사에 각인된 것이 아니라 사회적으로 획득되는 형질임을 증명한다. 즉 가정과 학교에서 건강한 식사 습관을 가족과 친구들과 함께 학습한 결과인 것이다. 전 학교적 접근이 재미있고 자극이 되며 가능성을 부여하면서 추진된다면 가장 혹독한 사회적 환경 속에서도 멋진 결과를 만들어 낼 수 있다. 학교 급식 체계를 지속 가능하게 만들기 위해서는 학교 식당이 청소년에게서 건강에 좋은 음식에 대한 수요를 지속적으로 이끌어 내야 한다. 청소년들이 전 학교적 접근을 통해 음식과 건강과 행복 사이의 긍정적인 상관관계를 진심으로 이해하며 자랄 수 있다면 이들 청소년들이야말로 지속 가능한 학교 급식 체계를 위한 조리법 중에서 가장 중요한 식재료가 될 것이다.

장사와 건강 사이에서, 바뀌고 있는 학교 급식

이제 전 세계 각국의 정부들이 인식하고 있는 것처럼 건강한 학교 급식이 아동의 복리에서 정말로 중요하다면 그러한 음식을 제공하는 학교 급식 종사자들은 사실상 '건강 노동자'라고 할 수 있다. 요즘에는 사회가 학교 급식이 건강과 복리에 기여하는 바를 점차 의식하기 시작하면서 학교 급식 종사자들의 지위도 개선되기 시작했지만 사실 이들의 위상이 워낙에 낮았다.

학교 급식의 과제는 나라마다 상이하지만 개발도상국들이 직면한 과제가 그중 가장 크다. 하지만 때로는 선진국의 학교 급식 공급자 역시 매우 어려운 작업 환경에서 분투하고 있다. 미국이나 영국처럼 고도로 상업화된 환경에서 급식 공급자들은 정크 푸드와 건강한 급식이 나란히 선택을 기다리며 공존하는 상황 속에서 급식을 유지할 수 있을 만큼 충분한 돈을 벌어야 하는 사소한 기적을 매일같이 일으켜야 한다. 이러한 상황은 급식 종사자들이 선택이라는 문제를 고민하지 않아도 되는 이탈리아나 모든 아이들에게 무상 급식이 제공되며 공공 보건과 사회정의에 대한 장기적인 투자로 생각하여 세금에서 재원을 마련하는 핀란드나 스웨덴의 경험과는 극명하게 대비를 이룬다. 학교 식당에서 선택이라는 문제를 없애거나 학교 급식을 일종의 보건 서비스로 보고 완전한 재정을 지원한다는 것은 이탈리아, 핀란드, 스웨덴의 학교 급식 공급자들은 미국이나 영국의 급식 업체들이 매일 마주하는 상업적 압력의 방해를 받지 않음을 뜻한다.[1]

그럼에도 어려운 환경 속에 있는 미국이나 영국의 학교 급식 공급자들은 더욱 지속 가능한 학교 급식 체계를 설계하려는 노력을 굽히지 않았다. 우리가 살펴본 사례 말고도 고품질 서비스를 제공하기 위해 자국의 먹거리 체계에 맞서고 있는 또 다른 선구적인 학교 급식 공급자들이 있다. 미국 학교 급식 체계 내에서는 앤 쿠퍼 Ann Cooper만큼 좋은 사례도 없다. 과거에는 유명한 요리사였지만 현재는 자칭 '변절한 급식 종사원'이라고 부른다. 쿠퍼는 캘리포니아 주 버클리의 영양 서비스 책임자로 학교 급식 프로그램 전환의 선봉에 섰다(앤 쿠퍼의 2007년 12월 동영상 강연(한국어 자막)을 참조하라. http://blog.naver.com/hurnh/110083241729. 옮긴이). 당시의 학교 급식은 냉동 음식이 주를 이루었지만 현재는 신선한 음식이 주를 이룬다. 버클리의 학교들은 이전에는 일주일에 한 번씩만 과일을 제공했는데 현재는 샐러드 바와 함께 매일 과일을 제공한다(Cooper and Holmes, 2006).[2] 영국에도 변혁을 추구하는 학교 급식 공급자들이 있는데 가장 유명한 사람은 저넷 오레이Jeanett Orrey다. 급식 종사원인 오레이는 급식 공급자들이 '싸구려 가공 쓰레기 식재료'를 버리고 직접 조리로 바꾸면 지역에서 조달하는 학교 급식이 가격도 적절하고 인기가 있을 것이라는 점을 증명하기 위해 노팅엄셔 지자체와 계약을 철회하기로 결정했다(Orrey, 2003).

이처럼 잘 알려진 몇몇 급식 공급자들이 성공을 거두었음에도 영국과 미국 같은 나라의 상황은 주요한 과제를 던져 준다. 영국에서는 대부분의 학교 급식 공급자들이 〈지역 공공 급식 공급자협회(LACA)〉에 속해 있는데 이 협회는 몇 년에 걸쳐 서비스의 상업적 제약을 극복하고자 싸워 왔다. 이제는 급식 서비스에 관한 사회적 인식도 높아지고 신규 투자도 이루어지고 있기는 하지만 〈지역 공공 급식 공급자협회〉는 학교 급식이 여전히 상업적 서비스로 다루어지고 있는데도 급식 공급자들에게 복지 서비스를 기대한다는 사실이 지속 가능한 급식 서비스 전환에 걸림돌이 되고 있다고 주장한다(상자 8.1을 보라).

〈지역 공공 급식 공급자협회〉의 조사는 완전히 상업 서비스였던 급식을 건강과 복지 서비스로 어렵사리 전환하려 할 때 학교 급식 공급자들이 직면하게 될 문제를 잔인할 만큼 정직하게 평가하고 있다. 〈지역 공공 급식 공급자협회〉 회원들은 새로운 두 가지 압력 사이에서 압박당하고 있다. 운영 비용은 올라가는데 학교 급식 이용률은 떨어지는 것이다. 지속 가능한 학교 급식 체계의 필수적인 측면인 신선한 식재료와 노동 시간의 연장으로 비용이 더 들게 되어 만약 이용률을 높이지 못한다면 학교 급식 서비스는 재정적으로 지속될 수 없는 상황에 이를 수 있다.[3]

이용률을 높일 방법은 여러 가지 요소들에 달려 있다. 학생과 학부모의 관여 같은 학교 내부의 요인들도 있고 지속 가능한 학교 급식을 위해 규제를 보완하거나 전환에 소요되는 재원을 마련하는 것처럼 학교 외부 요인들도 있다. 공공 서비스 부문의 전문가들은 급식 업자들이 통제할 수 있는 한 가지 요인인 식사의 품질 그 자체로는 이용률 제고를 위한 충분조건은 아니라고 주장함으로써 이러한 분석에 힘을 실어 준다. 예컨대 영국의 공공 서비스 전문가들은 학교의 관리와 환경, 특히 식사 환경의 개선이 급식 이용률을 높이고 재정 안정성을 높이는 데 상당한 효과를 가져올 수 있다고 말한다(Baines and Bedwell, 2008: 5).

상자 8.1 〈지역 공공 급식 공급자협회〉의 조사, 중등학교 급식 이용률 감소를 밝히다

이 분야를 선도하는 이익 단체인 〈지역 공공 급식 공급자협회〉가 실시한 전국 학교 급식 실태 조사가 밝혀낸 핵심 결론의 하나는 75퍼센트의 지역에서 학교 급식 수가 감소했다는 것이다.

학교 급식 가격에 (그래서 학부모의 지갑에) 영향을 미치는 핵심 요인의 하나는 학교 급식 제공 비용이 큰 폭으로 상승했다는 점이다. 직접 조리할 수 있도록 신선한 식재료 사용량을 늘릴 것을 요구하는 새로운 학교 급식 기준이 채택된 결과 초등학교 식재료 평균 단가가 2004년 40펜스에서 2007년 60펜스로, 중등학교의 경우에는 같은 기간 56펜스에서 74펜스로 상승했다. 식재료 때문에 준비 시간과 급식 종사자 수가 늘어나게 되면서 인건비와 훈련비 역시 수직 상승했다. 이러한 모든 요인들이 학교 급식 가격을 치솟게 만들었다.

학교 급식을 변혁하자는 의제가 정부의 투자를 증가시켰다고는 하지만 대부분의 지자체들은 새로운 규정 채택이 요구하는 개선 사항을 맞추는 데 뒤따르는 비용을 감당하기 위해 고전하고 있다. 2004년에는 거의 모든 응답자들이 손익분기점을 맞추거나 약간의 흑자를 보았다. 물론 그 돈은 곧바로 학교 급식에 재투자됐다. 하지만 2007년의 상황은 특히 중등학교에서 학교 급식의 장래 운영 가능성을 심각하게 고려해야 할 정도다. 지자체의 93퍼센트가 겨우 손익분기점을 맞추거나(42퍼센트) 적자를 봤다(51퍼센트)고 보고했다. 현재 흑자를 낸 지자체는 거의 없다.

〈지역 공공 급식 공급자협회〉 의장 샌드라 러셀Sandra Russell은 2007년 잉글랜드 학교 급식 실태 조사의 결과에 대해 다음과 같이 말한다.

2007년 조사의 결론은 지난해 〈지역 공공 급식 공급자협회〉 회원사들이 보내온 의견을 재확인시켜 주고 있으며, 중등학교 급식이 미래에도 가능할까라는 우리들의 최악의 우려가 반영되어 있습니다. 하룻밤 사이에 뿌리 깊은 먹거리 문화를 역전시킬 수도, 강제로 10대들을 더욱 건강한 체제로 전환시킬 수도 없습니다. 우리가 주의하지 않는다면 중등학교의 급식은 파편화되거나 고사될 위기에 처해 있습니다.

우리는 상식이 지배하는 사회에서 살아야 합니다. 학교 급식이 수익 사업으로서 운영되는 상황에서 사람들은 우리가 복지 서비스까지 제공하기를 기대합니다. 〈지역 공공 급식 공급자협회〉와 회원사 모두 새로운 기준이 제시하는 장기적인 목표를 전적으로 지지하지만 청소년들의 식습관을 그처럼 근본적으로 변화시키는 것은 너무 가혹하고 또 너무 빠르다고 생각합니다. 학교 급식은 지금 엄청난 압력을 받고 있으며, 이미 수많은 민간 급식 공급 업체들은 가망성 없는 사업으로 여기고 있습니다. 우리가 우려하는 것은 공공 부문 급식 공급자들에게도 이런 상황이 닥칠지 모른다는 것입니다.

게다가 같은 행정구역 내에서도 이용률이 천차만별이라는 사실은 낮은 이용률 때문에 욕을 먹고 있는 학교 급식 공급자가 학교 급식 상황을 좌우하는 여러 요인 중 하나일 뿐이라는 사실을 뒷받침한다. 실제로 (학교 급식 업자보다) 교장, 교사, 교육 행정가, 학부모가 더 많은 부분에서 학교의 '분위기'를 좌우한다. 사실상 급식 공급

자들이 상대적으로 권한이 없는데도 이들에게 르네상스와 같은 개혁을 요구한다
는 점이 훨씬 더 이상한 일이다. 영국의 〈학교 급식 트러스트School Food Trust〉의
장은 연설 때마다 급식 공급자들에게 다음과 같이 말한다.

> 오늘날 급식 공급자들은 판매자인 동시에 장인이자, 영양학자이자, 인사 관리자이자,
> 회계사이자, 사회복지사가 되어야 합니다! 학교 조리사, 급식 종사원, 급식 관리자라
> 는 용어로 이 직업을 설명하기란 거의 불가능합니다(Leith, 2007).

 극빈 가정으로 분류되어 수급권을 가진 어린이들이 다수인 지역사회에서 급식
업자가 무료 급식의 이용률을 높이고자 한다면 위에서 말한 모든 기술이 필요할 것
이다. 뉴욕의 사례는 무료 급식에 붙은 사회적 낙인으로 수급 대상 어린이들 스스
로가 수혜의 권리를 꺼리는 경향을 포함하는 일련의 이유 때문에 금전적인 빈곤이
영양학적 빈곤으로 이어질 수 있음을 보여 준다.
 미국만의 문제는 아니지만 미국이란 사회적 맥락은 빈곤층 어린이들이 무상 급
식을 먹도록 만드는 문제를 더욱 어렵게 하는 것 같다. '스스로의 힘으로 일어선다'
는 문구처럼 독립성을 요구하는 문화적인 압박은 논외로 하더라도 무상 급식 수혜
아동들이 지불 능력이 있는 '일반' 아동들과 물리적으로 분리되고 있다는 점에서
사회적 낙인은 훨씬 더 커 보인다. 미국에서는 무상 급식이 반드시 특정 영양 기준
을 만족해야 하기 때문에 무상 급식이 이루어지는 곳에서 영양가가 낮은 음식(다시
말해 정크 푸드)을 제공해서는 안 된다는 규제가 명문화되어 있다. 학교 급식 공급자
들은 바로 이 지점에서 실패하게 된다. 아무리 이들의 숙련도나 헌신이 높다고 하
더라도 사회적 낙인을 더욱 가시화하는 연방 규제의 부정적 효과에 맞설 수는 없기
때문이다. 유상 급식 대상자와 무상 급식 대상자 모두에게 동일한 음식을 제공하도
록 허가받은 곳이나 대상 아동을 식별할 수 없도록 현장 납부를 없앤 급식 체계가

운영되는 곳에서 무상 급식에 대한 사회적 낙인 문제에 가장 잘 대처하고 있다는 것은 결코 우연이 아니다. 뉴욕이나 사우스 글로스터셔와 카마던셔 사례에서 살펴보았듯이 자율권과 충분한 자원을 가지고 있는 지역의 학교 급식 공급자들은 혁신을 통해 이용률을 높이는 데 성공했다. 학교 급식 공급자들에게 이용률의 증가는 이중적으로 중요하다. 급식 서비스를 경제적으로 지속 가능한 토대에 올려놓을 수 있으며, 일자리의 안정성도 높아진다. 그리고 극빈층 아동들에게도 영양가 높은 식사를 보장함으로써 복지의 정신에 부응한다.

지속 가능성을 위한 창조적 조달

우리가 이 책을 통해 강조하려는 중요한 논점의 하나는 국가가 지속 가능한 학교 급식 체계를 만들고자 한다면 현재 공공 부문의 정책 수단 중에서 가장 무시되고 있는 조달을 좀 더 심각하게 고려해야 한다는 것이다. 2장에서 우리는 지속 가능한 먹거리 조달은 본질적으로 '가장 폭넓은 의미에서 최고의 가치를 규정하는 것'이라고 언급했다. 불행하게도 '최고의 가치'라는 정의는 과학이라기보다는 예술에 가깝기 때문에 그 정의에 대한 합의가 부족하다는 것이 놀랄 일은 아니다. 영국이나 미국처럼 비용 중심으로 계약을 체결하는 문화 속에서 지속 가능한 조달의 가장 큰 장애물은 저비용을 마치 최고의 가치인 양 가장하고자 하는 조직적인 경향이 있다는 것이다.

영국과 마찬가지로 이탈리아도 역시 〈유럽연합〉의 공공 조달 규제를 준수해야 한다. 하지만 이탈리아는 이러한 규제를 완전히 다른 방식으로 해석했다. 영국이 보수적인 해석을 택했다면 이탈리아는 대담한 해석을 택했다. 영국이 협소한 경제적 측면에서 '가격 대비 가치'를 강조했다면 이탈리아는 최대한 폭넓은 의미에서 이를 추구했다. 이러한 상이한 해석은 문화적 가치와 정치적 의지 간의 상호작용으로 설명될 수 있다. 이탈리아의 경우 제철성 및 지역성과 밀접하게 연관된 산물을 창조적으로 조달하는 데 높은 가중치를 부여했다. 〈유럽연합〉의 조달 관련 규제는 자주 장애물로 간주되어 왔던 것과는 달리 영국의 많은 사람들이 생각했던 것보다 많은 것을 가능하게 해 주면서 금지하는 것은 적다. 하지만 이는 오직 더욱 지속 가능한 먹거리 사슬을 지원하는 방향으로 구매력을 행사할 수 있는 능력과 확신을 가진 국가들에서만 그러하다.

〈유럽연합〉의 규제가 공공 기관의 조달과 관련해 가능한 행위를 둘러싼 혼동의 근원이 되어 왔다면 미국의 규제가 기여한 문제도 결코 적지 않다. 〈미국 농무부〉는 매우 보수적인 방식으로 규제를 해석한 결과, 지역 교육청이 입찰 공고 때 지역의 지리적 선호를 명시해서는 안 된다고 선언했고, 이러한 해석은 법률 전문가 사이에서 격렬한 논쟁을 불러일으켰다. 미국에서 연방 규제의 세부안은 지역의 학교 급식 조달의 목표를 더 증진시키는 것에 대한 최상위 법이다. 결과적으로 지역 조달은 '불허되지 않았음'이라는 문구 이상으로 긍정적으로 해석될 가능성도 있다.

미국의 상황은 주 단위에서 훨씬 더 복잡하다. 두려움 때문인지 무지 때문인지는 모르겠지만 일부 주들은 기존 조달 규제하에서 자신들이 이용할 수 있는 권한을 이용하지 않고 있다. 가령 미시간 주에서는 주 당국이 '소량 구매 한도'라는 지역산 식재료 조달을 장려하기 위해 완화된 계약 절차를 충분히 활용하지 못하고 있다는 사실이 농장-학교 직거래 학술대회를 통해 알려지면서 충격에 휩싸였다. 〈미시간 주 교육위원회Michigan Board of Education〉는 연방 규제가 연간 10만 달러까지 소량 구매 한도를 허용했음에도 도리어 각 지역 교육청별로 연간 2만 달러 이하의 '소량 구매 한도'만 허용했다. 소규모 지역 교육청의 연간 식재료 구입비도 거의 200만 달러에 달하는 상황을 감안하면 미시간 주의 한도는 지역산 조달을 총 연간 식재료 구입 예산의 겨우 1퍼센트로 제한하는 것이다. 학교 급식 컨설턴트는 이런 결과를 확인한 뒤 당혹감을 다음과 같이 묘사했다.

우리는 학교 교육, 영양, 식탁의 건강을 책임지는 330명의 주 전문가로서 주 지역산 식재료를 학교 급식에 어떻게 공급할 것인지 살펴보려 하고 있다. 학교 급식에 〈미국 농무부〉 무상 제공 기본 품목들이 판치고 최저가 입찰이 선택되는 환경에서 이는 대단히 큰 과제다. 하지만 우리는 주 정부가 우리의 이러한 노력을 지원할 어떤 단계도 마련하지 않았음을 알게 됐다. 학교와 교도소는 미시간 주 정부가 급식을 직접 운영하는, 가장 큰 공공 기관 두 곳이다. 우습게도 연방 규제가 부족한 탓에 교도소 수감자들에게 로컬 푸드를 먹이는 것이 어린이들에게 먹이는 것보다 훨씬 쉽다(Collins, 2008).

미시간 주가 우왕좌왕하는 동안 캘리포니아 주와 뉴욕 주는 로컬 푸드 조달이 갖는 잠재력을 활용하기 위한 주 법령을 통과시킴으로써 선두 주자가 됐다. 다른 많은 주들도 이러한 방향으로 움직이고 있으며, 한때 민주주의의 실험실로 여겨지던 주 정부는 지금은 지속 가능 발전의 실험실이 될 것으로 기대되고 있다. 이를 지원하는 연방 규제가 이러한 과정을 더욱 촉진하겠지만 중요한 점은 국가적 체계 '때문'이 아니라 국가적 체계에도 '불구하고' 로컬 푸드 조달이 미국에서 부상하고 있다는 점이다.

짧은, 긴, 지속 가능한 먹거리 사슬, 학교 공급

학교가 지속 가능성을 고려하여 조달을 추진하게 되면 새로운 유형의 공급 사슬이 나타나는 경향이 있다. 이러한 새로운 공급 사슬들이 대체로 신선한 지역산 식재료의 사용에 높은 가중치를 부여하지만 지속 가능한 먹거리 체계가 지역 먹거리 체계와 완전히 동일한 것은 아니라는 것을 기억해야 한다. 로마 학교 급식 혁명(4장)에서 가장 두드러지는 특징이 로컬 푸드보다는 고품질 먹거리를 강조했다는 점이다. 물론 지역화된 먹거리 사슬이 장기적인 목표의 일환이기는 하다. 런던 역시 로컬 푸드를 강조했지만 런던 시장이 채택한 전략은 문화적으로 적절한 음식의 중요성을 강조하는 것이었다. 세계 도시라는 맥락에서 두 도시가 택한 전략은 대도시권 인근 지역에서 생산된 지역산 식재료뿐 아니라 멀리서 온 공정무역 산물까지 포함한다. 요컨대 로마와 런던에서 지역화가 중요한 목표이기는 하지만 다른 모든 고려 사항을 무시하는 정도까지는 아니다.

이탈리아의 시 정부와 광역 정부는 로컬 푸드 전통 덕분에 주류 공급자가 전국/국제 식품 서비스 기업의 일부인 경우가 대부분인 영국이나 미국의 도시들보다 훨씬 지역화된 공급 사슬을 손쉽게 만들어 낼 수 있었다. 하지만 기업이 영향력과 확고한 지위를 가지고 있음에도 이러한 대규모 급식 공급 업체들은 학교 급식 혁명으로 혼이 나고 있다. 특히 건강에 더 좋은 식단을 요구하는 압력으로 회사의 이윤 폭이 줄어들었기 때문이다. 영국에서 저질 육류를 취급했던 몇몇 공급자들은 아예 퇴출당했고 최대 급식 공급 업체 중 하나인 〈컴퍼스 오운드 스콜라레스트Compass-Owned Scholarest〉도 다수의 대규모 계약을 해지당했다. 그중에는 베드포드셔 관내 172개 학교와 런던 리치먼드 자치구 45개 학교 등 전국 계약들도 포함되어 있다 (Druce, 2007).

전국적인 급식 서비스 업체를 한꺼번에 퇴출시킬 수는 없었다. 사우스 글로스터셔 사례에서 볼 수 있듯이 몇몇 경우에는 되도록 지역산 조달을 늘리려는 준비를 하고 있다. 하지만 이스트 에어서 사례가 특히 잘 보여 주듯이 지역 공급자가 적절한 생산물을 확보하고 이를 배송할 기반 시설을 갖추게 된다면 건강한 학교 급식에 대한 수요가 곧 지역 경제 발전의 기회를 창출해 준다는 데는 의심의 여지가 없다.[4]

지역 공급자들이 공급하는 로컬 푸드를 확보하는 것이 미국의 농장-학교 직거래 운동의 간판 특징이다. 현재 38개 주가 지역 농장에서 생산한 신선한 산물을 구매하는 1,000개 이상의 프로그램을 운영하고 있다. 이 운동은 미국에서 가장 중요한 사회운동의 하나가 될 수 있는 잠재력을 지니고 있다. 학교를 통해 더욱 지속 가능한 먹거리 사슬의 성장에 일조하며, 지역사회가 생산자들과 다시 연결되는 것을 지원한다는 점에서 그러하다. 〈지역사회 먹거리 보장 연합Community Food Security Coalition〉의 농장-학교 직거래 프로그램 담당 매리언 칼브에 따르면 무엇보다도 농장-학교 직거래가 활성화된 것은 현재 특권을 부여받은 (〈미국 농무부〉 제공) 육류가 아니라 지역에서 생산된 신선한 식재료를 사용하는 지역 교육청에 재정적 인센티브를 더 많이 부여하도록 연방 정부가 육류 보조금 지원율을 개혁한 덕분이었다.[5]

〈미국 농무부〉 제공 식재료에 대한 반발은 캘리포니아 주 치노에 위치한 〈홀마크/웨스트랜드 육류 포장회사Hallmark/Westland Meet Packaging Company〉 공장의 너무나도 충격적인 가축 복지 상황에서 촉발되었다. 이 공장은 학교 급식을 포함해 〈미국 농무부〉의 영양 프로그램에 사용되는 전체 분쇄 쇠고기의 15퍼센트를 공급해 왔다. 미국의 〈휴메인 소사이어티Humane Society〉가 비밀리에 공장의 참혹한 상황을 영상에 담았고 이를 유튜브에 올려 전 세계에 유포시켰다. 이 영상에는 분쇄 쇠고기용으로 도축되기 직전에 다우너 소(걸을 수 없는 소)를 전기 충격기로 억지로 일으켜 세우는 끔찍한 광경이 들어 있다. 〈미국 농무부〉는 이미 2000년에 다우너 소를 도축해 학교 급식용으로 공급하는 것을 금지시켰다. 결국 이 회사는 2008년 2월 17일 약 6만 4,864톤의 분쇄 쇠고기를 회수 조치했지만(미국 역사상 가장 큰 제품 회수 사태였다), 이 사건은 〈미국 농무부〉에 납품하는 다른 육류 가공 공장의 상태에 대한 우려에 기름을 부었다.

분쇄 쇠고기 회수 조치는 〈미국 농무부〉가 구매 식재료의 공급 단계를 규제하는 데 소홀한 것은 아니었는가 하는 〈미국 농무부〉의 역할에 대한 심각한 의문을 불러일으켰다. 2003년에 나온 보고서를 되짚어 보면 〈미국 농무부 일반 검사국USDA Office of Inspection General〉과 〈연방 회계 감사원(GAO)〉은 〈미국 농무부〉 학교 급식 프로그램 담당관과 검사관이 식품 안전 기준과 박테리아 오염에 대해 취약한 안전 기준을 가지고 있으며, 식품 안전 기준 위반 전력이 있는 공급자가 계속 학교에 급식을 공급할 수 있도록 했다는 사실을 보고한 바 있다(Williamson, 2008). 미국의 지속 가능한 학교 급식 체계는 연방 규제에 의해 증진되기는커녕 적어도 두 가지 방식으로 꾸준히 〈미국 농무부〉의 방해를 받아 왔다. 〈미국 농무부〉는 첫째, 출처가 분명치 않은 값싼 식재료를 거래하는 구매 식재료 공급 사슬을 유지하는 데 확고한 힘을 써 왔다. 둘째, 연방 규제를 보수적으로 해석하여 주 정부와 지역 교육청이 신선한 지역산 식재료를 구매하도록 '허락된 바 없다'는 의미로 보고 있다. 〈미국 농무부〉 체계는 전국적인 규제가 지역적인 노력을 제약하는 방법을 가장 완벽하게 보여 주고 있다. 이 체계는 투명성이 부족할 뿐만 아니라 엄청난 이해관계의 갈등을 안고 있다. 실제로 〈미국 농무부〉는 전국 학교 급식 프로그램의 책임뿐만 아니라 구매 식재료 체계의 조사와 마케팅 책임도 맡고 있다. 영국 등 다른 나라들은 '생산자의 이해관계를 후원하는 정부 부처가 소비자(특히 소비자가 어린이인 경우)의 신뢰할 만한 보호자가 될 수 없다'는 이유로 이러한 업무들이 서로 분리되어 있다(Morgan et al, 2006).

건강한 식사를 위한 전숤 학교적 접근, 건강을 증진하기 위한 급식 서비스, 창조적인 공공 조달, 지속 가능한 먹거리 공급 사슬 등 지금까지 살펴본 모든 요소들은 각자의 과제를 안고 있다. 하지만 진짜 과제는 이 모든 요소를 시공간상에서 동시에 작동하도록 하여 서로 강화시키고 상승 효과를 창출하게 하는 것이다. 이 책에서 살펴본 모범 사례들은 진정한 진보가 지금 현재 가능하다는 것을 입증하고 있지만 이러한 성공 사례들은 현재의 규제 틀 덕분이 아니라 규제 틀에도 '불구하고' 달성된 것들이다. 대부분의 나라에서 학교 급식의 규제 틀은 지속 가능성이나 아동의 복지를 심각하게 고려하지 못하고 있다. 새롭게 부상하고 있는 돌봄 윤리는 이러한 모범 사례들을 예외가 아니라 규범이 될 수 있게 해 줄 새로운 규제 속에 뿌리내릴 필요가 있다.

어린이 비만과 기아, 그리고 공공 영역

선진국과 개발도상국 양쪽 모두에서 학교 급식은 이제 전통적인 범위를 넘어서고 있는 사회적인 문제들에 대처하도록 요청받고 있다. 북반구의 부국들에서는 만연한 아동 비만에 대처하는 데 기여할 것을, 남반구의 빈국들에서는 밀레니엄 개발 목표를 충족하는 데 기여할 것을 학교 급식에 기대하고 있다. 지속 가능한 학교 급식은 이러한 광범위한 목표들에 중요한 기여를 할 수 있으며, 더욱 일반적으로는 지속 가능 발전의 세 가지 기본 원칙에 기여할 수 있다. 하지만 이러한 목표를 달성하기 위해서는 공공 영역, 특히 국가의 더 많은 지원이 필요하다. 이는 정치적 표출이다. 무엇보다도 공공 영역이 학교 급식을 좀 더 지원하기 위해서는 일반 시민, 특히 아이들을 위한 '강력한 돌봄 윤리'를 핵심에 두어야 할 것이다. 이 절에서는 지속 가능한 학교 급식 공급 사슬의 맥락하에서 공공의 돌봄 윤리가 갖는 전망을 먼저 탐색한 다음, 모든 사회에서 지속 가능 발전의 목표 달성을 위협하는 두 가지 문제, 즉 점점 심각해지는 아동 비만과 굶주림 문제로 넘어가고자 한다. 우리의 견해로는 많은 전문가들이 '영양실조의 이중적 부담'(SCN, 2006)이라 부르는 이러한 문제를 다루기 위해서는 공공의 돌봄 윤리가 필요하다.

아동 비만과 공공의 돌봄 윤리

최근 비만만큼 전 세계 미디어의 주목을 받고 있는 공공 보건 문제도 없을 것이다. 〈세계보건기구(WHO)〉는 '성인 10억 명 이상이 과체중 상태이며 이 가운데 최소 3억 명은 만성 비만이다. 이는 만성질환과 장애라는 전 지구적 부담의 주요 원인으로, 거의 전염병 수준으로 전 세계에 퍼져 있다'고 신중하게 보고한 바 있다. 비만의 만연이 더욱 놀랍고도 상식에 반한다고 여겨지는 측면은 그것이 전 지구적 문제라는 점이다. 가령 2007년에 전 세계 5세 이하 아동 중 약 2,200만 명이 과체중 상태였는데 이 가운데 75퍼센트가 중간 이하 소득을 가진 국가에서 살고 있었다.

〈세계보건기구〉에 따르면[6] 아동의 과체중과 비만이 전 세계적으로 증가하는 데는 몇 가지 원인이 있는데 첫째, 지방과 설탕은 많고 비타민과 무기질, 기타 몸에 좋은 미량영양소는 적게 함유한 에너지 집약적인 음식 섭취량이 늘어나는 쪽으로 전 세계적으로 식습관이 바뀌고 있다는 점이고 둘째, 앉아서 하는 여가 활동 증가와 교통수단 변화, 도시화의 진행 등에 따른 육체 활동의 감소 경향이다. 하지만 이에 그치지 않고 농업, 교통, 도시계획, 환경, 식품 가공·유통·마케팅뿐만 아니라 교육 역시 아동 비만의 원인이다. 〈세계보건기구〉의 분석을 좀 더 보자.

> 문제는 사회적인 것이며, 따라서 인구에 기초하여 여러 부문에서, 여러 학문 간에, 문화적으로 적절한 접근 방식이 필요하다. 대부분의 성인들과 달리 아동과 청소년은 자신이 살아가는 환경이나 자신이 먹는 음식을 스스로 선택할 수 없다. 또한 자신의 행동이 가져올 장기적인 결과를 이해하는 능력에도 한계가 있다. 따라서 만연한 비만과의 전쟁에서 이들에게 특별히 주의해야 한다.

〈세계보건기구〉에 따르면 아동 비만을 억제하려면 지속적인 정치적 노력과 함께 정부, 국제 원조 기구, 각종 비정부 단체, 민간 부문을 비롯한 민관의 모든 이해 당사자 간의 협력이 필요하다. 〈세계보건기구〉는 이들 모두의 기여를 촉구하기 위해 2004년 5월 '식사·육체 활동·건강을 위한 전 지구적 전략'을 채택했다.

〈세계보건기구〉의 분석이 지닌 커다란 장점은 비만 문제의 사회적 성격을 강조하면서 인구에 기반한 해법을 요청한 것이다. 비만 문제를 아동과 어른의 무책임한 행동으로 돌린다거나 식습관을 개선하는 데 개인의 '의지력'을 보이도록 훈계하는 것 등과 같이 개인에게서 해법을 찾는 것은 전적으로 적절치 못하다. 그럼에도 한 가지 이유 때문에 대부분은 거의 효과가 없는 이러한 개별화된 처방이 계속 남발되고 있다. 체중 조절제, 다이어트 계획, 그리고 고도 비만의 경우 위 절제술 등과 같은 개별화된 해법을 판매하는 기업들의 수익원이 되기 때문이다. '무엇을 먹고 어떠한 삶의 방식을 택할 것인가' 하는 데 대한 책임은 궁극적으로 개인의 몫이라 해도 〈세계보건기구〉의 분석이 주는 분명한 함의는 정부가 사회적 문제에 대한 사회적 해법을 선도적으로 설계할 의무가 있다는 것이다. 그리고 더 일반적으로 공공영역이 이러한 문제를 합리적이고 투명하게 논의해야 할 의무가 있다.

이론적 관점에서 이러한 주장은 20세기의 선도적 사회학자인 위르겐 하버마스 Jurgen Habermas의 초기 연구에서 다루어진다(Habermas, 1989). 18세기 무렵 유럽에서 등장한 '공론 장public sphere'은 시민사회와 국가 사이에 위치한 독립된 공간이며, 그 속에서 모든 개인은 자발적으로 당대의 사안들과 마주하면서 공공선에 대해 얼마간 근사 개념에 도달하게 된다. 명목상 부르주아 공론 장은 만인에게 개방되어 있지만 현실에서는 학식 있고 부유한 사회 구성원들로 한정됨으로써 보이는 것보다는 좀 더 편파적이다. 이러한 초기 공론 장은 19세기와 20세기 초까지는 비판적이며 자율적인 특성을 유지했다. 그 후 대기업과 관료주의 국가가 등장하여 시민을 수동적이며 무비판적인 소비자로 변화시키고 여론을 조작하기까지 함으로써 공론 장의 긍정적인 특징을 훼손했다. 이처럼 극단으로 치닫는 부정적인 흐름에도 하버마스는 공론 장이 위축되고 쇠락하지는 않을 것이라 시사했다. 오히려 합리적인 토론과 민주주의를 회복할 수 있다면 공론 장은 앞으로 더 심화되고 확대될 수 있다는 것이다.

공론 장이란 개념은 한계가 있기는 하지만 민주정치의 진정한 구성 요소에 관한 유익한 조언을 제공한다. 하버마스에 따르면 두 가지 근본적인 점이 그 이름을 붙일 수 있는 공론 장을 구성한다. 곧 비판 담론의 질과 대중 참여의 질이다(Calhoun, 1992). 이 두 요소가 살아 있다면 더욱 활발한 정치적 논쟁을 고양하는 데 기여할 수 있고 공공 영역(특히 국가 그 자체)이 사적 이익에 의해 식민화되거나 종속되는 것을 막을 수 있다.

식민화와 종속은 최근 많은 국가들의 공공 부문에서 제기되고 있는 비판의 핵심이기도 하다. 가령 영국의 몇몇 정치학자는 1980년대와 1990년대에 국가가 전통적 서비스와 시민권 문화의 뿌리를 뒤흔들기 위한 무자비한 문화투쟁(Kulturkampf, 1872년 이후 독일의 비스마르크 정부가 가톨릭의 세속 참여를 억제하는 정책을 발표하면서 독일 정부와 가톨릭 사이에서 전개되던 일련의 투쟁들. 옮긴이)에 점차 종속되면서 공공 영역과 사적 영역 간의 구분이 모호해지고 있다고 주장한다(Marquand, 2004). 기업이 준수해야 할 '게임의 규칙'을 정하는 것은 분명 공공 영역을 대표하는 국가의 의무다. 아이들의 음식에 대한 기업의 책임 또한 물론 중요하다. 하지만 자본주의 사회는 여전히 '어린이를 소비자가 되어 가는 존재로 다루기 위한 준비가 덜 되어 있다'(MacMillan et al, 2004). 어린이와 소비자 사이의 경계가 점차 애매해지는 상황은 어린이의 식생활을 공공의 돌봄의 윤리학에 종속시켜야 할 분명한 이유다.

최근의 역사는 정부가 위험을 무릅쓰고라도 이 영역에 진입하고 있음을 시사한다. 특히 정부가 현대 정치에서 가장 이데올로기적인 먹거리 선택 환경을 개혁하려고 애쓸 때 개인 선택의 자유는 공공선을 증진하는 정부의 의무와 갈등 관계에 놓인다. 식품 산업계가 개혁적인 정부와 맞서야 하는 경우에는 미리 잘 준비된 레퍼토리, 즉 먹거리의 선택은 공공 문제가 아니라 개인 문제라고 주장함으로써 강하게 정부를 비판한다. 건강한 먹거리 환경을 증진하려 노력하는 정부를 예외 없이 '보모 국가'라거나 '전체주의적' 방식으로 행동하는 것이라고 비난하는 것이다. 식품 산업계가 정부의 노력들을 도덕적 경계를 침범하는 것이자 개인의 사적 영역을 부당하게 침범하는 것으로 간주하기 때문이다(Nestle, 2002; Morgan et al, 2006).

먹거리 선택 환경의 개혁이 비만과의 전쟁에서 단지 전략일 뿐일지도 모르지만 가장 선동적인 것이기도 하다. 실제로 정치적인 측면에서 더욱 건강한 먹거리 체계를 위한 캠페인은 오늘날 '정신, 입, 시장을 둘러싼 전 지구적 전투'라고 적절하게 묘사된(Lang and Heasman, 2004) '먹거리 전쟁'의 핵심부를 향하고 있다. 먹거리 선택 문제가 지니고 있는 논쟁적인 측면을 설명하기에 앞서 어린이를 대상으로 하는 불량 식품의 마케팅을 제한하자는 캠페인에 대해 간략히 검토해 보자. 이는 아마 정크 푸드의 메시지에 대항하는 정부의 의지를 보여 주는 가장 좋은 지표일 것이다.

미국만큼 정크 푸드(열량은 높지만 영양가는 낮은 식품과 음료) 마케팅이 발전한 나라도 없을 것이다. 미국은 패스트푸드의 고향이자, 지구상에서 가장 비만율이 높은 나라다. 광고 업자들은 메시지를 전파시키는 데 있어서는 미국 정부보다 한 수 위에 있다. 평균적으로 미국 아이들은 1년에 4만 건 이상의 텔레비전 광고를 접하게 되는데, 그 절반이 정크 푸드 광고다. 미국의 패스트푸드 체인점들은 연간 30억 달러 이상을 텔레비전 광고에 쏟아붓고 있다. 이 금액에는 어린이들을 유혹하기 위한 핵심 수단으로 여겨지는 뉴미디어 광고(인터넷, 문자 메시지 광고 등)나 장난감에 사용한 비용은 들어 있지 않다(Schlosser, 2006).

윤리적 관점에서 가장 충격적인 점은 미국 어디에서나 접할 수 있는 정크 푸드 광고에 어떠한 도덕적인 경계도 없다는 점이다. 다시 말해서 아이들의 공간에 대한 배려나 비판 능력을 갖기에는 아직 너무 어린 소비자를 위한 배려가 거의, 또는 전혀 없다는 것이다. 가장 잘못된 것은 사회적 약자의 안전한 보호처가 되기 위한 돌봄 의무를 지녔다고 생각되는 학교들이 정크 푸드 소비를 적극적으로 장려하는 공간이 되어 왔다는 점이다.

매리언 네슬Marion Nestle은 미국에서 먹거리와 건강, 영양에 미치는 식품 산업계의 영향과 범위를 가장 잘 보여 주고 있는 학자다. 네슬은 자신의 대표작 『먹거리 정치Food Politics』에서 식품 기업의 가장 악독한 마케팅 관행으로, 의도적으로 어린 아이들을 판매 목표로 삼고 학교를 정크 푸드 판매장으로 바꾸려는 시도를 지적했다. 3장에 나온 '들이부을 권리pouring rights'는 이러한 비윤리적인 행동을 정확하게 포착하고 있다. 네슬의 설명을 들어 보자.

> 이러한 계약에서는 보통 기업이 지역 교육청에 거액을 내고 또 5~10년 동안 추가로
> 돈을 내는 대가로 교내 자판기와 학교의 모든 행사에서 자사 제품을 독점적으로 판매
> 할 수 있는 권리를 보장받는다. (…) 이러한 계약의 가장 큰 문제는 학생들이 마시는 음
> 료 총량에 따라 기업과 학교에 돌아오는 이익이 결정된다는 점이다(Nestle, 2002: 202).

일부 지역 교육청에서는 이 같은 터무니없는 행위를 비윤리적이라고 간주해서,
또는 반反비만 소송을 우려해서 이를 금지하기도 한다. 하지만 학교에서 정크 푸드
를 규제할 수 있는 연방 수준의 규제 틀은 없다. 많은 국가들이 학교 주변에서 정크
푸드의 판매를 금지하고 있는 현 상황에서도 미국은 아동을 대상으로 하는 식품 마
케팅에 대해 이상할 정도로 무관심한 태도로 일관하고 있다. 도대체 어떤 나라에서
성적이 오르거나 출석을 잘 했다고 〈맥도날드〉의 해피밀 세트를 상으로 주는가?
그런데 미국 플로리다에서는 실제로 그런 일이 있었다. 〈세미놀 군 교육위원회
Seminole County School Board〉가 10년 간 〈피자헛〉과 맺었던 계약을 청산하고 〈맥
도날드〉와 새로운 계약을 체결하면서 그런 일을 벌였다. 소위 '성적표 인센티브 계
획'이 건강 관련 단체들의 격렬한 항의를 받은 것은 당연한 일이다. 〈광고 없는 어
린 시절을 위한 캠페인Campaign for Commercial-Free Childhood〉의 대표인 수잔 린
Susan Linn은 '성적표에 〈맥도날드〉의 광고를 싣는 것은 건강한 먹거리를 장려하려
는 학부모들의 노력을 침해하는 것'이라고 성토했다(Elliot, 2007).
  식품 기업들이 얼마나 성공적으로 '어린이들에게 비만을 판촉'할 수 있는지를 보
여 주는 데 사실상 교본이 되는 미국에서 정크 푸드의 메시지는 그만큼 강하고 널
리 퍼져 있다(CSPI, 2003). 식품 기업들은 학교에서 아이들을 상대로 하는 마케팅을
결코 자발적으로 포기하지 않을 것이다. 〈공익 과학 센터(Center for Science in the

Public Interest, CSPI)〉가 언급하듯이 이러한 교육 공간들은 매우 수익성 높은 사업 장소다. 특히 아이들은 학교에서 꼼짝할 수 없는 청중과 다름 없으며 이곳에서 일찌감치 형성된 브랜드에 대한 충성은 평생을 갈 수 있기 때문이다. 지역 교육청들이 재정적으로 정크 푸드 체계에 빚지고 있다고 생각하는 부분도 있겠지만 사실 이러한 체계는 몇 가지 신화들이 뒷받침하고 있다. 정크 푸드가 학교 자금을 모을 수 있는 단 하나의 짭짤한 방법이라는 신화, 정크 푸드가 어린이들이 스스로 구매하려 하는 유일한 음식이라는 신화, 학교 자판기가 학교에 황금알을 낳아 주는 거위라는 신화가 대표적이다(CSPI, 2006, 2007).

정크 푸드의 메시지를 어디에서나 만날 수 있는 상황에서 의식 있는 미국인들은 먹거리 선택 환경의 개혁을 어디서부터 시작해야 할지 혼란스러울 듯하다. 이에 대한 매리언 네슬의 대답은 매우 분명하다.

아이들에게서부터 시작해야 한다. 비만의 뿌리가 유년기에 있다고 할 때 아이들을 대상으로 하는 식품 마케팅에 대중이 크게 반대하는 것은 당연하다. 어린이 텔레비전 프로그램과 학교에서 영양가가 낮은 식품에 대한 광고를 금지하고 그러한 음식이 학교 급식의 영양 높은 음식을 대체하지 못하게 하는 것이 권익 보호를 위해 적합한 행동이다. 학교마다, 교육청마다, 주마다 이러한 실천이 확산되어야 한다(Nestle, 2002: 370).

몇몇 미국 학교 급식 개혁가들은 민주당 상원의원 톰 하킨(Tom Harkin, 아이오와 주)과 공화당 상원의원 리사 머코위스키(Lisa Murkowski, 알래스카 주)가 제출한 '전국 학교 영양 기준 개정안'이 30년을 끌어 온 영양 기준을 개선할 수 있는 최초의 연방 법률이 되기를 바랐다. 하지만 학교 식당과 자판기에서 정크 푸드의 판매를 금지하는 내용을 담은 이 농업법 개정안은 두 가지 다른 정치적 이유로 상원에서 좌절됐다. 민주당은 주 정부 기준보다 앞선 연방 정부 기준을 만드는 데 반대했고 공화당은 간식용 음식에 대한 규제를 우려했다(Black, 2007).

미국이 학교 구내에서 영양가 낮은 음식을 금지시키는 데 실패한 것은 미국이 정크 푸드 산업계의 권력에 맞설 능력도, 의지도 없다는 사실을 분명히 보여 주는 한편 세계에서 가장 심각한 비만과 맞서 싸우기에 지독히도 부적절한 연방 정부의 전략을 방치하고 있음을 의미한다. 정크 푸드가 사라진 학교 환경을 만드는 것처럼 실질적인 변화를 이끌어 낼 수 있는 정책은 실현 가능한 정치 영역의 바깥에 존재하는 한편 교육이나 정보 제공 캠페인처럼 가능한 정책들은 공공 보건에 거의, 또는 전혀 영향을 미치지 못한다(Brescoll et al, 2008).

캐나다에서는 이와는 매우 다른 태도가 나타나고 있다. 〈아동 대상 식품 마케팅 시민 패널Citizen's Panel on Food Marketing to Children〉은 2008년 '아동에 대한 접근권은 권리가 아니라 특권이므로 이는 더욱 엄격한 규제를 따라야 한다'(CDPAC, 2008)는 내용의 매우 분명한 합의문을 발표했다.[7] 이 점은 불량 식품 마케팅에서 어린이를 보호하는 데 실패한 미국에서의 연방 공공 영역과 분명하게 구별되는, 간단하지만 근본적인 지점이다. 미국은 정크 푸드의 메시지에서 어린이를 분리시키는 데 실패했기 때문에 앞으로 비만을 유발하는 환경 때문에 급격히 늘어날 비용을 감당해야 할 것이다. 미국 연방 보건국장에 따르면 비만과 비만 관련 질병이 야기하는 재정 비용이 인적 비용을 제외하고도 2000년에 연간 1,170억 달러까지 급증했다(United States Department of Health and Human Services, 2001). 식품 산업계가 미국의 먹거리 선택 환경을 결정하는 규율에 영향을 미치도록 내버려 둠으로써 얻는 이익에 비추어서 미국의 연방 정치인들도 이제 이 시점에서는 비만이 발생시키는 비용을 따져 보지 않을 수 없을 것이다.[8]

표면적으로 미국과 유사해 보이지만 영국에서는 정크 푸드의 메시지를 차단하고자 하는 강력한 정치적 결정이 있었다. 영국은 유럽에서 아동 비만 수준이 가장 높은 국가다. 영국 정부는 정계를 경악케 한 『전망 보고서the Foresight Report』 발표 이후 비만 문제에 대해 전략적인 관점을 취하기 시작했다. 이 보고서에 따르면 2050년이 되면 성인 남성의 60퍼센트와 여성의 50퍼센트, 16세 이하 아동의 약 25퍼센트가 비만이 될 것이며, 치료 조치가 취해지지 않는다면 비만 관련 질병의 사회적 비용이 연간 500억 파운드에 달할 것이라 전망했다. 『전망 보고서』에서는 특히 다음이 강조됐다.

> 대담한 전술 체계적인 접근이 중요하다. 건강한 음식의 생산과 증진에서부터 걷는 것을 장려하도록 건물이나 거리 환경을 재배치하는 것에 이르기까지, 그리고 이와 더불어 음식과 운동에 관한 사회적 가치를 바꿀 수 있는 더욱 광범위한 문화적 변화까지 말이다(Foresight, 2007).

『전망 보고서』는 비만 문제와 싸우는 데 최소한 30년은 더 걸릴 것이라고 전망했다. 영국 정부는 『전망 보고서』가 던진 과제에 대응하기 위해 건강한 사회의 창출을 지원하기 위한 대담한 전략에 착수했다. 〈보건부〉 장관은 이렇게 설명한다.

> 국민들을 겁주거나 가르치는 것은 정부가 할 일이 아니다. 하지만 정부는 국민들이 좀 더 건강한 생활 습관을 가지도록 이끌고 지원할 의무가 있다. 사회의 모든 부문에서 이 문제를 인식하고 자신의 문제로 받아들여 대처할 때만 그것은 성공할 것이다(Department of Health, 2008).

이러한 '범정부적인 비만 대처 전략'이 희망적으로 시작되었지만 이 전략 때문에 막후에서 벌어진 〈보건부〉와 〈문화부〉 간의 정치적 암투는 감추어졌다. 〈문화부〉가 정크 푸드 마케팅에 대한 규제 강화를 초기 전략에서 제외시키려는 초반전에서 승리를 거두었다. 영국에서 벌어지고 있는 반反비만 논쟁 속에서 이 문제가 현재 가장 뜨거운 쟁점이다. 〈어린이 먹거리 캠페인(Children's Food Campaign, CFC)〉은 300 여 단체의 지지를 이끌어 냈다. 〈어린이 먹거리 캠페인〉의 핵심 목적 하나는 다음을 내용으로 하는 법을 통과시키는 것이다.

- 건강에 좋지 않은 식품은 밤 9시까지만 텔레비전 광고를 하는 법을 도입한다.
- 건강에 좋지 않은 식품에 대한 여타의 마케팅 방법에서 어린이를 보호한다.

정크 푸드 텔레비전 광고 금지만으로는 충분하다고 할 수 없다. 소비자 권리 단체들이 미국의 식품 회사들처럼 영국 식품 회사들도 어린아이들에게 자신들의 메시지를 전달하기 위해 무책임한 마케팅 술책(문자 메시지·홈페이지·게임·공짜 장난감 등)을 활용하고 있음을 밝혀냈기 때문이다(Which?, 2006).

(아동에 대한) 식품 (마케팅) 법을 지지하기 위해 '어린이 먹거리 캠페인'이 의원들에게 보낸 공개 질의서의 결론은 다음과 같다.

하룻밤 사이에 아이들의 식사를 개선할 수 있는 단 한 방의 '특효약'은 없습니다. 아이들이 일상에서 더 많이 운동을 하게 하는 것이 중요하며, 이는 부모의 책임입니다. 하지만 건강에 좋지 않은 식품의 마케팅을 효과적으로 규제하면 우리의 먹거리 문화를 바꾸고 우리 아이들의 식사를 개선하는 데 중요한 역할을 할 수 있습니다. 이 법안에 들어 있는 제안들은 비만 위기 해결책의 핵심 부분입니다(CFC, 2008).

영국의 이 캠페인은 전 세계 어린이를 대상으로 하는 정크 푸드 마케팅을 줄이기 위한 국제적인 운동의 일환이다. 50개국 소비자 단체들이 공동으로 〈세계보건기구〉에 정크 푸드 마케팅을 제한하는 강화된 규범을 채택할 것을 요청했다. 가령 어린이를 목표로 하는 만화 캐릭터의 사용이나 관련 파생 상품과 공짜 경품 등의 수단을 불법화하는 등이다. 2006년 식품 산업계가 광고에 지출한 액수는 130억 달러에 달하는데 이러한 수단들에 대한 지출도 포함하고 있다(Smithers, 2008).

정크 푸드 광고 업자들은 아이들의 식품 선택에 텔레비전 광고가 미치는 영향은 '하찮은' 수준이라는 이유로 광고 금지의 필요성에 이의를 제기한다. 하지만 이러한 주장은 만연하고 있는 비만에 대해 요점을 놓치고 있다. 비만과의 전쟁에서 '특효약'이나 '한 방' 같은 것은 없기 때문에 어떤 한 가지 행위도 '하찮은' 것보다는 크게 마련이다. 비만은 복합적인 원인을 지닌 사회적 문제이기 때문에 모든 분야에서 해결의 단서를 찾아야 한다. 어린이 대상 정크 푸드 마케팅을 줄이려는 캠페인에서 〈세계보건기구〉는 공공 보건이 논쟁의 핵심에 놓일 때만이 진정한 진보가 이루어진다는 올바른 결론을 내리고 있다(WHO, 2004). 공공 보건을 핵심적인 고려에 놓는 사회는 새로운 '공공의 돌봄 윤리'의 필요성을 인식하고 있는 사회다.

망각된 밀레니엄 개발 목표, 기아

선진국들은 비만과 씨름하고 있는 반면, 개발도상국들은 굶주림과 싸우고 있다는 생각만으로는 오늘날의 세계에서 먹거리와 건강이 갖고 있는 미묘한 의미를 제대로 전달하는 데는 한계가 있다. 비만은 선진국에서 사회경제적으로 낮은 계층에서 가장 만연하고 있지만 부자들만이 지방을 섭취할 수 있는 개발도상국에서는 정반대 현상이 나타난다(Lang and Heasman, 2004). 번영과 빈곤은 모든 나라들에서 공존하고 있지만 가장 극명한 대조를 볼 수 있는 곳은 서구적 식습관이 근대화의 일부로 인식되는, 가장 빠르게 성장하는 남반구의 개발도상국들에서다. 가령 인도에서 도시의 성장과 농촌의 지체가 함께 나타나는 현상이 비만과 굶주림의 특이한 공존, 곧 '영양실조의 이중 부담'을 잘 설명해 준다.

하지만 개발도상국에서 나타나는 비만 문제 역시 평가절하되어서는 안 된다. 그런 점에서 우리는 여기서 재앙을 불러올 수 있는 잠재적인 두 가지 추세에 맞서기 위한 목적으로 새로운 반(反)기아 캠페인의 필요성을 지적하고자 한다.

1. 세계시장에서 옥수수·밀·쌀·콩과 같은 기초 곡물의 가격이 폭등하고 있다.
2. 밀레니엄 개발 목표가 달성되지 못할 것이라는 증거가 늘어 가고 있다.

이러한 이중 과제는 국제사회가 전 세계에서도 가장 가난한 사람들을 위한, 더욱 강력한 '돌봄 윤리'를 보이겠다는 공동 결의를 지니고 있는지 가늠해 보는 지표가 될 것이다.

최근의 세계 먹거리 가격 폭등은 2007년 하반기에 시작되었는데, 특히 석유 및 에너지 가격의 급격한 상승, 바이오 연료의 등장, 중국과 인도의 수요 증가, 기후변화의 영향 등과 같은 새로운 요소들이 서로 결합되면서 추동되고 있다(von Braun, 2008). 가격 상승이 초래하는 즉각적인 영향은 개발도상국 전반에 사회적 혼란을 가져왔다. 과거에는 굶주림으로 고통당해 본 적이 없었던 중산층의 전문직 종사자 계층 역시 이를 피할 수 없었다. 이처럼 먹거리의 부족이 아니라 높은 가격이 문제가 되는 새로운 형태의 굶주림 때문에 각국 정부들은 먹거리 안보를 최우선 정치 의제로 설정하고 있다.

〈세계식량계획〉은 폭등하는 먹거리 및 연료 가격으로 자금 부족이 심각해지자 후원자들에게 '초비상 호소문'을 발표했다. 〈상자 8.2〉의 호소문은 굶주림이 초래한 새로운 과제를 요약하면서 후원자들에게 〈세계식량계획〉이 이러한 과제를 극복할 수 있도록 새로운 연대감(즉 새로운 돌봄 윤리)을 보여 줄 것을 요청하고 있다.

〈세계식량계획〉은 신임 사무총장 조셋 시런Josette Sheeran이 취임한 이후 국제사회의 후원자들에게 자신들의 돈이 제대로 쓰이고 있음을 확신시켜 주는 조치를 취하고 있다. 굿 거버넌스, 즉 윤리와 협력 관계를 이루는 측면에서 〈유엔〉 산하 기구

〈세계식량계획〉은 작금의 먹거리 및 연료 가격의 급등으로 우리 프로그램에 발생한 심각한 기금 부족 문제를 해결하고자 특별 긴급 호소문을 발표하는 바이다. 우리는 귀국 정부가 이 부족분을 줄이는데 적극 나서 주는 관용을 베풀어 주기를 기대한다. 2월 25일 현재 그 액수는 5억 달러에 달하며, 매일 늘어 가고 있는 상태다.

최근 먹거리와 연료 가격은 기록적인 수준까지 폭등했고 작년 6월 이후 본격적인 상승세로 접어들었다. 〈세계식량계획〉은 이러한 증가세에 대처하기 위해 다양한 조치를 취해 왔고, 특히 총 먹거리 구입의 80퍼센트(약 6억 1,200만 달러)를 개발도상국 지역 시장에서 구매했다. 2007년 한 해에만 지역 시장 구매액을 30퍼센트 늘렸다. 이것은 먹거리 및 운송 비용을 절감하는 것뿐 아니라 지역 농민에게 이익을 주고 굶주림의 악순환을 뿌리부터 근절하는 데 기여한다.

특히 관심을 두고 있는 것은 굶주림의 새로운 측면이 등장하는 것이다. 반기문 〈유엔〉 사무총장은 다음과 같이 언급했다.

이는 굶주림이 가진 새로운 측면으로, 과거에는 보호받았던 지역사회들에도 점차 영향을 미치고 있다. 이는 필연적으로 하루 1달러 남짓으로 살아가는 '밑바닥 10억 명'에게 가장 큰 타격을 입힌다. 그렇게 가난한 사람들이 인플레이션 때문에 변변찮은 수입마저 더 줄어들면, 이 사람들은 보통 둘 중 한 가지 행동을 취하게 된다. 먹거리 구매를 줄이거나 더 싸고 영양이 떨어지는 먹거리를 구매한다. 그 결과는 동일하다. 굶주림은 더 심해지고 건강한 미래의 가능성은 더 줄어든다.

우리는 귀국 정부에게 우리의 요청에 신속히 대처해 줄 것을 촉구하며, 이를 통해 절박한 시기에 오직 세계에 기댈 수밖에 없는 사람들에게 나눠 줄 먹거리를 줄이지 않아도 되기를 희망한다. 해마다 꾸준히 지원해 온 귀국 정부에 다시 한 번 감사를 전하며, 이 고난을 극복할 수 있도록 귀국이 우리와 함께 해 줄 것을 호소한다.

〈세계식량계획〉 사무총장 조셋 시런
2008년 3월 20일

들 중 선도적인 역할을 하고 있다. 또 〈세계식량계획〉은 후원자들에게 학교에서 굶주림을 줄이기 위해 실제로 할 수 있는 일들이 무엇인지 이해시키기 위해 원활한 의사소통에 힘쓰고 있다. 조셋 시런은 〈세계식량계획〉 이사회 연설에서 '아이들이 학교에서 배고픈 일이 없는 세상을 만들려면 대략 연간 30억 달러의 비용이 필요하고 아프리카에만 12억 달러가 필요하다'(Sheeran, 2008)고 언급했다.[9]

지금 국제사회는 스스로가 설정한 밀레니엄 개발 목표를 달성하는 데 실패했다는 비난을 받고 있다(ActionAid, 2008).[10] 밀레니엄 개발 목표의 우선 목표치는 두 가지였다(7장). 1990년 기준으로 2015년까지 하루 1달러 미만으로 생계를 유지하면서 굶주림으로 고통받는 사람의 수를 절반으로 줄이는 것이다. 이 같은 첫 번째 목표에 대해서는 얼마간 실질적인 진전이 있었다. 하루 1달러 미만으로 살아가는 사람의 수는 1990년 12억 5,000만 명에서 현재 9억 8,000만 명으로 줄어들었다. 하지만 기아의 수를 절반으로 줄이겠다는 국제사회의 목표는 요원한 상태다. 사실 2007~2008년 먹거리 가격의 폭등 이전에도 개발도상국에서 굶주리는 사람의 수는 겨우 300만 명이 줄어들어 8억 2,000만 명으로 추정됐다(FAO, 2006)(2010년 초 〈식량농업기구〉의 발표에 따르면 이 수치는 10억 명을 돌파했다. 옮긴이).

국제사회의 주요 인물들은 계획한 이행 계획 일정으로 다시 되돌아오지 못한다면 커다란 혼란이 닥치게 되리라는 사실을 솔직히 인정하고 있다. 영국의 고든 브라운 총리는 2007년 〈유엔〉에서의 연설에서 국제사회가 이미 목표 달성을 위한 궤도에서 이탈하여 '개발 비상 사태'가 커지고 있다는 사실을 직시해야 한다는 '행동 촉구'를 발의했다. 다음 해에 전 세계 재계 지도자들이 다보스 회의를 위해 모였을 때 〈세계은행〉 총재 로버트 조엘릭Robert Zoellick은 밀레니엄 개발 목표의 첫째 목표를 '잊혀진 밀레니엄 개발 목표'라고 부르면서 이들에게 굶주림과 영양실조를 최우선 의제로 올릴 것을 호소했다. 이러한 연속적인 호소 속에서 우리는 60년이 넘도록 그래 왔듯이 가장 기본적인 인권을 존중하는 데 실패할지 모른다고 국제사회가 걱정하고 있다는 가장 확실한 징표를 찾아볼 수 있다.

〈액션에이드〉의 분석에 따르면 기아 구제가 더딘 이유의 하나는 국제사회가 여성과 여아에 대한 체계적인 차별을 인식하지 못하고 이에 대응하는 것에 실패했기 때문이다. 성별 형평성은 사회정의의 문제일 뿐 아니라 전체 개발 과정에서도 핵심 역할을 한다. 여성이 특히 가족의 영양 상태를 개선함으로써 굶주림과 빈곤을 줄이는 데 남성들보다 훨씬 더 큰 역할을 하기 때문이다. 모든 증거들이 '긴급 개발 원조'가 여성과 여아를 최우선에 두어야 한다는 사실을 뒷받침하고 있다. 〈액션에이드〉 보고서가 상세히 입증하듯이 여성과 여아가 가난하고 굶주리며 문맹이고 병에 걸려 있을 가능성이 가장 크기 때문이다.[11]

일부 국가(예컨대 방글라데시, 인도, 모잠비크, 탄자니아 등)에서 여아 교육에 빠른 진전을 이룰 수 있었던 이유는 성별 형평성의 증대로 설명할 수 있다. 이들 국가에서는 명확한 입장을 지닌 여성들과 시민사회와 연합해 여아 교육을 정치적으로 강력히 지원하고 있다. 여아 교육은 법적·사회적 변화를 통해 차별을 극복하려는 광범위한 투쟁과 연결되어 있다는 사실도 마찬가지로 중요하다. 요약하면 〈액션에이드〉는 다음의 긴급한 행동을 취한다면 성별 형평성이 커지고 이를 통해 밀레니엄 개발 목표를 다시금 제 궤도에 올릴 수 있을 것이라 주장한다.

- 밀레니엄 개발 목표의 틀 속에서 여성과 여아에 대해 더욱 의욕적이고 구체적인 목표치를 설정한다.
- 여성 차별과 싸울 수 있도록 〈유엔〉의 능력을 강화한다.
- 최신 자료를 축적하여 진전 상황을 감시·감독한다.
- 형평성과 여성의 역량 강화를 달성하는 데 원조를 더욱 효과적인 수단으로 만든다(ActionAid, 2008: 3).

비록 '사소한 승리들'이 있기도 했지만 2000년 국제사회가 스스로 설정한 목표, 특히 2015년까지 기아를 절반으로 줄이겠다는 목표를 달성할 가능성에 대해서는 비관적인 관측 말고는 다른 말을 하기 어려운 상태다. 이미 2007년과 2008년 곡물 가격 폭등 이전에 동력을 잃어버렸다. 각 나라들이 먹거리 안보가 주는 의미를 곱씹어 보려 노력하기 시작한 것이 이때 이후다. 먹거리 가격 폭등과 불균등한 기후 변화 영향으로 등장한 새로운 먹거리 상황 속에서 최빈국들, 특히 사하라 이남의 아프리카 국가들이 가장 혹독한 타격을 입었다(Ahmed et al, 2007). 이러한 새로운 먹거리 상황의 풍경 속에 들어 있는 한 가지 특징은, 사실 이러한 상황은 매우 오래된 것이어서 이미 여기에 무감각해진 듯하다는 것이다. 전 세계적으로 저명한 한 먹거리 정책 전문가는 다음과 같이 설명한다.

> 세계 경제는 점점 부유해지는데도 수많은 사람들이 여전히 극복하기 어려운 빈곤에 허덕이며 굶주린 상태로 살아간다는 사실은 우리 시대에 가장 큰 윤리적·경제적·공공 보건적 과제다(von Braun, 2007).

결론적으로 밀레니엄 개발 목표는 지속 가능 발전이 빈국의 상황에서 의미하는 것이 무엇인가에 대해 그런대로 괜찮은 정의를 제공한다. 다시 말해서 이는 자신의 문명화된 규범을 자랑스러워하는 국제사회에서 기대할 수 있는 최소한의 것이다. 이러한 목표, 특히 극단적인 빈곤과 굶주림을 근절하자는 목표는 지속 가능 발전에 대한 국제사회의 의지를 확인해 볼 수 있는 가장 중요한 시험대가 될 것이다. 다시 말해서 국제사회가 전 세계의 가장 가난한 사람들을 위한 돌봄의 윤리를 발전시킬 수 있는 능력을 가늠하는 것이다.

학교 급식에서 지역사회 먹거리 계획으로, 국가의 녹색화

'국가의 녹색화'(1장)를 이해하는 데는 두 가지 서로 다른 방식이 있다. 좁은 의미에서는 단순히 환경적 의무를 좀 더 의식하는 국가를 의미하며, 이것이 대부분의 국가들이 일상적 활동에서 이 문제를 인식하는 방식이다. 이처럼 좁은 의미의 지속 가능 발전은 환경적 측면이 사회적·경제적 측면에 비해 측정과 관리가 용이하다는 점을 근거로 정당화되어 왔다. 정부와 기업 모두가 사회정의나 경제적 민주주의 사안보다는 환경 측면이 현재의 상태를 덜 위협한다는 점에서 자신들에게는 덜 위협적이고 쉽게 다룰 수 있다고 인식하는 것이 현실이다. 하지만 넓은 의미에서 국가의 녹색화는 좀 더 야심 찬 기획이다. 이는 국가가 지속 가능성의 세 가지 모든 측면에 동등한 비중을 부여하면서 단순히 공공 부문만이 아니라 민간 부문에서도 국가의 권력을 활용하여 지속 가능한 실천을 이행하고자 노력하는 것이다.

마지막 절에서는 국가의 녹색화에 넓은 의미를 적용하여 이것이 던져 주는 가능성을 검토하고자 한다. 다음 두 가지 질문에 초점을 맞출 것이다.

1. 녹색국가 논쟁에 학교 급식의 경험을 어떻게 가져올 것인가?
2. 지역사회 먹거리 계획을 위한 촉매로 학교 급식 개혁을 이용할 수 있는 전망은 어떠한가?

학교 급식과 녹색국가 논쟁

우리가 녹색국가의 등장에 대해 그냥 가볍게 이야기했지만 실은 환경정치학에서는 매우 논쟁적인 사안이다. 실제로 자본주의적 여건에서 녹색국가가 가능한가라는 질문은 생태 맑스주의자와 생태 근대화론자 간에 활발한 토론 주제였다(Hajer, 1995; Hay, 1996). 생태 맑스주의자들이 '지속 가능한 자본주의'를 일종의 형용모순으로 본다면, 생태 근대화론자들은 '녹색 성장'의 전망은 비판가들이 바라보는 것 이상으로 밝을 수 있다고 주장한다. 특히 독일이나 북유럽 국가들처럼 정부가 지속 가능 발전을 훼손하기보다는 오히려 강화하는 방향으로 국가권력을 행사하도록 압력을 가하는, 강력한 생태적 동맹이 존재하는 곳에서 그러하다. 다시 말해서 국가의 녹색화에 대한 전망을 평가하는 데는 상황이 결정적으로 중요한 요인이다.

녹색국가 논쟁을 이끄는 상당수 이론가는 본질적으로 시민사회나 기업과 같은 행위자보다 국가의 핵심 기구를 우선시하는 국가 중심적인 관점을 몹시 비판하는 경향을 보인다. 일부 학자는 그러한 관점을 거부하는 데서 더 나아가 녹색의 관점에서 보면 국가는 사실상 필요하지도 않고 바람직하지도 않다고 주장한다. 국가가 자본 축적이라는 경제적 지상 과제나 군사 경쟁에 속박되어 있다는 점에서 본질적으로 생태 파괴로 기울어지게 되어 있다는 것이다(Paterson, 2000).

그보다는 좀 더 신중하고 현실적인 관점을 보여 주는 학자로 에커슬리가 있다. 에커슬리는 국가 자체를 거부하지는 않지만 한계가 명확한 국가 중심적인 관점은 거부한다. 에커슬리는 비판적 정치생태학의 관점에서 다음을 상기시키면서 환경적 측면에서의 반대 로비를 옹호한다.

> 환경주의자들이 (국내적 또 국제적으로) 정부에 제기하는 일상적인 정책 요구 속에는 국가가 마땅히 해야 하는 것(혹은 하지 말아야 하는 것)에 관한 개념이 암묵적으로 내재해 있다. 즉 '좋은 국가good state'가 보일 법한 녹색의 이상이나 전망 말이다(Eckersley, 2005: 160).

이러한 규범적 이론화는 이 세상에서 실현 가능하거나 바람직한 것들에 대한 새로운 상상력을 실제로 창조해 낸다. 이는 문화이론가 레이먼드 윌리엄스Raymond Williams가 즐겨 말하던 '희망을 현실화'하는 데 기여한다.

에커슬리의 관점이 갖는 또 다른 장점은 국민국가의 지속적인 중요성을 충분히 감지하고 있다는 것이다. 에커슬리는 국민국가의 자율성이 지구화로 제약받고 있다는 것을 인정하면서도 국가가 더욱 진보적이며 지속 가능한 사회를 증진하는 데 기여할 수 있는 일련의 방법들이 있다고 주장한다. 에커슬리가 바라보는 '국가의 매력은 근대의 다원적 사회 속에서 최우선적 권위의 원천이라는 점이다'(Eckersley, 2005: 172). 이러한 분석은 공공 급식 제공에 관한 우리의 연구에 깊이 공명하는 것이며, 이를 통해 우리는 국가를 지구화의 힘에 당하는 무기력한 희생자로 축소하는, 최근에 유행하는 관점을 전적으로 거부할 수 있었다. 국가만의 일방적인 행동의 범위는 여러 가지 방식으로 제약받고 있지만 점차 다자적 기구들이 늘어나면서 국가가 다른 주체와 협력하여 국제적 수준에서 변화를 만들어 낼 수 있는 가능성 또한 커지고 있다.

하지만 근대국가의 문제 해결 능력은 외적으로뿐만 아니라 내적으로도 제약되어 있다. 우리의 연구는 국가의 조직 능력, 즉 경제를 규율하고 공공 서비스를 제공하며 재화와 서비스를 조달할 수 있는 능력을 평가하기 위해서는 자본주의 사회에서 지속 가능 발전이 갖는 가능성과 한계에 대해 좀 더 정교하게 이해하는 것이 우선이라는 점을 시사한다. 지금까지 녹색국가 논쟁은 국가의 녹색화를 방해하는 외부적 제약, 특히 변화무쌍한 기업 부문을 규율하고 더욱 지속 가능한 방식으로 활동하도록 설득하는 문제에 초점을 맞추어 왔다. 하지만 국가가 이미 공공 부문에서 지속 가능 발전을 증진해 왔다면, 말하자면 자기 집을 이미 정돈했다면 사적 영역에서도 이를 증진할 수 있는 강력한 지위에 있게 될 것이라는 점은 간과되어 왔다.

학교 급식 개혁의 경험을 하나의 소우주로 놓고 보자면 국가가 갖고 있는 가치, 규준, 기술 역량, 거버넌스 구조 등은 공공 영역 전반에 걸쳐 지속 가능 발전을 증진시킬 수 있는 능력을 키우기보다는 오히려 좌절시키는 경향이 있음을 보여 준다. 국가 활동을 녹색화하여 국가가 기업 부문과의 관계에서 더 신뢰할 수 있고 능력을 지닌 교섭자가 될 수 있도록 하는 것은 지난한 '실행을 통한 학습' 과정이다(Morgan, 2007c). 녹색국가 논쟁에서 조직 능력이 핵심 쟁점이라는 점에서 학교 급식 개혁의 경험에서 이끌어 낼 수 있는 몇 가지 교훈들은 가치를 가진다.

가치들이 갖는 가치

영국이나 미국처럼 원가에 기초한 급식 문화에서는 학교 급식이 질 낮은 먹거리 공급망을 찾아다닐 수밖에 없기 때문에 식재료가 수준 이하인 곳에서 생산되는 경우가 많다. 모든 공공 부문 기관들은 '가격 대비 가치'를 준수하도록 요구받는다. 하지만 이것이 다른 방법으로 해석될 수 있다. 원가에 기초한 계약 문화에서는 최저원가가 최고의 가치를 사칭하는 강력한 경향이 있다. 그러나 진정한 '가격 대비 가치'는 하나의 협소한 의미로 규정된 경제적 가치를 넘어서 다양한 사회적·문화적 가치를 반영할 수 있도록 더욱 광범위하고 지속 가능한 규준으로 지탱되어야 한다. 만약 공공 기관이 협소한 상업적 규준에 근거하여 감사관과 변호사의 평가를 받아야 하는 상황이라면, 이들 기관들이 지속 가능 발전의 대의를 위하여 구매력을 활용하는 것이 (불가능하지는 않다고 하더라도) 매우 어려운 일이다. 카마던셔 사례 연구는 다른 어떤 가치보다도 원가가 최우선이 되는 규범 체계를 갖고서는 고품질 학교 급식이 거의 불가능하다는 점을 냉혹하게 상기시킨다. 다행히 카마던셔는 공공 보건 같은 여타 가치들이 갖는 가치를 인식하고 이를 적용하면서 고품질 급식 서비스를 유지할 수 있었다. 정치적인 측면에서 가장 중요한 점은 지속 가능 발전을 이끌어 낼 수 있는 가치(가령 공공 보건, 민주주의, 환경적 통합성 등)가 저절로 나타나는 것이 아니라는 점이다. 이러한 가치들은 능동적으로 만들어 내어 결집시켜야 한다.

구매력

전 세계 학교 급식 개혁에서 얻을 수 있는 가장 중요한 한 가지 교훈은 아마도 조달이 중요하다는 점일 것이다. 우리가 살펴본 모든 사례들의 공통점은 공공 기관들이 창조적인 공공 조달을 구현하기 위해 분투하고 있다는 것이다. 예컨대 관행적인 회계 체계에서는 외부화되었던 비용(가령 보건이나 환경 비용)까지도 고려하려는 의지를 관철하고자 한다. 창조적인 조달이 시행되기 쉬운 경우는 정치적으로 우호적인 환경을 갖춘 곳, 공공 부문 담당자가 협소한 상업 규준에 얽매이지 않는 곳, 담당자들이 진정한 '가격 대비 가치'를 확보하기 위해 전 과정 비용 방식을 적용할 수 있는 기술을 갖춘 곳 등이다. 창조적 조달의 일곱 가지 장애물을 비롯하여 이를 가로막는 강력한 힘(2장)을 과소평가해서는 안 된다.

가장 흔한 장애물의 하나는 '법률적 사안들'이다. 기존 공공 조달 규범하에서는 할 수 있는 것과 할 수 없는 것이 불명확하다. 이러한 규범들이 점차 창조적 조달을 이끌어 가는 방향으로 바뀌고 있기는 하지만 〈유럽연합〉이나 미국의 몇몇 주의 사례에서 보듯이 대부분의 공공 기관은 입찰을 설계할 때 여전히 매우 보수적이고 위험을 회피하는 쪽으로 행동하고 있다. 법률 전문가나 경영 자문가에 의해 위험 회피적인 문화가 주도면밀하게 길러지고 있으며, 따라서 단지 소심한 공공 부문의 풍조가 반영된 것만은 아니라는 점을 자주 잊어버리게 된다. 〈그림 8.1〉이 보여 주는 영국의 연수 과정 홍보 광고는 최신 규제를 준수하는 데 실패하는 것에 대한 공공 조달 관리자의 두려움을 영리하게 이용하고 있다. 광고는 '복잡한 공공 조달 체계에 대한 법률적 지식이 중요하다'고 말하고 있다.

공공 조달 전문가들이 이러한 위험 회피적 문화와 이를 부채질하는 요소에 대한 두려움이라는 요소를 극복하려면 다음의 두 방법으로 스스로 헤쳐나가야 한다.

1. 자신의 지위를 통해 더욱 효과적으로 모범 사례를 전파시킬 수 있도록 공공 부문 전문가로서 더 잘 준비하기.
2. 창조적 조달의 혜택을 널리 홍보하기 위해 보건, 경제개발, 환경 계획, 교통 등 여타 분야의 전문가들과 교류하기.

공공 부문이 구매력에 대해 더 많이 인식하게 되고 익숙해지면 공공 조달 전문가 스스로가 녹색국가의 전위대가 될 수 있을 것이다. 여기서 핵심은 다른 권한들과 마찬가지로 구매력을 효과적으로 활용하려면 적절한 자원을 확보할 필요가 있다는 것이다. 무엇보다도 이는 공공 부문이 지속 가능성을 보장할 수 있도록 공공

그림 8.1 공공 조달 연수 과정 광고

그림 8.1 공공 조달 연수 과정 광고

'공공 조달에서 효과적으로 법률을 준수하는 법. 올바르게 알면 주의 조치도 적어진다. 잘못 알면 그 결과 때문에 화를 입게 된다'고 쓰여 있다.

조달 전문가들의 역량과 확신을 발전시켜 나가는 것을 뜻한다.

수요와 공급을 서로 조율하기

창조적 조달은 수요와 공급을 서로 조율하는 데 진정으로 혁신적인 역할을 해낼 수 있다. 이 점은 엄청나게 중요한데도 녹색국가 논쟁에서 다루어지지지 않았던 계획 관련 사안이다. 성공적인 학교 급식 개혁이 이루어진 곳에서는 급식 서비스 부문에 대한 새로운 기준이 수립됐다. 특히 로마나 이스트 에어셔 사례에서처럼 유기농을 비롯한 더 신선하고 더 영양 많은 산물에 대한 새로운 시장 기회가 창출됐다. 하지만 이러한 노력들에 대해 공급 측면에서 지역 생산자(특히 소규모 생산자)를 지원할 대책이 뒷받침되지 않으면 새로운 수요가 영국 유기농 시장 성장 과정에서 그랬던 것처럼 수입품의 홍수를 불러올 수도 있다. 수요와 공급을 서로 조율하는 것은 개발도상국에서 훨씬 더 큰 문제가 된다. 〈세계식량계획〉 같은 조달 기관은 현재까지도 생계형 농업의 세계를 벗어나지 못한 소농들이 공급 능력을 갖출 수 있도록 구매력을 활용하고 있다(7장). 수요와 공급을 조율하려면 전통적인 공공 부문에서는 거의 찾아볼 수 없었던 기술과 새로운 상업적 기회, 생산자 간의 협력이 요구된다.

모범 사례의 확산

현재 일부 지역 사례들로 국한되어 있는 학교 급식 혁명이 앞으로 더욱 광범위한 반향을 얻을 수 있도록 해야 한다. 모범 사례는 저절로 확산되지 않는다(Morgan and Morley, 2006). 모범 사례가 예외가 아니라 규범이 되려면 공공 부문은 더욱 창조적이고 효과적인 확산 메커니즘을 고안해야 한다. 이것들은 조직 간에 또 지역 간에 지식의 이전을 증진하기 위한, 지역에 기반한 협회와 전문가 협회의 설립을 비롯하여 나라마다 서로 다른 형태를 가지게 될 것이다. 사회적 학습에 대해 주목해야 할 핵심 요점은 가장 효과적인 확산 메커니즘은 수직적인 명령-실행 체계보다는 수평적인 동료 학습peer to peer learning에서 찾아볼 수 있다는 것이다.

거버넌스 구조

지금까지 정부의 거버넌스 구조는 지속 가능 발전의 안팎에서 장애물로 기능하는 경우가 많았다. 내부적으로 정부의 다층적 거버넌스 구조는 중앙과 지역 간의 정책 조화를 점점 더 어렵게 만든다. 계획과 실행 사이에 단절이 형성되는 것이다. 이를 해결하려면 더욱 통합적이며 '협력적인' 정책 과정이 요구된다. 외부적으로 공공 서비스에 대한 진정한 대중 참여(그리고 주인의식)를 촉구하려면 정부의 구조는 더 느슨해질 필요가 있다. 대중 참여의 확대는 그 자체로 심화된 민주주의가 도달해야 하는 목표 지점이면서 동시에 문제 해결 능력을 증진시켜 민주주의를 심화시키는 수단이기도 하다. 20세기 복지국가가 인간의 행동을 주어진 것으로 바라보면서 시민을 '위한' 정책 설계를 추구했다면, 21세기 녹색국가는 시민과 '함께' 계획하고자 노력함으로써 일과 생활, 양 측면에서 더욱 지속 가능한 방식을 증진키기위한 공동의 노력이 요구된다.

기아, 비만, 기후변화 같은 21세기의 가장 첨예한 사안에 대응하기 위해서는 국가가 스스로 이 문제들을 해결할 수 있다는 태도를 버려야 한다. 정부가 시민사회와 기업 부문의 적극적인 동의와 문제 해결 기법을 얻고자 한다면 좀 더 정식화된 새로운 거버넌스 구조를 만들어야 한다. 내부적으로는 좀 더 통합적인 정책 과정을 증진하고, 외부적으로는 사회의 다양한 기술 역량과 독창성을 활용해야 할 것이다. 계몽된 공무원과 정치인이 인식하기 시작한 것처럼 정부 홀로 지속 가능 발전의 도전에 맞설 수는 없다.

공간의 물신화

학교 급식 개혁의 경험에서 얻을 수 있는 가장 중요한 공간적인 교훈은 지속 가능 발전 논쟁을 지배하고 있는 이분법적 사고를 넘어서야 한다는 것이다. 극단적인 경우 이분법적 사고는 특정한 공간 수준에 특정한 속성을 부여한다. 가령 '로컬'에는 좋은 속성들이, '글로벌'에는 나쁜 속성들이 부여된다. '로컬의 함정'이라는 사고 (1장)는 지속 가능한 먹거리 운동 속에 들어 있는 이분법적 사고의 가장 나쁜 사례를 보여 준다. 하지만 지속 가능성이라는 측면에서 지구화와 지역화가 미치는 영향을 평가하기 이전에, 지구화와 지역화는 추상적이 아니라 구체적인 상황 속에서 이해해야 하는 이중적인 측면이라는 점을 반드시 강조할 필요가 있다. 예컨대 개발도상국이 〈세계무역기구〉의 규범(자국 먹거리 안보 정책에 대해 국가의 재량권을 제한하고 있다)에 서명해야 하는 것을 뜻한다면, 지구화는 부정적이며 퇴보적일 수 있다. 빈민들의 사회경제적 필요보다 신자유주의적 무역 원칙을 고양하는 것이기 때문이다. 하지만 지구화가 국제사회가 밀레니엄 개발 목표를 존중하기 위해 협력적인 노력을 기울이는 것을 뜻한다면, 이는 반대로 긍정적이며 진보적일 수도 있다.

이러한 사례들은 비교적 명쾌하지만 스스로를 '윤리적인 소비자'라 생각하는 사람들이 내려야 하는 더욱 어려운 결정들은 포착하지 못한다. '윤리적인 소비자'들에게 가장 어려운 문제 하나가 상품의 탄소 발자국을 어떻게 평가할 것인가 하는 것이다. 점차 푸드 마일을 준거로 활용하는 추세에 있는데, 사실 이는 한 상품의 일생을 구성하는 한 가지 요소에 지나지 않는다. 푸드 마일을 중시하는 소비자는 로컬 푸드를 선택하는 결정을 내릴 것이고, 반면 산물의 일생 전체를 중시하는 소비자는 '글로벌' 먹거리를 선호하는 결정을 내릴 수도 있다. 한편에서는 '로컬하며 녹색인' 구매라고 생각하는 것을 다른 한편에서는 '글로벌하며 공정한' 구매라고 생각하는 것 사이에서 갈등을 느끼게 될 수 있다. 이는 '윤리적 먹거리의 풍경ethical foodscape' 속에 존재하는 긴장 관계를 보여 주는 한 가지 사례일 뿐이다. 이처럼 복잡한 사례들은 '무엇이 더 윤리적이고 덜 윤리적인지', '무엇이 더 지속 가능하고 덜 지속 가능한지'를 결정할 때 인지능력의 엄청난 한계가 존재함을 보여 준다.

위의 여섯 가지 차원은 학교 급식 개혁의 경험을 녹색국가 논쟁에 결합시킬 때 좀 더 강조되어야 할 것들이다. 이때는 종종 추상적인 일반성을 위해 구체적인 특수성을 희생하기도 한다. 결국 품질과 비용 간의 실제 긴장 관계는 구체적인 수준, 가령 학교 급식 등의 공공 서비스에서 내려지는 평범한 결정 속에서 드러난다. 녹색국가 논쟁이 이처럼 구체적인 영역에 개입하지 못한다면, 또 현실을 조망하고 미래에 대한 실천적 희망을 만들지 못한다면 이 논의는 일상생활의 씨줄과 날줄에서 떨어져 나가면서 공동체의 변화를 위한 선택의 여지도 함께 사라지게 될 것이다.

도시와 공공 급식

가장 빈번하게 사용되면서도 또 남용되는 정치적 용어의 하나인 '커뮤니티/지역

사회community'는 항상 조심스럽고 주의 깊게 다루어야 한다. 새로운 지역사회 계획은 필연적으로 공간 규모의 문제를 불러들인다. 지역사회는 누구에 의해, 어떻게, 무슨 목적으로 구성되는가? '어떤 것이 로컬인가'라는 질문이 그러하듯이 이러한 질문도 상황과 목적에 따라 달라지기 때문에 혼란스러운 대답으로 이어지는 경향이 있다.

지속 가능 발전 패러다임은 지구 전역에서 사람과 장소 간의 깊숙한 상호 의존성을 강조하기 때문에 그 속에서 '영토화의 덫territorial trap'과 연관되어 있는 엄격하게 구획된 공간들이 자리를 차지할 여지는 없다. 영토화의 덫이란 국경으로 구획된 영토들로 구성되어 있는 세계를 상정하는 검증되지 않은 지리적 가정들의 조합을 가리킨다. 여기서 영토국가들은 근대사회를 담고 있는 지리적 상자 역할을 한다. 그에 대한 비판 연구자들은 영토적 규모는 사회적으로 구성되는 장치라고 주장한다. 즉 매우 구획적인 개념이라기보다는 좀 더 유동적이며 관계적인 개념이라는 것이다(Agnew, 1994).

영토화의 덫이라는 가정은 독립성보다는 상호 의존성을 강조하는 지속 가능성 관점으로 보면 문제가 많지만, 그렇다고 이러한 구획 개념이 곧 사라질 것이라 여기는 것도 순진한 생각이다. 오히려 구획적인 세계관은 정치적 성향의 양끝 모두에서 강력한 지원을 받고 있다. 몇몇 우파들은 이주자들에게서 자국의 공간을 보호하고자 하며, 몇몇 좌파 생태주의자들은 자기 생물권의 '수용 능력'을 보호하거나 도시의 '생태적 안정 상태'의 증진을 원한다. 양쪽 모두 일종의 새로운 영토적 자급자족의 증진을 제시하는 것이다.

구획적인 세계관은 일부 계획 전문가들에게서도 찾아볼 수 있다. 지금까지 이들은 인간 삶의 필수 요소의 하나인 먹거리 체계를 다루지 못했다(Pothukuchi and Kaufman, 2000). 공신력 있는 기구인 〈미국 계획학회(American Planning Association, APA)〉는 공간에 대한 구획적인 개념이라는 문제와 기존 계획 체계에서 이상하리만 큰 배제되었던 먹거리 문제를 다루기 시작했다.

> 먹거리는 생명을 지속시키는, 항구적인 필수재다. 하지만 공기·물·주거·먹거리 등
> 과 같은 생존의 기본 필수재 중에서 먹거리만이 오랫동안 계획 전문가의 진지한 관심
> 대상에서 배제되어 왔다. 이는 대단히 어이없는 누락이다. 하나의 학문 분과인 계획학
> 은 공동체적 삶의 중요한 측면들이 갖는 시간적 차원과 공간적 상호 관련성의 포괄적
> 범위에 대해 관심을 가진다는 점을 이 분야의 독자성으로 내세워 왔기 때문이다(APA,
> 2007: 1)

〈미국 계획학회〉는 짧은 시간에 먼 거리를 이동해 왔다. 2005년 샌프란시스코
에서 열린 전미 계획학 대회에서 〈미국 계획학회〉는 자신들의 역사상 최초로 먹거
리 계획food planning을 특별 과업으로 포함시켰다. 2007년 여름 〈미국 계획학회〉
는 '지역사회 및 광역 먹거리 계획에 참여하고자 하는 이들을 위해' 대담하고 혁신
적인 정책 지침서를 발표했다(APA, 2007). 다음과 같은 요소들로 계획 전문가들은
'먹거리 계획'의 시대가 도래했음을 확신하고 있다.

- 도시나 주 차원에서 먹거리의 생산과 소비에 관한 활동들이 토지 이용의 상당
  부분을 차지한다는 인식.
- 동시에 증가하고 있는 굶주림과 비만을 줄이는 데 계획가가 중요한 역할을 할
  수 있다는 자각.
- 먹거리 체계가 지역사회 및 광역 경제에서 중요한 부분을 차지하고 있다는 데
  대한 이해.
- 사람들이 먹는 먹거리가 생산·가공·수송·폐기에 사용되는 화석연료의 상당
  부분을 차지한다는 자각.

- 대도시권의 농지가 빠른 속도로 사라지고 있다는 점에 대한 이해.
- 농업에 과잉 사용되고 있는 화학비료와 농약 때문에 지하수와 지표수가 오염되고 있으며 음용수의 공급에도 악영향을 미치고 있다는 데 대한 이해.
- 저소득 지역에서 건강에 좋은 먹거리의 부족이 점차 심화되고 있으며, 도시 농업이 하나의 해법이 될 수 있다는 자각.
- 강력한 로컬 푸드 체계가 많은 혜택을 제공해 준다는 인식(APA, 2007).

먹거리 체계의 다각적인 의미를 인식하고 있는 〈미국 계획학회〉 정책 지침서는 지속 가능한 사회에서 계획이 해야 할 역할에 대해 새로운 전망을 제시하고 있다. 특히 중요한 점은 이러한 전망이 지역 및 지역사회 먹거리 정책에서의 노력을 저해하는 이분법적 사고(글로벌/로컬, 사회적/공간적, 관행적/대안적 먹거리 부문)를 초월하고자 한다는 것이다. 이러한 이분법의 문제를 어떻게 초월하려 하는지 〈미국 계획학회〉의 주장을 간략히 살펴보자.

지역화/지구화

〈미국 계획학회〉는 생태적으로 지속 가능한 먹거리 체계를 장려하기 위해 먹거리 체계의 지역화 확산을 제시하고 있다. 이들이 말하는 지속 가능성의 핵심 원칙은 인간의 필요를 '될 수 있는 한 소비와 공간적으로 가깝게' 충족시키자는 것이다. 멀리서 온 먹거리에 의존하는 지역사회는 그것에 대한 통제력을 거의 발휘하지 못하기 때문에 시장·운송 수단·에너지의 잦은 변동에 취약할 수밖에 없다. 먹거리 자급률을 높이는 것은 사람들을 자신의 지역에 다시금 연결시키고 '지역의 자원을 더 많이 배려하도록' 돕는다. 이 점은 '공간적 근접성이 더욱 강력한 돌봄 윤리를 키울 수 있다'는 신념을 기초로 하여 생태적 자족성을 높이려는 지역화 원칙을 매우 강력하게 뒷받침하고 있다.

〈미국 계획학회〉는 소지역주의localism가 편협한 영역주의parochialism로 후퇴하지 않도록 하기 위해 국제적인 발전에 대해 확고한 입장을 취하고 있다. 〈미국 계획학회〉는 다음과 같이 말한다.

[상호 의존성이 점점 더 강해지고 있는 세계 속에서] 지구 전체에 퍼져 있는 기아와 먹거리 불안정 상태를 종식시키기 위한 활동은 선진 부국들에게 기대야만 할 일이 아니다. 농업 무역정책이 가난한 도시 및 농촌 가정들의 생존 능력에 미치고 있는 부정적인 영향을 바로잡는 일도 마찬가지로 중요하다.

이러한 목적을 위해 〈미국 계획학회〉는 계획 전문가들에게 단순한 원조를 넘어 개발을 증진할 수 있는 정책들을 지원할 것을 촉구한다.

사회적/공간적

지역사회에 기반한 계획에 대한 가장 정형화된 비판의 하나는 사회적인 것보다 공간적인 것을 우선시한다는 것이다. 즉 동일한 장소를 함께 점유하고 있으면서도 계급이나 인종 집단별로 상이한 요구를 가진다는 사실을 간과한다는 것이다. 〈미국 계획학회〉는 이러한 문제를 잘 알고 있다. 〈미국 계획학회〉 지침서는 2005년 미국의 전체 가구 중 약 11퍼센트가 '먹거리 불안정 상태'로 분류됐다는 사실(히스패닉 가구는 19.7퍼센트, 흑인 가구는 22.4퍼센트로 수치가 올라간다)에 주목하면서 계획가들이 '먹거리 안정성을 증진하는 프로그램과 편의 시설에 저소득층이 좀 더 쉽게 접근할 수 있도록 기여해야 할 특별한 위치에 있음'을 강조한다. 가령 〈미국 계획학회〉는 토지 이용, 교통, 도시 농업에 대해 더욱 창조적이고 통합적 정책을 통해 계획가들이 먹거리 관련 질병과 먹거리 불안정 문제를 다루는 데 좀 더 큰 역할을 담당할 수 있을 것이라고 믿는다.

관행적/대안적

환경 단체나 관련 연구자들은 대안 먹거리 부문에 전념하는 경향이 강하다(1장). 이들은 관행 먹거리 부문이 너무 산업화되어 있다는 이유로 배제해 왔다. 〈미국 계획학회〉는 두 부문 모두에 초점을 맞춤으로써 이러한 이분법적 사고를 피하고자 한다. 구체적으로 지침서는 계획가들이 '지역 먹거리 체계를 강화하는 것뿐만 아니라 산업화된 먹거리 체계가 지역의 여러 측면의 혜택을 제공하도록 장려하는 계획에 관여할 수 있도록' 지원을 제공한다. 이러한 정책은 소비자 대부분이 먹거리를 구매하고 있는 주류 먹거리 체계의 질을 높이는 데 도움이 되기 때문에 계획가들이 추구하기에 적절하고 현명한 정책이다.[12]

종합하면 〈미국 계획학회〉 정책 지침서는 공공 부문에서 먹거리가 갖는 힘을 수사에서 현실로 바꿀 수 있는 새로운 형태의 계획, 곧 지역사회 및 광역 먹거리 계획의 필요성을 강조한다. 지역사회 먹거리 계획과 관련한 모든 주체 가운데 도시가 가장 큰 영향력을 발휘할 수 있는 능력을 갖추고 있다. 특히 구매 예산의 규모가 크고 소비 중심지로서의 중요성도 커지고 있기 때문이다. 로마, 런던, 뉴욕의 사례 연구가 보여 주듯이 몇몇 도시들은 도시의 먹거리 안정성 보장과 지속 가능 발전이라는 이중적인 압력 덕분에 이 분야에서 선도적으로 활약하기 시작했다. 예컨대 〈유럽연합〉의 도시들은 조달 예산(즉 도시 정부의 구매력)이 엄청난 미지의 자원이라는 사실에 새롭게 눈뜨고 있다. 〈유럽연합〉에서는 기초 및 광역 정부에 책임을 이양하여 분권화한 결과, 공공 조달 시장의 65퍼센트가 현재 지방 공공 기관의 손에 넘어갔다(Eurocities, 2005). 탄소 배출을 줄이고 에너지 효율성 제고를 위한 세계 도시들 간의 새로운 협력 단체인 〈C40 도시 기후 리더십 그룹C40 Cities Climate Leadership Group〉(이하 〈C40 그룹〉)은 지속 가능 발전의 증진을 위해 집합적인 조달력을 활용하는 것을 최우선 과제로 삼았다. 이러한 목적으로 구매력을 발휘할 여덟 개 선도 부문을 선정했는데, 여기에는 에너지·교통··물·폐기물 등이 포함된다. 이들 선도 부문 각각에서 먹거리가 주요한 요인임에도 여전히 〈C40 그룹〉의 세계 도시 연대에서 먹거리에 대한 생각을 찾아볼 수 없다. 이들이 상정하는 지속 가능성 계획의 심장부에 커다란 구멍이 뚫려 있는 것이다.

선진국과 개발도상국 도시들을 위해 완전히 다른 두 가지 계획을 생각해 볼 수 있다. 선진국 도시들은 각각의 생태적 자격을 입증해야 한다는 무거운 압력(가령 '탄소 중립 상태에 도달해야 한다')을 받게 될 것이다. 선진국의 몇몇 세계 도시들은 '도시의 생태적 안정 보장urban ecological security'에 점점 관심을 보이고 있다. 이는 경쟁력과 지속 가능성을 동시에 갖추기 위해 경제적·생태적 자원을 확보할 수 있는 능력을 뜻한다. 이런 관점에서 도시들은 좀 더 자급자족하기 위해 노력하고 있다. 외부 자원을 덜 쓰면서 '내부의 가용 자원'을 더 많이 쓰자는 것이다(Hodson and Marvin, 2007). 이러한 세계 도시들에서 생태적으로 주도되는 새로운 소지역주의가 등장하려면 우리는 편협한 영역주의가 변장한, 방어적이고 자기 준거적인 소지역주의를 바라서는 안 될 것이다.

이와는 대조적으로 개발도상국 도시들은 완전히 다른 형태의 도전에 직면하고 있다. 늘어나고 있는 인구를, 특히 이미 엄청난 빈민촌(슬럼)이 되어 버린 거대 도시에서 이들을 어떻게 먹여 살릴 것인가?(Davies, 2006) 가령 인도의 뭄바이, 방글라데시의 다카, 나이지리아의 라고스, 브라질의 상파울로 같은 거대 도시들은 곧 2,000만 명 이상의 인구들을 먹여살려야 한다. 선진국에서 양적, 질적으로 더 많은 지원을 받지 못한다면 이는 극복할 수 없는 과제다. 하지만 〈식량농업기구(FAO)〉는 도시 빈곤이 갖는 먹거리의 차원이 외국의 기부자든 지역 정치인이나 계획가든 누구에게도 합당한 관심을 받지 못하고 있다고 보고 있다.

〈식량농업기구〉는 급증하는 도시의 먹거리 불안정과 영양실조 문제에 대처하면서 지자체들과 새로운 협력 관계를 수립하기 위해 2001년 '도시를 위한 먹거리' 사업에 착수했다. 사람들로 바글거리는 남반구의 거대 도시만큼이나 지역사회 먹거리 계획이 시급하게 필요하면서도 시행하기는 너무나 어려운 곳을 찾기도 어려울 것이다. 만약 해외 원조를 효과적으로 집행하거나 강력한 도시-농촌의 연계로 도시가 농촌 개발의 동력이 되거나, 비공식 식품 부문(특히 길거리 노점상)을 '천덕꾸러기'가 아니라 동반자로 대한다면 먹거리의 안정성이 엄청나게 개선될 수 있을 것이다(FAO, 2000; 2007b).

지역사회 먹거리 계획은 대도시에서 소규모 농촌 지역에 이르기까지 학교 급식 혁명을 확장시킴으로써 공공 급식의 힘을 더 크고 중요한 사회적·공간적 수준으로 증진시킬 수 있다. 지역사회의 더 많은 성인과 아이들을 위해 구매력을 발휘함으로써 모든 인권 중에서도 가장 기초가 되는 먹거리에 대한 권리를 존중하기 위해 국가, 특히 녹색국가는 공공 급식을 활용할 수 있다. 로컬 범위뿐만 아니라 글로벌한 범위로 확대되는 새로운 돌봄 윤리를 위해 정치적 의지가 충분히 모일 수 있다면 지역사회 먹거리 계획은 지속 가능 발전이 주는 본질적으로 의미 있는 혜택을 달성하는 데 기여할 수 있을 만큼 성숙할 것이다.

주석

1장 공공 급식과 지속 가능 발전: 장애물과 기회

1) 의제 21Agenda 21은 1992년 브라질의 리우데자네이루에서 열린 〈유엔〉 환경 개발 회의 (리우 회의로 알려져 있다)에서 178개 정부가 채택한 지속 가능 발전의 실행 계획이다. 의제 21의 제28장은 지자체들이 자신의 지역에서 지속 가능 발전을 증진하는 촉진자로서 수행해야 할 역할에 초점을 맞추고 있다. 이들의 기여는 경제적·사회적·환경적 기반 시설의 개발과 유지, 계획과 규제의 감독, 국가 환경 정책과 규제의 시행, 지역 환경 정책과 규제의 확립에 대해 지자체들이 지고 있는 구체적인 책임과 관련하여 특히 강조된다 (Baker, 2006: 106).

2) 지역사회 지원 농업(Community Supported Agriculture, CSA) 모델은 농가의 비용과 인건비를 지불하여 농가를 지원하는 개인들의 조직에 기초한다. 그 대가로 이들은 재배 기간 동안 농가 생산물의 몫을 정기적으로(대개 일주일에 한 번) 받는다. 지역사회 지원 농업의 근본적인 생각은 생산자와 소비자가 먹거리 생산에 따르는 위험과 혜택을 공유한다는 것이다.

3) 하지만 재규모화rescaling가 정반대로 작용할 수도 있다는 점은 강조할 필요가 있겠다. 가령 가축 집약 비육 시설(Concentrated Animal Feeding Operations, CAFOs)에 대한 지역의 반대에 직면하고 있는 미국의 대규모 농기업들은 이 사안을 자신들의 영향력 네트워크가 더욱 강한 주 수준으로 끌어올리고자 노력해 왔다. 많은 주에서 '대규모 축산 시설 승인 절차는 다수의 농민 단체들을 대변하는 지자체에서 (주 정부로) 이관됐다. 반면에 주 농업부

서는 일반적으로 대규모 농업을 선호하는 결정을 내린다. 가령 일리노이 주의 농업위원 장은 대규모 가축 사육을 지지하는 돼지 축산 농민이다'(Jones and Martin, 2006).

4) 가레스 에드워드-존스Gareth Edward-Jones가 꽤 오랫동안 이렇게 주장해 왔다. 그는 영국 BBC의 뉴스 웹사이트 그린룸Green Room에서 푸드 마일에 반대하는 주장을 펼침으로써 환경 활동가들의 공분을 샀다. '이 같은 요구를 하는 사람들은 자신들의 입장에서는 상식 에 근거하고 있겠지만 이들의 주장을 입증하기 위해 사용되는 과학은 잘 봐주면 혼란스 러운 것이고, 최악의 경우에는 아예 과학이 빠져 있다'(Edward-Jones, 2006).

2장 공공 조달이 중요하다: 공공 급식의 회복

1) 유럽 공공 조달 시장의 엄청난 잠재력을 보여 주는 사례들은 2001년부터 2003년까지 수 행된 〈국제 로컬 이니셔티브 위원회International Council for Local Initiatives〉의 연구에 나와 있다. 이 연구에 따르면 〈유럽연합〉의 모든 공공 기관들이 녹색 전기로 전환하면 이산화 탄소 배출을 600억 톤 이상 줄일 것이고, 에너지 효율적인 데스크톱 컴퓨터를 사용하면 추가로 83만 톤의 이산화탄소 배출을 줄일 것이라고 한다(Day, 2005: 202).

2) 부패 인식 지수는 전 세계에서 부패와의 전쟁을 위해 1993년에 창립된 국제적 시민사회 단체 〈국제 투명성 기구Transparency International〉가 산출한다.

3) 하지만 2004년 〈유럽연합〉의 확장 이전에 회원국을 대상으로 실시한 조사 결과에 따르 면 상당한 수준의 녹색 구매를 실천하고 있는 공공 행정기관은 19퍼센트에 불과했다는 점을 강조할 필요가 있다. 높은 비중을 보인 나라는 스웨덴, 덴마크, 그리고 독일이었 다(Day, 2005: 202).

4) 현재 정부 조달 협정(Agreement on Government Procurement, GPA)은 캐나다, 〈유럽연합〉, 일본, 미국을 비롯한 28개 회원국으로 구성된다.

5) 〈내부 시장 서비스 총국〉은 〈유럽 위원회〉가 관장하는 37개 총국 중 하나다. 주요 역할

은 〈유럽연합〉 내에서 인력·상품·서비스·자본이 자유롭게 이동하도록 보장하기 위한 유럽 단일 시장 추진과 관련된 정책을 조정하는 것이다.

3장 패스트푸드 제국의 변화: 뉴욕 시 학교 급식 개혁

1) 1937년 학교가 학생 식당을 운영하고 학생들에게 실비로 점심을 제공할 수 있도록 규정한 법안을 통과시킨 주는 열다섯 개였다. 그중 네 개 주(인디애나·버몬트·미주리·위스콘신)에는 가난한 아동을 위한 특별 보조금 제도가 있었다(Gunderson, 2007).

2) 〈소비·판매국Consumer and Marketing Service〉은 나중에 〈식품 영양국Feed and Nutrition Service〉으로 바뀌었다.

3) 이 법원 결정의 결과는 미국 학생들에게 엄청난 영향을 미쳤다. 2005년 정부가 전국 학교 급식 프로그램의 규제를 받지 않고 판매되는 먹거리를 조사한 결과 현재 초등학교에서 83퍼센트, 중학교에서 97퍼센트, 고등학교에서 99퍼센트를 차지하는 것으로 나타났다(CSPI, 2004). 2004년에 수행된 또 다른 조사 결과 학교에 설치된 자동판매기에서 살 수 있는 음료의 75퍼센트, 과자의 85퍼센트가 영양이 불균형한 것으로 나타났다(Simon, 2006: 220~221).

4) 가령 최근 뉴욕 시의 경우, 뉴욕 시 관할 학교에 설치된 자판기에서 〈스내플Snapple〉 사 제품만 판매한다는 독점 계약을 체결했다. 독점 공급권 계약 및 자판기가 어린이에게 미친 영향에 대한 자세한 논의는 네슬(Nestle, 2002)을 참고하라.

5) 지원금 규모를 결정할 때 학생 선택률이 가장 중요한 단일 요인으로 작용한다. 이런 체계이기 때문에 〈식품 영양국〉은 (프로그램 내용을 개선한다거나 급식 확산을 위한 행사를 개최하는 등) 대중에게 정보를 공개해 급식 프로그램에 참여하는 학교 수와 학생 수를 확대하려고 꾸준히 애쓰는 주를 지원한다.

6) 구체적으로 2003년부터 뉴욕 주는 〈국방부〉 신선 식품 조달 프로그램을 통해 연간 310

만 달러 상당의 식재료를 조달받았다.

7) 〈국방부〉 신선 식품 조달 프로그램을 통해 지역 생산자들과 지역 급식 프로그램 관계자 사이에 연결망이 구축됐는데, 이를 통해 농장-학교 직거래 프로그램 구축이 활성화됐다. 따라서 〈국방부〉 신선 식품 조달 프로그램은 농장-학교 직거래 프로그램 구축에도 크게 기여했다고 할 수 있다.

8) 미국의 여러 지역 교육청들이 학교 급식 프로그램을 민영화하는 방향으로 돌아섰지만 뉴욕 시는 아직까지 직영 체제를 고수하는 몇 안 되는 지역 중 하나다. 즉 직영 학교 급식 체제다.

9) 뉴욕 시 정부는 교정 시설, 도서관, 시민 안전보장, 위락 시설, 보건 시설, 상수도 공급, 복지 서비스, 공공 교육을 책임지고 있다. 뉴욕 시 〈교육부〉 산하 공립학교를 다니는 학생은 110만 명에 달하며, 이는 미국에서 가장 큰 규모가 크다.

10) 재정 적자가 악화된 이유는 무상 급식을 받을 자격이 없거나 구비 서류를 모두 갖추지 못했으면서도 학교 급식 실무 담당자들의 동정심을 이용해 무상 급식을 계속 받는 학생들 때문이었다. 〈교육부〉에 따르면 이런 무임승차 학생들 때문에 무려 500만 달러의 연방 보조금이 추가 지출된 것으로 집계됐다(Andreatta, 2006).

11) 뉴욕 〈스쿨푸드〉 식품기술부는 적합성과 영양가를 기준으로 식단에 들어갈 식재료를 선정하고 각 식재료의 품질을 (영양가, 포함된 각 재료의 손질법, 크기, 포장 여부 등으로 세분화해) 설명한 규격서를 작성한다. 식재료 조달은 두 가지 방식을 따른다. 대개 〈스쿨푸드〉는 민간 식재료 공급 업자를 대상으로 입찰을 붙인다. 공급 업자들은 규정된 식재료를 (계약서에 명시된 가격에) 구입할 수 있으며 할당된 구역 내 모든 학교에서 발주하는 주문을 처리할 수 있는 창고를 갖추고 식재료를 공급하며 회계 처리를 할 수 있는 역량을 입증해야 한다. 두 번째 방식은 '직접 계약'이라고 불리는데 〈스쿨푸드〉는 개별 공급자와 직접 계약을 맺고 가격 협상을 한다.

12) 2005년 11월에서 2006년 10월까지 〈스쿨푸드〉가 조달한 잘게 자른 사과는 110만 톤

이 넘었다. 이것이 지역의 농업경제에 가져다준 이득은 무려 104만 4,557달러에 달한다
(Market Ventures et al, 2007: 85).

4장 학교 급식은 사회정의다: 로마의 품질 혁명

1) 프리울리–베네치아 줄리아Friuli-Venezia Giulia 주, 베네토Veneto 주, 마르케Marche 주, 바
  실리카타Basilicata 주, 토스카나Toscana 주, 에밀리아–로마냐Emilia-Romagna 주가 있다.

2) 이 같은 입찰 체계에서는 계약자가 재화나 서비스의 가격을 정한다. 입찰에 참가하는 업
  체는 제시된 재화나 서비스에 대해 계약자가 정한 가격보다 더 낮은 가격을 제시해야 한
  다. 가장 낮은 가격(비율로 계산하여)을 제시한 입찰 업체가 계약을 따게 된다.

3) 입찰 지침에는 계약 업체가 교사를 위한 먹거리 교육 훈련 과정을 조직해야 하며 아동과
  학부모를 대상으로 '품질'과 주요 입찰 내용, 먹거리와 생활방식, 먹거리의 사회심리적
  측면, 먹거리와 다문화주의, 아동과 먹거리 선택, 아동의 식습관 향상이라는 여섯 가지
  주제의 정보를 제공하는 홍보 활동을 해야 한다고 명시되어 있다(Comune di Roma, 2001).

4) 원산지 명칭(Protected Designations of Origin, PDO) 인증 제도는 1993년 도입된(Council
  Regulation(EEC) No. 2081/92] 유럽 지리적 표시 체계European Geographical Indication system를
  바탕으로 한 제도로 해당 먹거리의 품질 및 특성과 배타적으로 연계되는 특정 지역 내에
  서 생산·가공·조리된 경우에 부여되는 인증이다. 지리적 표시(Protected Geographical In-
  dication, PGI) 인증 제도는 해당 먹거리의 주요 품질 특성에 기여하는 특정 지역에서 생
  산·가공되었거나 또는 조리된 경우에 부여되는 인증이다.

5) ISO 9001 인증은 기업의 품질 경영을 인증하는 국제 기준이다. ISO 9001 인증은 기업
  이 제품을 생산하거나 서비스를 제공하는 업무를 수행하고 통제하는 과정에 대해 품질
  인증을 한다.

6) '식품위해요소 중점관리기준(Hazard Analysis Critical Control Point, HACCP)'은 식품을 생산하

고 준비하는 과정에서 '핵심 통제 지점'을 규명하여 관리하는 식품 안전 관리법이다.

7) 2008년 로마의 모든 학교 급식은 생선, 육류를 제외한 나머지를 유기농으로만 공급했다.

8) 로마는 학교 급식을 위해 해마다 600만 유로를 공정무역 식재료 수입에 사용한다.

9) 이탈리아 학교 급식비 평균 4.3유로 중 식재료비는 1.33유로, 식재료 공급비 1.24유로, 가공 비용 및 이윤 0.82유로, 인건비 0.31유로, 일회용 식기 비용 0.26유로, 운송비 0.25 유로, 세척비는 0.04유로다.

5장 지속 가능한 세계 도시: 런던의 학교 급식 개혁

1) 이는 학교 급식 문제에 대한 정말로 통찰력 있는 분석이었다. 사실 지출 삭감분의 회복 만을 원했던 대다수의 비판가들과는 달리 팀 랭은 학교 급식의 품질과 문화 역시 동일하 게 중요하다고 주장했다. 이 캠페인은 팀 랭이 (농업과는 사뭇 다른 영역인) 영국의 먹거리 정 치 영역에 들어서게 된 이유 중 하나였다.

2) '제이미 올리버 효과'는 정부 정책의 변화를 촉발했다. 하지만 대중의 의견은 비만에 대 한 도덕적 공포의 증가, 음식 관련 질병 비용의 상승, 먹거리에 대한 공포의 엄습 같은 요 인으로 그전부터 이미 변화하고 있었고 이것이 유명 요리사 제이미 올리버의 주장이 사 람들에게 파고들 수 있는 기반을 마련해 주었다(Morgan, 2006).

3) 전환 과정은 처음 생각했던 것보다 더 오래 걸렸기 (그리고 훨씬 어려웠기) 때문에 노동당 정 부는 새로운 학교 급식을 위해 2010/2011년까지 3년을 연장해 해마다 8,000만 파운드 를 추가 지원한다고 공표했다. 신선한 식재료, 노동 시간, 새로운 설비와 관련한 높은 비 용을 감당하기 위해 특별히 마련된 정책이다.

4) 영국에서는 현재 다음의 정부 지원 중 하나 이상의 지원을 받고 있는 부모를 둔 공립학교 에 다니는 아동에게만 무상 급식이 제공되고 있다. 정부 지원의 종류는 소득 보조, 소득 에 근거한 구직 수당, (연소득이 14,495파운드나 그 이하일 경우) 아동 세금 환급, 1999년의 이민

및 망명법 제6부에 따른 지원이 있다.

5) 노동당 소속 의원이 다수인 헐 시 의회는 2004년 3년간의 시범 사업으로 무상 급식을 도입했고 헐 시는 영국에서 무상 급식을 시행한 최초의 지자체가 됐다. 시행 이후 급식 선택률은 35퍼센트에서 65퍼센트로 올라갔다(Colquhoun 2007; Pike 2007). 그러나 자유민주당이 지자체를 장악하면서 연간 380만 파운드에 달하는 예산이 유용하게 집행되지 못했다는 이유를 들어 시범 사업에 대한 평가도 이루어지기 전에 사업을 폐지했다. 새로 구성된 지자체는 건강에 좋은 학교 급식과 무상 급식을 혼동해서는 안 된다는 논리로 자신들의 결정을 방어했다(Smith, 2006).

6) 2003년 처음으로 혼잡세가 도입됐을 때 세계 대도시의 통근 형태에 극적인 변화를 촉발시켰고 세계 도처에서 관심을 가지고 이를 모방했다. 중요성에 비해 잘 드러나지 않았던 런던 시장의 전략 중에는 걷기, 자전거 타기, 운동 장려도 있었다. 이 모든 전략은 런던의 도시 환경을 더 건강하게 만들고 비만을 덜 유발하는 방향으로 변화시키려는 새로운 노력의 일부였다(Mayor of London, 2008a).

7) 이 영역은 모두 〈런던 광역 의회Greater London Council〉가 조직한 전문가 집단인 〈런던 푸드 위원회London Food Commission〉에 의해 계획됐다. 〈런던 푸드 위원회〉는 1984년에서 1990년까지 다문화적인 사회적 포용성을 유치원의 먹거리, 학교 급식 공급 교육, 소수민족 음식과 관련된 정책의 목표로 삼은 많은 보고서를 발간했다.

8) 그리니치에서 이루어지는 학교 급식의 가치는 유치원, 초등학교, 특수학교에서는 하루 1.4파운드, 중학교에서는 1.3파운드다.

9) 그리니치 공무원들이 올리버가 예산을 초과했다고 말했다는 점을 지적할 필요가 있다. 이는 자유를 누리는 유명한 요리사에게는 가능하지만 현실 속의 학교 급식 요리사에게는 허락되지 않는 일이다.

10) 1990년까지 런던의 모든 학교는 〈런던 교육청〉 관할하에 있었다.

6장 도시를 넘어서: 농촌 학교 급식 공급의 혁명

1) 〈캐롤라인 워커 트러스트Caroline Walker Trust〉는 좋은 먹거리를 통한 공공 보건 개선을
위해 1987년 영국에서 설립됐다. 1992년에 나온 첫 보고서인 「학교 급식 영양 지침Nutri-
tional Guidelines for School Meals」은 오랫동안 영국 학교 급식에서 영양을 기초로 하는 표
준 지침의 결정판으로 간주되어 왔다. 2005년 에너지, 다량영양소, 미량영양소의 가치
를 반영하도록 개정됐다(Crawley, 2005를 보라).

2) 건강한 과일 간식 이야기는 뉴욕 시의 잘게 자른 사과 실험과 매우 유사하다. 학교가 한
해 평균 30개 남짓한 사과를 파는 데 그치고 있다는 것을 알게 된 뒤 급식 담당자는 잘게
자른 사과를 판매하기 시작했다(처음에는 초콜릿향을 입힌 체리를 얹은 것이었는데, 이는 점차 사라졌
다). 2006년에는 과일 간식 서비스를 통해 75만 조각의 사과를 판매했다.

3) 카마던셔는 웨일스 남부의 이웃한 지자체들과 반대로 기준을 정했다. 2005년 이 지자체
들은 심각한 대장균 발생으로 타격을 받았다. 대장균이 44개 학교에 퍼져서 150명이 감
염되고 다섯 살짜리 어린이 한 명이 사망한 것이다. 대장균이 발생한 원인은 식품 안전
과 위생 문제에 오랜 전력을 갖고 있던 육류 공급자에게 있음이 밝혀졌다. 2008년 실시
된 공공 감사를 통해 2002년 환경 건강 담당관이 제기한 육류 공급자의 사업 관행에 대
한 우려를 세 곳의 지자체들이 무시하는 결정을 내린 사실이 밝혀졌다. 공식 문서에 따
르면 그 업자가 최저가를 제시했기 때문이라고 한다(Brindley, 2008). 이 같은 저비용 급식
제공 문화가 갖는 의미와 함의는 8장에서 심도 깊게 논의할 것이다.

4) 웨일스 정부 법안(1998)의 121절은 새롭게 구성된 웨일스 의회 정부Welsh Assembly Gov-
ernment에 지속 가능 발전을 증진할 법적 의무를 부여했다. 이는 〈유럽연합〉에서 정부가
그러한 의무를 부여받은 최초의 사례다.

5) 일반적으로 웨일스는 학교 급식 혁명에서 스코틀랜드나 잉글랜드에 뒤져 있다. 실제로
웨일스 학교 급식 개혁 전략인 '생명을 향한 열망Appetite for Life'은 2006년 중반에야 시작

됐다(이는 스코틀랜드보다는 4년, 잉글랜드보다는 3년 늦은 것이다). 또한 2008년에서 2010년까지 학교 급식 개선을 위해 배정한 예산은 불과 660만 파운드로 몹시 실망스러운 액수였다. 8장에서 논의하겠지만 웨일스 의회 정부의 법안에는 영양 기준이 반영되지 않았는데, 이와 대조적으로 가령 스코틀랜드 정부는 네 곳의 지자체에 (학교 급식 개혁의) 비용과 함의를 평가하는 표준을 도입하는 것을 시험 사업으로 시행하기로 결정했다. 카마던셔는 이러한 지자체 중의 하나가 아니었다.

6) 1998년 스코틀랜드 법안Scotland Act은 새로 만들어진 스코틀랜드 의회에 새로운 입법 권한과 거버넌스 장치를 이양했다. 그 이후로 영국은 이러한 자치권 이양을 통해 일종의 연방국가가 됐다.

7) 2005년 스코틀랜드는 성인 이전 사망률, 신생아 체중, 영아 사망률, 미성년자 임신 건수에서 유럽 국가 중 꼴찌 내지는 꼴찌에서 두 번째를 차지했다(잉글랜드나 웨일스보다 30퍼센트 높은 수치). 비만과 과체중 역시 매우 높았다. 2005년 말 발간된 자료에 따르면 3세 아동의 20퍼센트가 과체중이었고, 학령기 아동의 20퍼센트가 비만이었다(Lang et al., 2006: 18~22를 보라).

8) 이스트 에어셔는 '성공을 향한 갈망' 프로그램에서 연간 평균 70만 파운드를 지원받고 있다. 그중 15만 파운드는 지자체가 모든 학생들에게 무상 아침 급식을 제공하는 아침 급식 클럽을 지원하는 데 사용되고 있다.

9) 현재 이스트 에어셔에서는 15개 품목 중 12개 품목이 64킬로미터 이내에서 생산된 것들로 공급되고 있으며, 채소의 50~60퍼센트가 스코틀랜드산이다.

7장 개발도상국의 학교 급식 혁명

1) 세계적으로 약 1억 명의 학령기 어린이가 초등학교에 입학하지 못하며, 이들 중 3분의 2는 여자아이이다. 1억 5,000만 명의 어린이가 학교에 입학은 하지만 4년 이내에 중도 탈락

하며 이들 중 대다수는 여자아이다. 이는 이 여자아이들이 기초적인 문장 이해력과 계산 능력도 갖추지 못하고 있음을 의미한다. 전 세계 문맹인 성인 8억 7,500만 명 중 3분의 2가 역시 여성이다. 우리는 이 책의 마지막 장에서 이러한 상황이 의미하는 바에 대해 간략하게 논의할 것이다.

2) 일례로 〈세이브더칠드런〉(Save the Children, 2007)의 자료에 의하면 영국과 〈유럽 위원회〉가 주요 기부자임에도 영양실조 어린이들에게 투자되는 실제 총액은 영국의 경우 1인당 1펜스, 〈유럽 위원회〉의 경우 1.7펜스에 불과하다.

3) 학부모 참여의 중요성에 대한 이러한 강조는 이탈리아 〈학교 급식위원회〉와 뉴욕의 〈학교 급식 파트너십〉과의 흥미로운 비교를 제공한다. 결과적으로 이 책에서 논의된 모든 학교 급식 체계 중에서 영국은 학부모가 참여할 수 있는 공식 메커니즘을 제공하지 않는 유일한 국가다.

4) 2005년 〈세계식량계획〉은 74개 국가의 2,200개 비정부 단체와 협력하여 전 세계 약 200여 개 프로젝트를 진행했다.

5) 지난 40여 년 동안 〈세계식량계획〉은 30여 개국에서 해당 국가의 정부 기관에 학교 급식 프로그램을 전수하고 철수하는 출구 전략에 성공했는데 2004년에는 에콰도르와 모로코, 2005년에는 중국과 도미니카공화국이 그 대상이었다. 때때로 〈세계식량계획〉은 성공을 경험한 국가가 경험 없는 국가를 도울 수 있도록 중재하기도 했다. 가령 최근에는 카보베르데, 앙골라, 모잠비크와 브라질 정부 간의 협력을 중재했다. 그 결과 오랫동안 이 나라들은 학교 급식에서 브라질의 숙련된 기술 역량의 도움을 받았다. 또 다른 예는 다른 아프리카 국가들에게 모범 사례가 되고 있는 가나에서의 방식이다.

6) 처음부터 이 법률은 먹거리 원조를 이용해 무역을 증진시킬 의도로 제정됐다. 일본은 이러한 원조를 통한 무역 철학이 가장 성공한 사례임이 증명됐다. 1954년, 약 4억 달러 상당의 먹거리 원조를 받았던 일본은 21년 후에 약 200억 달러 상당의 미국산 식재료를 구매했다. 자선 학교 급식 프로그램은 미국산 농산물을 위한 새로운 상업적 시장의 형성에

주요한 역할을 수행할 것으로 기대됐다. 1964년 상원의원 조지 맥거번George McGovern 은 다음과 같이 말했다. '미국이 지원하는 학교 급식 프로그램을 통해 미국산 우유와 빵 을 좋아하도록 습관이 밴 일본 학생들은 언젠가는 미국 농산물에 대한 최고의 현금 구매 자가 될 것이다'(George, 1986: 199).

7) 여론은 분명히 미국식 먹거리 현물 원조 방식에 비판적이며, 유럽연합, 캐나다, 오스트 레일리아 등 주요 원조 공여국들은 미국의 먹거리 원조 프로그램을 완전히(아니면 일부만이 라도) 현금 원조로 전환할 것을 촉구해 왔다. 사실 주요 원조 공여국 중에서 오직 미국, 중 국, 일본만이 현금 원조로의 전환을 거부하고 있다(Renton, 2007).

8) 2008년 세계 발전 보고서(중요성을 부각시키기 위해 『발전을 위한 농업Agriculture for Development』으로 명명됐다)에서 〈세계은행〉은 지난 20여 년 동안 무관심과 투자 부족으로 농업 부문이 희 생되어 왔으며, 이는 참혹한 유산을 남겼음을 인정했다. 세계 빈곤 인구의 75퍼센트가 농촌 지역에 거주하고 있지만 해외 원조 중 단지 4퍼센트만이 개발도상국의 농업 분야에 돌아갔다. 〈세계은행〉은 『기아를 절반으로』의 분석에 동조하면서 2015년까지 극단적 빈곤과 기아를 절반으로 줄이려는 목표를 현실화시키고자 한다면 농업 부문을 개발 의 제의 핵심에 놓아야 한다고 결론 내렸다(World Bank, 2006).

9) 짐바브웨 사례가 가장 대표적이다. 양질의 토지 생산성을 지닌 이 나라는 단기간에 곡창 지대에서 절망적인 기아 분쟁 지역으로 바뀌어 버렸다. 로베르트 무가베Robert Mugabe 대 통령 치하의 재앙과도 같았던 통치의 실패가 가장 큰 원인이다.

8장 공공 급식의 힘

1) 핀란드와 스웨덴이 서구 사회에서 가장 높은 급식 선택률(각각 90퍼센트와 85퍼센트)을 보이 는 것은 우연이 아니다(School Food Trust, 2006).

2) 앤 쿠퍼는 세 곳의 고용주에게 부응하는 것이라고 말한다. 즉 공식 고용주인 지역 교육

청, 자신이 조리하는 음식에 보조금을 지원하는 〈미국 농무부〉, 그리고 연봉 9만 5,000 달러와 추가 수당을 지급하는 〈셰파니스 재단Chez Panisse Foundation〉(조리사 앨리스 워터스 Alice Waters가 설립한 민간 재단)이다. 첫 번째 고용주는 예산 한도 내에서 일할 것을, 두 번째 고용주는 식단 기준을 맞출 것을, 세 번째 고용주는 '서둘러 혁명을 시작할 것'을 요구했 다(Bilger, 2006).

3) 웨일스 의회 정부는 잉글랜드와 스코틀랜드에서 채택한 영양 기반 식품 기준을 도입하 지 않겠다고 결정했다. 협의 없이 너무 성급하게 도입한다면 급식 선택률은 더 낮아져서 급식 서비스의 유지 자체가 위기에 처하게 될 것이라는 학교 급식 공급 업자들의 주장 때 문이었다. 잉글랜드에서는 지자체들이 2007년 도입된 새로운 전국 지표(NI 52) 이후에 더욱 정확하게 급식 이용률을 보고해야 했다(Baines, 2008).

4) 카마던셔 사례에서 볼 수 있듯이 지역 공급자가 생겨나는 것과 로컬 푸드를 이용하는 것 이 정확히 일치하는 것은 아니다. 마찬가지로 전국 단위 공급자도 로컬 푸드 공급자가 될 수 있다. 언제나 그렇듯이 이면에 숨어 있는 사실을 잘 관찰해야 한다.

5) 개인적인 대화 중에 매리언 칼브Marion Kalb는 모든 학교에 주방 시설을 갖추게 된다면 농장-학교 직거래 캠페인이 전국적으로 크게 확장될 것이라고 말했다.

6) 다음 자료는 〈세계보건기구〉 웹사이트(www.who.int/dietphysicalactivity/childhood)에서 찾아 볼 수 있다.

7) 〈비만과 아동 마케팅의 영향에 관한 정책 합의 포럼Policy Consensus Forum on Obesity and the Impact Marketing on Children〉을 구성하고 있는 단체의 하나인 〈캐나다 만성질환 예방 연대(Chronic Disease Prevention Alliance of Canada, CDPAC)〉가 시민 패널을 모집했다.

8) 미국의 식품 산업계는 또한 〈세계보건기구〉의 반反비만 캠페인을 방해했다. 가장 널리 알려진 예는 2003년에 전 세계적으로 영향을 미친 사건인데, 미국 식품 업계가 〈세계보 건기구〉가 펴낸 보고서 『식단, 영양, 만성질환 예방 Diet, Nutrition and the Prevention of Chronic Diseases』에 이의를 제기한 것이다. 이 보고서는 개인의 총 칼로리 섭취량 중 '설탕 첨가량'

이 10퍼센트를 넘어서는 안 된다고 권고했다. 〈미국 설탕협회〉는 단순히 과학적 논쟁을 넘어서 보고서의 설탕 관련 내용을 수정하지 않는다면 〈세계보건기구〉 지원을 중단할 것을 미 정부에 요청할 것이라고 경고했다(Alden and Buckley, 2004).

9) 이러한 액수를 관점에 포함시켜 보면 미국 정부가 이라크 전쟁에 지출한 총 비용을 기억할 필요가 있다. 〈의회 예산국Congressional Budget Office〉에 따르면 최소한으로 잡아도 2007년 9월 30일까지 총 4,130억 달러가 지출되었으며, 2017년이 되면 총 1조 달러로 증가할 것으로 추정된다(Fidler, 2008). 이는 미국 정부가 해마다 전쟁 비용의 단 1퍼센트 정도만을 아프리카의 어린이들을 먹이는 데 사용하고 있음을 의미한다.

10) 다른 언급이 없으면 여기서 우리는 〈액션에이드Action Aid〉의 보고서에 근거한다.

11) 예컨대 여성의 토지 접근성이 낮은 문제는 기아를 줄이고 밀레니엄 개발 목표의 첫 번째 과제를 달성하는 데 가장 큰 장애물의 하나다. 개발도상국에서 여성의 먹거리 생산 비중은 80퍼센트에 달하지만 여성 가장 가구들은 만성 기아로 훨씬 더 크게 고통받고 있다. 이러한 여성들에게 토지에 대한 권리는 식량권을 보장하는 데 절대적이다.

12) 지침서에도 나오지만 2000년 상위 5대 소매 기업이 전체 매출액의 43퍼센트를 차지하고 있으며, 이는 1997년의 24퍼센트보다 훨씬 늘어난 것이다. 특히 이런 이유에서라도 관행 부문을 무시하는 것은 불가능하다.

참고 문헌

ActionAid (2008) *Hit or Miss? Women's Rights and the Millennium Development Goals*, Action Aid, London.

Agnew, J. (1994) 'The territorial trap: The geographical assumptions of international relations theory', *Review of International Political Economy*, vol. 1, no. 1, pp. 53~80.

Ahmed, A., Hill, R., Smith, L., Wiesman, D. and Frankenberger, T. (2007) *The World's Most Deprived: Characteristics and Causes of Extreme Poverty and Hunger*, IFPRI, Washington, DC.

Alden, E. and Buckley, N. (2004) 'Sweet deals: Big sugar fights threats from free trade and a global drive to limit consumption', *Financial Times*, 27 February.

Allaire, G. (2004) 'Quality in economics: A cognitive perspective', in M. Harvey, M. McMeekin and A. Warde (eds) Qualities of Food, Manchester University Press, Manchester, UK.

Allen, P. and Guthman, J. (2006) 'From "old school" to "Farm-to School": Neo-liberalization from the ground up', *Agriculture and Human Values*, vol. 23, no. 4, pp. 401~415.

Allen, P., FitzSimmons, M., Goodman, D. and Warner, K. (2003) 'Shifting plates in the agrifood landscape: The tectonics of alternative agrifood initiatives in California', *Journal of Rural Studies*, vol. 19, pp. 61~75.

Andreatta, D. (2006) 'School lunch crunch', *The New York Post*, 19 October.

Anthony Collins Solicitors (2006) *The Scope for Using Social Clauses in UK Public Procurement to Benefit the UK Manufacturing Sector: A Report for the Manufacturing forum*, Department of Trade and Industry, London.

APA (2007) *Policy Guide on Community and Regional Food Planning*, American Planning Association, www.planning.org/policyguides/pdf/food.pdf.

Audit Commission (2001) *Carmarthenshire County Council - Catering Service*, Best Value Inspection Service, Audit Commission, Cardiff, UK.

Baines, M. (2008) 'The new national indicator set for local government: NI 52 - Take-up of school lunches', Briefing 08/01, Association for Public Service Excellence, Manchester, UK.

Baines, M. and Bedwell, J. (2008) 'School meals trend analysis', Briefing 08/02, Association for Public Service Excellence, Manchester, UK.

Baker, S. (2006) *Sustainable Development*, Routledge, London.

Barham, E. (2003) 'Translating terroir: The global challenge of French AOC labelling', *Journal, of Rural Studies*, vol. 19, pp. 127~138.

Barry, J. and Eckersley, R. (2005a) 'An introduction to reinstating the state', in J. Barry and R. Eckersley (eds) *The State and the Global Ecological Crisis*, MIT Press, Cambridge, MA, PPix-xxv.

Barry, J. and Eckersley, R. (2005b) 'W(h)ither the Green State?', in J. Barry and R. Eckersley (eds) *The*

State and the Global Ecological Crisis, MIT Press, Cambridge, MA, pp. 255~271.

Beattie, A. (2007a) 'Food safety clash gives taste of battles ahead', *Financial Times*, 1 August.

Beattie, A. (2007b) 'US Farm Bill Reform: Pile-it-high advocates set to reap gains', *Financial Times*, 9 October.

Beattie, A. (2008) 'Boom challenge for food aid policy', *Fnancial Times*, 7 February.

Bellows, A. and Hamm, M. W. (2001) 'Local autonomy and sustainable development: Testing import substitution in localizing food systems', *Agriculture and Human values*, vol. 18, pp. 271~284.

Bennett, J. (2003) *Review of School Feeding Projects*, Department for International Development, London.

Bertino, R. (2006) 'Scuole e aziende, avanti con bio' ['Schools and firms, organics moves on'], *Ristorazione Collettiva*, April, pp. 36~41.

Bilger, B. (2006) 'The lunchroom rebellion', *The New Yorker*, 4 September.

Birchall, J. (2007) 'Foodmakers tighten code to avoid ads ban', *Financial Times*, 18 July.

Black, J. (2007) 'Senate drops measure to greatly reduce sugar and fat in food at schools', *Washington Post*, 15 December.

Born, B. and Purcell, M. (2006) 'Avoiding the local trap: Scale and food systems in planning research',]ournal of Planning Education and Research, vol. 26, pp. 195~207.

Bouwer, M. et al (2006) *Green Public Procurement in Europe*, Milieu and Management, Virage, The Netherlands.

Bowden, C., Holmes, M. and Mackenzie, H. (2006) 'Evaluation of a pilot scheme to encourage local suppliers to supply food to schools', Environment and Rural Affairs Division, Scottish Executive, Edinburgh.

Brera, P. G. (2007) 'Distributori di frutta nelle scuole' ['Fruit vending machines in the schools'], *La Repubblica*, 2 March.

Brescianini, S., Gargiulo, L. and Gianicolo, E. (2002) 'Eccesso di peso nell'infanzia e nell'adolescenza'['Overweight during infancy and adolescence'], paper presented at the ISTAT conference, ISTAT (National Institute of Statistics), Rome.

Brescoll, V. L., Kersh, R. and Brownell, K. D. (2008) 'Assessing the feasibility and impact of Federal childhood obesity policies', *The Annals of the American Academy of Political and Social Science*, vol. 615, no. 1, pp. 178~194.

Brindley, M. (2008) 'Councils chose "lowest cost" Tudor's meat despite scores of complaints', *Western Mail*, 13 Febmary.

Calhoun, C. (ed) (1992) *Habermas and the Public Sphere*, MIT Press, Cambridge, MA.

Campbell, M. C. (2004) 'Building a common table: The role for planning in Community food systems', *Journal of Planning Education and Research*, vol. 23, pp. 341~355.

Carmarthenshire Catering Services (2004) *Local Sustainable Food Strategy: Building Sustainable Development into Food Contracts*, Carmarthenshire Catering Services, Carmarthen, UK.

Carmarthenshire County Council (2004) *Carmarthenshire Community Strategy*, Carmarthenshire County Council, Carmarthen, UK.

Carmarthenshire County Council (2005) *Primary Menu*, Carmarthenshire County Council, Carmarthen, UK.

Carmarthenshire Partnership (2004) *Carmarthenshire School Meals Nutrition Strategy: Improving the Health of Children and Young People in Carmarthenshire*, Carmarthenshire Partnership, Carmarthen, UK.

Carter, N. (2007) *The Politics of the Environment: Ideas, Activism, Policy* (second edition), Cambridge University Press, Cambridge, UK.

Cavallaro, V. and Dansero, E. (1998) 'Sustainable development: Global or local?', *GeoJournal*, vol. 45, no. 1, pp. 33~40.

Cawson, A., Morgan, K. J., Webber, D. and Holmes, P. (1990) *Hostile Brothers: Competition and Closure in the European Electronics Industry*, Clarendon Press, Oxford, UK.

CDPAC (2008) 'Panel calls for leadership to protect children from targeted marketing', Chronic Disease Prevention Alliance of Canada, Ottawa.

Ceccarelli, F. (2005) 'Veltroni e il modello Roma-comunitá' ['Veltroni and the Rome-community model'], *La Repubblica*, 23 November.

Ceccarelli, L. (2006) 'Gusto, fantasia e solidarietà: Come mangiano gli Italiani' ['Taste, fantasy and solidarity: How Italians eat'], *La Repubblica*, 30 October.

CFC (Children's Food Campaign) (2008) 'Children's food campaigners say "Well done on cooking lessons, now for junk food ads'", Sustain, London.

CFSC (Community Food Security Coalition) (2007a) *Community Food Security News*, spring 2007.

CFSC (2007b) 'Geographic preferences for schools: Connecting kids and communities' www.foodsecurity.org/GeogPreferencing-CFPl-pager.pdf.

Chasek, P. S., Downie, D. L. and Welsh Brown, J. (2006) *Global Environmental Politics*, Fourth Edition, Westview Press, Cambridge, MA.

Clement, C. (1996) Care, *Autonomy and Justice: Feminism and the Ethic of Care*, Westview Press, Oxford, UK.

Cohen, N, (2007) 'The local trap', electronic mailing list, foodplanning@u-washington.edu.

Collier, P. (2007) *The Bottom Billion: Why the Poorest Countries are Failing and What Can Be Done About lt*, Oxford University Press, Oxford, UK.

Collins, B. (2008) 'Farm-to-School for all', www.chefann.com/blog/?p=983.

Colquhoun, D. (2007) 'The Hull experience in providing free healthy meals for all primary school children', paper presented at the Second Annual Conference, Free Healthy School Meals: The Hull Experience, Hull, UK, 17 November.

Comune di Roma (2001) *Capitolato Speciale per la Gestione del Servizio di Ristorazione Scolastica del Comune di Roma, 2002~2004* [*Special Tender for the Management of the School Meat Service in the City of Rome, 2002~2004*], Dipartimento XI, Rome.

Comune di Roma (2004a) *Capitolato Speciale per la Gestione del Servizio di Ristorazione Scolastica del Comune di Roma, 2004~2007* [*Special Tender for the Management of the School Meal Service in the City of Rome, 2004~2007*], Dipartimento XI, Rome.

Comune di Roma (2004b) *A Scuola con Più Gusto: Il Servizio di Ristorazione nelle Scuole Romane* [*At School with More Taste: The School Meal Service in the Roman Schools*], Assessorato e Dipartimento XI Politiche Educative e Scolastiche, Rome.

Comune di Roma (2007) *Capitolato Speciale per la Gestione del Servizio di Ristorazione Scolastica del Comune di Roma, 2007~2012* [*Special Tender for the Management of the School Meal Service m the City of Rome, 2007~2012*], Dipartimento XI, Rome.

Cooke, P. and Morgan, K. J. (1998) *The Associational Economy: firms, Regions and Innovation*, Oxford University Press, Oxford, UK.

Cooper, A. and Holmes, A. (2006) *Lunch Lessons: Changing the Way we Feed our Children*, HarperCollins, New York.

Craig, D. (2006) *Plundering the Public Sector*, Constable, London.

Crawley, H. (2005) *Nutrient-Based Standards for School Food: A Summary of the Standards and Recommendations of the Caroline Walker Trust and the National Heart forum*, The Caroline Walker Trust, Abbots Langley, UK.

CSPI (Center for Science in the Public Interest) (2003) 'Pestering parents: How food companies market obesity to children', Center for Science in the Public Interest, Washington, DC.

CSPI (2004) 'Dispensing junk: How school vending undermines efforts to feed Children well', Center for Science in the Public Interest, Washington, DC.

CSPI (2006) 'Raw deal: School beverage contracts less lucrative than they seem, Center for Science in the Public Interest, Washington, DC.

CSPI (2007) 'Sweet deals: School fundraising can be healthy and profitable', Center for Science in the Public Interest, Washington, DC.

Culinary Institute of America (2005) 'Diet and health: Hot issues for the foodservice industry', *Mise en Place*, vol. 33, pp. 11~13.

Cullen, E. (2007) 'Local sourcing for school meals: Carmarthenshire County Council', in V. Wheelock (ed) *Healthy Eating in Schools: A Handbook of Practical Case Studies*, Verner Wheelock Associates, Skipton, UK, pp. 221~225.

Curtis, F. (2003) 'Eco-localism and sustainability', *Ecological Economics*, vol. 46, pp . 83~102.

Daly, H. E. (1996) *Beyond Growth: The Economics of Sustainable Development*, Bacon Press, Boston, MA.

Davies, M. (2006) *Planet of Slums*, Verso, London[마크 데이비스 지음, 김정아 옮김, 『슬럼, 지구를 뒤덮다: 신자유주의 이후 세계 도시의 빈곤화』, 2007, 돌베개].

Day, C. (2005) 'Buying green: The crucial role of public authorities', *Local Environment*, vol. 10, no. 2, pp. 201~209.

Defra (2003) 'Unlocking opportunities: Lifting the lid on public sector food Procurement', Department for the Environment, Food and Rural Affairs, UK Government, London.

DeLind, L. B. (2006) 'Of bodies, places and culture: Re-situating local food', *Journal of Agricultural and Environmental Ethics*, vol. 19, pp. 121~146.

Department of Health (2008) 'Government announces first steps in strategy to help people maintain healthy weight and live healthier lives', Department of Health, UK Govemment, London.

Department for Education and Skills (2006) 'Setting the standard for school food', press release, Department for Education and Skills, UK Government, London, 19 May.

Diamanti, I. (2006) 'La nuova era della sazietá' ['The new era of satiety'], *La Repubblica*, 30 October.

Dobson, A. (2003) *Citizenship and the Environment*, Oxford University Press, Oxford, UK.

Druce, C. (2007) 'Scolarest leads a withdrawal from school contracts', *Caterersearch*, 14 june.

Drummond I. and Marsden, T. (1999) *The Condition of Sustainability*, Routledge, London.

DuPuis, E. M. and Goodman, D. (2005) 'Should we go "home" to eat? Toward a reflexive politics of localism', *Journal of Rural Studies*, vol. 21, pp. 359~371.

DuPuis, E. M., Goodman, D. and Harrison, J. (2006) 'Just values or just value? Remaking the local in agro-food studies', in T. K. Marsden and J. Murdoch (eds) *Between the Local and the Global: Confronting Complexity in the Contemporary Food Sector*, Elsevier, Amsterdam.

Dwyer, J. (1995) 'The School Nutrition Dietary Assessment Study', *American Journal of Clinical Nutrition*, vol. 61 (supplement), pp. 173~177.

Dykshorn, A. (2007) 'The school meal system in New York City: An overview of resources on the Federal, State and City levels', unpublished report.

Earth Council (1994) *The Earth Summit-Eco 92: Different Visions*, Earth Council and the Inter-American Institute for Cooperation on Agriculture, San Jose.

East Ayrshire Council (2005) Procurement Section tender documents, East Ayrshire Council, Kilmarnock, UK.

East Ayrshire Procurement Section (2005) *Specification. Supply and Delivery of Fresh/Organic food Stuffs to 11 East Ayrshire Schools,* East Ayrshire Procurement Section, East Ayrshire Council, Kilmarnock, UK.

Easterly W. (2006) *The White Man's Burden: Why the West's Efforts to Aid the Rest Have Done So Much Ill and So Little Good*, Penguin Books, Harmondsworth, UK.

Eckersley, R. (2004) *The Green State: Rethinking Democracy and Sovereignty*, MIT Press, Cambridge, MA.

Eckersley, R. (2005) 'Greening the nation-state: From exclusive to inclusive Sovereignty', in J. Barry and R. Eckersley (eds) *The State and the Global Ecological Crisis*, MIT Press, Cambridge, MA.

Edwards-Jones, G. (2006) 'Food miles don't go the distance', http://newsbbc.co.uk/l/hi/sci/tech/4807026.stm.

Elliott, S. (2007) 'Straight A's, with a burger as a prize', *New York Times*, 6 December.

Escobar, A. (2001) 'Culture sits in places: Reflections on globalism and subaltern Strategies of localization', *Political Geography*, vol. 20, pp. 139~174.

Eurocities (2005) *The CARPE Guide to Responsible Procurement*, Eurocties, Brussels.

European Commission (2004) Directive 2004/18/EC of the European Parliament and of the Council of 31 March 2004 on the Coordination of Procedures for the Award of Public Works Contracts, Public Supply Contracts and Public Service Contracts, *Official Journal the European Union*, 30 April.

FAO (2000) Food for the Cities: Food Supply and Distribution Policies to Reduce Urban Food Insecurity, Food and Agriculture Organization, Rome.

FAO (2006) *The State of Food Insecurity in the World, 2006*, Food and Agriculture Organization, Rome.

FAO (2007a) *The Right to Food*, Food and Agriculture Organization, Rome.

FAO (2007b) *Promises and Challenges of the Informal Food Sector in Developing Countries*, Food and Agriculture Organization, Rome.

Feagan, R. (2007) 'The place of food: Mapping out the "local" in local food systems', *Progress in Human Geography*, vol. 31, no. 1, pp. 23~42.

Feenstra, G. (1997) 'Local food systems and sustainable communities', *American Journal of Alternative Agriculture*, vol. 12, pp. 28~36.

FFPP (Farm and Food Policy Project) (2007) *Seeking Balance in US Farm and Food Policy*, Farm and Food Policy Project, Washington, DC.

Fidler, S. (2008) 'War's spiralling cost inspires shock and awe', *Financial Times*, 18 March.

Finocchiaro, B. R. (2001) 'Il progetto interregionale: Un programma a tutto campo di comunicazione ed educazione alimentare' ['The inter-regional project: A wide range programme for dietary communication and education'], in B. R. Finocchiaro (ed) *La Ristorazione Scolastica: Prospettive Future [School Meals: Perspectives for the Future]*, Quaderno 5, Cultura che Nutre, Programma Interregionale di Comunicazione ed Educazione Alimentare, Ministero delle Politiche Agricole e Forestali, Rome.

Fisher, B, and Tronto, J. (1991) 'Toward a feminist theory of care', in E. Abel and M. Nelson (eds) *Circles of Care: Work and Identity in Women's Lives*, State University of New York Press, Albany, NY.

Fisher, E. (2007) 'A desk review of the Ghana school feeding programme', in K. J. Morgan et al (2007) *Home Grown: The New Era of School Feeding*, World Food Programme, Rome.

Food and Research Action Center (2007) 'Local school wellness policies',www.frac.org/html/federal_food _programs/programs/school_wellness.html.

FoodManagement (2006a) 'Big changes in the Big Apple', *Food Management*, November,'www.food-management.com/fm_innovator/fm_imp_15469.

FoodManagement (2006b) 'Menu challenge: Changes in attitude, changes in latitudes', *Food Management*, November, www.food-management.com/fm_innovator/fm_imp_15466.

Foresight (2007) *Tackling Obesities: Future Choices*, Government Office for Science, London.

GAO (US Government Accountability Office) (2007) 'Various challenges impede the efficiency and effectiveness of US food aid', report to the Committee on Agriculture, Nutrition and Forestry, US Senate, Washington DC.

Gapper, J. (2007) 'NyLon, a tale of twin city-states', *Financial Times*, 25 October.

Garland, S. (2006) 'Glass half empty at schools, milk choice advocates say', *New York Sun*, 13 December.

Garnett, S. (2007) 'School Districts and Federal Procurement Regulations', United States Department of Agriculture, Alexandria, VA.

General Services Administration, Department of Defense and National Aeronautics and Space Administration (2005) Federal Acquisition Regulation, vol. 1, Parts 1~51,www.arnet.gov/far/current/pdf/FAR.pdf.

George, S. (1986) *How the Other Half Dies: The Real Reasons for World Hunger*, Penguin Books, Harmondsworth, UK.

George, S. (1990) *Ill Fares The Land: Essays on Food, Hunger and Power*, Penguin Books, London.[스잔 조지 지음, 『세계 식량 위기의 구조』, 1982, 동녘].

Gershon, P. (1999) *Review of Civil Procurement in Central Government*, HM Treasury, London.

Gershon, P. (2001) Speech to 'Greening Government Procurement Conference', 22 May, London.

Gibbon, D. and Jakobsson, K. M. (1999) 'Towards sustainable agricultural systems', in A. K. Dragun and C. Tisdell (eds) *Sustainable Agriculture and Environment: Globalization and the Impact of Trade Liberalisation*, Edward Elgar, Cheltenham, UK.

Godwin, J. et al (2007) 'South Gloucestershire Economic Development Strategy 2007~2015' (consultation draft), December, South Gloucestershire Council, Community Services, Yate, UK.

Goodman., D, (2004) 'Rural Europe redux? Reflections on alternative agro-food networks and paradigm change', Sociologia Ruralis, vol. 44, no. 1, pp. 3~16.

Gottlieb, R. (2001) *Environmentalism Unbound: Exploring New Pathways for Change*, MIT Press, Cambridge, MA.

Gourlay, R. (2007) 'Sustainable school meals: Local and organic produce', in V. Wheelock (ed) *Healthy Eating in School: A Handbook of Practical Case Studies*, Verner Wheelock Associates, Skipton, UK.

Green Planet.Net (2006) 'Mense bio, un premio Europeo ai genitori di Budoia (PN)'['Organic canteens: A European prize for Budoia's parents'], 26 January, www.greenplanet.net/content/view/13464.

Greenwich Council (2007) *Healthy Communities Strategy 2006-2008*, Greenwich Council, London.

Griffiths, J. (2006) 'Mini-symposium: Health and environmental sustainability. The convergence of public health and sustainable development', *Public Health*, vol. 120, pp. 581~584.

GSFP (Ghana School Feeding Programme) (2006) *The Fight Against Hunger*, newsletter, no. 2, October.

Gunderson, G. W. (2007) 'The national school lunch program: Background and development', www.fns.usda/gov/cnd/Lunch/AboutLunch/NSLP-Program%20History.pdf.

Gustafsson, U. (2002) 'School meals policy: The problem with governing children', Social *Policy and Administration*, vol. 36, no. 6, pp. 685~697.

Guthman, J. (2004) 'The trouble with "organic lite" in California: A rejoinder to the "conventionalization" debate', *Sociologia Ruralis*, vol. 44, pp. 301~316.

Guthman, J. and DuPuis, M. (2006) 'Embodying neoliberalism: Economy, culture and the politics of fat', *Environment and Planning D*, vol. 24, pp. 427~448.

Guy, C., Clarke, G. and Eyre, H. (2004) 'Food retail change and the growth of food deserts: A case study of Cardiff, International Journal of Retail and Distribution Management, vol. 32, no. 2, pp. 72~88.

Habermas, J. (1989) *Structural Transformation of the Public Sphere*, MIT Press, Cambridge, MA[위르겐 하버 마스 지음, 한승완 옮김, 『공론 장의 구조 변동』, 2004, 나남].

Hajer, M. (1995) *The Politics of Environmental Discourse*, Oxford University Press, Oxford, UK.

Hamilton, N. (2002) 'Putting a face on our food: How state and local food policies can promote the new agriculture, *Drake Journal of Agricultural Law*, vol. 7, pp. 407~424.

Hamlin, A. (2006) 'School foods 101', *Vegetarian Journal's Foodservice Update*, vol. XII, pp. 10~12.

Hansard (1979) Parliamentary Debate on the Education (No 2) Bill, 5 November.

Harrell, E. (2007) 'CARE turns down US food aid', *Time*, 15 August.

Harvey, M., McMeekin, M. and Warde, A. (2004) 'Introduction: Food and quality', in M. Harvey, M. McMeekin and A. Warde (eds) *Qualities of food*, Manchester University Press, Manchester, UK.

Harvey, M., McMeekin, M. and Warde, A. (2004) 'Conclusion: Quality and processes of qualification', in M Harvey, M. McMeekin and A. Warde (eds) *Qualities of food*, Manchester University Press, Manchester, UK.

Hatanaka, M., Bain, C. and Busch, L. (2006) 'Differentiated standardization, Standardized differentiation: The complexity of the global agri-food system', in T. Marsden and J. Murdoch (eds) *Between the Local and the Global: Confronting Complexity in the Contemporary Agri-Food Sector*, Research in Rural Sociology and Development, vol. 12, Elsevier, Amsterdam.

Hay, C. (1996) 'From crisis to catastrophe? The ecological pathologies of the liberal-democratic state', *Innovations*, vol. 9, no. 4, pp. 421~434.

Held, V. (2005) *The Ethics of Care: Personal, Political and Global*, University of Oxford Press, Oxford, UK.

Helstosky, C. (2006) *Garlic and Oil: Food and Politics in Italy*, Berg, Oxford, UK.

Hicks, K. M. (1996) *Food Security and School Feeding Programs*, Catholic Relief Services, Baltimore, MD.

Hines, C. (2000) *Localization: A Global Manifesto*, Earthscan, London.

Hinrichs, C. C. (2000) 'Embeddedness and local food systems: Notes on two types of direct agricultural markets', *Journal of Rural Studies*, vol. 16, pp. 295~303.

Hinrichs, C. C. (2003) 'The practice and politics of food system localization', *Journal of Rural Studies*, vol. 19, pp. 33~45.

HIPL (Harrison Institute for Public Law) (2007) *Helping, Schools Buy Local: An Overview of the Issues*, Georgetown University, Washington, DC.

HM Treasury (2007) *Transforming Government Procurement*, HM Treasury, London.

Hodson, M. and Marvin, S. (2007) 'Urban ecological security: The new urban paradigm?', *Town and Country Planning*, December, pp. 436~438.

House of Commons Health Committee (2004) 'Obesity', third report of Session 2003~2004, the House of Commons, London.

Ilbery, B and Kneafsey, M. (2000) 'Producer constructions of quality in regional speciality food production: A case study from South West England', *Journal of Rural Studies*, vol. 16, pp. 217~230.

Imhoff, D. (2007) foodfight: The Citizen's Guide to a Food and Farm Bill, University of California Press, Berkeley, CA.

International Obesity Task Force (2005) 'EU Platform on diet, physical activity and health', EU Platform briefing paper prepared in collaboration with the European Association for the Study of Obesity, Brussels, 15 March.

Jacobs, M. (1999) 'Sustainable development as a contested concept', in A. Dobson (ed) *Fairness and Futurity Essays on Environmental Sustainability and Social Justice*, Oxford University Press, Oxford.

Jones, T. and Martin, A. (2006) 'Hog wars: Missourians raise stink over giant operations', *Chicago Tribune*, 12 March.

Joshi, A., Kalb, M. and Beery, M. (2006) *Going Local: Paths to Successes for Farm to School Programs*, developed by the National Farm-to-School Program Center for Food and Justice, Occidental College and the Community Food Security Coalition, http://departments.oxy.edu/uepi/cfj/publications/goinglocal.pdf.

Kanemasu, Y. (2007) The New York City school meal system', unpublished report, School of City and Regional Planning, Cardiff University, Cardiff, UK.

Karp Resources (2007) 'Schools globally are thinking locally', *News from the Strategy Kitchen*, summer.

Kaufman, J. (2005) 'The role of planners in the emerging field of community food system planning', Louis B. Wetmore Lecture on Planning Practice, University of Illinois Planning Institute, Urbana-Champagne, IL, 2 March.

Kaufman, L. and Karpati, A (2007) 'Understanding the sociocultural roots of childhood obesity: Food practices among Latino families of Bushwick, Brooklyn', *Social Science and Medicine*, vol. 64, pp. 2177~2188.

Kington, T. (2007) 'Italians pay price for junk food revol.ution', *The Guardian*, 20 February.

Kirwan, J. (2006) 'The interpersonal world of direct marketing: Examining conventions of quality at UK farmers' markets', *Journal of Rural Studies*, vol. 22, pp. 301~312.

Kloppenburg, J., Hendrickson, J. and Stevenson, G. W. (1996) 'Coming into the foodshed', *Agriculture and Human Values*, vol. 13, pp. 33~42.

Kloppenburg, J., Lezberg, J., DeMaster, K., Stevenson, G. W. and Hendrickson, J. (2000) 'Tasting food, tasting sustainability: Defining the attributes of an alternative food system with competent, ordinary people', Human Organization, vol. 59, no. 2, pp. 177~186.

Knight, K. (2004) 'Increasing take-up in South Gloucestershire', in C. Hurley and A. Rile (eds) *Recipe for Change: A Good Practice Guide to School Meals*, Child Poverty Action Group (CPAG), London.

Kwame, B. (ed) (2007) *Ghana: A Decade of the Liberal State*, Zed Books, London.

Lang, T. (1981) *Now You See Them··· Now You Don't: A Report on the Fate of School Meals and the Loss of 300,000 Jobs*, The Lancashire School Meals Campaign, Accrington, UK.

Lang, T. and Heasman, M. (2004) *Food Wars: The Global Battle for Minds, Mouths and Markets*, Earthscan,

London[팀 랭·마이클 헤즈먼 지음, 박중곤 옮김, 『식품전쟁: 음식 그리고 문화와 시장을 둘러싼 세계대전』, 2007, 아리].

Lang, T., Dowler, E. and Hunter, D. J. (2006) *Review of the Scottish Diet Action Plan: Progress and Impact 1996~2005*, Health Scotland, Edinburgh.

LDA (London Development Agency) (2006) *Healthy and Sustainable Food for London The Mayor's Food Strategy Summary*, May, London, www.london.gov.uk/mayor/health/food/docs/food-strategy-summary.pdf.

Leith, P. (2007) Speech to the LACA Annual Conference, Birmingham, UK, 12 July.

Livingstone, K. (2006) Speech to 'Feeding our Cities in the Twenty-First Century', Soil Association Conference, The Brewery Conference Centre, London, 6~7 January.

Lundqvist, L. J. (2001) 'A green fist in a velvet glove: The ecological state and sustainable development', *Environmental Values*, vol. 10, pp. 455~472.

MacMillan, T., Dowler, E. and Archard, D. (2004) 'Corporate responsibility for children's diets', in J. Gunning and S. Holm (eds) *Ethics, Law and Society*, vol. 2, Ashgate, Aldershot, UK, pp. 237~243.

Maisto, T. (2007) 'A scuola pasti etnici ed equosolidali' ['Ethnic and fair trade meals at school'], *La Repubblica*, 15 March.

Mansfield, B. (2003) 'Spatializing globalization: A "geography of quality" in the seafood industry', *Economic Geography*, vol. 79, no. 1, pp. 1~16.

Market Ventures, Inc., Karp Resources and New York University Center for Health and Public Service Research (2005) 'SchoolFood Plus evaluation: Interim report: Phase 2', Portland Market Ventures, Portland, ME.

Market Ventures, Inc., Karp Resources and New York University Center for Health and Public Service Research (2007) 'SchoolFood Plus evaluation: Interim report: Phase 3, School Year 2005~2006', Portland Market Ventures, Portland, ME.

Marquand, D. (2004) *Decline of the Public: The Hollowing-Out of Citizenship*, Polity Press, Cambridge, UK.

Marsden, T. (2004) 'Theorizing food quality: Some key issues in understanding its competitive production and regulation', in M. Harvey, M. McMeekin and A. Warde (eds) *Qualities of Food*, Manchester University Press, Manchester, UK.

Massimiani, L. (2006) 'Le mense romane: Un percorso di qualitá' ['The Roman school canteens: A quality process'], *In Comune*, vol. 11, nos. 123~124, August-September, pp. 13~18.

Mayor of London (2006) *The London Plan*, the Mayor's Office, London[켄 리빙스턴 지음, 진보정치연구소 옮김, 『런던 플랜: 런던의 공간 발전 전략』, 2006, 민주노동당 진보정치연구소].

Mayor of London (2008a) 'Mayor to lead on obesity and physical activity in London', press release, the Mayor's Office, London, 4 February.

Mayor of London (2008b) 'London's regional government sets benchmark for fair procurement', press release, the Mayor's Office, London, 11 February.

McGovern, G. and Quinn, C. (2006) 'Breakfast: The first meal toward ending hunger', *Metro*, June.

McMichael, P. (2000) 'The power of food', *Agriculture and Human Values*, vol. 17, pp. 21~33.

Meadowcroft, J. (2007) 'Who is in charge here? Governance for sustainable development in a complex world', *Journal of Environmental Policy and Planning*, vol. 9, no. 4, pp. 299~314.

Mendez, M. A. and Adair, L. S. (1999) 'Severity and timing of stunting in the first two years of life affect performance on cognitive tests in late childhood', *Journal of Nutrition*, vol. 129, pp. 1555~1562.

Morgan, K. J. (2004a) 'School meals and sustainable food chains: The role of creative public procurement', Caroline Walker Lecture, The Caroline Walker Trust, St Austell, UK.

Morgan, K. J. (2004b) 'Sustainable regions: Governance, innovation and scale', *European Planning Studies*, vol. 12, no. 6, pp. 871~889.

Morgan, K. J. (2006) 'School food and the public domain: The politics of the public plate', *The Political Quarterly*, vol. 77, no. 3, pp. 379~387.

Morgan, K. J. (2007a) 'The polycentric state: New spaces of empowerment and engagement?' *Regional Studies*, vol. 41, pp. 1237~1251.

Morgan, K. J. (2007b) The ethical foodscape: Local and green versus global and fair', paper presented at the Economic and Social Research Council (ESRC) Science Week Conference on Local Food, St Asaph, UK, 13 March.

Morgan, K. J. (2007c) 'Greening the realm: Sustainable food chains and the public plate', Centre for Business Relationships, Accountability, Sustainability and Society (BRASS) Working Paper Series No. 43, Cardiff University, Cardiff.

Morgan, K. J. and Morley, A. (2002) 'Relocalizing the food chain: The role of creative public procurement', the Regeneration Institute, Cardiff University, Cardiff.

Morgan, K. J. and Morley, A. (2006) *Sustainable Public Procurement From Good Intentions to Good Practice*, Welsh Local Government Association, Cardiff.

Morgan, K. J. and Sayer, A. (1988) *Microcircuits of Capital: Sunrise Industry and Uneven Development*, Polity Press, Cambridge, UK.

Morgan, K. J. and Sonnino, R. (2005) *Catering for Sustainability: The Creative Procurement of School Meals in Italy and the UK*, the Regeneration Institute, Cardiff University, Cardiff.

Morgan, K. J. and Sonnino, R. (2007) 'Empowering consumers: Creative procurement and school meals in Italy and the UK', *International Journal of Consumer Studies*, vol. 31, no. 1, pp. 19~25.

Morgan, K. J., Marsden, T. K. and Murdoch, J. (2006) *Worlds of Food Place, Power and Provenance in the Food Chain*, Oxford University Press, Oxford, UK.

Morgan, K. J., Bastia, T. and Kanemasu, Y. (2007a) *Home Grown: The New Era of School Feeding*, World Food Programme, Rome.

Morgan, K. J., Bastia, T. and Nicol, P. (2007b) *Nurturing Knowledge: An Evaluation of the Food Matters Project*, the Regeneration Institute, Cardiff University, Cardiff.

Morns, C. and Young, C. (2000) '"Seed to shelf", "teat to table", "barley to beer" and "womb to tomb": Discourses of food quality and quality assurance schemes in the UK', *Journal of Rural Studies*, vol. 16, pp. 103~115.

Murdoch, J., Marsden, T. and Banks, J. (2000) 'Quality, nature and embeddedness: Some theoretical considerations in the context of the food sector' *Economic Geography*, vol. 16, no. 2, pp. 107~125.

Murray, S. (2007) 'The deep fried truth', *The New York Times*, 14 December.

Naselli, E. (2006) 'Meno carne e fritti, Italiani più salutisti studiano le etichette e temono gli OGM' ['Less meat and fried foods, more health-conscious Italians read the labels and fear GMOs'], *La Repubblica*, 24 October.

National Audit Office (2005) *Sustainable Procurement in Central Government*, National Audit Office, London.

National Audit Office (2006) *Ministry of Defence: Major Projects Report 200*, National Audit Office,

London.

Nelson, K. (1981) 'The school nutrition programs-Legislation, organization and operation', in *The National Evaluation of School Nutrition Programs. Review of Research* (Volume 1), System Development Corporation, Santa Monica, CA, pp. 27~100.

Nestle, M. (2002) *Food Politics: How the Food Industry Influenced Nutrition and Health*, University of California Press, Berkeley, CA.

Nestle, M. (2006) 'Food marketing and childhood obesity: A matter of policy', *The New England, Journal of Medicine*, vol. 354, pp. 2527~2529.

O'Hara, S. U. and Stagl, S. (2001) 'Global food markets and their local alternatives: A socio-ecological economic perspective', *Population and Environment*, vol. 22 no. 6 pp. 533~554.

Orrey, J. (2003) *The Dinner Lady*, Transworld, London.

Page, L. (2006) *Lions, Donkeys and Dinosaurs*, Heinemann, London.

Passmore, S. and Harris, G. (2004) 'Education, health and school meals: A review of policy changes in England and Wales over the last century', *Nutrition Bulletin*, vol. 29, pp. 221~227.

Paterson, M. (2000) *Understanding Global Environmental Politics: Domination, Accumulation and Resistance*, Macmillan, London.

Petrini, C. (2001) *Slow Food: The Case for Taste*, Columbia University Press, New York[카를로 페트리니 지음, 김종덕·이경남 옮김, 『슬로푸드: 느리고 맛있는 음식 이야기』, 2001, 나무심는사람].

Pike, J. (2007) 'Lunchtime spaces', Paper presented at the second Annual Conference, 'Free Healthy School Meals: The Hull Experience', Hull, UK, 17 November.

Pirani, M. (2006) 'Il modello Roma va bene per l'Italia' ['The Roman model is good for Italy'], *La Repubblica*, 6 March.

Policy Commission on the Future of Farming and Food (2002) *Farming and Food: A Sustainable Future*, Cabinet Office, London.

Pollan, M. (2007) 'You are what you grow', *New York Times*, 22 April.

Pomerantz, P. R. (2004) *Aid Effectiveness in Africa: Developing Trust between Donors and Governments*, Lexington Books, Lanham, MD.

Poppendieck, J. (1998) *Sweet Charity? Emergency Food and the End of Entitlement*, Viking, New York.

Poppendieck, J. (2008) *Stepping Up to the Plate: Realizing the Potential of School Food in America*, University of California Press, Berkeley, CA (forthcoming).

Pothukuchi, K. (2004) 'Community food assessment: A first step in planning for community food security', *Journal of Planning Education and Research*, vol. 23, pp. 356~377.

Pothukuchi, K. and Kaufman, J. (2000) 'The food system: A stranger to urban planning', *Journal of the American Planning Association*, vol. 66, no. 2, pp. 113~124.

Pretty, J. (1999) 'Reducing the costs of modern agriculture: Towards sustainable food and farming systems', in A. K. Dragun and C. Tisdell (eds) *Sustainable Agriculture and Environment: Globalisation and the Impact of Trade Liberalisation*, Edward Elgar, Cheltenham, UK.

Pretty, J., Ball, A., Lang, T. and Morison, J. (2005) 'Farm costs and food miles: An assessment of the full cost of the UK weekly food basket', *Food Policy*, vol. 30, no. 1, pp. 1~20.

Reclclift, M. (1997) 'Frontiers of consumption: Sustainable rural economies and societies in the next century?', in H. DeHaan, B. Kasimis and M. Redclift (eds) *Sustainable Rural Development*, Ashgate, Aldershot, UK.

Renard, M. (2003) 'Fair trade: Quality, markets and conventions', *Journal of Rural Studies*, vol. 19, pp. 87~96.

Renard, M. (2005) 'Quality certification, regulation and power in fair trade', *Journal of Rural Studies*, vol. 21, pp. 419~431.

Renting, H., Marsden, T. K. and Banks, J. (2003) 'Understanding alternative food networks: Exploring the role of short food supply chains in rural development', *Environment and Planning A*, vol. 35, pp. 393~411.

Renton, A. (2007) 'The great food aid con', *The Observer Food Monthly*, May.

Richardson, D. (1997) 'The politics of sustainable development', in S. Baker et al (eds) *The Politics of Sustainable Development: Theory, Policy and Practice within the European Union*, Routledge, London.

Roberts, C. (2008) *Healthy School Meals in Creenwich*, Greenwich Council, London.

Ruffolo, U. (2001) 'Ristorazione scolastica: Prospettive giuridiche' ['School meals: Legal perspectives'], in R. B. Finocchiaro (ed) *La Ristorazione Scolastica: Prospettive Future [School Meals: Future Perspectives]*, Quaderno 5, Cultura che Nutre, Programma Interregionale di Comunicazione ed Educazione Alimentare Ministero delle Politiche Agricole e Forestali, Rome.

Sachs, J. (2005) The End of Poverty: Economic possibilities for Our Time, Penguin Press, New York[제프리 삭스 지음, 김현구 옮김, 『빈곤의 종말』, 2005, 21세기북스].

Sachs, W. and Santarius, T. (2007) *Slow Trade - Sound Farming: A Multilateral Framework for Sustainable Markets in Agriculture*, Heinrich Böll Foundation, Berlin.

Sanchez, P., Swaminathan, M. S., Dobie, P. and Yuksel, N. (2005) *Halving Hunger: It Can Be Done*, UN Millennium Project Task Force on Hunger, Earthscan, London.

Sassatelli, R. and Scott, A. (2001) 'Novel food, new markets and trust regimes: Responses to the erosion of consumers' confidence m Austria, Italy and the UK', *European Societies*, vol. 3, no. 2, pp. 213~244.

Save the Children (2007) *Everybody's Business, Nobody's Responsibility: How the UK Government and the European Commission are Failing to Tackle Malnutrition*, Save the Children UK, London.

Sayer, A. (2000) 'Moral economy and political economy', *Studies in Political Economy*, vol. 62, pp. 79~104.

Sayer, A. (2007) 'Moral economy as critique', *New Political Economy*, vol. 12, no. 2, pp. 261~270.

Schibsted, E. (2005) 'Brain food: Nutritious eats + yummy ingredients = happy students', *Edutopia*, the George Lucas Educational Foundation, December, www.edutopia.org/b rain-food.

Schlosser, E. (2006) *Chew on This*, Puffin, London.

School Food Trust (2006) *School Meal Provision in England and other Western Countries: A Review*, School Food Trust, London.

School Meals Review Panel (2005) *Turning the Tables: Transforming School Food*, School Meals Review Panel, London.

SCN (Standing Committee on Nutrition) (2006) 'Tackling the double burden of malnutrition: A global agenda', *Standing Committee on Nutrition News*, no. 32, UN, Rome.

Scottish Executive (2002) *Hungry for Success: A Whole School Approach to School Meals in Scotland*, The Stationery Office, Edinburgh.

Scottish Executive (2004) 'Integrating sustainable development into public procurement of food and catering services', www.scotland.gov.uk/Resource/Doc/1265/0005191.pdf.

Scottish Parliament (2007) *Official Report: Green Procurement*, Scottish Parliament, Edinbursh, 1 February.

Severson, K. (2007) 'Local carrots with a side of red tape', *The New York Times*, 17 October.

Seyfang, G. (2006) 'Ecological citizenship and sustainable consumption: Examining local organic food networks', *Journal of Rural Studies*, vol. 22, pp. 383~395.

Sharp, I. (1992) Nutritional Guidelines for School Meals, Caroline Walker Trust, London.

Sheeran, J. (2008) 'Opening statement to Executive Board', World Food Programme, 4 February, Rome.

Sign (2006) *Signals Newsletter*, November, www.sign-schoolfeeding.org.

Simon, M. (2006) *Appetite for Profit: How the Food Industry Undermines our Health and How to Fight Back*, Nation Books, New York.

Simpson, A. (2006) 'Buy in Africa, sustain local communities', *International Trade Forum*, no. 3.

Smargiassi, M. (2007) 'Mense d'Italia: Tre milioni a tavola'['Canteens of Italy: Three million people at the table'], La Repubblica, 18 October.

Smith, A (2006) 'Council scraps free school meals', *The Guardian*, 7 June.

Smith, D. (1998) How far should we care? On the spatial scope of beneficence', *Progress in Human Geography*, vol. 22, no. 1, pp. 15~38.

Smithers, R. (2008) 'Ban junk food advertising on internet, say campaigners', *The Guardian*, 15 March.

Sneddon, C., Howarth, R. B. and Norgaard, R. B. (2006) 'Sustainable development in a post-Brundtland world', *Ecological Economics*, vol. 57, pp. 253~268.

Soil Association (2003) *Food for Life: Healthy, Local, Organic School Meals*, Soil Association, Bristol, UK.

Sonnino, R. (2007a) 'Quality for all: School meals in Rome', in V. Wheelock (ed) *Healthy Eating in School*, Verner Wheelock Associates, Skipton, UK, pp. 81~190.

Sonnino, R. (2007b) 'Embeddedness in action' Saffron and the making of the local in southern Tuscany', *Agriculture and Human Values*, vol. 24, pp. 61~74.

Sonnino, R. (2007c) 'United Kingdom: A desk review of East Ayrshire's local school meals', in K. J. Morgan et al (eds) *Home-Grown: The New Generation of School Feeding*, World Food Programme, Rome.

Sonnino, R. (2009) 'Quality food, Public procurement and sustainable development: The school meal revolution in Rome', *Environment and Planning A*, in press.

Sonnino, R. and Marsden, T. (2006) 'Beyond the divide: Rethinking relationships between alternative and conventional food networks in Europe'. *Journal of Economic Geography*, vol. 6, pp. 181~199.

Sonnino, R. and Morgan, K. J. (2007) 'Localizing the economy: The untapped potential of green procurement', in A. Cumbers and G. Whittam (eds) *Reclaiming the Economy: Alternatives to Market Fundamentalism in Scotland and Beyond*, Scottish Left Review Press, Biggar, UK, pp. 127~140.

South Gloucestershire Department for Children and Young People (2005) *Catering in Primary School*, South Gloucestershire Department for Children and Young People, Chipping Sodbury, UK.

Spake, A. (2005) 'The world of Chef Jorge. It's a daunting task: Make New York City's school lunches healthful-and fun to eat', *US News and World Report*, vol. 138, p. 64.

Stern, N. (2006) *The Economics of Climate Change: The Stern Review*. HM Treasury, London.

Sustain (2005) *Sustainable Food Procurement in London's Public Sector*, Sustain, London.

Sustainable Procurement Task Force (2006) *Procuring the Future Sustainable Procurement National Action Plan*, Defra, London.

Tisdell, C. (1999a) 'Conditions for sustainable development: Weak and strong', in A. K. Dragun and C.

Tisdell (eds) *Sustainable Agriculture and the Environment: Globalisation and the Impact of Trade Liberalisation*, Edward Elgar, Cheltenham, UK.

Tisdell, C. (1999b) 'Economics. aspects of ecology and sustainable agricultural production', in A. K. Dragun and C. Tisdell (eds) *Sustainable Agriculture and the Environment: Globalisation and the Impact of Trade Liberalisation*, Edwarcl Elgar, Cheltenham, UK.

Thorpe, L. E., List, D., Marx, D. G., May, L , Helgerson, S. D. and Frieden, T. (2004) 'Childhood obesity in New York City elementary school students', *American Journal of Public Health*, vol. 94, pp. 1496~ 1500.

Travers, T. (2004) *The Politics of London: Governing the Ungovernable City*, Palgrave, Basingstoke, UK.

Tronto, J. (1993) *Moral Boundaries: A Political Argument for an Ethic of Care*, Routledge, New York.

United Nations (2007) 'Working together to end child hunger and undernutrition', *Standing Committee on Nutrition News*, no. 34, UN, Rome.

United States Department of Health and Human Services (2001) 'The Surgeon General's call to action to prevent and decrease overweight and obesity', United States Department of Health and Human Services, Rockville. MD.

USDA Food and Nutrition Service (2005) 'Eat smart-Farm fresh! A guide to buying and serving locally-grown produce in school meals', www.fns.sda.gov/cnd/Guidance/Farm-to-School-Guidance_12-19-2005.pdf.

Vallianatos, M., Gottlieb, R. and Haase, M. (2004) 'Farm to school: Strategies for urban health, combating sprawl and establishing a community food systems approach', *Journal of Planning Education and Research*, vol. 23, pp. 414~423.

Van Egmond-Pannell, D. (1985) *School Foodservice*, AVI Publishing Company, Westport, CT.

Veltroni, W. (2006) 'Il modello Roma' ['The Roman model'], *Italianieuropei*, January/February, pp. 143~ 148.

VITA Non-Profit Online (2003) 'Bio: Biologiche due mense su tre' ['Organics: Two canteens out of three are organic'], www.vita.it/articolo/index.Php3?NEWSID=35208.

von Braun, J. (2007) *The World Food Situation: New Driving Forces and Required Action*, International Food Policy Research Institute (IFPRI), Washington, DC.

von Braun, J. (2008) *Food Prices, Biofuels, and Climate Change*, International Food Policy Research Institute (IFPRI), Washington, DC.

von Schirnding, Y. (2002) 'Health and sustainable development: Can we rise to the challenge?', *The Lancet*, vol. 360, pp. 632~637.

Watts, D. C. H., Ilbery, B and Maye, D. (2005) 'Making reconnections in agro-food geography: Alternative systems of food provision', *Progress m Human Geography*, vol. 29, pp. 22~40.

WCED (World Commission on Environment and Development) (1987) *Our Common Future*, Oxford University Press, Oxford, UK[세계환경발전위원회 지음, 홍성태 옮김, 『우리 공동의 미래』, 2005, 새물 결].

Wekerle, G. R. (2004) 'Food justice movements: Policy, planning and networks', *Journal of Planning Education and Research*, vol. 23, pp. 378~386.

Welsh Procurement Initiative (2005) *Food for Thought A New Approach to Public Sector Food Procurement: Case Studies*, Welsh Procurement Initiative, Cardiff.

WFP (World Food Programme) (2004) *Global School Feeding*, Report, World Food Programme, Rome.

WFP (2005) 'Country programme, Ghana: 2006~2010', Executive Board Document, World Food Programme, 6 September.

WFP (2006) *Global School Feeding Report*, World Food Programme, Rome.

WFP (2007a) 'Support to Nepad: Period of report: 2003~2004', available at www.un.org/africa/osaa/cpcreports/28.WFP_formatted.pdf/.

WFP (2007b) *Home-Grown School Feeding Field Case Study: Ghana*, World Food Programme, Rome.

WFP (2008) 'Information sheet on procurement', World Food Programme, Rome.

Which? (2006) 'Child catchers: The tricks used to push unhealthy food to your children', *Which?*, London.

WHO (2004) *Marketing Food to Children: The Global Regulatory Environment*, World Health Organization, Geneva.

Williamson, E. (2008) 'Bad beef in schools', www.chefann.com/blog?p=980.

Williamson, H. (2007) 'West warned of anti-graft drive', *Financial Times*, 16 November

Winter, M. (2003) 'Embeddedness, the new food economy and defensive localism', *Journal of Rural Studies*, vol. 19, pp. 23~32.

World Bank (2006) *Repositioning Nutrition as Central to Development*, World Bank, Washington, DC.

Wright, S. (2007) 'New York City school dinners', *Caterer and Hotelkeeper*, 18 January.

Wright, N. (2002) '"Food deserts" in British cities: Policy context and research priorities'. *Urban Studies*, vol. 39, no. 11, pp. 2029~2040.

WTO (2007) *Understanding the WTO: The Agreements*, World Trade Organization, Geneva.

부록

한국의 학교 급식 운동: 현황과 과제

김선희 〈학교 급식 전국 네트워크〉 사무처장

대한민국은 '무상 급식' 논쟁 중

요즘 무상 급식 논란이 뜨겁다. 저소득층 낙인찍는 차별 급식이냐, 헌법이 보장한 '무상교육'의 완성이냐를 두고 정치권의 논쟁이 한층 달아올랐다. 아이들 밥 먹는 문제가 이렇게 정치사회의 주요 쟁점이 되기는 처음인 것 같다. 광우병 촛불 집회 이후 단일 의제로는 처음으로 2,200여 개의 시민사회 · 풀뿌리 단체가 모여 친환경 무상 급식을 요구하고 나섰다. 이미 민주당과 진보 정당 예비 후보들이 출사표와 함께 무상 급식 정책을 들고 나왔고 한나라당 후보들까지 보태고 나왔으니, 무상 급식은 2010년 지방 선거의 주요 핵심 사안으로 부상한 것이다. 먹거리 · 급식 운동 역사에 이정표로 남을 무상 급식 논쟁이 어떤 의미를 가지는 짚어 보자.

차별 급식은 이제 그만~! 급식은 교육이다!

새 학기 3월이면 급식비 지원을 받아야 하는 저소득층 아이들은 '나는 가난합니다'라는 증명서로 담임 선생님과 첫 대면을 하게 된다. 무상 급식이나 감면 급식을 받기 위해서 부모의 소득 증명서와 이혼 증명서는 기본이고 아이가 직접 부모의 실직 증명서나 신용 불량 증명서 등을 제출해 급식비를 낼 수 없는 사정을 시시콜콜 증명해 보여야 한다. 가난이 '죄'가 되는 순간이다. 아이는 가난이라는 '낙인'이 찍히고 무슨 죄인이라도 되는 양 자존심과 자신감을 한순간에 잃게 된다. 차별을 내면화하는 순간이며 학교 안에서 급식비를 지원받는 아이와 그렇지 않은 아이가 구별되는 차별의 순간이다. 그래서 어떤 아이들은 차라리 굶기를 선택한다. 한창 예민한 성장기에 최소한의 자존심을 지키기 위해서 점심 한 끼를 포기해야 하는 가혹한 현실은 21세기 대한민국의 참담한 교육 현실로 굳어지고 있다. 안 그래도 차별과 폭력이 사회 곳곳에 제도화되어 있는데, '국가백년지대계'라는 신성한 교육 현장에서조차 일등에서 꼴등까지 줄을 세우고, 또 밥값으로 줄을 세워야 직성이 풀린다면 국민들은 이 정부를 어떻게 이해할 수 있을까. 급식은 교육이다. 또한 교과서처럼 교육의 중요한 교재이기도 하다. '의무교육은 무상으로 한다'(헌법 제31조 3항)는 헌법의 내용까지 들먹이지 않아도 학교 안에서만큼은 부모가 가난하든 부자든 상관없이 아이들이 행복하고 자신 있게 생활하고 공부할 수 있도록 국가가 책임져야 한다. 이는 국가 존립의 가장 근본을 세우는 일이며, 우리 아이들과 교육 복지에 대한, 그리고 미래의 희망에 대한 가장 확실한 투자이기 때문이다.

그런데 2010년 지방 선거에서 급식이라는 의제가 마치 하늘에서 뚝 떨어지기라도 한 것처럼 정치 공세가 대단했다. 포퓰리즘이니, 사회주의 정책이니 하는 색깔 논쟁에서부터 국가재정 파탄설과 부자 급식 논란까지 무상 급식을 반대하는 여당 정치인들과 보수 언론을 중심으로 국민들이 쉬 납득할 수 없는 정치적 수사들이 난무했다. 그래도 여론은 눈 하나 깜짝하지 않는다. 거리에 나가 서명을 받고 사람들과 이야기해 보면 벌써 해야 할 것을 이제야 한다고 오히려 나무라기까지 한다. 여러 가지 논란이 있음에도 각종 여론조사에서 무상 급식 찬성률이 80~90퍼센트를 넘는다는 사실이 이를 증명해 보이고 있다. 이명박 정권이 들어선 뒤 90여조 원에 이르는 부자 감세, 4대강 정비 사업에 22조 원을 쏟아 붓는 따위의 정신 나간 짓은 차치하더라도 해마다 갈아엎는 멀쩡한 보도 블럭에 필요 이상의 호화 청사와 과도한 시 홍보 비용 등 각종 낭비성 예산들은 눈만 크게 뜨면 어렵지 않게 찾아볼 수 있다. 무상 급식은 '예산' 문제가 아니라 '의지' 문제라는 것을 국민들은 더 잘 알고 있다. 상황이 이렇다 보니 처음에 포퓰리즘이니 국가재정 파탄이니 하던 여권의 정치 공세는 점차 수그러들기 시작했다. 그리고 '무상 보육'으로 '무상 급식'을 돌파하겠다며 매우 성의 없는 보육 정책을 들고 나왔다. 내용이야 어찌됐든 무상 급식 논쟁은 이제 누가 더 복지 정책을 제대로 펼칠 수 있느냐 하는 토론으로 조금씩 확대되고 있는 중이다. 이번 선거에서만큼은 '개발'이 아닌 '복지'로, '정쟁'이 아닌 '정책'을 갖고 생산적 토론의 장을 기대할 수 있게 되었다.

시혜적 차원의 선별 급식은 아이들에게 또 다른 상처

'부잣집 아이들까지 급식을 공짜로 줘야 하나?' 여기서 많은 사람들이 헷갈린다. 그 돈으로 더 가난한 집 아이들을 도와줘야 하는 것 아니냐고 하면 언뜻 설득력이 있어 보인다. 정부 여당이 무상 급식은 부자 급식이라며 공격하는 것도 이에 근거한다. 당정 협의에서 발표한 초·중 무상 급식 지원 정책을 살펴보면 저소득층 급식비 지원을 조금 확대하는 것이 주요 골자를 이룬다. 최근 여당은 '서민 무상 급식 실시'를 내걸고 '서민 정부'를 자처하고 나섰다. 올 초, 결식아동 예산에서 무려 270여억 원을 싹뚝 삭감해 버려 지금 이 순간에도 밥 못 먹고 굶는 아이들이 10만 명이 넘는데, 이 정권이 서민 정부라니 지나가던 뭐가 웃을 일이다. 무상 급식에 대한 국민 여론이 들끓자 이를 인식한 자구책인 듯한데, 한나라당과 이명박 대통령은 여전히 '선별'해서 '차별' 급식을 하겠다는 것이다. 이것이 권력을 쥔 자들의 서민 무상 급식의 본질이다. 국민 대다수가 요구하는 진짜 무상 급식은 학교 안에서의 차별 급식으로 발생하는 '낙인 효과'나 '차별의 내면화', '왕따' 같은 비교육적 문제를 사전에 예방하고 차단하는 것이다. 정부 여당의 급식 정책은 이에 대한 일말의 고민도 없이 무상 급식을 '공짜 밥'으로만 취급하는 천박한 인식을 보여 주며 급식이 교육 과정의 일환이라는 사실을 간과하고 가난한 아이들에게는 그저 '공짜 밥'을 주면 된다는 시혜적 지원의 한계만을 고스란히 드러내 보였다. 현재 정부가 주장하는 대로 급식비 지원을 차상위 계층 120퍼센트(97만 명)에서 180퍼센트(200만 명)로 늘린다면 '공짜 밥' 먹는 아이들은 늘어날 것이다. 그러나 그만큼 낙인찍히고 상처받는 아이들도 늘어남을 알아야 한다. '강부자' 정권 한나라당의 '서민 무상 급식'은 가난한 아이들만 선별해서 밥값으로 줄 세우고 차별하고 '왕따'시키는 시혜적 급식일 뿐이다.

다음은 예산 문제다. 의무교육 기간인 초·중학교 학생들에게 무상 급식을 하기 위해서는 1조 6,000억 원의 추가 예산이 들어간다. 고등학교까지 무상 급식을 하게 될 경우는 약 1조 원이 더 추가된다. 합계 2조 6,000억 원 정도인데, 무상 급식을 반대하는 정부 여당은 국가재정 파탄설과 함께 재원 부족 등의 이유로 절대 불가를 주장하고 있다. 아이들 무상 급식에 예산을 지원해서 국가재정이 파탄난다면 부자들에게 90조에 달하는 세금을 깎아 주고 강바닥 파헤치는 데 22조 원의 예산을 쏟아붓는 정신 나간 짓으로 국가 부도와 재정 위기가 수백 번은 더 났을 것이다. 최근 경남 합천군수와 거창군수는 초·중·고의 모든 학생들에게 친환경 무상 급식을 하겠다고 선언하고 추경예산을 확보했다. 이들 지역은 이미 2년 전부터 초등학교과 중고등학교에 무상 급식을 부분 시행해 왔고 올해부터는 전체로 확대했다. 군 재정이 남아돌아서가 아니다. 군수가 포퓰리스트, 혹은 사회주의자여서 그런 것은 더욱더 아니다. 둘 다 한나라당 출신 군수다. 특히 합천의 경우는 재정 자립도가 12퍼센트 정도밖에 되지 않는다. 이런 열악한 재정 속에서 어떻게 무상 급식을, 그것도 친환경 무상 급식을 전면 실시할 수 있었을까. 정부 여당 논리대로 하면 불가능한 일인데 말이다. 합천군수는 이렇게 말했다고 한다. "8차선짜리 도로 왕복 1킬로미터만 안 깔면 됩니다." 참으로 명쾌한 이 답변은 무상 급식이 예산의 문제가 아니라 정책 우선순위 문제이며 의지 문제임을 확실하게 보여 준다. 지난달 전국 광역 시도의 무상 급식 지원 예산의 분석 결과 재정 자립도가 가장 높은 서울은 무상 급식 예산이 '0'원이었고 재정 자립도가 최하위인 전북과 전남이 무상 급식 예산이 가장 높았다. 전반적으로 재정 자립도가 높은 인천·울산·대구 등 광역시의 무상 급식 예산이 '0'원이었고, 재정이 부족한 전남·전북·경남·제주 등 광역도의 경우 친환경 무상 급식 예산이 높은 것으로 분석됐다. 대도시일수록 빈곤층이 밀집되어 있어서 차별 급식 때문에 낙인찍히고 상처 입는 아이들이 많을 텐데 제대로 된 교육 복지 정책은 오히려 찾아보기 힘들었다. 서울의 경우는 서울 시 홍보 예산이나 한강 르네상스 등 '디자인 서울'이라는 명목하에 6,200억 원 정도 예산이 낭비된 것으로 조사됐다. 서울의 초·중학생 무상 급식 전체 예산이 4,300억 원 정도임을 생각해 보면 예산 운운하는 것은 궁색한 변명일 뿐이다. 무상 급식 예산을 작년에 이어 세 차례나 삭감한 경기도의 경우도 도지사의 정책 홍보비가 2010년 예산까지 합치면 무려 650억 원이 넘는다고 한다. 헌데 이번에 삭감된 경기도 초등학교 5, 6학년 무상 급식 예산은 약 200억 원 정도였으니 도대체 무엇이 우선인지 도민들과 끝장 토론이라도 해 봐야 하지 않을까 싶다. 부자 감세와 4대강 정비 사업으로 구멍 나는 막대한 국가재정과 지역 곳곳에서 낭비되는 예산만 잘 챙기고 정책의 우선순위를 정한다면 무상 급식은 당장 전국적으로 전면 실시가 가능한 정책이다.

무상 급식을 넘어 '친환경 무상 급식'으로

이제 무상 급식 정책은 '하느냐 마느냐'의 논쟁을 뛰어넘어야 한다. 단순한 무상 급식이 아닌 '친환경 직거래 무상 급식'이어야 한다. 급식의 질을 높여 아이들에게 건강한 먹거리를 공급하는 것은 물론, 지역별 급식 지원 센터를 설치하여 생산·가공·유통·소비에 이르는 지역 순환 경제와 친환경 농업 기반 확대, 일자리 창출, 지역공동체 활성화라는 여러 측면을 아우르는 정책으로 발전해야 한다. 학부모·학생·교사·생산자·민중·환경 단체 등 각계각층의 2,000여 개가 넘는 시민사회가 한목소리로 친환경 무상 급식 전면 실시를 요구하는 이유도 친환경 무상 급식은 교육이자 복지이며 지역경제 활성화의 중요한 수단으로 작용하기 때문이다. 이미 친환경 무상 급식을 실시하고 있는 지역의 예만 봐도 급식을 통한 지역 선순환 경제를 부분 실현하고 있다는 것을 어렵지 않게 확인할 수 있다. 합천의 경우, 친환경 무상 급식에 들어가는 군 예산은 고스란히 그 지역 친환경 농업의 생산자들에게 돌아가서 곧바로 농가 소득이 된다. 자본의 외부 유출 없이 지역 내에서 생산과 소비의 순환이 이루어지는 것이다. 수천 킬로미터 떨어진 먼나라에서 온 안전하지 않은 식재료와 국적 불명의 가공식품 대신, 국내에서 생산된 신선하고 안전한 식재료를 급식에 사용하는 것에는 지역의 농업과 농촌을 살리고, 유기농업을 확대시켜 땅을 회복하고 물을 맑게 하는 '생명 살림'의 의미가 깃들어 있다. 푸드 마일food mile이 대폭 줄어 온실가스 배출을 줄이고 지구온난화 저감에도 큰 도움을 준다. 이렇듯 친환경 급식에는 우리 아이들 건강뿐만 아니라 농업 농촌의 회생과 지구환경보존이라는 중요한 가치가 내재되어 있다. 이와 같은 이유로 유럽이나 일본 등지에서도 학교와 가까운 지역에서 생산된 유기농 먹거리를 사용하는 운동이 활발하게 진행되고 있다. 지역 유기 농산물을 학교에 우선 공급해 푸드 마일을 줄이고, 이를 위해 지역 농업의 생산 체계를 전환하고 계획 생산 및 소비 체계를 세우기 위한 여러 나라들의 노력들은 국내 친환경 학교 급식 운동과 맥을 같이한다고 볼 수 있다.

선별 복지에서 보편 복지로, '복지의 틀'을 바꾸자

친환경 무상 급식을 전면 실시하는 것은 단순히 아이들 인권과 교육 기본권 보장의 의미를 넘어서 경제 위기와 양극화 시대를 팍팍하게 살아 내고 있는 2010년의 우리 사회에 '복지 정책의 전환'이라는 새로운 화두를 던지고 있다. 선별적·차별적 복지 정책에서 보편적 복지 정책으로의 전환을 예고하는 것이다. 민생 의제의 우선순위는 단연 교육과 보육, 의료와 주택 문제다. 그러나 어느 하나 제대로 된 정책이 없다. 공교육을 붕괴시키는 각종 특목고와 외고 정책으로 사교육을 조장하는가 하면 저출산 고령화 대책을 세운다며 사회적 육아에 대한 무상 보육 정책에는 거의 신경을 끄고 있는 정부다. 의료는 어떠한가. 국민 대다수가 의료보험에 가입되어 있기는 하지만 감기 등의 작은 질병에나 혜택이 있고 생명을 위협하는 큰 질병과 각종 검사 비용은 고스란히 개인과 가정에 그 책임을 전가하고 있다. 주택 문제는 치솟는 집값과 전셋값에 서민들에게 내집 마련이란 평생을 바쳐야 될까 말까 한, 하늘에 별 따기가 된 지 오래다. 무엇 한 가지 피부에 와 닿는 복지 정책이 없는 나라에서 '내가 낸 세금이 다시 나에게 돌아온다'는 사회적 합의 수준은 매우 낮을 수밖에 없다. 세금에 대한 저항이 큰 것도, 불법 탈세가 난무하는 것도 이와 무관하지 않다. 그러나 무상 급식은 이러한 현실에 '복지의 틀' 전환이라는 새로운 화두를 던졌다. 내가 낸 세금이 내 아이에게, 우리 이웃의 아이들에게 모두 골고루 돌아가는 구체적이고 손에 잡히는 복지 정책인 것이다. 여기에 차별은 없다. 부자도 가난한 이도 학교에서만큼은 평등하고 자신 있게 생활할 수 있는 조건이 만들어지기 때문이다. 이미 무상 급식을 하고 있는 전북 장수중학교 교장 선생님은 이렇게 말했다. "무상 급식을 하니 학교가 환해졌습니다. 우선 급식비 못 내서 의기소침한 아이들이 없고 교사들은 급식비 독촉 안 해서 좋고 (…) 아이들이 건강해지고 밝아지고 자신감도 넘치고 (…) 학업 분위기도 좋아져서 성적들이 쑥쑥 오릅니다." 무상 급식에 대한 사회적 관심과 토론은 우리 사회가 보편적 복지로 나아가는 첫발을 내딛는 역사적 사건이 될 것이다. 우리 사회가 보편적 복지국가로 나아가는 데 디딤돌이 될 이러한 토론들이 생산적이고 발전적으로 이루어지기를 기대해 본다.

학교 급식 운동의 발자취

어떤 의제가 사회적 쟁점이 된다는 것은 이를 위한 수많은 사람들의 간절한 바람과 운동이 오랜 시간 전제되어 왔음을 의미한다. 무상 급식 논쟁이 이처럼 뜨거워지기 전에도 학교 급식 운동은 10년 가까이 급식의 질을 높이고 부모의 경제적 지위와 상관없이 모든 아이들에게 안전한 밥상을 안정적으로 무상 제공해 줄 것을 줄기차게 요구해 왔다. 그 결과 질 낮은 수입 식재료 사용과 식중독 사고로 우리 아이들의 건강을 위협하는 위탁 급식을 안정적인 직영 급식 체계로 바꾸어 냈는가 하면, 친환경 급식을 전국으로 확대하는 데 괄목할 만한 성과를 거두었다. 전국의 7,500여 개가 넘는 학교가 친환경 급식을 부분적으로 실시하고 있고, 무상 급식 학교 역시 2,600여 개를 넘어서고 있다. 또한 이를 가능하게 하는 체계인 〈학교 급식 지원 센터〉는 여러 지역에서 다양한 형태로 시범 운영 중에 있으며, 센터 설치와 운영의 올바른 방향을 두고 지역에서 깊이 있는 논의들이 진행되고 있다. 여기에 로컬 푸드와 급식을 연계하려는 움직임은 학교 급식을 넘어 공공 급식의 영역으로 확대되고 있으며, 이를 기반으로 생산·가공·유통·소비 등 일련의 대안적 경제 체계를 구축하기 위한 새로운 시도도 함께 진행되고 있다. 학교 급식 운동의 역사는 우리 아이들의 건강을 지키고 우리 농촌과 농업을 재구성하며 지역경제의 선순환 구조를 만들어 가기 위한 새로운 사회적 관계를 지향하고 있는 것이다. 걸어 온 길도, 걸어 갈 길도 쉽지 않은 그 험난한 여정을 찬찬히 살펴보기로 하자.

10년 역사, 안전한 급식을 위한 제도 개선 운동과 성과들

1970년대 구호 급식에서 시작해 1981년 급식법 제정, 1995년 중·고등학교 급식이 부분적으로 시행되면서 현재는 전국의 모든 초·중·고등학교에서 점심 급식을 의무적으로 실시하고 있다. 1992년 여성 농민들의 학교 급식 시행 요구와 잇따른 여성 단체들의 요구는 급식이 여성의 노동권 보호와 사회적 보육 및 교육정책의 일환으로 시작됐다고 보아도 무방할 것이다. 이러한 사회적 요구에 힘입어 학교 급식은 교육의 일환으로 빠르게 정착됐다. 그렇다면 교육 과정의 일환으로 제도화된 학교 급식은 과연 어떤 의미가 있을까. 우리 아이들은 학창 시절 12년간 하루 한 끼 이상 급식을 먹는다. 성장기 몸을 구성하는 세포들 중 3분의 1 이상은 급식을 통해 만들어진다고 해도 과언이 아니다. 학교 급식은 아이들에게 단순히 한 끼 식사라는 의미를 넘어서는 것이다. 이렇게 제공되는 점심 밥상은 우리 아이들에게 맛도 좋고 안전할까? 2008년 광우병 쇠고기 수입 파동 때 제일 먼저 촛불을 든 것은 여중생들이었다. 죽기 싫어서란다. 아직 하고 싶은 것도 많고 해야 할 일도 많은데 광우병 쇠고기 먹으면 죽는다니, 죽기 싫어서 촛불을 들었단다. 그때 이명박 대통령은 "안 사 먹으면 된다. 선택은 국민이 하는 거다"라고 말했다. 대통령의 무책임한 발언은 촛불 집회를 더욱 확대시켰는데, 문제는 바로 선택권이 없는 학교 급식과 군대 급식 등 단체 급식에서 수입산 쇠고기를 사용할 것이 불을 보듯 뻔했기 때문이다. 원산지 표시도 제대로 안 되고 이력 추적 체계 역시 허술하기 짝이 없는 현재의 조건에서 단체 급식의 질은 수입산 식품에 대한 국가 검역 체계와 긴밀히 연계될 수밖에 없는 매우 중대한 일이었기 때문이다. 선택권이 없는 단체 급식, 그중에서도 학교 급식은 8세부터 19세까지 성장기 청소년들의 건강을 책임지는 매우 중요한 급식임에도 사회적으로는 단순히 '점심 한 끼'로 치부되기 일쑤였다.

학교 급식이 제도화되면서 아이들을 상대로 한 위탁 급식 업자의 밥장사도 함께 늘었다. 반복되는 식중독 사고와 각종 수입산 식재료가 난무하는 선택권 없는 학교 급식은 우리 아이들의 건강을 위협했다. 학생·학부모는 물론 우리 사회 전체에 사회적 공분이 일기 시작했고 우리 아이들에게 안전하고 질 좋은 급식을 제공하기 위해 학부모와 교사, 지역 주민, 생산자가 모여 급식법 개정과 조례 제정에 앞장섰다. 2000년대 초부터 기초 시·군·구 단위, 광역시·도별로 〈급식 조례 제정 운동본부〉가 구성됐고 이를 하나로 묶는 전국 단위의 학교 급식법 개정과 조례 제정을 위한 〈국민 운동본부〉도 결성됐다. 2002년에는 급식 운동을 전문으로 하는 시민 단체 〈학교 급식 전국 네트워크〉도 창립됐다.

학교 급식 주민 조례 발의 서명은 전남 나주를 비롯해 전국 각지에서 진행됐다.

이름, 주소, 주민등록번호와 도장(혹은 지장)까지 꾹 찍어야 하는 번거로운 서명이었지만 주민들은 서슴없이 지지하고 동참해 주었다. 대규모 위탁 급식 업자들이 더는 아이들 상대로 밥장사를 하지 못하게 해야 한다는 공감대가 형성된 것이다. 직영 급식, 우리 농산물 사용, 무상 급식의 3대 원칙을 담은 급식 조례 제정은 주민들의 열띤 호응 속에 빠르게 퍼져 나갔으며 경기·전남·전북·제주 등 조례가 제정되는 곳이 하나 둘 생기기 시작했다. 그러나 쉽지만은 않았다. 허술하게 만들어진 학교 급식법 개정이 조례 제정과 동시에 이루어져야 했고 위탁 급식 업자들의 반발도 만만치 않았기 때문이다. 그중 가장 큰 장애물은 '우리 농산물 사용 원칙'에 제동을 건 중앙정부였다. 〈세계무역기구(WTO)〉 무역협정 위반 운운하며 〈행정자치부〉가 '학교 급식 지원 조례'에 대해 대법원에 제소하는 웃지 못할 일이 발생한 것이다. 정부가 해야 할 일을 주민들이 직접 나서서 했으면 길을 터 주고 보태 줘도 모자랄 판에 되레 방해를 하니 국민들 분노는 대단했다. 이렇게 난항을 거듭하던 중, 2006년에 대형 사고가 터졌다. 〈씨제이〉가 위탁 운영하던 수십 곳의 학교 급식에서 식중독이 발생해 수천 명이 넘는 학생들이 병원 신세를 지게 된 것이다. 중국산 깻잎지에서 나온 노로바이러스(Norovirus, 유행성 바이러스성 위장염)가 그 원인이었는데, 국적 모를 수입산 식재료를 대량 사용하는 위탁 급식 업체의 문제점이 적나라하게 드러난 전대미문의 사건이었다. 이를 계기로 급식법은 전면 개정됐고 조례 제정 역시 급물살을 타기 시작했다. '직영 전환', '우수 농산물 사용', '저소득층 급식 지원 확대', '기초 시군구 급식 지원 센터 설치' 등의 내용이 주를 이루었다. 그 결과 지금은 전국 16개 모든 광역시도에 학교 급식 조례가 제정됐고, 230개 자치구 중 195개(전체 자치구의 약 84.8퍼센트)가 넘는 지역에 조례가 제정되어 시행되고 있다. '아이들에게 건강을, 농민들에게 희망을'이란 슬로건으로 줄기차게 해 온 급식 운동은 단순히 제도 개선 운동을 넘어 주민자치, 풀뿌리 민주주의 운동의 승리로 평가되고 있다. 그러나 급식법 개정의 주요 3대 원칙 중 '무상 급식'은 관철되지 않았으며, 저소득층 급식비 지원을 확대하는 수준에서 개정됐다. 급식은 교육이고, 의무교육은 무상으로 한다는 학교 급식법과 헌법의 취지에는 한참 모자란 미완의 개정이었다. 그러나 급식 체계가 정착되면서 급식의 질을 높이는 운동은 지속적으로 전개됐다. 위탁 급식에서 수입산 식재료를 썼던 반면, 급식법 개정 이후에는 식재료의 안전성을 높이기 위해 우리 농산물, 지역산 친환경 농산물이 급식에 사용되기 시작했다. 급식법과 조례에 명시한 우수 농산물, 친환경 농산물, 지역 농산물을 근거로 친환경 급식의 필요성을 제기하고 예산을 확보하는 지역자치 운동이 새롭게 시작된 것이다. 바야흐로 '친환경 급식'의 바람이 불기 시작했는데 제주·전남·경남·인천 등에서는 친환경 급식을 확대하고 그에 따른 차액을 지원하기 시작했다. 2006년 3,500여 개의 학교에 606억 원을 지원하는 것을 시작으로 2009년에는 전국적으로 7,533개 학교에 친환경 농산물 급식비로 1,807억 원을 지원하는 등 그 규모를 점차 확대해 나가고 있다.

남아 있는 과제

제도는 마련됐다. 부분적이기는 하지만 친환경 급식 역시 대세를 이루고 있다. 그렇다면 학교 급식을 기반으로 한걸음 더 나아가 지역 먹거리 체계와 농업·경제의 선순환 구조는 얼마만큼 진전됐는가? 여전히 학교 급식을 둘러싼 기존의 물류, 유통 체계는 크게 변하지 않고 있다. 또한 이를 유지하는 여러 가지 제도적 장치들, 가령 최저 입찰제나 G2B(Government to Business, 정부가 기업들을 대상으로 하는 사업), 식품위해요소 중점관리기준(HACCP) 등은 지역의 소규모 영농 조합과 가공 업체들의 학교 급식 진입을 막고 있다. 급식법과 조례 재개정은 시작에 불과하다. 학교 급식을 통해 새로운 먹거리 체계를 구축하기 위해서는 여전히 남아 있는 과제들을 하나씩 풀어 가야 한다.

학교 급식 식재료 공급 체계 문제

학교 급식은 전국 물류 체계에 의존하고 있다. 기존 식재료 납품 공급 업체의 경우, 대부분 생산지에서부터 학교에 공급하기까지는 최소 5~6단계의 유통 과정을 거치게 된다. 이럴 경우 대부분의 식재료는 원산지뿐 아니라 안전성과 신선도를 보장할 수 없으며, 유통 과정에서 비용이 더 추가되기 때문에 상대적으로 식재료의 질은 떨어지게 되어 있다. 각종 식품 안전 사고로 연결되기 딱 좋은 구조다. 사고가 발생할 경우 경로를 추적하기가 어렵기 때문에 식중독 사고 등 식품 사고는 원인 규명 없이 지나가는 일이 다반사다. 또한 학교 급식은 '지역'을 기반으로 한 물류 공급 체계 구축이 현실적으로 매우 어려운 구조다. 기초 시·군·구의 적지 않은 조례들이 '지역산', '국내산', '친환경' 식재료 공급을 명시하고 있으며, 많은 자치구에서 식재료비 차액을 지원함으로써 지역 농산물 이용 활성화를 꾀하고 있다. 그러나 '지역'이라는 구체적인 범위 안에서 생산·가공·유통의 여건은 기존의 급식에 관계된 공급 업체들을 비롯해 다양한 이해관계가 얽혀 있어 소규모의 생산자 단체나 가공 업체들이 참여하기가 매우 어려운 것이 현실이다. 따라서 '지역'의 범위 설정 문제를 비롯하여, 지역을 기반으로 생산·가공·유통 체계를 구축하기 위한 기존 물류의 실제 흐름을 파악할 필요가 있다. 지역 단위의 생산 기반을 구축하는 어려움도 함께 있는데, 최소 200~300여 가지가 넘는 품목을 취급하는 학교 급식에서 식재료 조달은 전국 물류 체계에 의존할 수밖에 없는 상황이다. 지역을 기반으로 지역 물류에 기초한 공급 체계를 구축하기 위해서는 단작화·규모화되어 있는 현재의 우리 농업에 대한 근본 전환 역시 함께 이루어져야 한다.

식재료 공급 계약 방법의 문제

학교 급식에서 식재료 공급 업체를 선정할 때는 '일반 공개 경쟁 입찰 제도'에 따른다. 방식은 입찰(G2B에 의한 전자 입찰 포함), 수의계약 등 법률이 정하는 방식에 따라 '계약'을 하게 되는데 현재는 '최저가 입찰'이 원칙이다. 식품의 특성상 최저가 입찰을 하게 되면 이는 곧 식품의 질 저하로 이어져 학교 급식에서 안전하고 질 높은 식재료를 공급하기 어렵게 한다. 친환경 급식으로 전환해야 한다는 요구가 높은 요즘, 이러한 계약 방식은 안전한 급식의 장애물이 되고 있어 시급히 제도 개선이 필요하다.

학교 급식비 지원과 논의 구조의 이원화 문제

각 지역별로 학교 급식비 지원이 시행되고 있으나 그 내용은 매우 다양하다. 현금 지원에서 현물 지원, 우수 농산물 구입의 차액 지원, 우수 농산물 구입에 대한 지원 등 내용과 형식이 천차만별이어서 무늬만 친환경 급식 지원인 경우가 적지 않다. 급식 관련 민관 논의 구조 역시 교육청은 〈급식 위원회〉와 〈학교 운영 위원회〉를 중심으로, 지자체는 〈급식 지원 심의 위원회〉에서 각각 심의 결정하고 집행은 각 기관의 주무 부서가 담당하고 있어, 교육청과 지자체의 심의 결정 집행의 주체가 다른 데서 혼선이 빚어지기도 한다.

복잡한 유통망으로 인한 식-농 거리 확대

학교 급식은 교육의 일환으로 아이들에게 건강한 심신 발달을 도모하고 농업 농촌에 대한 바른 이해와 전통문화 계승, 환경에 대한 인식 지평을 넓히는 계기를 만들어 주는, 매우 중요한 교육적 행위다. 그러나 급식을 둘러싼 상업적 이해관계는 이를 매우 어렵게 만들고 있다. 밥상이 생산지에서 멀어질 뿐만 아니라 국적 불명의 식품이 난무하는 급식에서는 식食과 농農이 자연스럽게 연계되는 교육을 진행할 수 없고, 안전하지 않은 가공식품과 패스트푸드에 길들여진 아이들에게 우리의 전통 먹거리 문화의 참맛도 알려 줄 수 없다. 도시 아이들은 쌀이 나무인지 풀인지 구분도 못한 채 '농업맹農業盲', '식맹食盲'으로 자라고 있는 실정이다.

학교 급식에 대한 사회적 합의 기구 부재

급식 관련 사회적 협의체는 기초 자치단체 산하 〈학교 급식 지원 심의위원회〉, 교육청 산하 〈학교 급식위원회〉가 운영되고는 있으나 회의는 1년에 한두 번 열릴 뿐이다. 그나마 형식적으로 진행되는 경우가 많아서 급식 관련 사회적 협의체로 보기에는 매우 미흡하다. 참가자 구성도 실제 급식 관련 현장의 다양한 주체가 참여하는 일도 적어 실질적인 민주적 논의 기구가 되기 어렵다. 학교 급식은 교육, 건강·영양, 농업, 환경, 전통문화, 물류·유통 등 다양한 분야에 걸쳐 있어, 학교 급식을 제대로 하기 위해서는 다양한 분야의 전문가와 이해 당사자가 참여하는 사회적 합의 구조가 반드시 필요하다. 따라서 급식과 연계한 농업·환경·전통문화 교육을 구현하고 지역 농업과 지역경제 활성화를 꾀하기 위해서는 학부모·영양사·생산자 등 여러 관련 주체들이 모두 참여하고 이를 관장할 수 있는 기구가 설치되어야 한다.

〈학교 급식 지원 센터〉 설치·운영 과정의 문제점

현재 논의 중인 〈학교 급식 지원 센터〉 추진 계획은 안전한 식재료 공급에 초점이 맞추어져 있으며, 대부분 물류·유통에 관한 것이다. 따라서 급식 지원 센터가 담당해야 할 교육·정책·홍보 등 다양한 기능에 대해서는 논의가 충분히 되지 않고 있다. 물류·유통 역시 생산자와 학교 직거래 형식을 창출하여 지역별 표준 식단에 따른 계획 생산이 가능하게 하고 지역 농업과 경제 활성화에 일익을 담당할 수 있는 공공 물류 체계를 확보해야 함에도 대부분의 지역에서 기존의 복잡한 물류 체계를 그대로 둔 채 활용한다는 계획이어서 지원 센터의 공공 물류 체계 구축의 본래 목표를 저해할 우려가 적지 않다. 이 경우, 기존의 유통 체계 범위 안에 있는 대규모 식재료 공급 업체들만이 참여할 수 있어서 지역에 기반을 둔 소규모 생산자와 가공 업체들의 직거래 형태의 참여 방안이 사라지게 된다. 더욱 중요한 것은 〈학교 급식 지원 센터〉의 운영 방안에서 학부모·학생, 생산자, 영양사, 교사, 지역사회 인사 등 다양한 주체의 제도적 참여와 민주적 운영 방안에 대한 논의가 빠져 있다는 것이다. 특히 대도시의 경우 식재료 공급에서 '지역' 개념이 분명하지 않으며 생산자의 참여를 위한 제반 조건 형성에 대한 계획은 전무한 상황이다. 또한 〈학교 급식 지원 센터〉는 학교 급식을 포함한 보육 시설, 병원, 사회복지시설, 공공 급식에 이르기까지 지역 내 단체 급식으로 확장해야 하는데, 이런 장기적 전망이 없고 체계적인 계획 생산과 생산 기반 확대에 대한 구체적 계획이 상당히 부족한 것으로 분석되고 있다.

〈학교 급식 지원 센터〉는 급식을 매개로 생산자와 소비자가 '얼굴 있는 관계'를 형성하는 매우 중요한 고리가 되어야 한다. 그러기 위해서는 지역을 기반으로 생산과 소비의 새로운 관계를 재설정하고, 〈학교 급식 지원 센터〉는 공공 물류 체계와 더불어 교육·정책·홍보를 통해 이를 실현할 수 있는 구체적인 계획과 사업을 기획하고 집행할 수 있어야 한다. 무엇보다 〈학교 급식 지원 센터〉는 단순히 개인과 학교와 농민의 이해관계를 넘어 사회적 관계를 지향하며, 공공 조달을 통해 급식을 기반으로 대안적 지역 먹거리 체계 구축의 전신 역할을 해야 한다는 사회적 합의가 필요하다.

옆의 표는 운영 중인 〈학교 급식 지원 센터〉 사례를 분석한 것이다. 시군 직영 급식 지원 센터는 전혀 없고, 자치단체 산하 공사나 농협, 규모 있는 영농 조합 등에 위탁해 운영하는 것으로 조사됐다. 순수하게 민간 주체가 운영하는 경우는 원주와 여주, 철원 정도인데 대부분 '급식을 기반으로 한 로컬 푸드 체계 구축'을 지향하고 있다. 또한 소규모 생산자 단체 참여를 열어 놓고 있으며 급식과 먹거리 관련 정책·교육·홍보 기능이 활성화되어 있다. 단, 예산 지원과 행정 지원이 거의 없어 전처리·저온 저장 시설, 배송 차량 등 기본 시설, 설비 확보에 어려움이 많았으며 계획 생산 전환·물류·유통·배송 체계 구축 역시 어려운 상황으로 파악됐다.

표 1 〈학교 급식 지원 센터〉 운영 지역 사례 분석(2009년 8월 현재)

지역	명칭 운영 주체	운영 방식	시설·설비·운영	품목·공급· 생산방식	공급 단가 결정	정책·교육· 홍보 등
나주 '03	_농협 연합 사 업단(법인으로 전환) _농협	_농협이 운영하며 나 주시의 적극적인 지원 과 관리 감독 _매월 학교 급식 심의 위원회 회의를 통해 운 영함	_농협 기존 시설 활용 _'09 나주 거점 산지 유통 센터 건립 (180억, 9·10 준공식)으로 시설 확보 _시 지원비/학부모 운영비까지 포함해 서 운영(교육청 예산은 제외) _기타 운영비 없음	_'09년 약 100개 품목 목표 _전량 계약 재배 _농협 수발주 프 로그램 운영	_매월 학교 급 식 심의 위원 회에서 결정 _전국적 시세 통 계 자료 활용	_시 주관으로 연 2회 영양사 대상 친환경 농 업에 대한 교육 진행
순천 '06	_순천 농협 유 통 센터 _농협	_농협이 운영하며 순 천시의 적극 지원 및 관리 감독	_농협 기존 시설 이용 _배송은 위탁 운영 _친환경 농산물 산지 유통 센터를 설 치하기 위해 국비 지원 요청한 상태 (180억 이상)	_'09년 93개 품 목 지원 _전량 계약 재배 _농협 수발주 프 로그램 운영 _농협 직농(92해 타르)	_공급 가격 결정 위원회 분기별 운영(생산자·영 양사·행정 등 10 명) _유통 중간 이윤 20퍼센트 이내	_시 주관으로 급식 관계자 대 상 친환경 농 업, 학교 급식 등 강의
원주 '08	_친환경 급식 센터 _생협 조직	_생협 중심의 컨소시 엄으로 구성된 독립 법 인으로 사회적 기업을 지향하며 운영함	_사회적 일자리 15명·행복 나눔 재단 15명 등 시설·인건비 지원 등 _반찬 가공 시설 50평 신규 설치 중, 차 량 2대	_친환경 원주 '해 올미 쌀' 초등학 교에 공급 _상지대학교 간 식류·저소득층 반찬류·도시락 사업 등	_친환경 급식 센 터에서 관련 시 세 분석 후 결정	_원주 로컬 푸 드 발전 방안 모색 연구 _공공 급식 구 매 체계 구축 을 위한 연구조 사 사업 등 _원주 식량 자 급률 조사
철원 '09	_학교 급식 지 원 센터 _철원군 영농 조합	_철원군 친환경 영농 조합 중심으로 운영 _철원군(농업 기술 센 터) 부분 지원	_영농 조합 시설 활용 _농촌진흥청 특성화 사업비 지원(80퍼 센트)으로 60평 규모 전처리 공장 설치 운영 중, 차량 3대 상태 _인건비·운영비는 모두 영농 조합에 서 부담	_친환경 쌀 외 101개 품목 취급	_군 학교급식 심 의 위원회서 결 정(전국 시세 분 석하여 영농 조합 에서 제안)	_철원군 급식 네트워크를 구 성하는 중 _학교 급식 소 식지 발행
청원 '09	_친환경 농산물 산지 유통 센터 _오창 농협	_오창 농협 중심으로 연합 사업단 구성 _청원군 지원·관리· 감독	_농협 산지 유통 센터 활용 _배송은 학교 급식 전문 유통업체 계 약(중간 이윤 10퍼센트 이하)	_9월, 66개 품목 으로 점차 확대 할 계획 _계획 재배할 계 획	_전국적 시세를 조사 분석하여 매월 군 학교 급 식 지원 심의 위 원회에서 결정	
여주 '09	_친환경 급식 지원 센터 _여주군 농민회	_여주군 농민회 영농 조합 법인을 중심으로 운영 _사회적 기업 지향 _군은 소극적 협조	_저온 저장 시설 _배송 차량 1대 _노동부 사회적 일자리 10명 인건비 지원	_80여 개 품목 _경기도 G 마크 사업단이 수집한 식재료 수발주· 배송 _친환경 쌀 초등 학교 공급 _두부 가공을 준 비하는 중		_여주군 학교 급식 실태 조사 실시(지역 농산 물 활용 정도 등)

지역	명칭 운영 주체	운영 방식	시설·설비·운영	품목·공급·생산방식	공급 단가 결정	정책·교육· 홍보 등
부산 '06	시민·생산자 생활 협동조합	_급식 조례 운동 단위 (단체와 한살림, 생협)의 생산자가 참여해 함께 설립·운영 중 _생산자 조합 120명, 소비자 조합원 150~200명 _사회적 기업 지향 협동조합 내 영농 조합 법인 별도 설치	_출자금으로 기반 시설 운영(창고 임대, 저온 저장 시설 및 소분 시설 운영 60여 평) _배송 차량 3대(2대는 생산자 출자, 1대는 출자금으로 구입) _16명 상근('09년 7월부터 사회적 일자리 지원 13명 지원)	_30~40여 개 품목 _친환경 급식 현물 지원 시범 학교 (15~20개교, 공동 구매 학교 7곳 포함) _영농 조합 법인 직거래(엽채류 - 부산 지역, 잡곡 과일-합천·거창 지역 등)	_교육청 주관 매월 협의(학교 영양사, 조합이 함께 참여)	_학생 체험 행사 진행(김치 담그기 등 하반기에 학교별 1회 정도 진행)

김선희, 「학교 급식 지원 센터 활성화 방안」, 사)학교 급식 전국 네트워크, 2009. 9, p. 16.

표 2 운영 주체별 장·단점(2009년 8월 현재)

구분	지역	장점	단점
농협 연합 사업단	나주·순천· 청원	_기존 사업 조직, 시설 활용으로 초기 사업 비 최소화 _생산 기반 확보, 계획 생산 체계 전환 용이	_농협 독점 우려 _적자 경영 시 책임 회피 우려가 있으며 조합 간 갈등 존재 가능성 _농협 회원 조합과 비조합원 간의 갈등 존재 _한살림·생협 등 기존 친환경 생산자 단체 참여 방안 없음 _교육·홍보·정책 기능 전무
농민 단체 와 생협 조직 연대 등	여주·원주· 철원	_'급식을 기반으로 한 로컬 푸드 체계 구축' 지향 _소규모 생산자 단체 참여 용이 _정책·교육·홍보 기능 활성화	_행정 지원이 거의 없으며 전처리·저온 저장 시설, 배송 차량 등 기본 시설, 설비 확보 어려움 _계획 생산 전환·물류·유통·배송 체계 구축 역시 어려운 상황
시군 산하 공사	서울(농수산물 유통 공사)/양 평 농산물 유 통 공사	_품목 확보 용이 _기존 시설 활용	_기존 도매 시장 유통 체계 안에서 이루어지기 때문에 친환경 전문 생산자 단체나 지역 생산자 단체 참여 통로가 제한되며, 직거래· 계획 생산 등 지역 농업과의 연결 고리가 약하거나 거의 없음 _교육·홍보·정책 기능 전무

위의 자료에서 재인용, p. 19.

친환경 급식, 지속 가능한 미래로 가는 길

급식은 지역에서 생산한 식재료를 그 지역 학교에서 소비하는 것을 원칙으로 한다. 지역에서 생산한 농산물을 지역에서 유통·소비하는 체계는 생산자와 소비자 사이의 '관계의 확대, 거리의 축소, 신뢰의 확산'으로 이어져 민주적 참여를 바탕으로 한 지역공동체 구성원 모두의 지속 가능한 먹거리 복지를 보장한다. 여기에 지방정부는 공공 조달이라는 개념으로 급식 지원 센터를 운영하며 대안적 공공 물류 체계를 만들어 내야 한다. 이것이 가능할 경우, 최소한 〈학교 급식 지원 센터〉에서는 '얼굴 있는 먹거리'의 생산·유통과 지역사회의 이해 당사자가 참여하는 민주적 참여와 운영이 모두 가능할 수 있다. 이러한 먹거리 체계는 농약과 화학비료를 적게 사용하고 근거리 체계를 유지하기 때문에 안전한 농산물 생산과 함께 지구환경도 지킨다. 지역 자립과 지역경제 활성화, 지역 생태계 보전, 지속 가능한 농업 실현 및 새로운 고용 창출과 지역 자원의 활용을 촉진하는 로컬 푸드는 '먹거리 민주주의의 실현'이며 '우리 농업의 희망'이다. 먼 길 같지만 이미 시작됐다. 희망의 씨앗이 싹트는 지역을 둘러보고 앞으로 갈 길을 열어 보자.

여주와 인천 사례에서 본 희망

여주시는 영농 조합이 운영하는 〈급식 지원 센터〉를 통해 시내 모든 초등학교에 친환경 쌀을 공급하고 있다. 여주는 친환경 쌀 수매가가 다른 지역보다 높다. 보통 벼의 경우 40킬로그램 한 가마당 7만 원에 수매한다면 여주의 경우 학교 급식용 벼 수매가는 7만 3,000원(40킬로그램들이 한 가마)에 달한다. 여주는 친환경 농업 기반을 가진 다른 지역과는 달리 처음 급식 지원 센터를 추진한 농민회 회장이 일반 관행 농업을 하는 농민들을 설득하여 친환경 농업으로의 전환을 유도했으며, 총 29개 농가가 2009년 162톤의 쌀을 생산해 학교 급식에 공급했다. 일반 벼는 벼 한 가마당 5만 8,000원에서 6만 원 수준인 데 비해 학교 급식용 친환경 벼는 가마당 약 1만 3,000원에서 1만 4,000원이 높아 그 차액은 모두 농민의 몫으로 돌아간 셈이다. 이렇게 얻은 추가 수익은 29개 농가에 약 5,280만 원가량 된다. 한 농가당 약 180여만 원의 이익을 추가로 얻은 셈이다. 관행 농업에서 친환경으로 전환한 뒤 벼 생산량 역시 162톤이나 증가했으니 농민 소득도 올리고 친환경 농업 기반도 함께 확대시키는 의미 있는 모델이라고 할 수 있다.

인천시는 2004년부터 강화 친환경 쌀을 학교에 공급하기 시작했다. 당시 시범 사업으로 3,500만 원을 차액 지원하면서 점차 확대하여 2009년에는 25억 원을 시에서 지원했다. 이로 인해 강화 친환경 농민들의 농가 소득이 꾸준히 향상됐다. 인천의 경우 일반 쌀 수매가는 80킬로그램들이 한 가마당 15만 7,000원인 데 비해 무농약 쌀은 21만 5,000여 원, 유기농 쌀은 무려 24만 2,000여 원에 수매가 됐다고 한다. 일반 쌀과 무농약 쌀의 수매가 차이는 가마당 5만 8,000원 정도이고 일반 쌀과 유기농 쌀의 수매가 차이는 가마당 8만 5,000원 정도로 많은 차이가 발생했다. 이는 고스란히 농가 소득 향상으로 이어졌고 보통 한 농가당 친환경 쌀 100가마(5,000평) 정도를 급식에 공급한다면, 기존 일반 농가보다 무농약 쌀은 588만 원, 유기농 쌀은 854만 원 이상의 추가 소득을 올릴 수 있음을 확인할 수 있다.

여주와 인천의 경우 모두 친환경 급식 지원으로 해당 지역 농민들의 소득이 올라갔다. 아이들에게 건강한 급식을 제공하는 것은 이렇듯 농민 소득 향상과 직결된다. 여기서 중요한 것은 시가 현물 지원하고 직거래 방식으로 학교에 공급했다는 것이다. 여주는 농민회가 운영하는 급식 지원 센터에서 직거래를 진행하여 농가에 직접적인 이득을 주었고 인천은 급식 지원 센터가 없어 〈강화 영농 조합〉이 학교와 직접 계약을 맺고 공급하거나 혹은 중간에 급식 유통 업자를 두고 공급해 많은 조정이 필요했다. 아직은 친환경 쌀에 불과하지만 이렇게 품목을 하나씩 늘려 나가고 급식 지원 센터를 통해 계약 재배와 직거래가 활성화된다면 지역 농업 기반을 빠르게 확대할 수 있을 것이다.

나주, 순천의 친환경 농업 기반 확대

나주시는 지역의 친환경 농업 육성과 지역 먹거리 체계의 구축을 위해 학교 급식 사업에 주력하고 있다. 2003년 9월 전국 기초 자치단체로는 최초로 학교 급식 조례를 제정했으며, 학교 급식에 지역산 친환경 식재료를 공급하면서 농민의 지속 가능한 농업을 체계적으로 지원하고 농가 소득을 꾸준히 높이고 있다. 2004년 1억 9,700만 원을 지원하는 것을 시작으로 2009년에는 21억 3,500만 원으로 무려 열 배 가량 확대 지원했다. 학교 급식의 주요 품목 역시 90여 개가 넘었으며, 쌀 약 4,000톤, 원예류 약 3,000톤, 잡곡 등 기타 약 103톤으로 급식 공급에 참여하는 농민 수만 1,000여 명에 달한다.

순천시 역시 친환경 급식을 본격 시작하면서 2007년 65억 원의 차액 지원을 시작으로 2010년 76억 원의 예산 지원을 확대해 나가고 있다. 물량도 함께 늘었는데 2007년에 540톤에서 2009년에는 732톤의 친환경 농산물을 학교에 공급했다.

나주, 순천의 사례에서 본 바와 같이 친환경 급식은 친환경 농업 기반을 확대하고 관행 농업을 하는 농민들이 친환경 농업으로 전환하도록 유도하는 역할을 한다. 지역 농산물을 중심으로 학교 급식을 실시함으로써 생산자는 학교와의 직거래로 안정적인 판로 확보와 비용을 보장받을 수 있으며 농가 소득을 20~30퍼센트 더 올릴 수 있다. 학교의 경우 안전한 친환경 식재료를 공급받음으로써 학생의 건강과 안전을 확보할 수 있으며, 나아가 지역사회의 학교로서 기능할 수 있는 기반을 다질 수 있다. 아울러 지역사회는 지역 먹거리 체계를 사회적 일자리 창출과 공동체 의식을 회복하는 계기로 삼을 수 있게 됐다.

이 외에도 다양한 사례가 있다. 원주 생활 협동조합들의 연대로 만들어진 〈협동 사회 경제 네트워크〉가 주축이 된 〈친환경 급식 지원 센터〉는 사회적 기업을 지향하며 지역의 먹거리 체계를 재편해 나가고 있다. 그 시작은 학교 급식에서 지역산 식재료를 최대한 사용하는 것이며 이를 통해 영양사와 생산자, 소비자 등 지역의 다양한 주체들이 급식과 먹거리를 화두로 교류하며 만나고 있다. 전북 완주의 경우 시 중심으로 〈로컬 푸드 지원 센터〉를 설치하여 새로운 지역 먹거리 발전 전략을 꾀하고 있고 급식은 단연 주요 연결 고리로 그 중심에 서 있다. 전국 곳곳에서 진행하고 있는 학교 급식을 통한 먹거리 체계 전환은 아직 시작이고 실험적이지만 그 희망의 씨앗은 이미 뿌려졌다. 꽃을 피울 때까지 여러 가지 시련과 난관이 예상되지만 그래도 균열은 시작됐다. 글로벌 먹거리 체계에 배타적인 영역인 학교 급식과 지역 먹거리 체계가 아이들 밥상에서 먼저 꽃피기를 기대해 본다.

친환경 급식과 지역 먹거리 체계 구축을 위한 10가지 과제

지역산 친환경 식재료 사용 의무화와 자치단체 100퍼센트 차액 지원

공공 급식 친환경 식재료 사용 의무 비율 설정 및 친환경 농업 기반 확대 지원

광역과 기초 자치단체에 '농장에서 학교까지' 〈학교 급식 지원 센터〉 설치 운영

광역과 기초 자치단체에 친환경 급식 지원 전담 부서 설치 운영

지역사회 연계형 먹거리·식생활 교육 체계화

아침 결식아동을 위해 친환경 아침 급식 지원

지역산 농산물을 활용한 채소·과일 급식 단계적 추진

로컬 푸드 체계 구축을 위한 지역 먹거리 협의회 운영

친환경 급식 실현과 지역 먹거리 보장을 위한 먹거리 헌장 제정

옮긴이의 글
건강한 급식, 사회와 자연과 지역을 살리는 길

올해 봄은 여러 가지 면에서 오랫동안 기억될 듯하다. 이상 저온 현상으로 4월에 눈 구경을 하기도 했다. 하지만 무엇보다도 학교 급식이 사회적으로 가장 첨예한 쟁점으로 부각되는 매우 특이한 경험을 선사해 주었다. 한동안 무상 급식이 정치권에서 가장 뜨거운 쟁점이 되었고 텔레비전과 신문, 잡지에서 계속 이 논쟁을 다루어 주었다. 지금은 좀 갑작스럽게 가라앉아 있지만 2010년 지방선거에서 가장 첨예하고 뜨거운 쟁점이었다는 것은 분명하다.

냄비처럼 빠르게 끓어올랐다가 다시 식어 버리는 우리 사회의 특성상 학교 급식 문제는 이제 영영 우리 뇌리에서 사라질 것인가? 이 책에 나오는 다른 나라의 사례들에서도 확인해 볼 수 있지만, 그럴 것 같지는 않다. 아마도 학교 급식 문제는 계속해서 새로운 쟁점들을 돌출시키면서 앞으로도 오랫동안 우리 사회의 뜨거운 감자가 될 것이라 생각한다. 우리나라에서는 2000년대 들어 본격화된 한국의 학교 급식과 그 가운데 제기되었던 몇 가지 쟁점들(직영이냐 위탁이냐, 무상이냐 아니냐, 친환경이냐 아니냐)이 아직까지 학교 급식 공급 체계의 핵심을 건드리지 못하고 있기 때문이다. 외국에서는 심각한 아동 비만 문제로 학교 급식 개혁을 통한 아동 건강의 증진이 사회적으로 가장 중요한 사안이 되면서 학교 급식 식재료 공급 체계의 개혁이 절실했던 것이다. (최근 출간된 『2010 지구환경 보고서』에 이 책의 저자들이 학교 급식 혁명의 의의와 전 세계적 추세에 관해 쓴 간단한 글이 실려 있다. 케빈 모건·로베르타 소니노, "학교 급식 혁명", 월드워치 연구소, 오수길 외 옮김, 『2010 지구환경 보고서: 소비의 대전환』, 2010, 도요새.)

학교 급식 문제의 핵심은 바로 현재의 식재료 공급 체계가 학생들의 건강을 보장해 줄 수 있는가의 여부에 있다. 학교 급식소의 운영 주체나 학교 급식 재원의 주체 논쟁은 아직까지 이 부분을 건드리지 못했다. 핵심은 학교 급식소에 어떤 식재료가 공급되고 있으며, 또 어떤 식재료를 공급해야 하느냐 하는 것이다. 건강한 식재료로 건강한 음식을 만들어 자라나는 어린이와 청소년에게 먹이는 것이 오늘날 전 세계 학교 급식의 가장 큰 목표다. 복잡한 농산물 시장 유통 관행과 자율에 맡겨진 현재의 식재료 공급 체계로는 절대 우리 학생들에게 건강한 음식을 제공해 줄 수 없는 것이 현실이다.

이 책에 소개되고 있는 미국의 뉴욕, 이탈리아의 로마, 영국의 런던과 농촌 지역, 그리고 제3세계의 학교 급식 개혁 사례들은 바로 이 부분에 맞추어져 있다. 기존의 관행적 식재료 공급 체계를 어떤 모습으로 어떻게 바꿀 것인가 하는 것이다. 물론 한 가지 정답은 없다. 나라마다, 그리고 지역마다 사회적·역사적 맥락이 다른 탓에 모델들이 제각각 발전해 온 탓이다. 완전히 새로운 체계로 뜯어고치지 않는 한 그러한 맥락을 무시하는 것은 사실상 불가능하다. 그렇지만 대략의 방향은 크게 다르지 않다. 그동안 시장의 자율이라는 명목으로 방치되어 왔던 학교 급식 식재료 공급 체계를 다시금 공공 영역으로 되돌리고, 지속 가능 발전의 기치를 걸고 건강하고 품질 좋은 지역산 식재료를 학생들에게 공급함으로써 지역 경제의 발전과 환경 보전, 학생들의 건강 증진이라는 여러 가지 목표를 한꺼번에 달성하는 것이다. 이를 위해 우선적으로 관행적 식재료 공급 체계의 여러 단계를 되도록 축소하여 단순화하고, 식재료 공공 조달의 핵심인 식재료 공급 입찰 관행을 바꾸어 품질 좋은 지역산 식재료(로컬 푸드)를 더 많이 공급하도록 한다. 그리고 될 수 있는 한 가공된 식재료 공급을 줄이고 현장에서 직접 조리한 음식을 학생들에게 공급하는 것이다.

이 같은 새로운 학교 급식의 모델을 나는 '건강 급식'이라고 부르고자 한다. 물론 가장 중요한 학생들의 건강에 좋은 급식이라는 의미겠지만 그뿐만이 아니라 지역

사회의 건강성과 지구환경의 건강성까지 고려하는 급식이라는 의미도 담겨 있다. 앞으로 한국 사회에는 무상 급식 논쟁에서 건강 급식 논쟁으로 옮겨 가야 할 시점이 곧 다가올 것이다. 그때를 미리 대비하는 의미에서 이 책은 우리 사회에 많은 이야깃거리를 던져 주고 있다. 마침 적절한 시기에 우리나라에도 '식생활 교육 지원법'이 시행되어 학교 급식에 교육적인 의미가 부여되기 시작했다. 이제 이에 걸맞는 급식 공급 체계의 개혁도 진행되어야 할 때다. 100년 이상의 역사를 통해 사회적으로 정착된 서구 국가들과 비교한다면 사실 전면적인 학교 급식의 역사가 10년밖에 되지 않은 우리나라의 급식 개혁은 훨씬 쉬운 일일 것이다. 아울러 급식의 변화를 출발로 삼아 우리 사회, 나아가 전 세계의 먹거리 생산-소비 체계가 좀 더 지속 가능한 방향으로 전환되기를 기대한다. 먹거리 위기, 기후 위기, 비만 위기의 시대에 먹거리의 변화는 핵심적인 측면이기 때문이다.

모쪼록 이 책이 한국에서 학교 급식 개혁을 위해 헌신하고 계시는 모든 분들께 도움이 되었으면 하는 바람이며, 아울러 이 책을 함께 번역한 동료들과 출간 제안을 흔쾌히 받아 준 이후 출판사에도 이 자리를 빌려 감사의 말을 전한다.

2010년 5월의 한복판에서
옮긴이들을 대표하여 허남혁

찾아보기

ㄱ

가격 대비 가치value for money 10, 58, 59, 61~64, 199, 267, 292

가나 학교 급식 프로그램(Ghana Scool Feeding Program, GSFP) 242~250

〈가톨릭 구제 서비스(Catholic Relief Service, CRS)〉 242

거숀 보고서Gershon Report 59

거숀, 피터Gershon, Peter 58

〈건강 교육 트러스트Health Education Trust〉 158

공공 부문 먹거리 조달 이니셔티브(Public Sector Food Procurement Initiative, PSFPI) 60

공공 조달 11, 12, 14, 15, 16, 51~59, 61~73, 76, 78, 80, 81, 117, 140, 149, 160, 203, 267, 272, 292, 293, 302, 306n

〈공공사업 촉진국(Works Progress Administration, WPA)〉 85~87

공공의 돌봄 윤리public ethic of care 17, 20, 254, 257 ~259, 273, 283

공급 사슬supply chain 10, 11, 14, 30, 35, 47, 60, 136, 145, 199, 259, 261, 269, 270, 272, 273

공동 농업정책(Common Agricultural Policy, CAP) 52, 54, 80

공론 장public sphere 255, 275

공법 480(평화를 위한 식량 법안)(미국) 223,

〈공익 과학 센터(Center for Science in the Public Interest, CSPI)〉 278

공정무역fair trade 19, 27, 37, 47, 116, 136, 137, 141, 142, 145, 191, 198, 199, 203, 207, 253, 270, 310n

광우병(bovine spongiform encephalopathy, 狂牛病, BSE) 120

〈국립 영양 연구소National Institute of Nutrition〉(이탈리아) 117, 120, 121

〈국민 민주 평의회(National Democratic Congress, NDC)〉(가나) 241

〈국방부〉 신선 식품 조달 프로그램(DoD Fresh) 95, 110, 307n

국제 자연 음식·건강·환경 박람회International Fair of Natural Food, Health and the Environment 129

〈국제 투명성 기구Transparency International〉 230, 306n

〈그리니치 케이터링Greenwich Catering〉 169~172, 175, 179, 180, 182

〈그리니치 협동조합 개발청Greenwich Cooperative Development〉 177, 178, 181

급식 선택률 90, 103, 104, 157, 158, 175, 180, 188, 204, 209, 210, 311n, 315n, 316n

〈급식위원회Canteen Commission〉 134, 143, 314n

『기아를 절반으로: 달성 가능한 목표Halving Hunger: It Can Be Done』 234, 248, 315n

〈기초 지역 실행위원회(District Implementation Committee, DIC)〉(가나) 243

『나는 먹는다 고로 존재한다I Eat Therefore I Am』 126, 261

ㄴ

네덜란드 정부 재정 지원 242, 243, 249

네슬, 매리언Nestle, Marion 277, 279

녹색국가Green State 15, 16, 28 42~49, 51, 80, 180, 81, 146, 159, 289~291, 293, 294, 296, 297, 304

〈농림부〉(이탈리아) 123

농민 장터farmers market 37, 163

농업법Farm Bill(미국) 52, 54, 75~77, 80, 92, 279

농업 조정법Agricultural Adjustment Act(미국) 85

농장-학교 직거래 프로그램Farm-To-School(FTS) program 74, 76, 77, 92, 183, 271, 308n

『뉴욕 타임스New York Times』 41, 83

ㄷ

단일 시장Single Market(〈유럽연합〉) 68, 69, 307n

대처, 마거릿Thatcher, Margaret 151, 159, 171

'더 잘 먹여 주세요' 캠페인Feed Me Better Campaign 154, 174

더치 농장Dutchy Farm 191

도덕경제moral economy 254, 255, 257, 258

도하 라운드Doha Round 53, 65, 66

『땅, 산물, 시장The Land, the Product, the Market』 125

ㄹ

랭, 팀Lang, Tim 152, 310n

〈런던 광역청(Greater London Authority, GLA)〉 159~162

〈런던 푸드 위원회London Food Board〉 161, 311n

런던 푸드 전략(London Food Strategie, LFS) 161, 165, 166, 168, 181, 182

런던을 위한 지속 가능한 세계 도시 전략 159, 165

로컬의 함정local trap 14, 35, 36, 38~40, 296

로컬 푸드Local Food 10~12, 34, 35, 37, 41, 59, 72, 81, 84, 92, 111, 119~121, 141, 157, 161, 164, 180, 188, 191, 196, 198, 200, 201, 203~206 , 209, 269, 270, 297, 300, 302, 316

루텔리, 프란체스코Rutelli, Francesco 130

루폴로, 우고Ruffolo, Ugo 118

리빙스턴, 켄Livingston, Ken 159~161, 165, 166

ㅁ

『맛과 문화가 함께하는 식탁At the Table with Taste and Culture』 126

매키, 허먼Mckie, Herman 102

맥거번, 조지McGovern, George 83, 89, 315n

먹거리가 중요하다 프로젝트Food Matters Project 261

먹거리 교육 및 소통 프로그램 124

먹거리 불안정food insecurity 31, 98, 215, 217, 224, 229, 235, 236, 241, 248, 301, 303

먹거리 사슬food chain 30, 31, 34, 35, 40, 41, 47, 60, 61, 130, 134, 142, 146, 157, 168, 206, 208, 210, 250, 259, 268, 269, 271

먹거리 안전food safety 47, 52, 61, 66, 67, 98, 114, 120, 140, 163, 217, 271, 310n, 312n

먹거리 안정(안보)food security 222, 235, 301, 302

먹거리 원조food aid 216, 221~225, 227, 231, 233, 237, 238, 314n, 315n

무상 급식 87, 88, 90, 94, 143, 150~152, 158, 169, 173, 180, 188, 195, 263, 266, 267, 308n, 310n, 311n

〈미국 계획학회(American Planning Association, APA)〉 298~302

〈미국 농무부(United States Department of Agriculture, USDA)〉 16, 75, 76, 86, 87, 89, 90, 93~95, 100, 109, 112, 268, 269, 271, 272, 316n

〈미시간 주 교육위원회Michigan Board of Education〉 268

밀레니엄 개발 목표(Millennium Development Goals, MDG) 232, 248, 251, 273, 283~288, 296, 317n

ㅂ

방어적 지역주의defensive localization 36, 39

베르코위츠, 데이비드Berkowitz, David 99, 100, 110

벨트로니, 발테르Veltroni, Walter 144

보어 전쟁Boer War 150

부도이아Budoia 122

부패 인식 지수(Corruption Perception Index, CPI) 55, 230, 306n

브라운, 고든Brown, Gordon 286

브레머캄프, 보비Bobbie Bremerkamp 171~173, 175, 177, 180, 181

『브룬틀란트 보고서Brundtland Report』 24

블레어, 토니Blair, Tony 59, 155, 159

블룸버그, 마이클Bloomberg, Michael 98, 99

비관세 장벽non-tariff barriers 66

비만obesity 11, 12, 17, 18, 21, 31, 84, 89, 97, 98, 110, 115, 147, 163, 170, 194, 213, 273~283, 296, 299, 310n, 313n, 316n

『빈곤Poverty』 85

『빈곤의 종말The End of Poverty』 227

ㅅ

사리, 실바나Sari, Silvana 130~133, 139, 140

사우스 글로스터셔South Gloucestershire(잉글랜드) 19, 184~188, 191~194, 211, 267, 270

사회적 포용 29, 89, 93, 114, 140, 143, 311n

삭스, 제프리Sachs, Jeffrey 227

산업화된 먹거리 체계 34, 73, 302

생태 발자국 지수ecological footprint 159, 163

『성공을 향한 갈망Hungry for Success』 보고서 154, 155, 202, 203

'성공을 향한 갈망' 프로그램 204, 209, 210, 313n

〈세계은행World Bank〉 23, 66, 228, 229, 234, 286, 315n

〈세계무역기구(World Trade Organization, WTO)〉 15, 16, 53, 54, 64~67, 71, 72, 81, 296

〈세계보건기구(World Health Organization, WHO)〉 218, 273~275, 282, 283, 316n, 317n

〈세계식량계획(World Food Program, WFP)〉 13, 14, 21, 216~221, 236~240, 242, 244, 246, 247, 249, 250, 284, 285, 295, 314n

「세계인권선언Universal Declaration of Human Rights」 21, 214

〈세미놀 군 교육위원회Seminole County School Board〉 278

소지역주의localism 45, 301, 303

〈스쿨푸드 플러스SchoolFood Plus〉 110, 111

〈스쿨푸드SchoolFood〉 99, 100, 102~104, 106~111, 308n

『스턴 보고서Stern Report』 23, 24

스턴, 니콜라스Stern, Nicholas 23

스파고, 존Spargo, John 85

슬로푸드Slow Food 123

시런, 조셋Sheeran, Josette 284, 285

시반다, 롤랜드Sibanda, Roland 249

〈식량농업기구(Food and Agriculture Organization, FAO)〉 117, 215, 232, 234, 286, 303

『식탁을 바꾸자Turning the Tables』 155

〈식품 영양국(Feed and Nutrition Service, FNS)〉 93, 94, 307n

식품위해요소 중점관리기준(Hazard Analysis Critical Control Point, HACCP) 134, 137, 309n

〈신아프리카 개발 파트너십(New Partnership for Africa's Development, NEPAD)〉 236, 242, 249

〈신애국당New Patriotic Party〉(가나) 241

신자유주의neo liberalism 17, 44, 45, 53, 67, 93, 112, 151~153, 171, 172, 211, 296

싱-칸돌라, 구멜Singh-Kandola, Gurmel 173, 175, 179

〈C40 도시 기후 리더십 그룹C40 Cities Climate Leadership Group〉(〈C40 그룹〉) 302

ㅇ

〈아동 구호협회Children's Aid Society〉 85

아동 영양 및 영유아·임산부 영양 보충 프로그램 재승인법Child Nutrition and WIC Reauthorization Act 92

아동 영양법Child Nutrition Act 75, 86, 88

ISO 9001 134, 309n

아침 급식 프로그램 75, 89

아포아콰, 엠마누엘 오헤네Afoakwa, Emmanuel Ohene 236

〈아프리카 통합 기구(Organization of African Unity, OAU)〉 235, 249

〈액션에이드Action Aid〉 286, 287, 317n

어린이 먹거리 캠페인(Children's Food Campaign, CFC)

어린이 먼저Children First 프로그램 282

에커슬리, 로빈Eckersley, Robin 43, 290

〈여성 교육·산업 연맹Women's Educational and Industrial Union〉 85

연방 조달 규정 16, 71, 72, 75

〈연방 회계 감사원(Government Accountability Office, GAO)〉 224, 225, 271

영양 교육 및 훈련 프로그램Nutrition Education and Training Programme(미국) 89

영양 부족undernutrition 150, 214, 215, 232, 234

영양실조malnutrition 21, 84, 87, 117, 213, 214, 234, 243, 273, 283, 286, 303, 314n

영역주의parochialism 301, 303

오닐, 폴O'Neill, Paul 227

오레이, 저넷Orrey, Jeanett 263

올리버, 제이미Jamie Oliver 154, 157, 169, 172, 173, 175, 177~179, 181, 310n

〈왕립 체격 저하 위원회Royal Commission on Physical Deterioration〉 150

우디네Udine 120

우루과이 라운드Uruguay Round 65

우리를 살찌우는 음식 문화Cultura Che Nutre 123~126, 129

원산지 명칭(Protected Designations of Origin, PDO) 132, 136, 137, 146, 309n

원조의 거버넌스governance of aid 227, 229

〈위스콘신 여학교 연대Women's School Alliance of Wisconsin〉 85

유기농organic 11, 16~19, 35, 47, 78, 79, 110, 116, 120~123, 130~134, 136, 137, 140, 141, 145, 146, 191, 199, 203~208, 294, 310n

〈유럽 사법 재판소(European Court of Justice, ECJ)〉 70

〈유럽 위원회European Commission〉 70, 71, 306n, 314n

〈유엔 기아 대책위원회UN Task Force on Hunger〉 233

유전자조작 먹거리(Genetically Modified Organism, GMO) 17, 67, 116, 188, 198, 206

윤리적 먹거리의 풍경ethical foodscape 297

〈음식 교육 연구소Institute of Culinary Education〉 108

의무 경쟁 입찰제(Compulsory Competitive Tendering, CCT) 152, 153

이스트 에어셔East Ayrshire(스코틀랜드) 19, 184, 194, 202~204, 206~210, 212, 270, 294, 313n

〈이탈리아 유기농업협회Italian Association for Organic Farming〉 122

입찰 과정 tendering process 17, 19, 123, 200, 206, 240

ㅈ

자국 물품 구매법Buy America Act 71, 72

장소성이 사라진 먹거리 풍경placeless foodscape 73, 78

재정법 488Finance Law(이탈리아) 488 121

전 학교적 접근whole school approach 48, 260~262

전 과정 평가(Life-Cycle Analysis, LCA, 전 과정 비용 평가 whole-life cost of products) 59, 62, 63, 199, 292

전국 학교 급식 프로그램(National School Lunch Programme, NSLP)(미국) 87, 90, 94, 272, 307n

전국 학교 급식법(National School Lunch Act, NSLA)(미국) 16, 86, 87, 89

『전망 보고서the Foresight Report』 280, 281

〈전미 청량음료협회National Soft Drink Association〉 90, 92

정부 조달 협정(Agreement on Government Procurement, GPA) 64, 65, 67, 72, 306n

정크 푸드junk food 92, 93, 105, 113, 172, 174, 260, 263, 266, 277~283

〈제이미의 학교 급식Jamie's Schoo Dinner〉 154, 174, 175

제철성seasonality 122, 126, 135, 268

조엘릭, 로버트Zoellick, Robert 286

존스, 제니Jones, Jenny 161

『좋은 먹거리가 나는 땅The Land of Good Things』 126

『좋은 먹거리의 축제The Festival of Good Things』 126

지구온난화global warming 23, 30, 339

지리적 표시(Protected Geographical Indication, PGI) 128, 132, 136, 137, 141, 199, 309n

지속 가능 발전sustainable development 12~14, 21, 23~29, 31~39, 41~46, 48, 49, 52, 59, 70, 118, 146, 155, 166, 182, 184, 186, 194, 197~199, 207, 209, 211, 212, 235, 255, 258, 269, 273, 288, 289, 291, 292, 295, 296, 298, 302, 304,

305n, 312n

지속 가능성sustainability　19, 24, 25, 29, 33~37, 39, 41, 43, 62, 64, 74, 79, 113, 114, 129, 136, 138, 145, 160, 186, 192, 197, 200, 201, 204, 205, 210, 212, 233, 253, 267, 269, 272, 289, 293, 296, 298, 300, 303

지속 가능한 소비sustainable consumption　27, 29, 43, 116

지속 가능한 조달sustainable procurement　15, 52, 61, 71, 72, 79, 113, 160, 198, 203, 267

〈지역 공공 급식 공급자협회(Local Authority Caterers Association, LACA)〉　11, 12, 264, 265

〈지역 교육청(Local Education Authorities, LEAs)〉　150, 151

지역사회 먹거리 계획community food planning　21, 288, 289, 302~304

〈지역사회 먹거리 보장 연맹(Community Food Security Coalition, CFSC)〉　74, 75

지역사회 먹거리 보장community food security　32, 74, 75, 271

〈지역사회 식량 관리위원회Community Food Management Committees〉(가나)　242

지역산 조달local food procurement　16, 268, 270

지역화localization, re-localization　14, 29, 32~40, 47, 122, 129, 141, 145, 159, 166, 202, 211, 253, 269, 270, 296, 300

직접 조달 학교 급식(Home-Grown School Feeding, HGSF)　14, 20, 216, 233, 236~238, 242, 248~252

ㅊ

1944년 교육법Education Act 1944(영국)　150~152, 158

1980년 교육법Education Act 1980(영국)　151

체세나Cesena　120

최고의 가치best value　15, 61, 62, 71, 72, 119, 194, 196, 201, 211, 238, 267, 292

ㅋ

카마던셔Carmarthenshire(웨일스)　19, 184, 194~

202, 204, 206, 207, 211, 267, 292, 312n, 313n, 316n

〈카프 리소시스Karp Resources〉　111

칼브, 매리언Kalb, Marion　271, 316n

〈캐롤라인 워커 트러스트Caroline Walker Trust〉　188, 312n

〈컴퍼스 오운드 스콜라레스트Compass-Owned Scholarest〉　270

케네디, 에드워드Kennedy, Edward　89

〈케어CARE〉　223, 224

코스키아, 마리아Coscia, Maria　134

코좀바, 메리Khozombah, Mary　225

코헨, 네빈Cohen, Nevin　39

콕, 데이비드Kauck, David　224

콜라조, 호르헤Colazo, Jorge　99~102, 106~109

쿠퍼, 앤Cooper, Ann　263, 315n

클라인, 조엘Klein, Joel　98

키드브룩Kidbrooke　172~174

ㅌ

탄소 발자국carbon footprint　259, 297

〈토양협회Soil Association〉　11, 204

투푸르, 콰메 아모아코Tuffour, Kwame Amoako　249

트론토, 조앤Tronto, Joan　255~257

ㅍ

파나노Fanano　121

파도바Padova　120

패스트푸드fastfood　16, 17, 91, 93, 104~107, 109, 110, 113, 115, 180, 187, 210, 277

포이스 공공 조달 협력(Powys Public Procurement Partnership, 4P)　11, 12

포이스 푸드 링크 프로젝트Powys Food Links Project　10

폴란, 마이클Pollan, Michael　77

표준화Standardization　47, 66, 86, 101, 137, 142

푸드 마일food miles　18, 33, 36, 40, 138, 140, 209, 297, 306n

프리차드, 클레어Pritchard, Claire　177, 178

피셔, 베러나이시Fisher, Berenice　256
〈필수품 및 영양 위원회Committee on Nutrition and Human Needs〉　89

ㅎ

하버마스, 위르겐Habermas, Jurgen　275
〈학교 관리위원회School Management Committees〉(가나)
　242, 245
〈학교 급식 기관(School Food Authorites, SFAs)〉　93, 95
학교 급식의 낙인stigma of school food　93, 103, 104,
　112, 114, 266, 267
〈학교 급식 파트너십School Food Partnership〉　314n
〈학교 실행위원회(School Implementation Committee,
　SIC)〉(가나)　244, 246
〈해리슨 공법 연구소Harrison Institute for Public Law〉
　75, 76
헌터, 로버트Hunter, Robert　85
헐Hull 시　158
헬싱키 버스 소송Helsimki Bus Case　70
〈홀마크/웨스트랜드 육류 포장회사Hallmark/Westland
　Meat Packing Company〉　271
후버, 허버트Hoover, Herbert　223
〈휴메인 소사이어티Humane Society〉　271

학교
급식
혁명

지은이 ┃ 케빈 모건 · 로베르타 소니노
옮긴이 ┃ 엄은희 · 추선영 · 허남혁
펴낸이 ┃ 이명희
펴낸곳 ┃ 도서출판 이후
편집 ┃ 김은주, 신원제
마케팅 ┃ 김우정
편집 도움 ┃ 서영심
표지 · 본문 디자인 ┃ DESIGN BAG

첫 번째 찍은 날 ┃ 2010년 6월 24일

등록 ┃ 1998년 2월 18일(제13-828호)
주소 ┃ 121-745 서울시 마포구 동교동 165-8 엘지팰리스 827호
전화 ┃ 대표 02-3141-9640 편집 02-3141-9643 팩스 02-3141-9641
ISBN ┃ 978-89-6157-039-8 03300

이 도서의 국립중앙도서관 출판시도서목록(CIP)은 e-CIP 홈페이지(http://ni.go.kr/cip.php)에서 이용하실 수 있습니다.
(CIP 제어번호: CIP 2010002071)